国家出版基金项目
NATIONAL PUBLICATION FOUNDATION
"十三五"国家重点
图书出版规划项目

晚清思想史资料选编
1840—1911

第六卷

主编　郑大华　俞祖华

选编　刘　平　俞祖华　贾小叶

　　　任　青　刘　纯　周　游

　　　马守丽　朱映红　郑大华

岳麓书社·长沙

第六卷目录

3. 谭嗣同的变法思想和主张

引　言

谭嗣同（1865-1898），字复生，号壮飞，湖南浏阳人。父继洵，官至湖北巡抚。嗣同幼年丧母，常受父妾虐待，"偏遭纲常之厄"，故对封建纲常痛恨至深。10 岁时拜浏阳著名学者欧阳中鹄为师。欧阳中鹄平素服膺王夫之的学术气节，在其影响下，谭嗣同对王夫之的思想也发生了兴趣。1884 年他出外漫游，此后十年间，涉足江南塞北，黄河上下，行程八万余里，途中的所见所闻，使他对社会的各种矛盾和黑暗面有了一定的认识。甲午战败，对他的刺激很大，成为谭嗣同思想的转折点。1895 年，他听说康有为在北京组织强学会，便到北京会晤康有为，途经上海时，遇见英国传教士傅兰雅，在傅氏那儿看到化石、计算器、爱克斯光照片，始知进化原理。他到了北京，康有为已回广州，只见到梁启超，梁向他介绍了康氏学说，他佩服得五体投地，自称康的私淑弟子，从此投身维新变法运动。1897 年完成他的主要理论著作《仁学》，宣传维新变法思想，批判封建专制主义和纲常名教。1898 年 8 月被光绪帝任命为军机章京上行走，参与"百日维新"。戊戌政变发生后被杀。因谭嗣同私淑康有为，且其思想与康有为多有相同之处，故本书将其收入康门师徒变法思想之中。

这里收录的主要是谭嗣同甲午战争之后的变法思想，同时也收录了他早年所作的《治言》，以便读者了解谭嗣同思想的前后演变。甲午战败的刺激与康学的影响，可谓影响谭嗣同思想转向的重要因素。在此影响下写成的《仁学》，可谓是谭嗣同变法思想的集中呈现，其对封建伦常与君主专制制度的激烈批判，构成了谭嗣同思想的突出特点。他断言："二千年来之政，秦政也，皆大盗也；二千年来之学，荀学也，皆乡愿也。惟大盗利用乡愿；惟乡愿工媚大盗。二者交相资，而罔不托之于孔。被托者之大盗乡愿，而责所托之孔，又乌能知孔哉？""君统盛而唐、虞后无可观之政矣，孔教亡而三代下无可读之书矣。""二千年来君臣一伦，尤为黑暗否塞，无复人理，沿今及兹，方愈剧矣。""君臣之祸亟，而父子、夫妇之伦遂各以名势相制为当然矣。此皆三纲之名之为害也。"谭嗣同重新解释了君主和国家的起源，否定了君权神授论，宣称：生民之初，无所谓君臣，都是民。"民不能相治，亦无暇治，于是共举一民为君。"君既是民共举的，"则非君择民，而民择君也"，是先有民而后有君。同时，民既能共举君，也能共废君。因为君是民选出来为民办事的，臣则是助君为民办事的，"事不办而易其人，亦天下之通义也"。谭嗣同要求冲决封建纲常名教之罗网，摆脱封建专制制度的压迫与束缚，实现人的平等和自由。批判纲常名教、君主专制的目的，在于兴民权，实行君主立宪，这又是谭嗣同与其他维新思想家的共同追求。这些思想贯穿于谭嗣同戊戌时期的一系列变法主张与实践中。而谭嗣同变法的思想资源，主要来源于中国民主思想传统及西方的自然科学知识，其中，"公羊学"的"三世"说与素王改制论，成为其阐述变法的重要思想资源，这是谭嗣同与康门变法思想的共性。而且与康有为一样，谭嗣同也主张复原孔教，试图通过创教、传教来挽回世运，推行变法。当然，在对待佛教、耶教的态度上，谭嗣同又与康有为有所不同。

上欧阳中鹄书

夫子大人函丈：

顷奉赐书，具承福躬嘉畅，训诲周勤，以慰以感！致家严书呈上，河南书亦即驿寄，其中大义微言，既领悉矣。数月来不曾上一笺，因盼尊驾之来，兼心灰意懒也。

近来所见，无一不可骇可恸，直不胜言，久之，转觉平常无奇，偶有不如此者，反以为异，斯诚运会矣。不幸躬丁此厄，别无好处，惟古人所意料不及之事，吾得耳而目之，或足夸殚见而已。悲愤至于无可如何，不得不以达观处之。《兔爰》不乐其生则有之，至于披剃为缁流，了不记有是语，转述之失实欤？抑无意偶说而旋忘之欤？

惟去年风信紧时，颇存以一个字塞责之意。复妄意天下之人，无不当如此者。及睹和议条款，竟忍以四百兆人民之身家性命，一举而弃之。（满、汉之见，至今未化，故视为悦来之物，图自全而已，他非所恤，岂二百五十年之竭力供上，遂无一点好处耶？宜乎台湾之民，闻见弃之信，腐心切齿，以为恩断义绝，开辟以来，无忍心如此者。）大为爽然自失。在已仕者自不当公言怨怼，若乃蚩蚩之氓，方求河西、吴越而不得，即朝秦暮楚，南越北胡，（中国之民，从前占籍西洋各国者，几及千万之数，此后当日增矣。近日大官富商之家属，多流寓上海租界请保护。）甚至流离颠沛，反面事仇，（奉天七州县，倭允还我。而民间有号泣留倭者，且言倭一去，则官又来虐我矣。从而迁者数百户。无告之民，其惨痛乃尔乎！）亦将何词以责之？鱼趋渊，雀趋丛，是岂鱼与雀之罪也哉！（诸将待士卒，无不刻溪者。自宋祝帅、魏午庄、李健斋外，虽宿将皆侵扣军饷。去冬蒙朝廷赏颁军士羊皮袄一件，及诸将发交，至扣抵饷银五六两之多。军士赴钦差处诉冤，刘岘帅置之不理。营务处冯莘垞之流转复助纣为虐，百端抑勒。余虎恩至不令勇丁出营买柴菜，防其控告也。丁槐凤有威名，此次刻扣尤甚。纵兵焚掠其营务处，至为叛兵所杀。李鉴帅初则盼之不来，终则推之不去，大为所苦。甚至自贷其精枪快炮供京僚帅府之应酬。董福祥手定新疆，人人称为名将者，且有"总办军务处及军机处需索太多，亏累无从填补"之语，此外更无论矣。军士遂仰倭兵如神仙中人，恨不为所用，以免此冻饿困苦。倭人召募闽广健卒几九万人，故战死者率皆中国人，真倭人阵亡者，自去年至停战，才六百余人而已！无怪战无不胜，攻无不取也。又凡中国购买外洋军械，出使大臣从而分成，及兑价时，经手人又要分成。故吴清帅军有西人已运到枪炮，因扣价太多，不肯发药弹之事。此时西人视中国官吏比于禽兽，故有"文官三只手，武官四只脚"之谯。又以"秽、贿、讳"三字批评中国，一切吏治军政无不识破。署中偶延洋医治病，及间至汉口洋行晤西人之晓华语者，辄故作哀怜慰勉之词来相戏嬲，令人愧怍，无地自容。）君以民为天，民心之涣萃，天心之去留也。（往年威海冰胶，不能进船。去冬严寒胜往年，而倭进攻时，独不合冻。倭固万无蒙天祐之理，而以我之所为，又岂能望有偏祐哉！）然则尊论二十年之期，犹仁恕之至矣。（和者以苟目前，而目前即有万不可当之祸。尤可笑者，当全权定约尚未回华之时，即令各省纷纷撤兵，其续募者，无论行抵何处，即行就地遣散，其息借民款等项一律停止，遂若可恃以久安者。及烟台方换约，即传四喜、同春诸名部演剧矣。台湾苦战三昼夜，仅乃一胜，倭兵复进，遂不可支。鸡笼、沪尾诸险要尽失，可俯瞰省会，万无可守之理，军民扰乱，自相焚杀，死者阗阓，抚署亦毁。唐薇卿率各官逃走，已登舟矣，复被民兵捉去，幸其家眷辎重前已内渡，仍得遁归，现在南京住家，原品休致。为南面王才数日耳，忠非忠，奸非奸，竟无词以品题之。然倭人遂不血刃而得台北府。并各省前所助所捐之饷械，及张香帅近所助之新式后膛精枪数千，枪弹数百万，现银五十万，一齐送之倭人。计初七开战，至十三失鸡笼，仅七日。国朝两次平台湾皆止七日，抑何报应之巧耶？倭现分兵徇近县，一面攻台南府，刘永福仍困守台南，然决不能久持。且电线久断，无从问讯，但望其能一死，死固无益，因军兴以来，统领死者止左、戴二人，或得以此遮羞耳。杨岐珍见鸡笼之败，事不可为，即率所部内渡，自回福建提台之任；共余湘、淮各勇，多出倭人遣回。隶湘者已渐次抵鄂，闻有千余人，而到者寥寥，盖逃散沿江为匪矣。鄂中正为此大费经营，接应不暇。而李经方派充交割之使，即坐倭之兵舰往台，见倭已得手，径将文书交清，绝不一登岸，别附他国轮船而回，脱卸之巧，毫不费力。台海之民，初则义愤，继则争乱，终见倭人入城，则又贴耳驯服。入城时秋毫无犯，主客相安。然三日之血战，亦足表暴于天下。所无可如何者，运会耳。又以见起义者仓猝乌合，其不可恃如此。倭既得台北，仍以大枝胜兵回趋奉天。先是倭碍俄人情面，允退侵地，诈为撤兵之状，实阴率精锐赴台湾。所谓七州县，初未尝还我尺地也。特令中国加赔兵费一万万两，始行交还。议久不决，至是骤增兵数万，军械称是，兵轮运送往奉天者，尚络绎不绝。前敌奏报，尚奉"未必即有他意"之旨。迨言者纷纷，又见倭人修浚濠垒，整顿地方，为经久之计，始令前敌戒严。然诸军遣散者已遣，调回者已调，退扎者已退，其余放心解体，优游观望，谁能复有斗志？然则退还者特虚语而已，且恐更进也。一旦决裂，直摧枯拉朽，求如前之节次递败何可得哉！俄人亦未必肯再为缓颊，且俄于珲春日日增兵，多至数十万，西人称其军容之盛古未尝有，意果何在，乃犹梦梦耶！然割地一层，犹是祸之浅者。和约中通商各条，将兵权利权商务税务一网打尽，随地可造机器，可制土货。又将火轮舟车开矿制造等利一网打尽，将来占尽小民生计，并小民之一衣一食皆当仰之以给，自古取人之国，无此酷毒者！况又令出二万万两之巨款，中国几曾有此财力！国家岁入七千万两，仍复散之于下，初非长往不返。西洋各国岁获中国之利八千万两，然丝茶盛时，可抵去三千万两，余五千万两尚亦有货在中国，然已困穷不堪矣。今无端弃掷此数倍之款，即括尽小民脂膏，下至妇女之簪环首饰，犹难取办此数。闻京城特设一借贷衙门，以恭邸主其事，佐之者宰相尚书也。俄国允借一万万两，余向各国分借，皆出俄国作保，将以满洲借令修筑铁路酬其劳绩。其取息之重，自不待言，且恐不能无抵押之事。总之，中国之生死命脉，惟恐不尽授之于人。非惟国也，将合含生之类无一家一人之不亡。窦融、钱镠之事，已万万无望，即求如南宋之稍缓须臾，亦何可得！然则"欲保京城"四字，又何在乎？全权恫喝劫持，皆恃此四字，独不曰"四海为家"乎？此间是以有西迁之请，最为曲突徙薪之法，而迂儒大以为非，可见中国求一明白人不可得矣。又七督抚请俄、德、法居间，暂缓换约，实亦万不得已之策。而全权怒其异己而阻挠和局也，遂以引狼入室奏参张香帅，其肆无忌惮，闻之发指。由是香帅雇用俄国兵舰，以壮声势，兼教练中国水军之举，遂已成而复罢。既而我不联络英，而英与倭合；我不联络俄，而俄又将与倭合。而迂儒又以七督抚之禀为非，坐视全权挟一倭以制天下之死命。不能出一谋，画一策，转以与全权忤者为不然，是诚设淫辞而助之攻，适足为全权吠声之犬而已。）被发左衽，更无待论。（发久被矣，此后但须剪发耳。而祸更有烈于此者，中国不变法以期振作，使外洋入而代为变之，则养生送死之利权一操之外人，可使四百兆黄种之民胥为白种之奴役，即胥化为日本之虾夷、美利坚之红皮土番、印度阿非利加之黑奴！此数者，皆由不自振作，迤他人入室，悉驱之海隅及穷谷寒瘠之区，任其自生自死。黑奴生计日蹙，止堪为奴；红皮土番，初亦不下数百万，今则种类顿少至十数倍；虾夷则渐灭殆尽。皇天无亲，惟德是辅，奈何一不知惧乎？今日之乱，古事无可比拟。古所称夷祸，犹是同洲同种之人，偶见为内外耳；今则别是一种，横来吞噬，又各有本国，特视此为外府、为鱼肉，岂复有相容之理！）

夫彼全无心肝者，固来谕所云："胥天下无可责备之人，亦可不责之矣。"（全权与倭相伊藤问答语，已自勒为书。至以中国比为倭之小儿，云："既欲其长大，又绝其乳，岂得不死？"伊藤云："中国岂可与孩提并论？"全权语塞。谓他人父亦莫我顾，徒取辱耳！吴清帅闻和议成，身为败物，不敢争论。尽出所藏古玩数百种，托香帅代奏，言可抵偿兵费一千万两。如倭主不要，则转请俄皇说情，别备古玩百种为谢。香帅以嬉笑答之。若吴之荒唐，罕见其匹。）独怪博学工文、平日自命不凡之士，犹复不知此时为何时，所当为者为何事。溺于考据词章而怙以虚骄，初不辨为某洲某国，概目之曰洋人。动辄夜郎自大，而欲恃其一时之意气，尽驱彼于海外，而闭关绝市，竟若经数十年贤士大夫无术以处之者，彼一出而且夕可定。及见有识者讲求实学，力挽时局，又恶其形己虚而乘己短也，从而媚之疾之，诋之为异端，訾之为用夷变夏，然则便当高坐拱手以待诛戮耶？（窃谓古有亡国之君，亡国之臣，今则有亡国之士，亡国之民，骛空谈而无实济，而又坚持一不变法之说，以议论为经济，以虚骄为气节，及责以艰巨，又未尝不循循然去之，此亡国之士也。烧教堂，打洋人，明知无益，而快于一逞。于是惑风水而阻开矿、毁电线，周汉之流又从而煽摇之。四川教案甚不易了，各国之房屋皆毁，斯各国之兵船皆至，昂昂上溯者已十余艘，沿途莫敢谁何。或曰："赔百万千万。"或曰："数千万止足赔房屋，而货物尚在外，打死之教民尚在外。"法国则曰："均不必赔；但中国之君中国之官既不能自约束其民，要此君与官何用，我当代为理之。"内外大官惶惧不知所出，各省加意保护之电旨廷寄纷至沓来。驯至湖北洋人每日游洪山须由督抚衙门派兵保护。一波未平，一波又起，此亡国之民也。士与民足以亡国，虽有窦融、钱镠，复何所资借！故不变法，即偏安割据亦万万无望，即令不乏揭竿斩木之辈，终必被洋人之枪炮一击而空。衡阳王子愤明季之乱，谓求一操、莽不可得，今即求如李自成、张献忠尚能跳梁中原十数年者，何可得哉？中国今日之人心风俗，政治法度，无一可比数于夷狄，何尝有一毫所谓夏者，即求并列于夷狄犹不可得，乃云变夏乎？陈长镦上书言："与洋人战不当用枪炮，当一切弃置而专用气。"然观其文采则美甚，书法则佳甚，中国之名士大抵如此矣。夫洋枪洋炮之利，在西人犹其余事，然亦万无徒手可御之理。殆误于孟子制梃之说耶？然孟子明明提出秦、楚二字，何尝说可挞英、俄、德、法诸国之坚甲利兵乎？且即以炮论之，其最大之克虏伯，能击五六十里，而开花可洞铁尺许者，可使万人同死于一炮。虽断无万人骈肩累足以待炮之理，而其力量所及，要不可不知。由此以推，彼不过发数万炮，而我四百兆之黄种可以无噍类，犹谓气足以敌之乎！况彼之法度政令，工艺器用，有十倍精于此者，初不必尽用蛮攻蛮打而自可从容以取我乎？使我而为西人，决无不瓜分中国者。况倭已得险要，已得命脉，已具席卷囊括之势，独不虑天与不取反受其殃乎？有可幸者，或各国牵制，恐碍商务不即发耳。悲夫！会见中国所谓道德文章，学问经济，圣贤名士，一齐化为洋奴而已矣。岂不痛哉！岂不痛哉！而犹妄援"攘夷"之说，妄援"距杨、墨"之说，妄援"用夷变夏"之说，妄援"不贵异物贱用物"之说，妄援"舞干羽于两阶，七旬必有苗格"之说，如死已至眉睫，犹曰我初无病，凡谓我病而进药者，皆异端也。大愚不灵，岂复有加于此者耶？且凡所谓西法，要皆我之固有，我不能有而西人有之，我是以弱焉。则变法者亦复古焉耳，何异之有？然则变法固可以复兴乎？曰：难能也，大势之已散也。然苟变法，犹可以开风气，育人才，备他日偏安割据之用，留黄种之民于一线耳。独惜夫前此之宽闲岁月，不计此、不为此，及见倭之变法而盛，犹不思效法，反诋之、议之，笑之、咒之。初通商之不变，尚曰不习夷情也。庚申可变矣，乙酉可变矣，而决不变。至乎今日，奄奄一息，忽不度德、不量力，而与能变法之倭战，如泰山压鸡子，如腐肉齿利剑，岂有一幸乎？初闻湘军之见敌即溃也，心虽哀之，未尝不窃喜吾湘人虚骄之气从此可少止矣，久之而骄如故。善夫！左文襄请造轮船之疏曰："彼既巧，我不能安于拙；彼既有，我不能傲以无。"夫傲之一字，遂足以亡天下而有余。虽有窦融、钱镠，亦将奈此亡国之士与民之傲何哉！）此尊论所谓不知其何以战，一诘难而语已塞者也。（战必有所以，曹刿犹能言之，今则民从耶？神福耶？忠之属耶？去年主战之翁同龢辈，不揆所以可战之人心风俗与能战之饷与械，又不筹战胜何以替后，战败何以结局，瞢然徼幸于一胜。偶有一二深识之士出而阻之，即嗤为怯懦，甚则诋为汉奸。虽然，此无势之能审，犹有义之可执也，则亘日穷天，孤行其志，胜败存亡或可不计。及至形见势绌，有百败无一胜，所失膏壤方数千里，沿海八九省海岸曲折逶迤不下三四万里，处处皆可登岸，顾此失彼，日不暇给，守则无此恒河沙数之兵，弃又资敌。而海军煨烬，溔溔大洋悉为敌有，彼进而我不能拒，彼退而我不能追，彼他攻而我不能救，彼寄碇而我不能蹩。彼有优游自得以逸待劳之势，方且意于东而东宜，意于西而西宜，择肥而噬，伺瑕而蹈，顾盼自雄，意气横出；我则望洋而叹，束手无策。当海军之未亡也，言者欲直捣长崎、横滨，为围魏救赵之计，不知我之海军，且失事于海口，其能得志于外洋乎？训讨操练既属虚文，风涛沙线尤非素习，一泛沧溟，即晕眩呕哕，不能行立。窃恐东西南北之莫辨，不识长崎、横滨之何在，将举踵而却行，适幽燕而南其趾，其能与履险如夷习惯自然之悍敌争旦夕之命于洪涛骇浪中乎？虽海军率雇西人驾驶，其竭诚忠事与否已不可信，而战之一事又岂可责之一二驾驶之人乎？故我之海军，仅能依违近港，虚张声势，初不意真有战事。迨迫以军法，使当大敌，将士环向而泣，至有宵遁者，其不战而溃，不待智者知之矣。然海军之不可用，犹曰中国所短也；中国所长莫如陆军，而奉天败，高丽败，山东败，澎湖又败；旗军败，淮军败，豫军、东军、各省杂募就地召募之军无不败，即威名赫耀之湘军亦败，且较诸军尤为大败。将领相顾推诿而莫前，乡农至以从军为戒，闻与倭战即缩朒不应募，或已募而中道逃亡。虽将领不得其人，然亦有善调度能苦战者矣；亡死数万人，亦不为少义勇之士矣；而卒至此者，则陆军之于海军又未必相悬殊也。至若饷与械之亡失，大小炮以千计，炮弹以万计，枪以十万计，枪弹以百万计，其他刀矛帐棚锅碗衣服之属，尤琐细不足计。亡失之银钱与工料以千万计，统中国之战守填防月饷加饷储峙一切，又以千万计。司农告匮，外库搜括无遗，下而劝捐勒捐，房捐商捐，加税加厘，息借洋款，息借民财，名目杂出，剔脂钻髓。且陕、甘、云、贵之协饷以及廉若俸与应支之款，概支吾而不发。卷天下所有，曾不能供前敌之一败，而添购军械之款尚无所从出。去年总署即密向智国订购船械，外洋见中国之危，早即不肯借债，即购物无现钱亦竟不肯售。又虑倭人要截枪炮，偶有至者，亦常被搜查夺去。福建船政局有名无实，从不能造战舰。上海、金陵、天津各机器局工惰器窳，造枪炮甚迟，且非新式快利之器。湖北枪炮厂建造又未毕工，而各局之通患则曰缺费，于是赤手空拳，坐以待毙。向之主战者，乃始目瞪舌挢，神丧胆落，不敢出一语，偶蒙顾问，惟顿首流涕，君臣相持嚎哭而已。而和之势遂不至摇尾乞怜哀鸣缓死不止。愚以为孟浪主战之臣，以人家国为侥幸，事败则置之不理，而逍遥事外，其罪尤加全权一等矣。京城为之语曰："宰相合肥天下瘦，司农常熟世间荒。"亦可云恰切。今之衮衮诸公，尤能力顾大局，不分畛域，又能通权达变、讲求实济者，要惟张香帅一人。此次军务，赖其维持帮助，十居八九，惜其才疏而不密，又为政府及全权所压制，不能自由耳。谭云帅来电，深以此间及七督抚之阻和为不然，且笑为好说便宜话。夫空言阻和，诚便宜矣，然不闻云帅之别筹一善策也。与此间私札密电，不过问其家属来往安否，行李运抵何处，应如何照料云云而已！且去年刘襄勤之奉召北援，恐其大用，颇向当路倾轧之，公尔忘私，固如是乎？然则便宜之中，更有便宜者焉。香帅尝叹曰："无怪乎合肥之得志也！遍观中外大小臣工，学问非不好，品行非不好，即心术亦未必都不好，然问以大小炮数百种，后膛精枪亦数百种，形式若何，运用若何，某宜水，某宜陆，某利攻，某利守，某利山林，某利平地，其左右前后之炮界何在，昂度低度若何，平线若何，抛物线若何，速率若何，热度若何，远近击力若何，以及水雷旱雷炮台地营一切攻守之具，无一人能知，且并其名亦不能辨，又况西人政事法度之美备，有十倍精于此者，某国当与，某国当拒，某国善良，某国凶狡，吾之联之而备之者，其道何在，宜更无一人知之矣。稍知之者，惟一合肥。国家不用之而谁用乎？"香帅之言明白如此；而近日又有一种议论，谓今日之祸皆由数十年之讲洋务。冤乎！中国虚度此数十年，何曾有洋务？亦岂有能讲之者？虽有轮船、电线、枪炮等物，皆为洋务之枝叶，且犹不能精，徒奉行故事虚糜帑项而已。惩末流之先，遂谓创始者之非，何异因噎废食、惩羹吹齑乎！且惟数十年士君子徒尚空谈，清流养望，以办洋务为降志辱身，攻击不遗余力，稍知愧耻者，至不敢与办洋务者通往来。于是惟下贱无耻不恤声名之人，然后甘心为此。上官明知其非类，窘于无人，遂不得已而用之。有从细崽起为关道者矣，有从马占仕至封圻者矣，人才安得兴？洋务安得有效乎？此皆士君子引嫌自高，不务实事之过矣。昨见王壬秋上合肥书，痛诋洋务，兼及曾、左，然为合肥画计，则劝其率铁甲船直攻日本，是诚奇计矣。然铁甲船独非洋务乎？且不知测天以辨经纬，能航海乎？不知测地以定方向，能计里乎？不解机器何以行船？不通算学何以开炮？不熟公法不能悬旗，不晓西洋语言不能答邻舟之问，是则铁甲船尤诸洋务之所荟萃；是则中国之名士未尝不知洋务之有用，特己所不知不能，恐一讲洋务，即失其所以为名士之具，不得不忍心罢之耳！且凡罢洋务者，能不衣洋布用洋物乎？抑日用之而不知遂忘之耶？吾仰彼以为用，使彼日耗吾之民财，何如皆自制造而物用之，又兼造彼所需用者以相抵御，以留吾民之脂膏耶？即如洋钱一宗，东南各省通行，西人获利无算，中国何以不早仿造？始以为资本太重耳。今湖北建银元局，购置机器，止费数万金，是亦何难？乃至今始有广东、湖北二局。中国举事着着落后，是以陵迟至有今日，而所谓士者犹坚持旧说，不思变计，又从而媚之诋之。呜呼！亡之犹晚矣。故议变法也先从士始，从士始则必先变科举，使人人自占一门，争自奋于实学，然后人材不可胜用，人材多而天下始有可为矣，舍此更无出身之路，斯浮议亦不攻自破。故变法者非他，务使人人克尽其职，不为坐食之游民而已。考理学、文学者使官礼部，考算学、理财者使官户部，考兵学者使官兵部，考律学者使官刑部，考机器者使掌机局，考测量者使绘舆图，考轮船者使航江海，考枪炮者使备战守，考公法者使充使臣，考医学者使为医官，考农桑者使为农官，考商务者使为通商之官。善夫！西人学校科举之合为一也，有择官选士之意焉。其成材者升于大书院，各有专门之学以待录用。投考者即于大书院由院长考之，不拘人数，求考即考，一二人可也，百十人可也；不拘时日，随到随考，今日可也，明日可也。所考者又皆有实验：如考算学即令运算，考船学即令驾船，考医学即令治病，考律学即令决狱，考机器即令制器，考天文测量即令运用仪器。中式即面予凭单，差其等第，如中国举人、进士之类。其有殊尤，立即拔用，余俟录用或再考。考每一国大小公私书院，或数万或数十万。又有五家连坐之法，一人不读书五家皆坐罪，故农夫走卒无不读书识字。又有女学校，故妇女无不读书识字。由是小儿得力于母教，方七八岁即知地为球体。月为地之行星，地为日之行星，地自转而成昼夜，地绕日而有寒暑。地凡几洲，凡几国，某国与我亲，某国与我疏，及其大小强弱，均已晓其大概。至于品行心术，固无法以考验，而实即寓于诸学之中，苟其不端，亦决无能善其事而不败露者。况满街有警察吏以举刺之，到处有议院以评论之，又有浓赏厚刑以驱其后，复何忧其不得人哉？中国之考八股，于品行心术又有何干涉？不惟八股也，策论亦八股也，经学辞章皆八股也；即考算学而不讲实用，犹八股也。故必变科举而后可造就人才，而后可变一切之法矣。此间拟上变法之奏，尚未决定，若不变科举，直不如不变。然揆之当道，亦必不能听。且倭有中国举措必先商之于彼，然后准行之说。若使的确，变法无利于倭而大有害，必不见许，而时势又迫不及待，聊上言以尽心耳。夫变科举以育人材，开议院以达下情，改官制而少其层累，终身不迁以专其业，及财务、训农、通商、惠工、练兵、制器诸大政，既难行矣。且习气太深，行之转以滋弊，而其行之利病及算学格致可以试之而有效者，断不可不一心讲求，以供窦融、钱镠之用。故与唐绂丞、刘淞芙有于本县设立算学格致馆之议，诚不忍数千年之圣教，四百兆之黄种，一旦斩焉俱尽，而无术以卫之耳。)

且彼抑知天下之大患有不在战者乎？西人虽以商战为国，然所以为战者即所以为商。商之一道足以灭人之国于无形，其计至巧而至毒，人心风俗皆败坏于此。今欲闭关绝市，既终天地无此一日，则不能不奋兴商务，即以其人之道还治其人之身，岂一战能了者乎？向令战胜日本，于中国全局初无裨益，转恐因以骄贪，而人心之疵疠永终于深痼。故败者未必非幸，和者尤当务之急，但不当败至如此地步，和至如此地步，虽有善者无如何耳。(今之策士动曰防海，不知曲折逶迤三四万里如何防法。既无铁路使调度灵便，即应有海军可南可北，首尾相应，练一军而固数省之防，使数万里海面不致尽为敌有，如围棋所谓活着，今又亡失于非人，将从何处防起耶！于是有练民团、渔团之说，此以张疑兵助声势可耳，若责令当大敌，匪惟不情，抑近儿戏矣。有弃海口海岸专防内地内江之说，此殆以为洋人止能水战，亦不识夷情之至矣。洋人尤善于陆战，有正有奇，能谋能勇，苟得我之海口海岸，所谓猗糠及米，而内地内江又化为海口海岸之形矣，然则又将弃之耶？故无铁路、无海军直是无防法。且彼又不必真与我战也，率数艘铁甲，今日北洋，明日南洋，后日闽、广，乍离乍合，倏去倏来，止游弋而不接仗。彼所费无几，而我必倾天下之财力以为防，防密即退，偶疏又进，一夕数惊，蹈瑕乘隙，不一年而我无有不疲极而内乱者。此亟肆多方之故智，楚之所以灭亡也。今倭人专定数地，明目张胆，与我接仗，犹其老实易与处。若夫西人，则更不须亟肆多方也。岁取中国八千万，视国家所入犹赢一千万，且无国家之费用，是商务一端已远胜于作中国之皇帝；况和约遍地可通商免厘，可造机器，可制土货，各国必援利益均沾之说，一体照办耶？迨至膏血竭尽，四百兆之人民僵仆颠连，自不能逃其掌握。陈伯严之言曰："国亡久矣，士大夫犹冥然无知，动即引八股家之言，天不变道亦不变，不知道尚安在，遑言变不变耶？"窃疑今人所谓道，不依于器，特遁于空虚而已矣。故衡阳王子有"道不离器"之说，曰："无其器则无其道，无弓矢则无射之道，无车马则无御之道，洪荒无揖让之道，唐、虞无吊伐之道，汉、唐无今日之道，则今日无他年之道者多矣。"又曰："道之可有而且无者多矣，故无其器则无其道。"诚然之言也。信如此言，则道必依于器而后有实用，果非空漠无物之中有所谓道矣。今天下亦一器也，所以驭是器之道安在耶？今日所行之法，三代之法耶？周、孔之法耶？抑亦暴秦所变之弊法，又经二千年之丧乱，为夷狄盗贼所羼杂者耳。于此犹自命为夏，诋人为禽，亦真不能自反者矣。故变法者，器既变矣，道之且无者不能终无，道之可有者自须亟有也。至于可知于百世之后者，虽西人亦不能变也。昧者辄诋西人无伦常，无伦常则不相爱不相育，彼吞此噬，人类灭久矣，安能至今日转富强乎？夫伦常不自天降，不自地出，人人性分中所自有者也。使无伦常而犹有今日之富强，则圣人之设教为由外铄，我如骈拇枝指矣，而彼此有见为异者，特风俗所囿节文之有详略耳。又万国公法为西人仁至义尽之书，惜中国自己求亡，为外洋所不齿，曾不足列于公法，非公法不可恃也。欧洲百里之国甚多，如瑞士国，国势甚盛，众国公同保护，永为兵戈不到之国，享太平之福六百年矣。三代之盛何以加此？尤奇者，摩奈哥止三里之国，岁入可万余元，居然列于盟会，为自主之国，非公法之力能如是乎？何得谓彼无伦常乎？而昧者又以圣人之道私为中国所独有，是又以尊圣人者小圣人矣。圣人之道无所不包，岂仅行于中国而已哉！观西人之体国经野、法度政事无不与"周礼"合，子思子曰："凡有血气，莫不尊亲。"虽不尊亲，其人亦自不能不由其道也。盖亦不自天降，不自地出，人人性分中所自有，故数万里初不通往来之国，放之而无不准，同生覆载之中，性无不同，即性无不善，是以性善之说最为至精而无可疑。然则变法者又蕲合乎周公之法度而已。惟周公之法度自秦时即已荡然无存，声明文物后世无从摹拟，若井田封建宗法又断断不能复，是不得不酌取西人之幸存者，以补吾中法之亡，而沾沾于洋务之枝叶，而遗其至精，一不效，即以为洋务之罪，岂得谓之识时务哉？嗟乎！不变今之法，虽周、孔复起，必不能以今之法治今之天下，断断然矣。或曰："不先正天下之人心，即变法犹无益也。"曰：亦第正在上位之人之心可矣，何得归罪天下人之心乎？必谓中国之人心皆不正，又何其过尊西人而自诬之甚也，西人之富强，岂皆人心之正于中国乎？然则彼性善而我性恶乎？亦彼之法良意美而我无法而已。法良则中人以下犹可自勉；无法即中人以上难于孤立；且即欲正人心又岂空谈能正之乎？则亦寓于变法之中已耳。衣食足则礼让兴，故圣人言教必在富之之后。孟子谓："救死不赡，奚暇治礼义？"言王道则必以耕桑树育为先。无其器则无其道，圣贤之言道未有不依于器者，而岂能遍执四百兆之人而空责以正心乎？亦第划除内外衮衮诸公而法可变矣。或难曰："假使尽划除诸公而易以贤才，而时势已无可为，又将奈何？"曰：苟尽易以贤才矣，又岂有不可为之时势哉？试为今之时势筹之，已割之地不必论矣。益当尽卖新疆于俄罗斯，尽卖西藏于英吉利，以偿清二万万之欠款。以二境方数万里之大，我之力终不能守，徒为我之累赘，而卖之则不止值二万万，仍可多取值以为变法之用，兼请英俄保护中国十年。（凡所谓保护只求其出一保护之空言，且须有十年之限制，若派兵如舟山、如天津却断不可。即十年内与别国有事，亦不可真令其帮助，则凡言联络者亦皆应如此。）一言保护，即无处不当保护，不可如现在浙江之舟山归英保护，天津之铁路归德保护，毫无益而徒资笑也。又请二国居间废去遍地通商之约，即更加兵费亦无不可。费如不足，则满洲、蒙古缘边之地亦皆可卖，统计所卖之地之值，当近十万万。盖新疆一省之地已不下二万万方里，以至贱之价，每方里亦当卖银五两，是新疆已应得十万万，而吾情愿少得价者，以为十年保护之资也。且价亦不必皆要现钱，凡铁甲船、铁路之钢条、木板、精枪、快炮及应用之一切机器，均可作抵。于是广兴学校，无一乡一村不有学校；大开议院，有一官一邑即有议院。募新加坡及新旧金山之华民以练海军，无事则令运载货物往外洋贸易，既可获利，又得熟习航海。尽开中国所有之矿以裕财源，兼以兵法部勒矿夫，有事则每矿皆有兵。多修铁路，多造浅水轮船，以兴商务，以练陆军，以通漕运，以便赈济。商务则立商部集商会，通力合作以收回利权。陆军则召募与抽丁，要须并举，其练之也，站炮台，挖地营，今日征调往某处，明日又易一处，无事如临大敌，彼出此归，不使游惰，而有铁路亦自不甚劳苦，此德国之练法也。战兵专立将帅，守兵则隶于守令，以符汉制，兼可不用差役。枪兵尚勇力，炮兵则必通算学，又有所谓工兵专为筑垒浚濠制器之用，此西国之通制也。改官制而设乡官，废书吏而用士人，改订刑律使简而易晓，因以扫除繁冗之簿书。改订税厘章程，出口免税厘，以夺外洋之利。入口重征之，以杜漏卮之渐。土货则于出产之地，一征之而不问所之，以归简易而塞弊窦。清求种植以裨农政，请求畜牧以蕃马政，皆有专门之学，皆有专设之官。而由种植以推，则材木不可胜用；由畜牧以推，则牛羊之毳可为呢为褐。兴女学以课妇职，用机器以溥蚕桑。女学成则一家多数人之用。蚕桑不用机器，所以不如外洋。日本能以显微镜辨别蚕种，故无病蚕，出丝多而好，中国之大利半为所夺，此受患于无形者也。凡利必兴，凡害必除。西人之所有，吾无不能造，又无不精，如此十年，少可以自立矣。既足自立，则无须保护而人自不敢轻视。每逢换约之年，渐改订约章中之大有损者，援万国公法止许海口及边地通商，不得阑入腹地。今无论东西大小各国皆如此，独中国任人入腹地耳！如不见许，即我通商于彼国之兵轮亦当阑入彼之腹地，此出洋贸易之船所以万不可少，所谓即"以其人之道还治其人之身"也。又援各国之例，加重洋货进口之税；如不见许，既我往彼国之货，应照我国进口之税，视他国而独轻矣。去年湖北加洋油厘金止加于中国商民，与西人无与，而西人谓有碍其销路，竟不准行，此皆苦于无以相报也。又援日本之例，不准传天主教、耶稣教，又不准贩鸦片烟。日本此二事极令人佩服；如不见许，即谬设一教亦往彼国传教，纵横骚扰，令主客不相安，一被焚打，即援中国赔教堂之例请赔。又自种鸦片烟运往彼国销售，彼禁民不准买，我亦照禁，彼强我开禁，我即令彼先开。但使一国能改订约章，余俱可议改矣。如此始可言强，始可谓之曰国，而礼乐可徐兴矣。大抵行法之要尤有二端：一通外国语言文字，以翻译西书西报，以周知四国之为，以造就使才，以四出盟聘；一广游历以长见识，以增学问，以觇人国之盛衰得失。而二者于商务尤必不可少。现在因不精求此二者，吃亏不细，不可殚述，特无人能悉耳！至于续电线，立邮便局，兴自来水、火，平治道路，辟通草莱，虽近末务，要不可不同时并举。如此又十年，以中国地宝之富，人民之多而聪慧，其为五大洲首出之国也必矣。贝元征昔有言："外洋之煤铁向尽，中国之矿未开，他日中国挟其煤铁二宗，即足制外洋之死命。"是诚然矣。然中国必先自开其矿以图富强，始能制人，不然人将夺我之矿以制我矣。西人亦有言："中国譬则富室。即湖南一省之矿，足抵外洋各国之矿而有余。无如各国环而居者，皆极贫困之乞儿盗贼也。虽缄縢藏固其可终守乎？"危切之言，不啻箴规我矣！凡事不惮其难，不忧其繁，但当先寻一下手处。今之矿务、商务，已成中西不两立不并存之势。故西人有争自存宜遗种之说，谓必争而后仅得自存，以绵延其种类也。是以矿务、商务，力与争盛，即为下手处。而所以有下手处者，岂他故哉？前所言贤才之力也，而固无望于诸公也。然失今则更不可为，故曰：虽有善者，无如何也。知其无如何，故儒生益不容不出而肩其责，孜孜以教育贤才为务矣，此议立算学格致馆之本意也。而今日又有一种议论，谓圣贤不当计利害。此为自己一身言之，或万无可如何，为一往自靖之计，则可云尔。若关四百兆生灵之身家性命，壮于趾而直情径，遂不屑少计利害，是视天下如华山桃林之牛马，听其自生自死，漠然不回其志。开辟以来，无此忍心之圣贤，即圣人言季氏忧在萧墙之内，何尝不动之以利害乎？孟子"一不可敌八"之说，小固不可以敌大，寡固不可以敌众，弱固不可以敌强，又何尝不计利害？虽滕文公之艰窘，不过告以强为善以听天，若使孟子不计利害，便当告滕文公兴兵伐齐、楚矣。尧、舜相授受，犹以四海困穷与十六字并传。其时任农者稷，任工者倕，任水土者禹，任山林者益，任教者契，任刑者皋陶，任礼乐者伯夷与夔，而群圣之相与咨谋，又不离乎兵刑六府、鲜食艰食、懋迁有无化居之实事，有一不当计利害者乎？又岂有簿一名一物之不足为，而别求所谓道者乎？是小民之一利一害，无日不往来于圣贤寝兴寤寐之中。若今之所谓士，则诚不计利害矣。养民不如农，利民不如工，便民不如商贾，而又不一讲求维持挽救农工商贾之道，而安坐饱食，以高谈空虚无证之文与道。夫坐而论道，三公而已。今之士，止骛坐言不思起行，是人人为三公矣。吾孔子且下学而上达，今之士止贪上达不勤下学，是人人过孔子矣。及至生民涂炭，万众水火，夺残生于虎口，招余魂于刀俎，则智不足以研几，勇不足以任事，惟抱无益之愤激，而哓哓以取憎。其上焉者，充其才力所至，不过发愤自经已耳，于天下大局何补于毫毛！其平日虚度光阴，益可知矣。英教士有李提摩太者，著中国失地失人失财之论，其略曰："西北边地为俄国陆续侵占者可方六千里，此失地也，而知之者百无一人也。中国五十年前人民已四百二十兆口，以西法养民之政计之，每岁死生相抵外，百人中可多一人，然至今初无所增益也，此失人也，而知之者千无一人也。又以西法阜财之政计之，每岁五家可共生利一铤，然中国方日贫一日也，此失财也。而知之者竟无其人也。"审是，中国之士尚得谓之有学问乎？中国修铁路则云无费，然粤商伍某竟捐资数千万为美国包修铁路。中国造轮船则云无费，然闽浙巨商往往自造大轮船挂外国旗号自称洋商。此固在上者驱迫使然，而为士者犹不知商务力量之大，谈及商务，即有鄙屑之意，中国之士尚得谓之晓世事乎？舆图者，为政所必须，尤行军之首务，中国从古至今，无一详而确之图。上海刻《中外舆地图说集成》。要亦书贾射利之书，图则中国旧图，或西人至粗至略之草图，说尤芜杂，挂漏未可尽据。去年前敌获得倭兵，其身皆有地图，攻一处即有一处之图，山泽险要，桥梁道路，无一不备，下至山之斜度，川之广狭，皆有比例可寻，故抄袭埋伏，要约期会，虽一走卒能心领其意不致歧误。然西人犹自以为舆图未精，德国特结一舆地会，邀集千百人潜心考究，期以七十年之久然后出图。邹叔绩先生之孙沅帆名代钧，顷在鄂倡为舆图之学，能自译西文之图六百余幅，招股付梓，而人咸非笑之。西人兵法有气球、飞车，最足以乱敌之耳目而多方以误之。往年镇南关缘此失事，今年澎湖又因以不守，中国宜如何讲求仿造及应付之道。偶与人言之，辄以"奇技淫巧"四字一笔抹倒。呜呼！中国之士尚得谓之有知识乎？凡此皆不计利害之过也。不入虎穴，焉得虎子？不下十成死工夫，焉能办成一事？平日务当胸中雪亮，眼明手快，穷理尽性，大公无私，斟酌数千年上之沿革损益，及数千年下之利弊究竟，调剂五大洲政教之盈虚消长，而因应以为变通，使人存政举，利权尽操之自我，外洋皆将仰我鼻息以为生活，又何至有战事。即令付诸衡阳王子之《噩梦》，而万无可为之时，斯益有一息尚存之责。纵然春蚕到死，犹复捣麝成尘。古谚曰："巧妇不能作无米之炊。"然必有米而后作炊，亦不得谓之巧妇矣。然则畏难而就简因陋，一惭之不忍而累及终身，事急又横蛮言战，曾不恤情理之安，亦岂得谓通天地人之为儒，推十合一之为士，为包罗万有，本末兼赅，体用具备之学乎？夫彼之横蛮言战及为闭关绝市之说者，其不计利害也，是教五十里之国之滕文公伐齐、楚也。）

士生今日，亦只有隐之一法；然仕有所以仕，隐尤当有所以隐。为天地立心，为生民立命，以续衡阳王子之绪脉，使孔、孟、程、朱之传不坠于地，惟夫子与刘夫子、涂夫子自当任之。而门弟子亦宜或如仲子之治赋；

或如冉子之通算术、能理财；或如端木子之通算术、经商务；或如樊子之考究农务；或如公西子之足备使才；或如宰我子之习语言；或如卜子之治文学；或如颛孙子之订仪注；或如言子之详节文。陶淑既久，必将有治学合而为一，高据德行之科，兼为邦、南面之才与器，如颜子、仲弓其人者；师弟一堂，雍雍三代，有王者作，必来取法，可不疑矣。然今之世变，与衡阳王子所处不无少异，则学必征诸实事，以期可起行而无窒碍。若徒著书立说，搬弄昌平阙里之大门面，而不可施行于今日，谓可垂空言以教后世，则前人之所垂亦既夥矣。且此后不知尚有世界否？又谁能骄语有河清之寿以俟其效耶？（黄舍人言：昔客上海，有西人到其斋头，见书籍堆案，佯为不识而问曰："此何物也？"曰："书也。"又问："有何用处？"舍人不能答。乃徐笑曰："此在我西国自皆有用处，汝中国何必要此？"哀哉此言！亦所谓无其器则无其道也。不力治今之器，而徒言古之道，终何益矣。若西人之于书，则诚哉其有用矣。故十三经、廿四史、《通鉴》及有宋儒先之书，各国久即译出。各国又皆有专译中书之馆，期将中书经、史、子、集，下逮小说、新闻纸概行翻译，以备采择。彼既有其器矣，故道乃得附之。观其设施，至于家给人足，道不拾遗之盛，视唐、虞、三代固品节不及其详明，而其效率与唐、虞、三代无异。虽西国亦断无终古不衰弱之理，而中西互为消长，如挹如注，中国不自强盛，斯西国亦终无衰弱之理。然中国言治于今日，又实易于前人，则以格致诸理，西人均已发明，吾第取而用之，其大经大法，吾又得亲炙目验于西人而效法之也。夫华夏夷狄者，内外之词也，居乎内，即不得不谓外此者之为夷。苟平心论之，实我夷而彼犹不失为夏。中国尝笑西人冠服简陋，西人即诘我之发辫有何用处，亦无以答也。无怪西人谓中国不虚心，不自反，不自愧，不好学，不耻不若人，至目为不痛不痒顽钝无耻之国。彼在位而误国者不足责，奈何读书明理之人，曾不知变计以雪此谤耶？凡此诸言，迂儒闻之必将骇怪唾骂，特恐反客为主之时，再去思量此言亦既晚矣。）

闻佩豹言，夫子去年在鄂曾发变法之论，伏望先小试于一县，邀集绅士讲明今日之时势与救败之道，设立算学格致馆，招集聪颖子弟肄业其中。此日之衔石填海，他日未必不收人材蔚起之效。算学为中国所本有，（中国特好虚妄，谈算即推河图、洛书为加减乘除之本。不知随举二数皆可加减、可乘除，何必河、洛。夫河、洛诚不知为何物也，要与《先天图》与爻辰、卦气、纳甲、纳音与风角、壬遁、堪舆、星命、卜相之属，同为虚妄而已矣。必如西人将此等虚妄一扫而空之，方能臻于平实。谈算者又喜言黄钟为万事之根本，此大可笑，黄钟一律管而已，何得为万事之根本？即以造度量权衡而论，十二律吕谁不可借为度量权衡，何必黄钟？况累黍之法实迂谬而不可行，万不能取准。是以从古至今，九州十八省，无有齐一不差之度量权衡，则亦创法者之未尽善，虽虞舜不能强同之矣。惟西人分地面之天度为若干分，以其一为度，度定则算立方容积以为量，即以其重为权衡，一有差数，夫人可运算而知之，以故各国齐一，通都大邑穷乡僻处均无差失。中国测量家多用西尺，沿海民间交易尤习用西人之度量权衡，则以彼准而我不准也。天地之机缄一发而不可遏，将尽泄其灵奇以牖民于聪明之域，其间自有不期变而自变者，此类是也。算术古有九章之说，强割粟布、方田、商功、均输诸名目，实非出于自然，疑《周礼》保氏九数之说久即失传，汉儒割裂算数以补之。故先郑时已多出夕桀重差，明不止于九。至宋秦九韶知九章不足信而别立九章名目，所分乃益无理，是不如西人点线面体之说足以包举一切。推此则凡中国五谷、六谷、百谷、三江、九江、五湖、九河之说，要不过随举一数以为名，如九夷、八蛮之类，原可不必拘泥。经生家琐琐分辨，卒不能衷于一是，亦止觉玩时愒日而不切于事理矣。）格致之理，杂见于古子书中，（乍见之以为奇，其实至平至实，人人能知能行，且已知已行，习焉不察，日用之而不知耳。）谅亦不能以奇技淫巧见阻。而尤要者，除购读译出诸西书外，宜广阅各种新闻纸，如《申报》《沪报》《汉报》《万国公报》之属，公置数分，凡谕旨、告示、奏疏与各省时事、外国政事与论说之可见施行者，与中外之民情嗜好，均令生徒分类摘抄。其专治商务者，物价低昂、银钱贵贱与出进口货之畅滞多寡，应令列为年月比较简明表。（西人政事莫不列表，夫家登耗，百官进退，外国兴衰及交涉事件，出产增减，年谷丰歉，百物价值，用度奢俭，岁入多寡，兵额损益，船械精粗，工艺良楛，各种学问高下，医院治病得失，庶狱人数及罪名皆分等第为比较表，或变为方圆，为圆图，尤一目了然。一国大小之事如数掌纹，故能以简御繁，操之有要。贾生言："王道极之，至纤至悉无不到"，此之谓也。太史公曰："吾观周谱，旁行斜上"，盖即中国治经作史之法。）治天算者，各国各省极寒极热之度分异同与其星气之变，均应抄录。治医学者，各处风土所宜与其瘟疫札疬与药材产销之地与其价，均应抄录。自能长人学业，益人神智。（林文忠督粤时，广翻西国新闻纸，故能洞悉其情，而应其变。今日切要之事无过此者。况乡间无所闻见，必须借此为耳目。中国人之大病，莫过于不好游历，又并此而无之。终身聋盲矣。即不设此馆，城乡亦应公置数分，轮流递阅。）又严立课程，循名责实，每人止占一门，而皆从算学入手。每日工课，尽可从多，不使暇逸。七日一休沐，以节其劳，而畅其机。（此西国通例也，极合文武弛张之道，事如可行，其详细章程另拟呈。）兼读中国书时，得文之以礼乐。如夫子就近教导，品行心术自不至违背。来谕所云："守先待后，皆有分任之责。"果立不朽之业，功亦不亚微管，嗣同所云："雍雍一堂，王者必来取法，皆将于是乎在。"盖作育人才，实贞下赖以起元，剥后得以来复也，舍此更无他法矣。（备盛德大业王道圣功，而仅名其馆曰算学格致者，何哉？盖算学格致不笃信、不专精，即不能成，不以此为名，人将视为不急而不致一矣。书至此，闻易曼农之弟字惠农者自台湾来，急托人转问台湾之事，言台北三日苦战者，亦是唐薇卿夸张之词，实连战连败，遂失鸡笼。薇卿见事不可为，剃须而逃。兵民无主，始大乱。藩库存银一百万两，群往劫之，相争相杀死者无数。而杀人者旋复被杀，以至银钱弃掷满街，无人敢取。绅民不得已备酒席百桌，迎倭兵入城，银钱均被失去，除已抛弃之军械外，尚存新到未开箱之哈乞开斯五响枪五千枝，六响枪一万枝，刀矛更多。当倭未攻台之先，薇卿令家眷内渡，因辎重金银太多，标兵抬挑，心即不服。其中军又克扣招怨，遂鼓噪将中军杀毙。薇卿请杨岐珍之淮军往弹压，两军大哄，各死数十人，军心自此离矣。薇卿自立为王时，令其幕友俞确士名明震为布政使，俞寄电与陈伯严，自言得死所矣，兼与家人诀别。及督战大败，遂劝薇卿逃走，己亦同至南京，仍复寄书伯严，自夸战功甚伟。伯严乃作书痛骂之。又接别省转电，刘永福在台南获大胜五六次，外间传言倭大将桦山及大鸟、降将丁汝昌均被获。果然，亦大快人心。然不请别国保护，必无久持之理，何也？无人材也。可见不先储备人材，即起义兵亦徒苦父老而已。明季起义兵者无一能成，以衡阳王子命世亚圣之才，犹败于岳市，况其他哉？若云事不求可，功不求成，恐非所论于今日圣教将绝人类将灭之时矣。此设馆之所以宜亟也。然细思设馆亦有难者，费之难筹也，愿学者之无其人也。使变法之议奏准，其势自顺而易。不然，或以经课之费先设算学馆，而置格致为后图。以待经费之充足。若无愿学之人，直不能办。然有大志者之举事其初，成不成亦有天焉。）

嗣同务广才疏，毫无实济。偶有赞助，不出补苴目前之计，又未足以真有益也。惟觉练兵以防内乱，求贤以充将领，最为不可缓之要图耳。（撤勇过者纷纷，极为可虑。前刘岘帅令郑连拔招勇五营，方至鄂，忽奉旨遣散。平日克扣已极，每人每日止给钱四五十文，士卒典尽卖绝，忍饿从军。及是，又不给川资，五营同变，将其营官捆打，将遂杀之。郑逃至署告急，请王令往弹压，兼勒令发足月饷，并许回湘后再发恩饷，始得无事。后闻湘中所发恩饷仍被郑侵吞。娄峻山军门率军抵岳州，亦当裁撤，亦因克扣鼓噪。娄给其先缴军械，随令亲军以洋枪击之，毙三人，伤七人。众怒不可遏，捆娄于考棚，娄先已逾垣遁，遂燃考棚，烧民屋甚多，城内外罢市数日。府县出而调停，公助川资，此间又派兵往彼处，仅得解散。法纪荡然，暗无天日，不尽杀此种官与将，虽练兵无益也。至于吏治，固知是尤急之务，而竟无从着手。第一层是司道中无可与言者。安化方伯一味刻薄鄙琐，然在今日尚共推为正人。第二层是捐例太滥。昨有人以百余金捐一杂职到省，岂复成事体。襄阳大水，田庐牛马漂没殆尽，现议办赈，省会又苦亢旱，看来内乱将不胜防矣。）然事已糜烂至此，岂补苴所能了。平日于中外事虽稍稍究心，终不能得其要领。经此创巨痛深，乃始屏弃一切，专精致思。当馈而忘食，既寝而累兴，绕屋彷徨，未知所出。既忧性分中之民物，复念灾患来于切肤。虽躁心久定，而幽怀转结。详考数十年之世变，而切究其事理，远验之故籍，近咨之深识之士。不敢专己而非人，不敢讳短而疾长，不敢徇一孔之见而封于旧说，不敢不舍己从人取于人以为善。设身处境，机牙百出。因有见于大化之所趋，风气之所溺，非守文因旧所能挽回者。不恤首发大难，画此尽变西法之策。（将来变法之奏，不过略陈易变而少弊者数端，以无行法之人也。近颇劝令弟侄辈从事时务，昨晤陈伯严，亦云已令子弟改业西学矣。）而变法又适所以复古。是否有当，祈训诲焉！

心血渐虚，不复能次第其语，拉杂潦草，负您益巨，亦惟鉴察是幸！

视天未定，来日大难，望为天下自卫。家严焦劳忧愤之余，体气幸尚安健，足纾系念。此叩福安！

受业谭嗣同谨禀

外由大家兄寄呈家严致彭、陈二君缄稿，系湘乡张伯纯（名通典）手笔。张与邹沅帆同委营务处差，皆通才也。黄舍人真奇士，然别是一路，今已他去矣。佩豹昨已有书寄呈，终日焦叹而已。

又"松柏后凋"云云，乃嗣同与人辩论之词，因都中人来述曾重伯、陈梅生等之言，因愤而论之耳。真不值一笑也！（《谭嗣同书简》）

报贝元征

元征齐年有道：

李正则书称足下流寓天津，适馆厥家，德星辉聚，甚善！甚善！

奉五月十四日书，具承操先醒之资，蕴悯乱之旨。方复图谋三反，盱衡相告，其日正则同驻，借晓中外情事，此诚当务之急，儒者所尽心矣。嗟乎！谁为为之，不图才数月，使天下大局破裂至此！割心沉痛，如何可言！夫不获已而和，是也，而利权兵权制造之权，骎骎乎及于用人行政之权，一以授之敌，无短篱之不撤，有一纲而俱尽，直合四百兆人民之身家性命而亡之，即何能为今之条约解矣。前寄书有未宣究，今且即答来语，一一陈之：

来语"将讲洋务之术尚未精，必变法以图治欤？抑中国圣人之道固有未可尽弃者欤？"嗣同以为圣人之道，无可疑也。方欲少弃之而不能，何况于尽。特所谓道，非空言而已，必有所丽而后见。《易》曰："形而上者谓之道，形而下者谓之器。"曰上曰下，明道器之相为一也。衡阳王子申其义曰："道者器之道，器者不可谓之道之器也。无其道别无其器，人类能言。虽然，苟有其器矣，岂患无其道哉！君子之所不知而圣人知之。圣人之所不能而匹夫匹妇能之，人或昧于其道者，其器不成，不成非无器也。无其器则无其道，人鲜能言之。而固其诚然者也。洪荒无揖让之道，唐、虞无吊伐之道，汉、唐无今日之道，则今日无他年之道多矣。未有弓矢而无射道，未有车马而无御道，未有牢、醴、璧、币、钟、磬、管、弦而无礼乐之道，则未有子而无父道，未有弟而无兄道，道之可有而且无者多矣。故无其器则无其道，诚然之言也，而人特未之察耳。故古之圣人，能治器而不能治道。治器者则谓之道，道得则谓之德，器成则谓之行，器用之广则谓之变通，器效之著则谓之事业。故《易》有象，象者像器者也；卦有爻，爻者效器者也；爻有辞，辞者辨器者也。故圣人者善治器而已矣。"又曰："君子之道，尽夫器而已矣。辞所以显器，而鼓天下之动，使勉于治器也。"由此观之，圣人之道，果非空言而已，必有所丽而后见。丽于耳目，有视听之道；丽于心思，有仁义智信之道；丽于伦纪，有忠孝友恭之道；丽于礼乐征伐，有治国平天下之道。故道，用也；器，体也。体立而用行，器存而道不亡。自学者不审，误以道为体，道始迷离徜恍，若一幻物，虚悬于空漠无朕之际，而果何物也耶？于人何补，于世何济，得之何益，失之何损耶？将非所谓惑世诬民异端者耶？夫苟辨道之不离乎器，则天下之为器亦大矣。器既变，道安得独不变？变而仍为器，亦仍不离乎道，人自不能弃器，又何以弃道哉！

　　且道非圣人所独有也，尤非中国所私有也，惟圣人能尽之于器，故以归诸圣人。以归诸圣人，犹之可也。彼外洋莫不有之。以私诸中国，则大不可。以彼处乎数万里之海外，隔绝不相往来，初未尝互为谋而迭为教。及证以相见，则所食者谷与肉，不闻其或异也；所饮者酒与浆，不闻其或异也；所衣者布帛裘褐，所宝者金玉珠玑，不闻以冠代履，以贵贸贱也；所需之百工器用，商贾输贩，与夫体国经野，法度政令，不闻有一不备也；与中国通商互市，易器物而用之，又未尝不各相宜也。独于伦常，窃窃然疑其偏绝。夫伦常者，天道之所以生生，人道之所以存存，上下四旁亲疏远迩之所以相维相系，俾不至瓦解而土崩。无一息之或离，无一人之不然，其有节文之小异，或立法之相去甚远，要皆不妨各因其风俗，使捷于知而便于行，未有一举伦常而无之者。

　　即如君臣一伦，人人知其有，不待言矣。而有所谓民主者，尤为大公至正，彬彬唐、虞揖让之风，视中国秦以后尊君卑臣，以隔绝不通气为握固之愚计，相去奚止霄壤。于族属有姓氏之分，有谱牒之系，长幼卑尊之相次，父子兄弟之相处，未尝不熙熙然。彼惟无人不出于学，深得易子而教之义，故年至成立，艺术已就，其父母分与资财，令其自立，尤合古之士父子异宫之法，其日日问视可知，故非一离不复合，一别不更亲也。且将以小离终保其大合，以有别不至相夷于无亲，是可无中国"室无空虚，妇姑勃溪"之弊。人人不能不求自立之道，通国于以无惰民，不似中国转累父母养之忧之，使父母有"多男多惧"，及"汝曹催我老"之叹也。祖父之产，身后不悉归于子孙，犹然民主之法之推也，是永无兄弟骨肉争产之讼，与夺嫡争继之讼。嗣同所识西人，有英医士某，能孝其母，言及其母，则肫肫然有孺慕之色，三数日一寄书，言琐屑事甚备，下至日所食之蔬果，无不奉告惟谨，又不时电问安否。至其俗左男而右女，自为风气所囿，亦犹中国烧拜香之陋俗，谓止可为母烧之，父则当不起也。夫妇则自君至民，无置妾之例，又皆出于两情相愿，故伉俪笃重，无妒争之患，其子孙亦遂无嫡庶相猜忌之患。朋友则崇尚风义，讲信修睦，通财忘势而相赴难。其学堂书院之规模，一堂师弟，思谊分明，迥非中国书院之攘诟及近日师弟相待之薄。即与异邦人交，无不竭尽其诚，胡、越而肝胆，永无市井欺诈之习，是尤为中国衰世所绝无。至于取人之国，专尚阴谋狡险，此兵家之道，所谓"兼弱攻昧，取乱侮亡"，因可施而施之，所当自反，岂得怨人哉！

中国之五伦，详于文而略于法。彼不尚文，而其法能使家庭之间不即不离，就令不无流弊，而长短适足相抵，何至如中国前跋后疐，貌合神离，强遏自然之天乐，尽失自主之权利，使古今贤圣君子于父子兄弟之间，动辄有难处之事。尊为天子，德为圣人，徒抱幽恨于无穷，而无术补不周之已缺，毋亦强密其文，而法未有以节宣之欤？

由是论之，夫惟仁，是以相人偶；夫惟义，是以能制事；夫惟礼，是以有《周官》之制，是以有朝聘、宴飨、军实、婚丧、贺吊、岁时上冢之仪。其不祭，知其无益也。丧服各有等衰，为父母持服一年，余以次递降，其不三年者，文不具耳，天性笃至者，乌知不有终身之戚也。彼之免冠，吾之半跪也；彼之握手，吾之长揖也；彼之画数，吾之顶戴也；彼之宝星，吾之翎枝也。吾笑彼冠服简陋，彼即诘吾之发辫何为者，无以答也。若夫智信，又人人共知共睹，不待言者。子张问十世，孔子告以百世可知。万年之久，万里之遥，各安于所习，不必相远，不必相从，自不必相非也。其不能变者，极之纵天横地，无可变也。果未有一举伦常而无之也，使彼无伦常，则不相爱，不相育，彼吞此噬，攻斗涣散，族类渐灭久矣。尚安能举国一心，孜孜图治，一旦远出中国上，如今日乎？使无伦常而犹有今日，则伦常者初无关于治乱得丧，为可有可无之赘旒，而吾圣人以伦常设教，反虚而多事矣。

彼其教或有不晓者，要亦尊天明鬼以整齐其民耳。中国之佛、老何谓也。乡曲之牛鬼蛇神，一木一石，一藤一井，皆虔而祀之，祷而祈之，又何谓也！诋之者谓在中国有抉目刳心为诸不道，而谁目睹之耶？果尔，何以在本国不闻有是，而天道又何在？此有识所断不信。

尝笑儒生妄意尊圣人，秘其道为中国所独有，外此皆不容窥吾之藩篱，一若圣人之道仅足行于中国者。尊圣人乎？小圣人也。盖圣人之道，莫不顺天之阴骘，率人之自然，初非有意增损于其间，强万物以所本无而涂附之也。则凡同生覆载之中，能别味、辨声、被色，顶上而踵下，抱阴而负阳，以口鼻食息，以手足持行，其形气同，其性情固不容少异。子思子曰："舟车所至，人力所通"，推之"天之所覆，地之所载，日月所照，霜露所坠，凡有血气者，莫不尊亲。"不必即尊亲，其人自由其道而莫之知也。在人言之，类聚群分，各因其厚薄以为等差，则有中外之辨，所谓分殊也。若自天视之，则固皆其子也，皆具秉彝而全界之者也，所谓理一也。夫岂天独别予一性，别立一道，与中国悬绝，而能自理其国者哉，而又何以处乎数万里之海外，隔绝不相往来，初未尝互为谋而迭为教，及证以相见，莫不从同，同如所云云也？惟性无不同，即性无不善，故性善之说，最为至精而无可疑。而圣人之道，果为尽性至命，贯澈天人，直可弥纶罔外，放之四海而准。乃论者犹曰："彼禽兽耳，乌足与计是非、较得失？"呜呼！安所得此大不仁之言而称之也哉！其自小而小圣人也，抑又甚矣。故中国所以不振者，士大夫徒抱虚憍无当之愤激，而不察夫至极之理也。苟明此理，则彼既同乎我，我又何不可酌取乎彼？酌取乎同乎我者，是不啻自取乎我。由此而法之当变不当变，始可进言之矣。

夫法也者，道之淆赜而蓄变者也。三代儒者，言道必兼言治法，在汉儒犹守之谊，故老、庄与申、韩同传，而《盐铁论》列于儒家。自言道者不依于法，且以法为粗迹，别求所谓精焉者，道无所寓之器，而道非道矣。至于法之与时为变也，所谓"汉、唐无今日之道，今日无他年之道"，道之可有而且无者也。且无则不能终无，可有尤必应亟有。然以语乎今日，又不徒可有而且无，实今无而古不必不有者也。

忆往年共足下谈时事，疾世之薄儒也，嗣同奋起作色曰："奈何诋儒术无用乎？今日所用，特非儒术耳。"足下便叹绝，说是知言。故夫法之当变，非谓变古法，直变去今之以非乱是、以伪乱真之法，蕲渐复于古耳。古法可考者，《六经》尚矣，而其至实之法，要莫详于《周礼》。《周礼》，周公以之致太平而宾服四夷者也。朱子谓"《周官》如一桶水，点滴不漏，盖几经历代圣君贤相创述因革，衷诸至善，而后有此郁郁乎文之治。"嗣同尝叹周公之法而在也，谁敢正目视中国，而蒙此普天之羞辱，至率九州含生之类以殉之也哉！盖至是始识周公立法之善，而孔子、孟子皇皇周流，思以匹夫挽救周公之法之将废，终不见用，犹垂空文以教后世，万一有能复之者，所以贻万世以安，不忍于人类日趋消亡，遂有今日之奇祸也。其事至难，其心至苦，斯其计虑亦至深远矣。当时既皆不悟，至秦果尽废周公之法。是周公之法，在秦时已荡然无存，况秦以来二千余年，日朘月削，以迄今日。虽汉、唐之法，尚远不逮，岂复有周公之法一毫哉？

然则今日所用，不但非儒术而已，直积乱二千余年暴秦之弊法，且几于无法，而犹谓不当变者，抑尝深思而审处上下古今一综计之乎？然以积乱二千余年暴秦之弊法，且几于无法，而欲尽取周公之法之几经历代圣君贤相创述因革，衷诸至善，而后有此郁郁乎文之治，为两汉所可复而不复，而使一旦复于积重难返之时，则势亦有万万不能者。井田可复乎？封建可复乎？世禄可复乎？宗法可复乎？一切典章制度，声明文物，又泯然无传，非后世所能凭虚摹拟。此数者，周公借以立法之质地也。数者不可复，其余无所依附，自阁室而难施。故曰无其器则无其道。无珩琚而为磬折垂佩之立，人鲜不笑其戚施矣；无筵几而为席地屈足之坐，人鲜不疑其瘫痪矣。

是故后世人主，未尝不慕古之良法美意，鳃鳃然效之。若封禅，若乐舞，若耕藉，若亲蚕，诸如此等，不一而足。效之诚是也，而终于涂饰附会，故事奉行，牛非牛，马非马，泥虚文而无实济。即儒生则古称先，研覃经术，一若三代大同，得尺寸柄遂可举而措之，及向用矣，亦终不能有如其所自期而踌躇满志之一日。岂皆学之不至，与所从学者之不至哉？"为高必因邱陵，为下必因川泽"，古法废绝，无以为因也。无以为因，则虽周、孔复作，亦必不能用今日之法，邈在昔之效明矣。贯七札者非空拳，伐大木者无徒手，无他，无其器则无其道而已。于此不忍坐视而幡然改图，势不得不酌取西法，以补吾中国古法之亡。正使西法不类于古，犹自远胜积乱二千余年暴秦之弊法，且几于无法。又况西法之博大精深，周密微至，按之《周礼》，往往而合，盖不徒工艺一端，足补《考工》而已。斯非圣人之道，中国亡之，独赖西人以存者耶？

说者谓周衰，畴人子弟相率而西，故西人得窃中国之绪余而精之，反以陵驾中国之上。此犹粗浅之论，未达夫性善之旨，与圣人之道之所以大也。同生于覆载之中，性无不同，即性无不善。彼即无中国之圣人，固不乏才士也。积千百年才士之思与力，其创制显庸，卒能及夫中国之圣人，非性善而能然欤？又见圣人之道，果顺天之阴骘，率人之自然，初非有意增损于其间，强万物以所本无而涂附之，故暗合而悬同欤？就令如说者之言，西法皆原于中国，则中国尤亟宜效法之，以收回吾所固有而复于古矣。见飞蓬而作车，见蜘蛛而结网，一草一虫，圣人犹制器尚象，师之以利用，况穷变通久，如西法之为圣人之道乎？不然，且日贫日弱，长为人役，圣人之道乃终亡矣。故嗣同以为变法图治，正所以不忍尽弃圣人之道，思以卫而存之也。

来语“数十年来士大夫争讲洋务，绝无成效，反驱天下人才，尽入于顽钝贪诈”。嗣同以为足下非惟不识洋务之谓，兼不识何者为讲矣。中国数十年来，何尝有洋务哉？抑岂有一士大夫能讲者？能讲洋务，即又无今日之事。足下所谓洋务：第就所见之轮船已耳，电线已耳，火车已耳，枪炮、水雷及织布、炼铁诸机器已耳。于其法度政令之美备，曾未梦见，固宜足下之云尔。凡此皆洋务之枝叶，非其根本。执枝叶而责根本之成效，何为不绝无哉？况枝叶尚无有能讲者。

试先即枝叶论之，西法入中国，当以枪炮为最先，其次则轮船，皆不为不久矣。枪炮尚不能晓测量，遑论制造！今置一精枪精炮于此，足下以为可仅凭目力而浪击之乎？势必用表用算而后能命中，则试问：左右前后之炮界若何？昂度低度若何？平线若何？抛物线若何？速率若何？热度若何？远近击力若何？寒暑风雨阴晴之视差增减若何？平日自命读书才士，无一人能言者，甚则并其名与制犹不能识。有事则召募愚愿乡农，使用读书才士所不能识之器，不亦大可哀乎？去年日本闻中国购枪械，从而笑之曰："纵得精者，其如无人解用何！终为我有而已。"后竟如其言。彼之炮兵无不精测算，枪兵亦通晓大略，胜负之数，早辨于此矣。轮船虽内江商轮，曾不能自驭，必聘洋工驾驶，又况海船，又况海军之且战且行。回旋不成三角，何以避碰船？炮机不极灵熟，何以御雷艇？下至风涛沙线，犹须寄耳目于洋工，就令秦、越有同舟之谊，而攻战大事，何能专责一二驾驶之人？平时依违近港，虚作声威，初不意真使出战；迨迫以军法，将士环向而泣，至有宵遁者。其能与履险如夷、少成习惯之悍敌，驰逐于洪波骇浪中，而望其不覆败乎？则凡汽机之灵滞，水火之均剂，速率、马力、涨力、压力之多寡，测天以辨经纬，测地以验远近，更无论矣。嗣同尝往来各省机器局，见所谓总办，非道即府。问其得道府之由，上之挟万无一用之举业，弋科目而驯致之；否则入资财而货取之；营荐举而巧攫之。中国辨士论官，固自不出此，何怪于算学制造了不省悟，则以下诸官属之懵然昏然，又不待言。即或一二奇材异能之士杂其中，夫谁知而听之！非无格致书院、武备水师诸学堂矣，而肄业不过百数十人，又不过每月应课，支领奖饩，以图敷衍塞责。非能合天下全力，如治八股之殚精竭智，以治其业，以求御侮之方。兼无一定登进之途，使免于夤缘干禄，而谓此智愚不齐之百数十人，皆可造成人材，有是理乎？材或成矣，又谁知而辨之？于是各局不得已而用西人主其事。西人竭诚忠事与否，已不可信，见我无知无识，安坐束手，以受指挥，而听愚弄，彼亦何为不遂愚弄之乎？故枪炮厂不一，天津、上海、江宁其最久者，至用枪炮之时，无枪炮也。船厂不一，旅顺、福州其最大者，至用船之时，无船也。于是又不得已而购于外洋，外洋知中国素无试验船械之机器，莫辨良楛也，尽以其共弃而已废者，昂值售之中国。其外观犹是也，而铁质之粗疏，炼法之苟简，花线骨节之不中程度，有非机器莫辨者，固不得谛审而争论也。又况如去年危迫时，欲购稍钝之器，皆碍于公法而不可得。智利为局外之国，因乏见钱，竟不愿售。而出使大臣意在分肥，收兑委员从而索费，值愈昂而器愈劣，又累被倭船搜夺，私相授受，急何能择耶！然则中国虚掷此数十年，足下犹称为讲洋务，毋乃过于高视衮衮诸公，为之出其罪乎？徽末流之失，遂谓创始之非，又何异惩羹而吹齑，因噎而废食矣。

且惟数十年士君子徒尚空谈，清流养望，以办洋务为降志辱身，攻击不遗余力。稍知愧耻者，至不敢与办洋务人通往来。于是惟下贱无耻不恤声名之流，始甘心从事。上官明知其非类，窘于无人，不获已而用之。有细崽起为关道者矣，有从马占仕至封圻者矣，人才安得兴？洋务安得有效？足下所谓反驱天下人才尽入于顽钝贪诈。反之一字，适足见洋务本非驱人之具，无真知洋务之人，使顽钝贪诈得诡托于洋务以售其奸，反似洋务有以驱之云尔。此又不得专罪诸公，实士君子引嫌自高，不屑务实之过矣。有其学而不用，犹可曰不用者之罪也；自不肯为有用之学，将谁执其咎哉？某公尝叹曰："无惑乎合肥之得志也！遍观中外大小臣工，学问非不好，人品非不好，心术亦未必都不好，然问以新旧小大炮数百种，新旧后膛枪数百种，形式若何，运用若何，某宜水，某宜陆，某利攻，某利守，某利山林，某利平地，以及水雷、旱雷、炮台、地营诸攻守之具，进而西人政事法度之美备，更有十百于此者，无能知焉。贤之与不肖一也，少知之惟一合肥，国家不用之而谁用乎？"而昨见王壬秋上合肥书，痛诋洋务，兼及曾、左，兼及香帅。其为合肥画计，则又劝其率铁甲船往攻日本，此诚奇计矣。然无论中国初无人解驭铁甲，即有之，而铁甲独非洋务乎？非测天无以识途，而谓当用中国之土圭乎？非测地无以记里，而谓当用中国之更香乎？不解汽机，何以行船？不熟算术，何以定炮？不习公法，不能悬旗；不通语言，不能答局外之问。凡此数者，非致力久，用心专，则不能得实用，而谓平日不当讲肄，自可取办于临事乎？是铁甲尤诸洋务之荟萃，是中国之名士，未始不知洋务之有用，特己所不知不能，恐一讲洋务，即失其所以为名士之具，不得不忍心出死力以挤之耳。试问诋洋务者，能不衣洋布、用洋物乎？与其仰彼之物以为用，使其日耗吾民之财，何如皆自造之、自用之，兼造彼所需用者抵御之，以留养民命、纾民力之脂膏耶？即如洋钱一宗，通行东南各省，西人获利无算，中国何以不早仿造？始以为资本太重耳，湖北建银元局，购置机器才数万金，是亦何难？乃至今始有广东、湖北二局。铜钱则竟坐视西人之销镕，而不为之所。

中国举事着着落后，浸并落后之着而无之，是以陵迟至有今日。而所谓士者，方更坚持旧说，负固不服，不问此时为何时，所当为为何事。溺于考据词章，狃于湘军中国人杀中国人之百战百胜，而怙以矜夸。初不辨为某洲某国，概目之曰洋鬼。动辄夜郎自大，欲恃其一时之议论为经济，意气为志节，尽驱彼于海外以闭关绝市，竟若经数十年贤士大夫焦思极虑无以处之者，彼一横蛮即旦夕可定。见有识者讨论实学，力挽危局，又恶其形己虚而乘己短也，从而媢之、疾之、訾之以异端，訾之以邪说。然则便当拱手瞠目以待诛戮耶？愚尝谓中国有亡国之士者此也。

又不惟士，有亡国之民焉。各省之毁教堂，打洋人，湖南之阻矿务，阻电线。以天子之尊，不能举一事。官湖南者动色相戒，噤口不敢谈洋务。加以周汉之稗士乱民煽惑之，快私志于一逞，而阴贻君父以危辱，犹施施然不知天高地厚，方自诩忠义，骄语于人曰："吾能辟邪说、攻异端矣。"顷四川教案，牵涉多国，大不易了。保护教堂之严旨，急如星火。驯至寓湖北之洋人，每日游洪山，令由督抚衙门派兵伺候，岂复成世界！西人犹谓中国之官曾不能自约束中国之民，要此官何用？其评吾湘人，一则曰无教化之野蛮，再则曰未开智识之童呆，而中国之人尝一致思否乎？

穷其所以至于如此之故，即又不得不专罪诸公，处无法而当变法之时，不能出铁肩，下辣手，如张江陵毁天下书院，如国初剃发之令，以力遏此曹稗士乱民，反曲循之使不变，使士民无所适从。欲不讲洋务，而接于聪明，接于精神，接于日用饮食，何莫非洋务？既不能高飞远走，不在人间，斯决去之而势有不能。平时所考，不过八股、试律、大卷、白折，及使之也，迥异其所考，不问其习不习，一于求全责备，事事皆使为之，卒至一事不能为。欲讲洋务，而国家初无是法，乏师承以致其精，又望焉而畏其烦苦，恐徒分治举业之日力，又不能与科目、资财、荐举者争进取。目营四海，茫无系属，遂忍而付诸不论不议。无铁路及游历之费以扩充其见闻，乃真以为可不讲洋务，而讲之即非圣人之道。似是而非，习非成是；一唱百和，同然一词。虽家置一喙，亦将深闭固拒而不信。

日本、暹罗之变法也，先变衣冠，所以神其鼓舞之妙用，而昭其大信。一新士民观听，俾晓然共喻于法之决于一变，渐摩濡染，久久自将合为同心同德，以舍旧而新是图，进变他法。始自易于听从，乐于效用，民志于以定，谤议于以平也。日本遂以勃兴，暹罗亦不失为宇内第三等国。其不变者，则皆不祀，忽诸斩焉灭矣。故夫变衣冠，亦洋务根本之一端焉。或者以五十步笑百步而不愿变，亦可不强之，而其他当变者，固无一可缓也。

夫言不当变法，亦幸生此取士用人无据之时，得匿其无所能，而冀幸于糊名之取士，资格之用人，以便身图耳。西人鄙中国之士志趣卑陋，止思作状元宰相，绝不自谋一实在本领以济世安民。吁，异哉！此言乃出自西人之口，吾中国之取士用人何如耶？

足下昔慨资格糊名之失，犹以为彼善于此，为公道之仅存。斯其愤时嫉俗之深心，非不知圣人之道之无存，惟恃此希疏将裂之法，聊为遮禁，而独不思变计何耶？变而乡举里选，谬采虚声，则得人爵，弃天爵，党同伐异，弊愈益滋，更出资格糊名之下。是古法果不可行于今，果不能不变为西法取士用人之依于实事。苟依于实事，即乡举里选又未尝终不可行，故以为变法即变而复于圣人之道，此物此志也。向令早数十年变科举如西法之依于实事，舍此更无出身之阶，彼便身图者，复何所容其冀幸，而不回心易虑以治西学？迄乎今日，民志久定，谤议久平，人才久布列在位，中国久复乎圣人之道，而首出乎万国。父以是诏，兄以是勉，我辈亦必精其业于公法条约，使务、界务、商务、农务、税务、矿务、天文、舆地、测绘、航海、兵、刑、医、牧、方言、算数、制器、格致之中，各占一门，各擅一艺，以共奋于功名之正路。何至如今日一无所长而流为废物；又何劳腾其口说至有此等辩论？令彼时有强我辈复为八股者，有不笑之骂之，如今之笑骂洋务者乎？又令我辈不生中国而生于英、俄、法、德，美、日诸邦，见中国所谓八股，及我辈此等辩论，有不旁观而目笑者乎？然则诸公与士民，皆有不得归罪者，不早变科举故也。

今之原祸始者，必以合肥为丛矢之的。夫日暮途穷，百政废弛，诚足恶矣。然二十年前，有绝大之名奏议，为中国生死存亡之所系，则为请以科举变西学一疏。既格不行，何从得群策群力以自辅？何从使君子自别于小人，而化四百兆无用之废物为有用？更何从有安内攘外建威销萌之一日？合肥聪明人，岂见不到此？故规模虽极宏远，布置虽极周匝，一有边警，即始终主和，亦灼见科举不变，材艺不奋，万无可战之理。此其洞睹几先，力维大局，非后生浅识所能窥观者矣。责人斯无难。我辈匡居逸豫，超然事表，但觉彼之失机后时。而当局者步步荆棘，居高地而不能行其志愿，事变万端，交秉迭赴，实有至难者。独怪其变科举之言既不用，何不以去就争？争之不得，即奉身而退，不人己两全矣乎！俟至伊藤博文十年变法之诘，张目而不能对。嗟乎！贪位恋权之足以丧身如此，徒枉其才而已。故夫变科举，诚为旋乾斡坤转移风会之大权，而根本之尤要者也。

或难曰："不先正天下之人心，变犹不变也。"曰：是固根本之根本，而亦第正在上位之人之心可矣。有《雎》《麟》之意，而后可行官礼之法，亦就在上位者言之，何便溥罪天下之人心乎？必谓天下人心皆不正，又何其过尊西人而自诬之甚也。西国之治平，岂皆人心正于中国乎？彼独操何术以致此，然则彼性善而我性恶乎？亦彼之法良意美，我无法而已。法良则中人以下犹可自勉，无法即中人以上难于孤存。法良则操、莽无从觊觎，无法即尧、舜终于犹病。且即欲正天下之人心，又岂空言能正之乎？极知今日之祸乱有为人心所召，彼甘心误国者，所谓不待教而诛，虽圣人不能正此已死之人心，然有后来未死之人心焉。无法又从何处正起，则亦寓于变法之中已耳。衣食足，然后礼让兴；圣人言教，必在富之后。孟子谓："救死而恐不赡，奚暇治礼义？"言民道，则以耕桑树畜为先，无所器则无其道。圣人言道，未有不依于器者。岂能遍执四百兆颠连无告之民，一一责以空言，强令正心乎？所谓垂空文以教后世，亦望后之人能举其法以行其教，而空者不空耳。若但空文而已足，则前人之垂亦既夥矣。今之于教何如哉？孔子作《春秋》而乱臣贼子惧。并孔子之世，不乏乱臣贼子矣；后孔子之世，不乏乱臣贼子矣。孟子距杨、墨，而异端不绝于后世；韩昌黎辟佛、老，宋儒又辟佛、老，卒与昌黎、宋儒并存。无他，孔、孟、昌、黎、宋儒不幸不得位行权，以施其正人心之法，徒恃口诛笔伐，以为千里金堤而不忧横决，固不免为奸雄所窃笑。然则不变法，虽圣人不能行其教以正人心。此变学校尤为正人心之始基，根本之根本矣。学校何以变，亦犹科举依于实事而已。

夫人心既不可抉取以考察正否，故非借证于实事，尤无从以得其心。中国之经史性理，诵习如故，尊崇如故，抑坐定为人人应有而进观其他，不当别翘为一科而外视之也。即考据词章八股试律，亦听其自为之，不以入课程，不以差高下，皆取文理明通而已，以其可伪为也。余不可伪为，自必皆实事。皆实事，则科举之取士也有据，而乡举里选亦无计以遂其私。善夫西法学校科举之合为一也，有择官选士之意焉。有初学院、中学院、上学院，学者依次递升，其材者升于大书院，犹成均也。各守专门之学以待录用，学弗精进，或他过失，依次降之，犹郊遂也。其投考也，即由各专门院长考之，不拘人数，求考即考，一二人可也，百十人可也。不拘时日，随到随考，今日可也，明日可也。所考又皆实事，皆可实验。如考算学即面令运算，船学面令驾船，律学面令决狱，医学面令治病，汽机学面令制造，天文、测量面令运用仪器。众目昭彰，毫无假借。中式即面予证书，差其等第，以为名称，如中国举人、进士之类，其有殊尤，立即报明擢拔。考政学文学者官内部，考算学理财者官户部，考兵学者官海军陆军部，考法律者官刑部，考机器者掌机局，考测绘者掌舆图，考轮船者航江海，考矿学者司煤铁，考公法者充使臣，考农桑者列农部，考医学者入医院，考商务者为商官。余或掌教，或俟录用，或再考。每国大小公私书院学塾多至十数万区，少亦数万。学某学即读某门专书，而各门又无不兼有舆地之学。又有兵学校，凡兵均令读书。又有瞽学校，制凸字书令扪而读之。凡子女生八岁不读书，罪其父母。又有五家连坐之法，一家不读书，五家皆坐罪。故百工商贾农夫走卒，无不读书。又有女学校，故妇女无不读书。由是小儿得于母教，方七八岁时，即知地为球体，月为地之行星，地为日之行星，地自转而成昼夜，地绕日而有寒暑，地凡几洲，凡几国，某国与我亲，某国与我仇，及其广狭强弱，均已晓其大概。至于品行心术，固无法以考验，实即寓于诸学之中，坐定为人人应有，而进观其他。苟其不端，亦决无能善其事而不败露者。况有警察官吏举刺之，有上下议院评论之，又有浓赏厚罚驱其后，复何忧不得人哉？中国之考八股，于品行心术即又何涉！岂惟八股经史性理考据词章凡可伪为者，其无涉犹八股也。顾亭林悼八股之祸，谓不减于秦之坑儒。愚谓凡不依于实事，即不得为儒术，即为坑儒之坑。惟变学校变科举，因之以变官制，下以实献，上以实求，使贤才登庸而在位之人心以正。且由此进变养民卫民教民一切根本之法，而天下之人心亦以正。根本既立，枝叶乃得附之。夫何忧顽钝贪诈，夫何忧洋务之无效？

或又难曰："天下大局，已溃裂至此，所谓利权兵权制造之权，骎骎乎及于用人行政之权，一以授之敌，欲毁约又已无及，虽变法庸有济乎？"曰："是难言也。"吾独惜夫前此数十年宽闲之岁月，不计此，不为此。见日本之变法而兴，可谓虽无老成人，尚有典型矣。犹不思效法，反议之诋之笑之咒之。初通商之不变，尚曰不识中外情形也；庚申可变矣，庚辰可变矣，乙酉可变矣，而决不变。迄乎今日，奄奄一息，自救不遑，顾不度德，不量力，张脉偾兴，忽起而与能变法之日本战。如泰山压鸡子，如腐肉齿利剑，岂有一幸乎？初闻湘军之见敌即溃也，心虽哀之，未尝不窃喜吾湘人之骄从此可少戢矣。既而其骄如故，"躬自厚而薄责于人"，吾何暇计外洋之欺凌我、虔刘我哉？责己而已矣。《春秋》之法，责贤者备，彼甘心误国之臣，既非贤者，责又将别有所在，则事之不可为，夫亦亡国之士与民为之也。何则？今日误国之臣，即前日之士民；今日之士民不变，他日又将误国矣。虽然，吾所云变学校，变科举，凡以为士与民，化其桀骜，而登庸其贤才也。贤才登庸，正如西人所称联合力，岂有不可为之时势哉？

试为今之时势筹之。已割之地，不必论矣。能有为者，固不在大，此其浅祸也。赔兵费二万万两，又议增三千万两，其祸较深。括尽中国之民财及于妇女之环珥，恐犹不足取办。不足取办，则威海之倭兵永不得撤，五十万之岁饷永不得停，子金又日孳而日重，势不得不假资于西人。西人更因而盘剥之，重息也，质地也，抵押海关也，皆所不免，而吾益不足取办。子金之日孳日重，负西人无益于负日本，积累既久，虽割地割海关犹不能偿。统筹全局者，所以必首先从事于此。若无内国债可举，而择祸莫如轻。莫如俗谚"与其欠钱，不如卖田"，是犹有办法者也。至于遍地通商，免税免厘，兴创机局，制造土货，其祸之烈，直无办法！

来语所云"各国援利益均沾之说，从而效尤，小民岂堪其苦？"嗣同所云："直合四百兆人民身家性命而亡之，此约不毁，圣人无能为矣。"然毁之自当有其道也。今夫内外蒙古、新疆、西藏、青海，大而寒瘠，毫无利于中国，反岁费数百万金戍守之。地接英、俄，久为二国垂涎，一旦来争，度我之力，终不能守，不如及今分卖于二国，犹可结其欢心，而坐获厚利。二国不烦兵力骤获大土，亦必乐从。计内外蒙古、新疆、西藏、青海不下二千万方里，每方里得价五十两，已不下十万万。除偿赔款外，所余尚多，可供变法之用矣。而英、俄之出此款，亦自不易。吾则情愿少取值，浼二国居闲胁日本、废去遍地通商之约；即再加赔费，亦无不可，而仍愿少取值，请归二国保护十年。二国第毁约与保护，即少出值，尤必乐从。夫保护之说，本不可恃，而此所谓保护，止求其出一保护之空言，且须有十年之限制，吾暂假以为虎皮吓他国，使不吾扰耳。似今浙江之舟山、天津之铁路，竟由英、德派兵保护，则断断不可。即十年内与他国有事，亦不可真令其助。然得宇内二大国之一言，亦断不至与他国有事。且英、俄互相猜忌，倚中国为障隔，中国转因而居重。新疆、西藏壤地密邻，二国又将彼此相谋，自固共圉，更无暇犯中国。即令欲犯中国，而经营内外蒙古、新疆、西藏、青海大而寒瘠之区，如农务、矿务、商务、铁路之属，必十年之后始少有条理，是尤为缓兵之策，吾得此十年闲暇，固足以自强矣。而二国出值，又不必皆见银，凡铁甲船、快船、碰船、雷艇，水雷、精枪、快炮、商船、火车，造铁路之钢条木板，及应用诸机器，皆许作抵。凡此于日本于英于俄无不准情酌理，两剂其平，所谓絜矩之道也。

于是迁都中原，与天下更始，发愤为雄，决去壅蔽。且无中外之见，何有满、汉之分？则凡一官两缺，凡专称旗缺，一律裁止；则凡宗禄驻防，凡旗丁名粮，一律裁止。广兴学校，无一乡一村不有学校，而群才奋。大开议院，有一官一邑即有议院，而民气通。慎科举，无一定之额数，无常限之日期，程其艺事，端其趋向，繁其汇目，精其较量，而一人不求其备。改官制，无内外之重轻，无文武之区别，专其职业，少其层累，迁其勋阶，增其禄糈，而终身不易其官。选士人治里间，以复乡官之旧：练乡兵隶守令，以代力役之征。凡府史皆用律学之士人，既有升转之望，而书吏之盘踞空。凡胥徒即用在役之乡兵，既有践更之期，而差班之蟊贼去。讥阙失有警察之官，禁暴修间之遗制也；正粮土有测绘之官，封人、均人之职掌也。分海军、陆军为二部，将则必出于武学堂。创办之始，募西贡、新加坡、新旧金山之华民以练海军。无事则令运载货物，出洋贸易，既可挽救商务，又得熟习航海。陆军则守兵仿寓农而隶守令，战兵募选锋而立将帅，枪兵可尚勇力，炮兵兼通算学，工兵则备筑垒浚濠炮堤地营修造器具诸工作。某练之也，守兵令站炮台，较准头，布阵势，习步伐。战兵于数者之外，益以征调代操练。今日往某处，已而易一处，已而又易一处，日日如临大敌。彼出此归，不使游惰。尽开中国所有之矿，以裕富强之源。兼以兵法部勒矿夫，有事则处处皆兵。多修铁路，多造浅水轮船。以速征调，以便转饷，以隆商务，以兴破产，以广游历，以通漕运，以宏赈济。商务则设商部，集商会，立商总，开公司，招民股，兴保险，建官银行，而必以学商务者为之官。精求工艺制造，如磁器丝茶之属，与中外所共需者。下至烂布可造纸，莱菔可熬糖，骆驼牛羊鸡鸭之毳可为毡为褐。工与商通力合作，以收回利权。改订刑律，使中西合一，简而易晓，因以扫除繁冗之簿书。清理庶狱，分别轻繁重繁，使操作如白粲鬼薪之罚。岁始豫算，岁终决算，丝毫皆用之于民，而不私于府库，以明会计之无欺。出口免税，入口重税，涓滴皆操之自我，而不授于外洋，以杜漏卮之有渐。食盐与诸土货，则一征于出产之地，而不问所之。税坐贾而不税行商，以归简易而塞弊窦。尤须研覃税务之学，缕晰中外税则，查验章程，始可夺回税务司包办海关之权。讲求植物学，以禆农政，以丰材木。讲求动物学，以蕃马政，以溥畜牧。兴女学以课妇职，兴废疾学以无坐食。蚕织用机器，可去蚕瘟，而成功多以速。耕不必用机器，而引水用机器，可省筒车之费与手车脚车之劳。续电线，创邮便局以理邮政。汲自来水、然电气煤气灯以利民用。街道修，则疠疫之源塞；医院多，则医治之术工。造公共之花园，以为养生却病之方。七日一休沐，以合文武弛张之政。博通各国语言文字，以翻译西书西报，以周知四国之为，以造就使才；而四出游历：以长见识，以充学问，以觇人国之得失兴衰。各国之长并取之，各国之弊立去之。各国之船械无一不能造：各国之器用无一不愈精。谨权量，审法度，一道德，同风俗，法立而教自存焉矣。

而中国有屡去而不能去之弊二，不能不变而去之，曰漕务，曰河务。八省漕米，岁数百万石，由河运则费银四十两而致一石；后改海运，费仍十七八两，而河运亦不废。嗣同不解所谓，叹为可已不已，尝共足下言之。足下谓惟正之供何当废绝，嗣同亦无以决。后见李次青布政条奏，果谓《禹贡》铚秸粟米不出五百里外，《周礼》九贡九赋亦专指王畿而言。汉高帝转关东粟以给中都，不过数十万石，唐初漕运不过二十万石。宋都汴，去江、淮不远，劳费尚轻。元行海运，初止四万石。迨明成祖得国不正，挟众北迁，虑南人不喜食麦，乃漕南米以赡北都，开运河数千里，引黄河以济运，劳民伤财，几竭天下之全力。然则今之漕务，特始于明成祖之枉道干誉，遂相沿不改。仓廪陈红，不知何用。宜将河运、海运均罢去，酌量都城每岁用米之数，另由铁路随时转运，余以贮各府州县，或由铁路运往各缺米之地。且有铁路，则民间之销售易，征收可尽改折色，俟缺米时，然后采买，尤为简便。古人耕九余三与谨盖藏诸法，皆为人少又无铁路之时言之。今者生齿日繁，数十倍于古，所食之谷，自不甚有余。即有余，亦自知盖藏。岂虑货弃于地者，惟苦无铁路以流通耳。有铁路，则不在此即在彼，因其虚而趋填之，断无天下皆荒之理。即可有天下相通之事，初不必恃有余之留与盖藏之谨。凡官仓、社仓之繁难悉可省矣。往年山西、河南旱灾连岁，赤地方数千里，富室拥重金转死沟壑，有司疾视莫可奈何，正坐运道艰远耳。使有铁路，何至穷窘若此？

治河古无良策，殷商五迁，半因河决。然则言齐桓湮九河，中国始有河患者虚也。西人治河，亦止筑堤一法，但善审形势，又多筑相距数里之遥堤，至三四重。两堤之间筑横堤，使两堤相属，中成方罫。平时皆可栽种，偶溃一处，水仍束于一方罫中，进溃一处，又束于一方罫中，不至浩荡横流，使人无从施工，无地取土。嗣同因悟井田之法，亦必四面有堤，中如方罫，始成一井。堤上可行，所谓径也畛也。井愈多则堤愈高愈厚，所谓涂也道也路也。而畎遂沟浍洫者，即各依于本堤。盖堤四旁八达，皆有口门，可以宣泄由己，水大堤圮，亦止一井被淹，余可无害。故八蜡中有防，可知堤者，井井皆有，为农家最切要之事。不然，一有水灾，沟洫畎浍，反足导水入灌。后儒遂以井田为不解之积疑，至战国时，毁井田为阡陌，殆恶堤之占地，因锄而去之，疆界乱而水患亦剧矣。今西人殆以井田之法治河，所亟宜效法者也。而治水之要，则曰不与水争地。湖湘垸圩，日筑日多，故洞庭、江、汉之泛溢年甚一年。曾奉严旨禁革，卒不能止。亦由人满土稀，无可垦辟之地。昔行陕、甘道中，见山东、河南被水灾，黎民挈妻子负农器而西迈，流离饥困，心窃哀之。停车慰问，云："将迁耕旷土。"问素愿乎？曰："苦资斧不足自达耳。故乡一片汪洋，岂复堪恋？"于时陕、甘大吏颇有周之者。西北土满，胡不遂迁濒河濒江湖常被水之民于彼，使水得所容受，以杀堵激之怒耶？然此非铁路无以致之。故铁路之有益农务，尤在无形，诚根本之一端矣。

中国又有屡兴而不能兴之利二，不能不变而兴之，曰铸钱，曰钞票。金银铜三品，皆所应铸，而铜钱至今日尤坏极矣。重则私销，轻则盗铸，抑亦古今之通弊。惟有就出铜各矿，用机器铸极纯之铜，极精之花幕，而又少轻之钱，则私销无利，而盗铸不能。然钱中有孔，即不啻多出一边，尤宜力求细致机器。造物圆体易工，方形难好。故广东机铸之铜钱，方孔中不甚光净，无以杜刮取铜屑之弊。当改造圆孔，而孔内边外，皆作极细之平行纵线，略如银元之式。至妙之法，又莫如无孔铜钱。无孔积至千，不便提携，势不能不用银元。银元又无孔，势不能不用钞票。故西国钱皆无孔，亦其畅行钞票之微权矣。钞法又银钱兼权者也。国家不行钞，致令票号钱铺坐盗御世之大柄，而持轻重于其间，事之倒置，无逾此者。钱铺更易倒闭，甚至故设骗局，穷民受害无涯。然而犹通钱铺之票者，当世钱实不多，乡间尤窘，不得不赖此几张纸以为转输耳。言者辄引咸丰朝钞事为戒，不知特行之未久，又未免失信，所以难行。若许民纳赋完税皆可用钞，又订造外国精纸精板，自以中国之印印之，令票号钱铺即领用官钞，而严禁其出私票，随设官银行，视国家入银若干，始出钞若干，止求便民，毫无营利之心，原非持空纸以诳民，亦岂有不能行者？况官银行为商务先着，银行既设，商民存款交易必以票为据。是钞票不待行，自不能不行也。从前陕、甘粮台有汇兑之票，可汇银往应解陕、甘协饷之各省，毫不需费。票至，各省由藩库发兑，以代运饷，立意极为灵巧。湖北善后局有台票，准其上缴厘金及诸解款，皆未尝不畅行，且甚便也。钞票于行军，尤有三利：一便于转运，二士卒轻于赍带，三不幸战没，所亡失止空纸而已。日本兵饷半银半币，故亡失甚少，此又亟宜效法者也。

　　凡利必与，凡害必除，如此十年，少可自立，不须保护，人自不敢轻视矣。每逢换约之年，渐改订约章中之大有损者，援万国公法，止许海口及边口通商，不得阑入腹地。今无论东西大小各国皆如此，独中国任人入腹地耳。如不见许，即我通商于彼国之轮船亦当阑入彼之腹地，此出洋贸易之船所以万不可少。所谓"即以其人之道，还治其人之身"也。援各国之例，加重洋货进口之税。如不见许，即我往彼国之进口税，亦当视他国而独轻矣。去年湖北筹饷，加抽洋油厘金，止加于中国商民，于西人无与，而西人谓有碍其销路，竟不准行，此正苦于无以相报也。但使一国能改约，余皆可议改，如此又十年，始可由富而强，始可名之曰国。治定功成，礼乐可徐兴矣。夫不入虎穴，焉得虎子？不下十成死工夫，焉能办成一事？平日务当胸中雪亮，眼明手快，穷理尽性，大公无私，权衡数千年上之沿革损益，与数千年下之利弊究竟，调剂五大洲政教之盈虚消长，而因应以为变通，使人存政举，利权尽操之自我。以中国地宝之富，人民之众多而聪慧，必将为五大洲三十余国之冠。外洋皆将仰我鼻息以为生活，更何至有战事！故今日言治，实有易于前人者。因格致诸理，早经西人发明，吾第取而用之。彼于医学，尤不恤脔割其肢骸，以订中国医书之误。其他大经大法，皆由屡试屡效，考验而得。吾不难亲炙西人，目察其利病以法之也。

足下昔言"外洋煤铁向罄，中国之矿未开，他日中国挟煤铁二宗即足制外洋之死命"。是诚然矣。然中国必先自开其矿，以图富强，始能制人。不然，人将夺我之矿以制我矣。西人亦有言：中国譬则富室，千仓万箱，蓄积至厚。即湖南一省之矿，足抵外洋各国而有余。无如四邻环居，皆穷饿乞丐，耽耽垂涎，即欲缄縢固箧，终闭不出，而势恐有所不能。危切之言，不啻箴规我矣。凡事不惮其难，不忧其繁，但当先寻一下手处，虽承群小人扰乱极弊之后，不难掉臂游行，密筹追补之策，以期异日可行。今之矿务、商务，已成中西不两立不并存之势，故西书《物类宗衍》中有"争自存宜遗种"之说，谓万物必争，而后仅得自存以绵延其种类也。以矿务、商务力与之争，即今之下手处，而所以能有此下手处者，岂他故哉？前所言贤才登庸之力，而固无望于今之执政者也。况会匪回匪散勇饿民，行将四起，大乱即在眼前，更何暇及此？然失今则更不可为，又将奈何？曰：前所言者王道也，无已，则有霸道焉。河西、吴越以保民为心。旁求俊乂，精研格致制造，诸学猝起，与外洋力战，以争一旦夕之命，其胜也或可蒙数十年之安。然而无可必也。凡霸道必不如王道之可大可久，皆此类也。此而又不可得，则惟有自变其学术而已矣。

学术可变乎？亦曰复古而已矣。唐、虞之际，任农者稷，任工者倕，任水土者禹，任山林者益，任教者契，任刑者皋陶，任礼乐者伯夷、夔，任历算者羲和，皆深明其学。故多世其官职，而群圣之相与咨谋，又不离乎兵刑六府鲜食艰食懋迁有无化居之实事。有薄一名一物之不足为，而别求所谓道者乎？

三代学者，亦皆有所专习，切近而平实。自秦变去古法，学术亦与之俱变，渐无复所谓实学，而今则滋甚。即如算学为中国最实之学，中国往往以虚妄乱之，故谈算者必推本《河图》《洛书》，为加减乘除之所出。不知任举二数，皆可加可减可乘可除，何必《河》、《洛》？夫《河》《洛》诚不解是何物，要与《太极图》《先天图》、谶纬、五行、爻辰、卦气、纳甲、纳音、风角、壬遁、堪舆、星命、卜相、占验诸神怪之属，同为虚妄而已矣。必如西人将种种虚妄一扫而空，方能臻于精实。算家又言黄钟为万事之根本，此大可笑。黄钟一律筒而已，何能根本万事？即以造度量权衡而论，十二律吕，谁不可借为度量权衡，何必黄钟？况累黍之法，实迂谬不可行，何能取准？是以从古至今，九州十八省，无一齐而不差之度量权衡，则亦创法者未尽善，虽虞舜不能强同之矣。夫谨权量为王政之大者，奈何不求一定率而听奸民相欺饰乎？惟法人分地面之天度为四千万分，以其一为度，度定则算立方容积以为量，即以其重为权衡，而权立方之轻重，又可还正乎度，一有差数，夫人可运算得之。中国之度，至分数止矣。彼有佛逆及分厘尺，每分可剖为千百。中国之权衡，至分数止矣。彼有化学天平，每分有剖为千百。以故通都大邑，僻壤穷乡，出而相较，无不吻合。中国测量家多用西尺，沿海民间交易尤习用西人之度量权衡。非好新奇，实彼有准而我无准也。天地之机缄，一发不可遏，将尽泄其灵奇，以牖民于聪明之域，其间自有不期变而自变者，此类是也。算术古有九章之说，割立方田粟布商功均输诸名目，实非本乎自然。疑《周礼》保氏之九数，初不如此。其说失传，汉儒乃割裂算数以补之。在先郑时已多出夕桀重差诸法，明不止九。至宋秦九韶知九章不足信，别立九章名目，所分乃益无理，是不若西人点线面体之说，足以包举一切。惟此则凡中国所称五谷、六谷、九谷、百谷、三江、九江、五湖、九河，要不过随举一数以为名，如九夷、八蛮之类，原可不必拘泥。经生家琐琐分辨，卒不能折衷一是，亦止觉玩时愒日而不切事理矣。格致之理，杂见周、秦诸子，乍聆之似甚奇，其实至平至实，人人能知能行，且已知已行，习焉不察，日用之不觉耳。而迂儒睹诸凡机器不辨美恶，一诋以奇技淫巧。及见其果有实用也，则又仗义执言，别为一说曰"与民争利"。当西人之创为机器，亦有持是说阻之者。久之货财圜溢，上下俱便，不惟本国废弃之物化为神奇，民间日见富饶；并邻国之金钱亦皆输辇四至。各国大恐，争造机器以相胜，仅得自保，彼此无所取赢，乃相率通商于中国，以中国无机器也。中国若广造机器，始足保利于民，而谓争民之利何耶？轮船似争船户之利矣，然任外国轮船往来江海，以刮取民财，吾不自造轮船夺回一二可乎？又如招商局有民间之股分，各轮船所用民人以千计，各码头之商务繁盛，其利非仍归于民乎？铁路似争车夫之利矣，然应用之人当百倍于车夫，铁路所不到之处仍须车运，是车夫之利且将日盛，而民间笨重不能运之顽铁怪石，遗秉滞穗，至此皆可易钱，其利民尤不胜计。汉阳铁政局似争铁匠之利矣，然所造皆铁匠所不能造之物，所雇工役又皆即铁匠，余杂役及煤铁各矿山所用人以千以万计。财既散于民间，亦以分外洋铁器之利。武昌机器缲丝局似争蚕妇之利矣，然自此育蚕者将日多，且雇用女工以千计，使武昌不产丝之地忽增此厚利，而所缲之丝又以售于外洋，争有大于此者一乎？凡地方一设机器局，肩挑负贩必数倍于平日，此亦利之浅而易见者也。

西国兵法，有气球飞船，机器中之最脆薄者。然最足以乱敌耳目而夺其气。往年镇南关缘此失事，今年澎湖又因以不守。中国宜如何请求仿造及应付之道，偶与人言之，辄以"奇技淫巧"四字一笔抹煞。中国之士尚得谓之晓世事乎？舆图者为政之纲领，尤行军之首务，中西所同然也。然中国从古至今，无一详而确之图。经史大儒，恒自命舆地专门，于亚细亚洲沿革形胜，尚纷争不已，无从折衷，况此外岂复知为何地？西人分舆地为文、质、政三家。文家言地与日月诸行星之关系，各球体之大小轻重，各本质之松紧分数，寒暑昼夜潮汐之所以然，及测日星所躔高弧，定经纬道里而著之于图。质家辨土石之新旧层，各种僵石五金凝结之故，得太古以前冰山火山沧海桑田之形势，动物植物之同异，及矿苗之类别。政家纪风土礼俗及治忽之理，攻守之宜。故西学子目虽繁，而要皆从舆地入门。不明文家之理，即不能通天算、历法、气学、电学、水学、火学、光学、声学、航海绘图、动重、静重诸学；不明质家之理，即不能通化学、矿学、形学、金石学、动植物诸学；不明政家之理，即不能通政学、史学、文学、兵学、法律学、商学、农学、使务、界务、税务、制造诸学。去年前敌虏获倭兵，其身皆有地图。攻某处即绘有某处之图。山泽险要，桥梁道路，无一不备。下至山之斜度，川之广狭，某容骑兵，某通单步，皆有比例可寻。每逢抄袭埋伏，要约期会，虽一走卒，能按图心领其意，不致歧误。西国史书记一大事，即有一当时之地图附之而行。凡游历士人，到一处即绘一图。然西人犹自以为未臻其极，各国皆特结舆地会，邀集千百辈，潜心考究，精益求精，永无止息。中国则虽大将出师，不过恃向导之口述，初不解测绘为何事也。兵法者，亦儒家之大用，而今所谓纯儒反讳言之。夫平居不讲习，临急又安得有一将才？西人既重韬略，尤喜观战。如我与日本之战，其胜负之由为我所不自知者，皆详图其地，并附说以论断得失，回国印板售卖，使人人知兵，即人人可兵。人人可有枪械，兼许自造。故一呼即成劲旅，所谓"百足之虫，死而不僵"也。中国则惟恐民之知兵，军兴以来，奏报条陈及两军之情，皆秘不示人。虽督抚大臣亦不令知，而外洋则无不知也。民间售藏枪械谓之犯法。明知弓矢无用，而考武终不改用火枪，盖防民熟其器而为乱，如汉时挟弓弩之禁也。卒之乱民未尝无火枪，又徒束缚良懦而已。一旦有事，或外患，或内忧，其不使蚩蚩之氓骈首被戮者几何矣！况国家将召使为兵，何能期其得力？然则为握固之术以黑黔首，适自患以自困耳。尤不可解者，日存猜忌之心，百端以制其民，民之不甘受制者自托于外国，即莫敢孰何。犹一家兄弟相攻，不遗余力，一遇外侮，反觍然乐受，且召之焉。独何故哉？

商务者，儒生不屑以为意，防士而兼商，有背谋道不谋食之明训也。然此不惟中国防之，西人亦何独不然？官自官，士自士，商自商，仕宦而货殖者有常刑。富商虽挟敌国之资，不少假以名位。其称商学商部，特研究商务之赢绌，而时消息，以匡救之，非以其身逐什一也。中国惮讲商务，遂并商务与国存亡之故而亦弃置勿复道。修铁路则曰无费，然粤商某竟出资为美国包办铁路矣。造轮船则曰无费，然闽、浙巨商往往购大轮船挂外国旗，自号洋商矣。渊鱼丛爵，楚材晋用，此固在上者驱迫使然，彼为士者独不可悟商务力量之大乎？惟此凡言农务、蚕务、牧务、渔务，皆非谓身为之，但当精察其理，以为民导耳。图表者尤所以总群学之目而会其归，为经济者所恃以程核而筹策者也。试问中国为此学者谁乎？西人表学译名统计，谓源出《禹贡》及九鼎之所图象。考西学近墨，而墨子法禹，则言必有据。故于政之至纤至悉，莫不列表，户口登耗，百官进退，外国兴衰，及交涉事件，矿苗衰旺，出产增减，年谷丰歉，百物价值，用度奢俭，岁入多寡，兵额损益，船械精粗，工艺良楛，各种学术高下，医院治病得失，庶狱人数及罪名，皆分等级，为年月比较表，或变为方圆等图。既可省案牍之烦苦，尤能一目了然，视通国之事如数掌纹，故常以简御繁，操之有要。太史公曰："吾观周谱，旁行斜上。"盖即中国治经作史之法。至于新闻报纸，最足增人见识，而借知外事。林文忠督粤时，广翻西国新闻纸，故能洞悉其情而应其变。今日切要之国无过此者。况乡间无所闻见，尤须借此为耳目。中国之大病，莫过于不好游历，又并此无之，终身聋盲矣。凡此诸端，有一非学者所当局者乎？抑有一非古法乎？而谓别有圣人之道，此不足容于圣人者过矣。

黄舍人言昔在上海，有西人到其斋头，见书籍堆案，佯为不识而问曰："此何物也。"曰："书也。"又问有何用处，不能答。乃徐曰："此在我西国自皆有用处，汝中国何必要此。"哀哉！此言亦所谓无其器则无其道也。不力治今之器，徒虚谈古之道，终何益焉。若西人之于书，则诚哉其有用矣。经史《通鉴》及有宋儒先之书，各国久即译出，又皆有专译中书之馆，期将中国经史子集，下逮小说新闻纸，概行翻译，以备采择。彼既有其器矣，道乃得以附之。观其设施，至于家给人足，道不拾遗之盛，视唐、虞、三代，固品节不及其详明，而收效卒不少异，区域且加广焉。尝恨博施济众之说，圣人以为至难，则将与天地终此缺陷乎？今不图于美、德诸邦遇之，虽西国亦断无终古不衰弱之理，而中西互为消长，如挹如注。彼所取者，即我所与；我所增者，亦即彼所损：我不自盛强，斯彼亦终无衰弱之理。则洋务之当讲不当讲，岂待徘徊而计决哉？

来语"倭未尝蓄内犯之志"云云，嗣同以为足下此言，视所云晓中外情事者，毋乃相去太远。倭之蓄谋，当在二十年前，储峙钱粟，缮治甲兵，久为外人侧目。合肥知为中国之大患，曾言于朝，沈文肃亦言之，薛叔耘又言之，而丁雨生中丞言尤激切。外此中西智士，谈东事者，指不胜屈，足下岂不知之？而故为轻敌之论者，殆犹以中国真可以一战也。夫战必有所以，曹刿犹能言之，今则民从耶？神福耶？忠之属耶？去年主战之辈，不揆所以可战之人心风俗，与能战之饷与械，又不筹战胜何以善后，战败何以结局，蕢然侥幸于一胜。偶有一二深识之士出而阻之，即嗤为怯懦，甚则诋为汉奸。虽然，此无势之能审，犹有义之可执也。则亘日穷天，孤行其志，胜败存亡，或可不论。及至形见势绌，有百败，无一胜，所失膏壤，方数千里。沿海八九省同时称警，顾此失彼，日不暇给。守则无此恒河沙数之兵，弃又资敌。而海军煨烬，漭漭大洋悉为敌有。彼进而我不能拒，彼退而我不能追，彼他攻而我不能救，彼寄碇而我不能蹙。彼有优游自得以逸待劳之势，方且意于东而东宜，意于西而西宜，择肥而噬，伺瑕而蹈，顾盼自雄，意气横出。我则望洋坐叹，不知所措。当海军之未亡也，言者欲直捣长崎、横滨为围魏救赵之计，不知我之海军且失事于海口，其能得志于外洋乎？一泛沧溟，即晕眩呕哕，不能行立，窃恐东南西北之莫辨，将举踵而却行，适幽、燕而南其趾，能识长崎、横滨之何在乎？然海军之不可用，犹曰中国所短也。中国所长，莫如陆军，而奉天败，高丽败，山东败，澎湖又败。旗军败，淮军败，豫军东军各省杂募就地召募之军无不败，即威名赫耀之湘军亦败，且较诸军尤为大败。将领相顾推诿而莫前，乡农至以从军为戒，闻与倭战即缩朒不应募，或已募而中道逃亡。虽将领不得其人，然亦有善调度能苦战者矣，广死数万人，亦不为少义勇之士矣，而卒至此者，则陆军之于海军又未必相悬殊也。至若饷械之亡失，大小炮以千计，炮弹以万计，枪以十万计，枪弹以百万计，其他刀矛帐棚锅碗衣服之属，尤琐细不足计。亡失之银钱与工料以千万计，统中国所耗之战守填防，月饷加饷，转运一切，又以千万计。司农告匮，外库搜括靡遗，下而劝捐勒捐，房捐商捐，加税加厘，息借洋款，息借民财，名目杂出，剔脂钻髓。且陕、甘、云、贵之协饷，以及廉若俸与凡应支之款，概支吾而不发。卷天下所有，曾不能供前敌之一败，而添购军械之款尚无所从出。于是赤手空拳，坐以待毙。向之主战者，乃始目瞪舌挢，神丧胆落，不敢出一语，偶蒙顾问，惟顿首流涕，相持嚎哭而已。而和之势遂不至摇尾乞怜哀鸣缓死不止。嗣同以为孟浪主战之臣，以人家国为侥幸，事败则置之不理，而逍遥事外，其罪犹加败将一等矣。而日本则战无不胜，攻无不取，鏖鼓经年，其阵亡之真日本人才六百余而已，饷械更有得无失。足下以为中国可战乎？不可战乎？

前见陈长镟上书，言与西人战不当用枪炮，当一切弃置，而用己之气。□□□同守此义，而持变气之说，曰专精诚。然观其文采则美甚，书法则佳甚，中国之名士大抵如此矣。夫洋枪洋炮之利，在西人犹其余事，然亦万无徒手可御之理，殆误于孟子制梃之说耶？然孟子明明提出秦、楚二字，何尝谓可挞英、俄、法，德诸国之坚甲利兵乎？即以炮论之，最大之克虏伯、阿模士庄能击五六十里，而开花可洞铁尺许者可使万人同死于一炮。

虽断无万人骈肩累足以待炮之理，而其力量所及，要不可不知。由是以推，彼不过发数万炮，而我四百兆之黄种可以无噍类，犹谓气与精诚足以敌之乎？况彼之法度政令，工艺器用，有十倍精于此者，初不必尽用蛮攻蛮打，自可从容以取我乎？今倭已得险要，已得命脉，已具席卷囊括之势。有可幸者，或各国牵制，恐碍商务，不即尽其所欲为耳。悲夫！会见中国所谓道德文章，学问经济，圣贤名士，一齐化为洋奴而已矣。岂不痛哉！岂不痛哉！而犹妄援"攘夷"之说，妄援"距、杨、墨"之说，妄援"用夷变夏"之说，妄援"不贵异物贱用物"之说，妄援"舞干羽于两阶，七旬而有苗格"之说。如死已至眉睫，犹曰："我初无病，凡谓我病而进药者，皆异端也。"大愚不灵，岂复有加于此者耶？

　　且足下抑知天下之大患有不在战者乎？西人虽以商战为国，然所以为战者，即所以为商。以商为战，足以灭人之国于无形，其计至巧而至毒。今之策士动曰防海。不知曲折逶迤三四万里，如何防法。既无铁路，使调度灵便，即应有海军，可南可北，首尾相应。练一军而固数省之防，使数万里海面不致尽为敌有，如围棋所称活着，今又亡失于非人，将从何处防起耶？于是有为练民团渔团之说者，此以张疑兵助声势耳，若责令当大敌，匪惟不情，抑近儿戏矣。有为弃海口海岸专守内地内江之说者，此殆以为西人止能水战，亦不识夷情之至矣。西人尤善陆战，有正有奇，能谋能勇。苟得我之海口海岸，所谓猰糠及米，而内地内江又化为海口海岸之形矣，然则又将弃之耶？故无铁路，无海军，直是无防法。且彼又不必真与我战也，率数艘铁甲，今日北洋，明日南洋，后日闽、广，乍离乍合，倏去倏来，止游弋而不接仗。彼所费无几，而我必倾天下之财力以为防，防密即退，偶疏又进，一夕数惊，乘间抵隙，不一年而我无有不疲极内乱者。此亟肆多方之故智，楚之所以灭亡也。今倭人专定数地，明日张胆，与我接仗，犹其老实易与处。若夫西人则更不须亟肆多方也。岁取中国八千万，视国家岁入犹赢一千万，且无国家之费用，是商务一端已远胜于作中国之木那克。迨至膏血竭尽，四百兆之人民，僵仆流离，自不能逃其掌握。今欲闭关绝市，既终天地无此一日，则不能不奋兴商务，即以其人之矛，转刺其人之盾，岂一战能了者乎？向令战胜日本，于中国全局初无裨益，转恐因以骄贪，而人心之疵疠永远于深痛。故败者未必非幸，和者尤当务之为急，但不当如此和耳。

更思足下轻敌之意，殆犹以为彼夷狄耳。此天下士大夫之通病，有断断不可不改者。语曰："知己知彼。"先必求己之有可重，而后可以轻人。今中国之人心风俗政治法度，无一可比数于夷狄，何尝有一毫所谓夏者？即求并列于夷狄犹不可得，遑言变夏耶？即如万国公法，为西人仁至义尽之书，亦即《公羊春秋》之律。惜中国自己求亡，为外洋所不齿，曾不足列于公法，非法不足恃也。欧洲百里之国甚多，如瑞士国国势甚盛，众国公同保护，永为兵戈不到之国，享太平之福六百年矣。三代之盛，何以加此？尤奇者，摩奈哥止三里之国，岁入可万余元，居然列于盟会，非公法之力能如是乎？中国不自变法，以求列于公法，使外人代为变之，则养生送死之利权一操之外人，可使四百兆黄种之民胥为白种之奴役，即胥化为日本之虾夷，美利坚之红皮土番，印度，阿非利加之黑奴！此数者，皆由不自振作，迨他人入室，悉驱之海隅及穷谷寒瘠之区，任其冻饿。黑奴生计日蹙，止堪为奴。红皮土番，初亦不下千百万，今则种类顿少至十数倍。虾夷则澌灭殆尽。皇天无亲，惟德是辅，奈何一不知惧乎？无怪西人谓中国不虚心，不自反，不自愧，不好学，不耻不若人，至目为不痛不痒顽钝无耻之国。自军兴后，其讥评中国尤不堪入耳。偶晤西人之晓华语者，辄故作哀怜慰勉之词来相戏谑，令人愧怍，无地自容。

而今日又有一种议论，谓圣贤不当计利害。此为自己一身言之，或万无可如何为一往自靖之计，则可云尔。若关四百兆生灵之身家性命，壮于趾而直情径，遂不屑少计利害，是视天下如华山、桃林之牛马，听其自生自死，漠然不回其志，开辟以来，无此忍心之圣贤。即圣人言季氏尤在萧墙之内，何尝不动之以利害乎？孟子一不可敌八之说，小固不可以敌大，寡不可以敌众，弱不可以敌强，又何尝不计利害？虽滕文公之艰窘，不过告以强为善以听天，若使孟子不计利害，便当告滕文公兴兵伐齐、楚矣。尧、舜相授受，犹以四海困穷，与十六字并传，而阜财之歌不忘于游宴，是小民之一利一害，无日不往来于圣贤寝兴痌瘝之中。若今之所谓士，则诚不计利害矣。养民不如农，利民不如工，便民不如商贾，而又不一讲求维持挽救农工商贾之道，而安坐饱食以高谈虚空无证之文与道。夫坐而论道，三公而已。今之士止骛坐言，不思起行，是人人为三公矣。吾孔子且下学

46

而上达，今之士止贪上达，不勤下学，是人人过孔子矣。及至生民涂炭，万众水火，夺残生于虎口，招余魂于刀俎，则智不足以研几，勇不足以任事，惟抱无益之愤激，而哓哓以取憎。其上焉者，充其才力所至，不过发愤自经已耳，于天下大局，何补于毫毛！其平日虚度光阴，益可知矣。

英教士李提摩太者，著《中国失地失人失财之论》，其略曰："西北边地，为俄国陆续侵占者，可方六千里。此失地也，而知之者百无一人也。中国五十年前，人民已四百二十兆口，以西法养民之政计之，每岁死生相抵外，百人中可多一人，然至今初无增益也。此失人也，而知之者千无一人也。又以西法阜财之政计之，每岁五口之家，可共生利一铤，然中国日贫一日也。此失财也，而知之者竟无其人也。"审是，则中国尚得谓之有士乎？嗣同深有痛于此，常耿耿不能下脐。平日于中外事虽稍稍究心，终不能得其要领。经此创巨痛深，乃始屏弃一切，专精致思。当馈而忘食，既寝而复兴，绕房彷徨，未知所出。既忧性分中之民物，复念灾患来于切肤。虽躁心久定，而幽怀转结。详考数十年之世变，而切究其事理，远征之故籍，近访之深识之士。不敢专己而非人，不敢讳短而疾长，不敢徇一孔之见而封于旧说，不敢不舍己从人，取于人以为善。设身处境，机牙百出。因有见于大化之所趋，风气之所积，非守文因旧所能挽回，而必变法始能复古，不恤首发大难，画此尽变西法之策。于所谓算学格致，益不敢不尽心焉。

于是上书欧阳瓣薑师，请于本县兴创算学，其指曰："士生今日，亦止有隐之一法。然仕有所以仕，隐尤当有所以隐。为天地立心，为生民立命，以续衡阳王子之绪脉，使孔、孟，程、朱之传不坠于地，惟夫子与刘夫子、涂夫子自当任之。而诸门弟子亦宜分任其责：或如仲子之治赋，或如冉子之通算术能理财，或如端木子之通算术经商务，或如樊子之研究农务，或如公西子之足备使才，或如宰我子之专习语言，或如卜子之治文学，或如颛孙子之订仪注，或如言子之详节文。陶淑既久，必将有治学合一，高据德行之科，兼为邦南面之才与器，如颜子仲弓其人者。师弟一堂，雍雍三代，有王者起，必来取法，可不疑矣。然今之世变，视衡阳王子所处，不无少异，则学必征诸实事，以期可起行而无窒碍。若徒著书立说，搬弄昌平阙里之大门面，而不可施行于今，则何贵有此学耶？闻曾发变法之论，伏望先小试于一县，邀集绅士讲明今日之时势与救败之道，设立算学格致馆，招集聪颖子弟肄业其中。此日之衔石填海，他日未必不收人材蔚起之效，上之可以辅翼明廷，次之亦足供河西、吴越之用。即令付诸衡阳王子之《噩梦》，而万无可为之时，斯益有一息尚存之责。纵然春蚕到死，犹复捣麝成尘。谚曰：'巧妇不能作无米之炊。'然必有米而后作炊，亦不得谓之巧妇矣。然则畏难而就简因陋，一惭之不忍而累及终身，事急又横蛮言战，曾不恤情理之安，亦安得谓通天地人之为儒，推十合一之为士，包罗万有、本末兼该、体用具备之学乎？夫彼之横蛮言战及为闭关绝市之说者，其不计利害也，是劝五十里之国之滕文公伐齐、楚也。"书到，以商于涂大围师，俱蒙嘉纳，遂有兴算学社之举。唐绂丞诸君复得请于学政，将县中南台书院改为算学馆，而刘淞芙又别联一小社，稽古振今，士风一奋。嗣此倡扶正学，丕振宗邦，尤为足下是赖，而乃慑于讲洋务之名，随众以诋，如诸来语，甚非所愿闻也。

窃意足下天姿开敏，行且猛悟，今特为嚣谈所夺耳。历观近代名公，其初皆未必了了。更事既多，识力乃卓。如曾文正、惠敏父子，丁雨生中丞，洞彻洋务，皆由亲身阅历而得。左文襄晚达，故沉观最久。其请造轮船之疏曰："彼既巧，我不能安于拙；彼既有，我不能傲以无。"所至辄兴创机器，信知所先务矣。沈文肃疏论船政，自谓"臣则一无知而已矣，其悔恨为何如耶"。彭刚直号为不喜洋务，然筑沿江炮台，何尝不用西法，又何尝不请造兵轮。其序郑陶斋《盛世危言》，至谓"孔、孟复生，不能不变法而治"，是于洋务独能深入其蕴。黎莼斋兵备为诸生时，上书言事，深薄洋务。及使东章奏，迥然如出两人。郭筠仙侍郎归自泰西，拟西国于唐、虞、三代之盛，几为士论所不容。薛叔耘副都初亦疑其扬之太过，后身使四国，始叹斯言不诬。夫阅历者人所同也，但能不自护前，不自讳过，复何难瘳之有？即嗣同少时，何尝不随波逐流，弹抵西学，与友人争辩，常至失欢。久之渐知悔艾，亟欲再晤其人，以状吾过。而或不更相遇，或遂墓上草宿，哀我无知，负此良友，故尤愿足下引为鉴戒焉。十年之前，作《治言》一篇，所言尚多隔膜，未衷于理，今并呈览，亦可考验其识见之增益。昔尝以日新相期，足下未遽领悟，或者其失即在此乎？若嗣同则自今益当求新，决不敢自囿于所陈，足下不斥其妄，尤有更精之策，并为足下倾箱倒箧而出之。

一曰筹变法之费。除卖地以供国家巨用外，余议院学堂乡塾之所需，莫如毁天下寺观庙宇诸不在祀典之列者。即在祀典，亦宜严立限制，节其侈费，以供正用。则各府州县，皆能就地筹财，无俟他顾。今之寺观庙宇，多而且侈，使悉废之，不惟财无虚掷，人无游手，而其云构崇阁，亦可为议院学堂诸公所之用。至民间每年所省香烛纸爆等费，尤为不可胜计。黄佩豹两至西藏及诸番部，金银之富，无与伦比。佛寺大小以万计，寺产可千万金者，随在有之。佛像屋顶，悉以赤金铸成。余黄白之属，或镕为山，或窖于地。民俗愚而勤苦，岁有赢资，辄以献诸佛寺，堆积至厚，而不知取用。设若强邻内侵，枭雄窃据，其为借寇兵赍盗粮，害有不堪设想者。谁秉国钧，愿思冶容慢藏之训，亟有以收之，而中国自此富无与京矣。

一曰利变法之用。机器之兴，仅赖煤炭火油以司运动，则耗多而势必竭。西国有收地热日热以行轮船，及用电气以行铁车者。然地日之热其力甚微，电气资本所费不给，则莫如就四川之火井、各省之温泉以设机器，更助以地热或日热，是可以省火力矣。就各山之瀑布飞泉安措轮轴，使摩激而生电气，因而传引至需用之处，是可以节物力矣。然而西人诸机器之力犹有限量，欲求大至无限量之力，又莫如海潮。据天学家言，海潮与日月相吸之力，能令地球暂离共轨道，所以积久必有岁差。今任其自消自长，而不思所以用之，则亦徒负大力，而无裨于人事矣。可就沿海潮头极大之地，遍立极大之机厂，以取受其力。距海远者，则用电线传力之法，而力无不达。由是巨灵逊其开山，共工惭其陷地，助力之广，殆于不可思议。

一曰严变法之卫。夫甲船枪炮，日出新奇，久之必更有一物焉驾乎其上，而他具皆废。涂大围师深痛战具酷烈，尝曰："不识气学电学能御枪炮否？"夫御之则不能，而有加酷之法，不啻御之而尤甚。西人尝欲以电气施于枪炮之中，各国聚谋，尚无精诣。惟英人玛格森者，曾造灵巧小炮，每分钟时能放子六百出，宜车亦宜舟，兼有吸水柜，能减炮之热度，使久用不息，固已绝伦超群矣。而成此炮后，复精治电学，创为电气飞船，无论风之顺逆，皆可飞行无阻，进退升沉，转旋如意，但尚不能速耳。此与气球同为行军绝技，即薛叔耘副都所谓云军云战者也。今幸西人尚未极精，使中国从而精之，则可无敌于天下。盖各种枪炮俱不利仰击，田鸡炮虽较胜，亦不能及远。而电船气球行度，常在三十里内外，即降至十里或数里，亦无有能伤之者。是翱翔所至，山海失其阻深，枪炮都成废物矣。且重物下坠之率，于相距之平方，有反比例，渐次增速，即渐次增重，愈速则愈重。一斤之物，坠之于至高，及其至也，可陡增千万之重。故人乘电船气球，并不必用枪炮，第取开花炸弹，或实心巨弹而下坠之，即已无坚不摧。而西人又有用大凸透光镜，取日中之火以焚敌者。镜方八尺，即可熔化生铁于三十里之外，是尤宜参用其法，则凡铁甲船水雷旱雷各式炮台地营与城郭之属，皆为无用矣。然则气学电学所能御者，岂第枪炮而已哉。惟此策惨无人理，尤须防人之以此加我，宜专设一学，孜孜制造，庶几力争先着。若又让西人之我先，中国直几上肉耳。

一曰求变法之才。前言变学校变科举，是求才矣，而创办之始，尤贵有人焉以肩其任。莫如即责成各府州县之绅首，有能倡议废寺观，或集股开矿，或置办机器，与以一艺一事名者，与兴利诸事，即加服命宠异，令入议院充议员。由官佽助之、保护之，使成其事。有梗议者，籍其名不令出仕，并不准干预地方事。有一府一县皆顽梗不受化者，即将所属停止科举以坐辱之。赏罚明，斯人材奋，无可疑也。然以中国民风之良懦，为五大洲之所无，故治国之易，莫易于治中国。他日治成，亦必为五洲之所无。患上之不行耳，何患民弗从哉？

嗣同拭目隆平，逾于饥渴，见诸公变法之奏，不禁跃如。所言傥皆躗驳，望足下别思一可行之策。勿谈空理，勿尚浮文，并条举而件系之，庶乎吾儒之实学。若徒摘一字一句之未安而邌尔见攻，虽墨翟环带之守，将不能任。惟高明图察是幸。（《谭浏阳全集》）

治言

此嗣同最少作，于中外是非得失，全未缕悉，妄率胸臆，务为尊己卑人一切迂疏虚憍之论，今知悔矣，附此所以旌吾过，亦冀谈者比而观之，引为戒焉。

以十二万年为一元，天始局于句稽比偶，而人力无所用其挽救；以八十一州共一海，地始划于方罫广轮，而人事无以善其变通。于是天地之神化，束手帖耳，一听于万物之相积，而渐以推移。夫且颓然日即于窳，此亦以私意觊觎于一隅者，不恤情理之安之过也。乃若自其已然之迹，纪其固然之可纪而数计之，而条分之，则天凡四千年而三其变，地凡九万里而三其区。

唐、虞以前，吾不得而知也。夏后氏兴，出天下于洪水猛兽，俾东西南朔、海隅苍生，田田宅宅，而一登于大顺，固已洒然其非旧矣。虽其创制显庸，要皆黄帝、尧、舜井田封建之制，而州肇以九，山列以四，食鲜而艰，传贤而子。其他车服、礼器、百官、宗庙、乐律、政刑、正朔、徽号，罔不括五帝之终，而启三王之肇。故天于是成，地于是平，遂足以当一变。夏以后治乱损益不一，其大经大法，阅商、周未之有改，是曰道道之世。由是二千年，至于秦而一变。尽取先王之法度弁髦而敝屣之，以趋后世一切苟简之治。郡县封建，阡陌井田，礼乐而会计，诗书而狱史，其疾求而捷给，亦足以取快一时，而箝举世别味辨声被色之伦，以无能自遁于其外。迨乎万物疲极而思戢，则且息肩于杂霸黄老，世主时相之稍有条理者，而见为一治。故秦以后，治乱损益不一，其大经大法，阅汉、晋、隋、唐、宋、元、明未之有改，是曰法道之世。由是二千年，至于今而一变。开辟之所未通，琛赆之所未供，鞮译之所未重，尉侯之所未逢，星辰寒暑之异其墟，而舟车人力之穷其途，东掘若木之所根，西竭虞渊之所沦，南北緪二极，若管以籥而络以绳。其间排虚跖实，根着浮流之毋午而纷赜，莫不蜎飞蠕动，跂行脊运，错蹄交内于上国，而薨薨乎，而蒸蒸乎，而沌沌乎，群起以与之抗。上国一再不胜，且俯首折气，日出其下而未有已。降一统而列邦，降朝请而盟会，降信义而货币，降仕宦而狙侩，而上国固已胹矣，而生民固已茶矣。此三王之所逆亿而不能，而汉、晋以下所色然惊其未闻者也。是曰市道之世。此天之三变也。

赤道以北，适居三百六十经度之中，西至于流沙，东南至于海，北不尽兴安岭，八荒风雨之所和会，圣贤帝王之所爱宅，而经纬、风教、礼俗于以敦，而三纲五常于以备也。是足以特为一区，曰华夏之国。而东朝鲜，西回、藏，洎越南、缅甸之遗民，犹劙面内向，潜震先王之声灵，以服教而畏神者，咸隶焉。由是而东起日本以北，迤俄罗斯而西，折而南，而土耳其，而西印度，西北逾地中海，而布路亚，而西班牙，而德、法、英诸国。又西逾海而北亚美利加，其壤地不同，同于法治，其风俗不同，同于艺术。其禀于天而章于用，为人所以生，而国所以立，而上下之所以相援系，视华夏则偏而不全，略而不详。视禽兽则偏而固，为全之偏，略而固，为详之略。是足以为一区，曰夷狄之国。而北之瑞典群岛，南之荷兰岛，咸隶焉。由是而南起阿非利加，西至南亚美利加，又西至澳大利亚，则有皆榛莽未辟之国也，又皆出夷狄下。是宜自为一区，曰禽兽之国。而近南极之群岛咸隶焉。立乎华夏而言，自东而北而西，或左或右或后，三方环以拱者皆夷狄也。其南空阔泱渀，而落落以肴列于前者，皆禽兽也。此地之三区也。

夫以天之所变，而市不蕲乎法，法不蕲乎道而天穷。地之所区，而夷狄率禽兽以凭陵乎华夏而地乱，不先不后，荟萃盘结于一朝。斯固天地自日之宵，生民自长徂消，方将休息乎归墟，以待别起而为更始矣。虽然，又岂惟天地之主宰是、纲维是哉？治不自治也，则亦乱不自乱也。人为之，质文递禅，势所必变也。夏、商之忠质，固已伏周之文；周之文，固已伏后世之文胜而质不存。周以降，皆敝于文胜质不存，今其加厉者也。审乎此而挽救而变通者可知，抑审乎此而夷狄之加乎华夏者皆可知。何以明其然耶？夷狄之加乎华夏，夷狄之由忠而质，且向乎文，而适当乎华夏之文胜质不存也。夷狄之生人生物，晚于华夏不知几千万年之期。其草创简略，亦尚与古之噩阘相近，而人心之朴，于以不漓。故夷狄之富，不足以我虚；夷狄之强，不足以我孤；夷狄之愤盈而暴兴，不足以我徂；夷狄之阴狡而亟肆，不足以我图。惟其出一令而举国奉之若神明，立一法而举国循之若准绳，君与民而相联若项领，名与实而相副若形影，先王之言治，曰"道一而风同"。道非道而固一，风非风而固同，斯其忠质之效，而崛起强立，足以一振者矣。

世之言夷狄者，谓其教出于墨，故兼利而非斗，好学而博不异。其生也勤，其死也薄，节用故析秋毫之利，尚鬼故崇地狱之说。夏夏日造于新，而毁古之礼乐。其俗工巧善制器，制器不离乎规矩。景教之十字架，矩也，墨道也，运之则规也。故其数皆出于圆，而圆卒无不归于方。割圆者，割方以使圆也。三角者，方之角也。故其教出于墨，乃今则不惟是也。出于墨，自其朔而言之也。其出而为治，不惟是也。其出而为治，罚必而赏信，刻核而寡恩，暴敛而横征，苛法而断刑，君臣以形名相责，而父子不相亲，奋厉桓拨以空其国于佳兵。是昔之夷狄，墨家之夷狄也；今之夷狄，法家之夷狄也。墨家之学出于夏，忠也；法家之学出于商，质也，而又继之以靡丽。故曰：由忠而质，且向乎文也。且向乎文，则亦且向乎文胜而质不存。文胜而质不存，则其衰也。孽不必自天陨，祸不必自地出，物产不必其不供，盐铁之大利不必其或绌，而世降则俗浇，俗浇，则人自为心而民解裂，则令不行而上下相厄。上下相厄，则所举皆废而国以不国，虽欲如华夏之质不存而犹可以存者，又乌可得耶？何者？其文固非文也。故其敝亦且一敝而终敝。文非文，则质亦非质，忠亦非忠，皆其似焉者也。何以似？反之极也。天下惟相反至于极，其归也必相似；相似至于极，亦适得其相反。循环而运，一左一右，相反也，而卒于相遇；绕地球而行，一东一西，相反也，而卒于相遇。此犹即一物而论也。朱似紫而一正一间，碔砆似玉而一贵一贱。驹牙似虎豹而一以暴一以仁，卤沙似食盐而一以养人一以杀人。相反莫如水火，而相济以为利；相反莫如刑赏，而皆为忠厚之至。故文、周之以圣者，操、莽之以奸；伊、霍之以权者，齐、梁之主以相残。《诗》《礼》非以发冢，而发冢者习之；仁义非以窃国，而窃国者并窃之。异端之惑人心，何尝不自记于圣贤；利口之覆邦家，何尝不自诡于忠言。观乎龙门之凿，然后知大巧若拙也；观乎昆阳之战，然后知大勇若怯也。是故其所以为似也，即其所以为反也。知其反则华夏之以自治者，固自有道矣。

今夫士之自号于人曰："治天下，治天下。"非不庞然以大而嚣然以繁，而括其言之指归，亦不出于三端。曰："吾中国帝王之土，岂容溷以腥膻？士师猾夏之刑具在，而司马九伐之未可终淹。为生民以与封狼貔黑争此土也，固将一鼓而歼旃。"是作而进也，是战之说也。曰："一战不胜，吾将不支，毋亦务乎息民而讲信以柔之？是有天也，非人之所能为也。"是敛而退也。是和之说也。曰："我加乎彼而我则厄，我无以加乎彼而彼日益张，见可战而姑战焉，见可和而姑和焉，不为牛后，亦终不为戎首。且吾身所不及见者。吾又遑致吾之辨？"是不进不退而亦进亦退也。是守之说也。夫战，吾不知何恃以战。夫和，则今之患方浸淫而无已。是后之说宜若近矣，乃误人家国而阶至今为梗之厉者，亦恒此之由。幸灾之不及己，而雍容以养奸；贪天之或我祐，而首鼠于两端。庸医不杀人，能致人不生不死之间；庸臣不亡国，能致国于不存不亡以不安。坐失岁月于宽闲，而饷后之人以艰。虽有善者，不已难乎？

故夫战，不可不夙讲也。以战之具，若测算，若制造，亦志士所有事，而诋之者拘也。不获已而和，以纡吾力焉。以和之具，若立约，若交聘，亦当官所宜慎，而待之者愚也。要之华夏之以自治者，则皆不在乎此。华夏之于夷狄，夫既有相反之形矣。夷狄且以文敝者，华夏固可反之于忠。忠者，中心而尽乎己也。以言乎彼己之己，则华夏之自治为尽己。先王之典孔彰也，祖宗之泽方长也，举而措之，人存政不亡也。说者固曰："儒者博而寡要，迂而寡效。"乃其所谓儒，非儒也，故庸，庸得以冒焉。反天下扰攘者·于礼，而后风俗敦，风俗敦而法乃可均。日驰骛于外侮，而荒其本图，是谓舍己之田而人于耘。以言乎人己之己，则出治者先自治为尽己。我见以为独，放之则方州部家；我见以为微，延之则甲胄干戈。威福所以饰喜怒，喜怒不中而威福替；黜陟所以行好恶，好恶不审而黜陟蠹。故王道始于耕桑，君子慎于祛襘，苟徒恃乎科条，又何懵于内外也！或曰："忠则忠矣，然以厉薄俗，何异进途人而讲姻亚？以驭强胡，何异救焚溺而用陔夏？非不言之寒谷可黍，吾恐行之石田无稼也。"曰：是岂易于俗人言哉！其理则可谓云尔。性有秉彝，故三代之治不易民；道有污隆，故未定之天能胜人。事不求可，功不求成。君子之立本以趋时，居易以俟命，固已异于策士之纵横。创业垂统，求为可继，强为善者人，而成功者天。诚可期乎必济，孟子不以告滕文矣。且期乎必济，彼之为战为和为守之说者，能必济耶？抑不能漫以云云也。无可必而姑期之，将非自欺而欺人者乎？夫君子则何能治天下哉？能不自欺而已矣。又何敢言治天下哉？言不自欺而已矣。闻之吾师蔚庐先生曰：子哙以子之亡，不得谓尧、舜不当行揖让；李密以无恒戮，不得为汤武，不当用征诛；新莽败于井田，不得删《尚书》之《禹贡》；王安石祸于青苗，不得毁文公之官礼。天下事，知其一，不知其二，固未有不罔于从违者也。

且世之自命通人而大惑不解者，见外洋舟车之利，火器之精，刿心钺目，震悼失图，谓今之天下，虽孔子不治。噫！是何言欤？自开辟以来，事会之变，日新月异，不可纪极。子张问十世，而孔子答以百世可知，岂为是凿空之论，以疑罔后学哉？今之中国，犹昔之中国也；今之夷狄情，犹昔之夷狄之情也。立中国之道，得夷狄之情，而驾驭柔服之，方因事会以为变通，而道之不可变者，虽百世而如操左券。若使夏禹受禅，而帝启即有崖山之沉；周武兴师，而尚父即膺黄巢之戮。则可云邹鲁之不灵，《六经》之有毒矣。而要之决无虑此，则诚能不自欺者也。夫不自欺，忠也；救文胜之敝，而质赖以存也。夫不自欺，自知知人，明而致知之征也。夫不自欺，又意之所由诚也。夫言治至于意诚，治乃可以不言矣。夫圣人固曰："意诚而心正，心正而身修，身修而家齐，家齐而国治，国治而天下平。"（伤心人序《浏阳二杰遗文》）

与徐仁铸书

砚甫仁兄大宗师执事：

顷阅邸钞，欣悉皇华使节，督学吾湘，天末馨闻，笑乐不能自禁。匪以为彼此交谊之私，漫然欲称贺也，乃所以庆吾湘人焉。不然，吾砚甫亦何患不大用于时，顾于一学政沾沾为砚甫喜哉？

别国方言，辁轩是采，询谋咨诹，使乎使乎！援据往例，请得择言：

溯自三十年来，湘人以守旧闭化名天下，迄于前此三年犹弗瘳，此莫大之耻也。愚尝引为深痛，而思有以变之。则苦力莫能逮。会江建霞学政莅湘，遂以改本县书院请，欣然嘉许。而他州县亦即相继以起。未几，义宁陈抚部持节来，一意振兴新学。两贤交资提挈，煦翼湘人，果始丕变矣。至今日人思自奋，家议维新，绝无向者深闭固拒顽梗之谬俗，且风气之开，几为各行省冠。

两年间所兴创，若电线，若轮船，若矿务，若银圆，若铸钱，若银行，若官钱局，若旬报馆，若日报馆，若校经堂学会，若舆地学会，若方言学会，若时务学堂，若武备学堂，若化学堂，若藏书楼，若刊行西书，若机器制造公司，若电灯公司，若火柴公司，若煤油公司，若种桑公社、农矿工商之业，不一而足。近又议修铁路及马路。其诸书院亦多增课算学、时务，乌睹所谓守旧闭化者耶！此其转移之机括，厥惟学政一人操之。何则？以督抚之位尊权重，宜乎无不可为，及责以学校之事，何以教育，何以奖掖，何以涤瑕，何以增美，则其位其权，皆成渺不相涉。学校废则士无识，士无识则民皆失其耳目，虽有良法美意，谁与共之？此故非学政莫能为力矣。

方江学政之至也，谤者颇众。及命题喜牵涉洋务，所取之文，又专尚世俗所谓怪诞者拔为前茅，士论益哗。至横造蜚语，箝构震撼，而江学政持之愈力，非周知四国之士，屏斥弗录，苟周知四国，或能算学、方言一技矣，文即至不通，亦袖然首举之。士知终莫能恫喝，而己之得失切也，乃相率尽弃其俗学，虚其心以勉为精实，冀投学政之所好，不知不觉，轩然簌然，变为一新。虽在僻乡，而愚瞽虚骄之论，亦殆几绝矣。班孟坚曰："利禄之途使然，在上者其慎所以导之之具。"《传》曰："上有好者，下必有甚焉者矣。"顾意诚否耳，何患民弗从哉。

诸新政中，又推《湘学报》之权力为最大。盖方今急务在兴民权，欲兴民权在开民智。《湘学报》实巨声宏，既足以智其民矣，而立论处处注射民权，尤觉难能而可贵。主笔者为同县唐绂丞拔贡才常，嗣同同学，刎颈交也。其品学才气，一时无两，使节抵湘，行自知之，要皆江学政主持风会之效也。

嗣同尝眷眷深念，以为湘学之任难乎其继。去年薄上京师，获交执事，学术行谊，言论风采，若出云雾而睹青天，昭然发矇矣。仰悦之下，辄私谓顾安得吾砚甫为吾湘学政乎？别后犹念之不能忘。若有天幸，竟塞此望。可知他日吾湘教化之美，殆于不可思议，请纪使节之出以为息壤。

若夫所以嘉惠吾湘之道，执事救世心殷，讲之夙矣。又得陈抚部及李仲仙按察、黄公度盐道相为夹辅，复何俟愚鄙之喋喋为哉。谨与乡之人延颈拭目，喁喁企之而已。

兹仅稍举已然之事，云备观风，亦其笑乐不能自禁焉尔。佽征在即，疾为此函，冀于未出都时见之，故草略不暇检。（《秋雨年华之馆丛脞书》卷一）

上陈右铭抚部书

大中丞世伯大人阁下：

抵鄂后，一切详细情形，除已电达外，余由熊庶常面陈，今不具述。

惟念铁路、商轮、煤矿诸端之于保国，其事固至急，而其效亦至缓。假使十年五年前早筹议及此而毅然举办，则至今日，汽车已飞腾于骑田之岭，火船已络绎于洞庭之湖，矿山即不得遍开，亦必已用机器，已成巨产。以之图内治，恢远略，岂不甚善甚善。无如矿务之说，自我公始发其端，计开采以来，曾不满两年耳。商轮才具萌芽，铁路尚如梦幻。就令并日而食，兼程而进，人无旷工，工无旷事，亦必须三年五年，乃著成效。

夫以各国之挺剑而起，争先恐后，俄、法、德暗有合纵之约，明为瓜华之举。德据胶州、即墨，俄军旅顺、大连，法又以强占琼州见告矣。英、日恐三国之崛起出其上也，谋与中国连横以抵御三国，即以自卫其权利。而政府拒之，是激之使怒，以速其屠灭我也。今已西正月矣，在西二月分割之期，直不瞬息耳，危更逾于累棋，势将不及旋踵，复安能宽我以舒徐闲暇之岁月，俾得从容布置，以至于三五年之久哉？

且不惟无其时也，即幸而祈天永命，得至于三五年之久；而法人已占琼州，必且进而谋粤，谋粤必自揽利权始。揽利权必并铁路、矿务而笼之，一如德人之于山东者然。然则谓我之铁路仍可展接至粤，恐无是理也。又不惟粤，法人若以琼雷之铁路谋粤，亦必以龙州广西之铁路谋湘。是湘之铁路由我办否，亦尚未可知也。湘、粤且然，鄂于何有？然则铁路之议，殆长已矣！铁路所至，矿利随之，德人山东之约可证也。即不尽夺取，而荦荦大者，要亦所余无几也。然则矿务亦长已矣！至于湘水行驶商轮，其事至小，其利至微，更不足言。外而祸变之速也既如彼，内而程功之迂也又如此，是以不恤违背教旨，弃俎豆而言军旅，坏佛法而破杀戒，睊睊然长顾而不已，遂遽有练兵之请也。

虽然，练兵之难，亦无以异于向之云云也。曰无饷之难，无械之难，无将才之难，无武备学堂之难，无炮台之难，无地营之难，无工程队之难，无测量绘图队之难，无红十字医队之难，虽公皆已经画过半矣，然未备也。数者有一不备，即不得为节制之师，以与有教化、讲公法之国战，而何况于胜？然而必数者备而后能战，又安得此悠远之时乎？且即使数者皆能取给于一旦，而两军相见，其为胜为负，亦尚在不可知之数。是故练兵固所以救亡，而非能决其不亡也明矣。于不能决其不亡之中，而作一亡后之想，则一面练兵以救亡，仍当一面筹办亡后之事。

亡者地亡耳，民如故也，岂忍不一为之计耶？语曰："善败者不乱。"嗣同请赓之曰：善亡者亦不乱。善亡之策有二：曰国会，曰公司。国会者，群其才力，以抗压制也。湘省请立南学会，既蒙公优许矣，国会即于是植基，而议院亦且隐寓焉。法当筹款养士，使有以自存，而后能出万死不顾一生，以强力任事不幸而匕鬯有惊，钟簴无固，度力不能争，即可由国会遣使，往所欲分之国，卑词厚币，陈说民情，问其何以待之，语合则订约以归；不合，然后言战，亦未为晚。无论如何天翻地覆，惟力保国会，则民权终无能尽失。于有民权之地，而敢以待非、澳棕黑诸种者待之，穷古今，亘日月，可以断其无是事矣。公司者，群其资产，以防吞夺也。万国公法：凡属公产，其转移授受，一视其君与官，民不得保而有之。惟民产为民所独有，君与官亦不得转移而授受之。凡此界限，各国守之最严，未尝一淆乱。夫公司，民产之大者也。盛大理言：胶州电报局既见夺于德人，盛电其外部，称系公司，德提督果谢不敏，而予以厚值，且正其名曰借用。此公司之明效也。湘省商轮以及铁路，皆议立公司之名，姑无论其成否，然亦谓深明大计者矣。独已开之矿，其设分局者，无虑十数处，乃尚不名公司，则他人入室，必以公产视之而据为己有，亦殊可虑也。以公之综核精密，具有条流，嗣同非敢议公之办法，而特欲改易其名目，请概改分局之名而为公司，办法一切仍旧。惟须略附商股，以符公司之实。若虑开源未畅，招商不来，分息难期，诳民实甚，何妨虚设商股之名，以俟获利后陆续补入，或股额极少，聊作公司之凭据；但使有商一人，有股一金，即不得谓我非公司也。况局章原有官商合办一法，虽改公司之虚名，揆之初议，仍无抵迕。又闻公意欲将各矿分隶于学堂、书院，作为学校之产业，具见深谋远虑，洞烛几先。然嗣同以为仍公产，非民产也。即或以学校之故，而不夺其应得之利，安知不又以学校之故，而侵其办事之权乎？是仍不如径改公司之为愈也。凡属利源所在，一概总以公司，则印度，波兰吸髓剥肤之祸，吾知免矣。

呜呼！亡不亡，是有天焉，非公所能救也。若夫善亡之策，如所陈二事，与凡兴民权之类，公力已多优为之，且无俟嗣同哓渎矣。此日下民，譬如病至垂危，国医束手，而病者所宛转呼号，不求不死，但求为任殡敛掩埋之事，毋使暴露，喂狐狸，饱乌鸢，自非不共戴天之仇，夫孰能恝而置之？是故言兴民权，于此时非第养生之类也，是乃送死之类也，而动辄与言民权者为敌，南皮督部于此为大不仁矣。

且南皮抑又暗于自计矣。夫民何为而乐有权乎哉？良以绝续存亡之交，其任至重，腼而累人，不忍使一二人独任，以召绝脰折脰之惨祸。乃群出而各任其任，厥祸乃息耳。南皮则悍然不顾，负万钧，走千里，骨散气尽，敝敝然立槁矣，而犹不得休止。或哀而拥助之，方且大怒曰：是争吾权也。呜呼！是能保中国之必无割灭也，是能保生民之必无遭杀虏也，是能保四万万人之身家性命而代尸其饔飧也。夫如是，民复何为不乐而忧？呜呼！是蚊负山而螂当车也，是大愚至顽而不可瘳也，是丧天下而身先及祸，怨毒且百世随之也。嗣同诚无如南皮何，又况其烈于南皮者。悲愤之机括，一触即跃如故，不觉其词之汹汹也。

方今海内能兴民权者，繄惟我公，又恃垂爱之久而弥厚，故敢蠲除忌讳，陷触文网。迫抑郁无聊之极思，怀收拾余烬之苦志，送崚嶒已薄之短晷，发光华复旦之噩梦，外怵群牛之债赢豕，内惭雄图之不克张，逐为国会、公司之深切著明，远拟覆巢完卵之侥幸万一，则无有便于兴民权者，而遂以善亡之说进。

然皆于情事甚顺且易，又皆我公所已知而已行，非能发摅奇策，少益大海以涓滴，惟是民权之界线甚广，其条段亦甚繁密，嗣同之愚，不足以尽之。幸有黄按察、梁院长、熊庶常诸英杰日在左右，倘命以熟筹亡后之计，必有千百于此者矣。

长夜漫漫，披衣秉烛，笔秃纸尽，腕脱声嘶，而词犹凌乱，不达其意。盖人穷呼父母，兽死不择音，哀痛迫切，其情一也。惟垂察不宣备。（《秋雨年华之馆丛脞书》卷一）

南学会讲义
论中国情形危急——第一次讲义

今日所以立学会之故，诸公已讲清白。愚再就中国现在情形论之。

溯自道光以后，通商诸事，因应失宜，致酿成今日之衰弱。日本乃亚细亚之小国，偶一兴兵，即割地偿款，几不能国。而德国又起而乘之，瓜分豆剖，各肆侵凌，凡有人心，其何以堪？

即如土耳其国，居欧、亚之间，不修政学，不入公法。中国昔日亦轻视之。或以土耳其比中国，中国辄以为耻。乃自俄、土战后，略有变法之意，其教宗以战死为登天堂，民心因而固结，同仇敌忾，颇似联合学会光景，故前年遂能战胜希腊，六大国皆为之震动。此其胜于中国者一也。土耳其陆军既强，海军亦具规模，中国乃无一任战之船。此其胜于中国者二也。尤可骇者，中国胶案既出之后，六大国皆移师，而各欲因利乘便，冀得土地，土耳其亦攘臂于其间，明目张胆而言曰："我情愿少索希腊赔款，速了此案，以便我亦往中国，分一块土地也。"夫以素为中国所轻所耻之土耳其，转而陵驾中国之上，至为分中国之谋，我中国之可耻可危，为何如哉？

暹罗者，亦亚洲弱小之南国也；土地、人民、财赋，远不及中国，自从翻然变化，国势居然日盛。昔薛叔耘《钦使日记》中，已称为宇内第三等国，今其国君游历泰西各国，共倡实学，各国爱之重之，国势由此更见兴盛，且将升为第二等国矣。我中国以十八省之大，乃不能比一暹罗，其耻又何如也？

诸君素怀忠君爱国之忱，谅必同深此耻。故愿与诸君讲明今日危急情形，共相勉为实学，以救此至危急之局。

且不惟中国当知其危也。鄙人顷在湖北，晤日本政府所遣官员三人，言中、日唇齿相依，中国若不能存，彼亦必亡。故甚悔从前之交战，愿与中国联络，救中国亦以自救也。并闻湖南设立学会，甚是景仰。自强之基，当从此起矣。

夫日本席全盛之势，犹时恐危亡，忧及我国，我何可不自危而自振乎？（《湘报》第三号，1898年3月9日）

论今日西学与中国古学——第二次讲义

今日开学会是第二次。头次所讲，云中国艰危，曾土耳其之不若，真是古今奇变。然吾约计开辟以来，战国与今日遥遥相映，时局虽皆极危，却又是极盛之萌芽。何也？绝大素王之学术，开于孔子。而战国诸儒，各衍其一派，著书立说，遂使后来无论何种新学，何种新理，俱不能出其范围。盖儒家本是孔教中之一门，道大能博，有教无类。太史公序六家要旨，无所不包，的是我孔子立教本原。后世专以儒家为儒，其余有用之学，俱摈诸儒外，遂使吾儒之量反形狭隘，而周、秦诸子之蓬蓬勃勃，为孔门支派者，一概视为异端，以自诬其教主。殊不知当时学派，原称极盛：如商学，则有《管子》《盐铁论》之类；兵学，则有孙、吴，司马穰苴之类；农学，则有商鞅之类；工学，则有公输子之类；刑名学，则有邓析之类；任侠而兼格致，则有墨子之类；性理，则有庄、列、淮南之类；交涉，则有苏、张之类；法律，则有申、韩之类；辨学，则有公孙龙、惠施之类。盖举近来所谓新学新理者，无一不萌芽于是。以此见吾圣教之精微博大，为古今中外所不能越；又以见彼此不谋而合者，乃地球之公理，教主之公学问，必大通其隔阂，大破其藩篱，始能取而还之中国也。《传》有之："天子失官，学在四夷。"譬如祖宗遗产，子孙弃之，外人业之，迨其业之日新月盛，反诧异以为奇技淫巧，机钤诡谲之秘术。呜呼！此可谓数典忘祖者矣！

昔郯子夷人也，而孔子尚学之。古人有言曰："询于刍荛。"又曰："谋及庶人。"又尝见飞轮而作车，见蜘蛛而作网。是圣人不论何人何物，惟知学以取其长而已。

然今日欲讲各种学问，宜从何处讲起？则天地其首务也。夫人生天地之中，不知天何以为天，地何以为地，且地是实物，尚可目见，天是空物，不可窥测。于不可窥测者，遂置之不讲，则人为万物之灵之谓何矣？

尝考《素问》曰："地在天中，大气举之。"《列子》曰："虹霓也，云雾也，风雨也，四时也，此积气之成乎天者也。"张子《正蒙》曰："夫天，气也，自地以上皆天。"可见天地交界，以地面为之，此天是气之明证。《列子》又曰："夫天地，空中之一细物。"是明知地为行星之一矣。至其为地圜地动之说，则亦确有明征。《大戴礼》曾子曰："如诚天圆而地方，则是四角之不掩也。"此地圜之铁案也。且《周髀算经》亦曰："地如覆槃。"盖仅举东半球言之。若合之西半球，则为圆形无疑。

西人谓亚美利加洲与亚细亚洲人足心相对，遂知为圆形。其说果何所凭？试于海面上观之，有海船来，始见其船之烟，既见其船之烟筒，至前始见其全船之身。是明明从下而上，而为圆形矣。又以日月食验之：日食，乃日行入月度，为月所掩，而成圆形，人人知之；若日在地下，月在天上，而成月食，假使地球不圆，则掩月之形必不圆矣。此又地圆之确证也。且地动之说，亦非始自西人。《易》曰："天地以顺动，故日月不过，四时不忒。"又曰："夫坤，至柔，而动也刚……承天而时行。"又曰："夫坤，其静也翕，其动也辟。"是地动之理，大《易》已详哉言之。又《易·乾凿度》："坤母运轴。"仓颉云："地日行一度，风轮扶之。"《尚书·考灵曜》："地恒动不止。"《春秋·元命苞》："地右转以迎天。"《河图·括地象》："地右动起于毕。"凡此诸说，不一而足。

但地既绕日而转，何以日不可以绕地而转？盖日为八星之中心，其体积大于地球者一百四十万倍；乌有大至一百四十万倍，而反绕一小星之理？且八星皆绕日而成一世界，又安能撇却地球以外诸星，而如最小之月之自绕星球乎？此所以知地球绕日而转，日断不能绕地球而转也。

诸君但先讲明此理，则知吾身所附丽之地球，本变动不居，而凡泥不变之说者为逆天矣。又以知吾身所处之地球，原天空中不大之物，则凡附丽斯球者，可作同里同闾同性命观，而不必惊疑骇异，夜郎吾国而禽兽他人矣。诸君勉乎哉！（《湘报》第七号，1898 年 3 月 14 日）

论学者不当骄人——第五次讲义

记得第二次开会时，曾与诸君讲明地圆的道理。诸君既知道地圆，便从此可破中外之见矣。

地既是圆的，试问何处是中？除非南北二极，可以说中，然南北极又非人所能到之地。我国处地球北温带限内，何故自命为中国，而轻人为外国乎？然而此亦不可厚非也。中者，据我所处之地而言。我既处于此国，即不得不以此国为中，而外此国者即为外。然则在美、法、英、德、日、俄各国之人，亦必以其国为中，非其国即为外。是中外亦通共之词，不得援此以骄人也。而我国不惟好以中国骄人，且又好以夷狄诋人，春秋之所谓夷狄中国，初非以地言，故进于中国则中国之，流于夷狄则夷狄之。惟视教化文明之进退何如耳。若以地言，则我湘、楚固春秋之夷狄，而今何如也？

且我国之骄又不止此，动辄诋西人无伦常，此大不可。夫无伦常矣，安得有国？使无伦常而犹能至今日之治平强盛，则治国者又何必要伦常乎？惟其万不能少，是以西人最讲究伦常，且更精而更实。即如民主、君民共主，岂非伦常中之大公者乎？又如西人招民兵，有独子留养之例，又最重居丧之礼，岂得谓其无父子乎？西人自命为一夫一妻世界，绝无置妾之事，岂非夫妇一伦之至正者乎？何得动诋西人无伦常？即令伦常中之礼文小有不同，要不过是末节耳，不妨各安其风俗，无所用其诋也，无所用其骄也。况伦常者，人人当尽之分，纵令做到极处，亦不过是分内之事，并算不得甚么本事；何得持此以骄人乎？

我国又好诋西教为邪教，尤为不恕！我诋他的耶稣，他就可以诋我的孔子，是替我孔子得罪人而树敌招怨也。且我既恨他传教，我为何不传我的孔子教？今耶教之盛遍满地球，而我孔教则不过几个真读书人能传之，其余农工商亦徒闻其名而已，谁去传孔教教他？每一府厅州县止有一座孔子庙，而一年中祭祀又只有两次，又惟官与阔绅士方能与祭，其余皆不许进去，孔子庙徒为势利场而已矣，岂有一毫传教之意哉？是我孔教尚不能行于本国也，奈何不自愧自责，而反以奉行无实之孔教骄人哉？

鄙人今日所以反覆戒一骄字者，因为学会上所重的是"学人一骄便不能为学"，是以第一要去骄字。不骄方能师人之长，而自成其学，有学而国乃可以不亡矣。

今向人说学问可以保国，人往往以为迂腐而不敢信。我今试举一确凿凭据与诸君说之，此事中国翻译书所不载，我曾闻一德国人亲向我言。其事维何？即普、法交战之事也。师丹一役，法国国破君擒，已万无图存之理矣，使普国稍逞其兵力，法国必灭。而普终许其和者何也？则普相毕士马克之识伟矣。当法国请和之际，普之诸将皆以为必不许，而毕士马克有许和意。诸将皆愤怒曰："我等背乡井，弃妻子，忘性命，出万死，不顾一生之计，国家费饷千万计，战死士卒十数万，始有今日，今日法国垂灭，公复舍而与之和，此何理也？"毕士马克曰："公等毋躁，且细权其利害。我且问公等，试思我德国人之学问，比法国人之学问何如？"则皆曰："不如也，且远不如也。"毕士马克曰："由此即可知法国之不可灭矣。大凡有学问之人必能制伏无学问之人，而无学问之人自然不能不受制，此世界上之公理也。即如乡间农夫，遇事必唯唯听命于读书人！无他，以有学问无学问之故也。我德国既自知学问不如法国，则不灭其国，两国犹有界限，我德国犹可防守；我虽不如，犹无大害。若径灭其国，则法、德两国浑而为一，无复防守之界限；以法国人之学问驾驭我德国人，我德国人之权将尽为法国人所夺，而我德国无噍类矣。公等要灭法国不难，速与之和，趁早回国，讲究学问，且待学问可以胜法国人矣，然后兴兵灭之，未为晚也。"而法国遂赖以不亡。此法国以学问保国之凭据也。

鄙人深愿诸君都讲究学问，则我国亦必赖以不亡。所谓学问者，政治、法律、农、矿、工、商、医、兵、声、光、化、电、图、算皆是也。（《湘报》第二十号，1898年3月29日）

论全体学——第八次讲义

人在世界上，有几件事不可不知：一曰天，二曰地，斯二者前次已言之详矣。今日所讲，更有切要者，则为全体学。在天地间不知天地，已为可耻；若并自己之身体不知，不更可笑乎？

然全体学又极难讲。何则？无图以供指点也，无蜡人以为模样也。骨节如何承接，血脉如何周流？脑筋如何散布？肌肉皮肤如何层叠束固？则皆不能言矣。试仅即脏腑言之，亦只能言其部位功用，不能将其形状曲曲传出。部位功用，中国医书亦言之最详，然必不如西国所言之确而可信者，则以彼有剖验之术可凭也。今乍与人言剖验，必诧以为怪，不知彼皆剖验死后之尸，或医生请剖，或病人遗嘱。故剖验之事常常有之，医学遂因之日精。亦有危险之证，必须剖腹洗涤始能疗治者，则考验尤为亲切。吾故以为可凭也。

今先言心：中国言心主思，西国则谓心不能思，而思特在脑。脑分大小。大脑主悟，小脑主记及视听之属。脑气筋布满四肢百体，则主四肢百体之知觉运动。所谓心者，亦徒主变血之事而已。夫中西论心，不同如此，愚谓其理实亦相通。思固专在脑，而脑之所以能思者，全赖心能变血以养脑，是心与脑交相为用也。故思字从囟，从心。脑之主思，古人盖已知之矣。心之所以变血，因血历周身，而后化红色为紫色，养气之功用已竭，血中含足炭气。如不将炭气放出，其毒立刻足以杀人，赖由回血管仍回至心中，由心入肺，有呼吸以吐故纳新；俟再经心中，即复为红色，毒去而可以养人矣。故心之时时跃动，皆为上下四房红紫血出入之故，信足为生命之本矣。

古人谓肝左肺右，心居中央，此说实误。心虽居中，而心尖略斜向左。肺则左右各一大块，每块分六叶，左右共十二叶。肺中大小管极多，酷肖树木枝干，其为用有三：一主呼吸，二主变血，三主声音。肝则在右边肺下，其用亦主变血。凡新生之血，必经肝家一过，方由淡红色变成红色，而有甜味；有甜味乃能养人。故西人或称肝为造糖公司。

脾在左边肺下，中国言脾主消食，其实非也。脾与胃不相连，于消食之事绝不相干。脾惟主生白血轮。然白血轮之为用，西国历来名医皆不能知，直至去年《知新报》载有某医士始考出白血轮为杀虫之用。但白血轮虽有此用，却不宜多；白血轮一多，即成疟疾。按此说中国亦有之，江南一带，呼疟疾为"打脾寒"，可知疟疾果由于脾家也。

胆与肝近，主出酸汁入胃，以助消化；其间复有甜肉一块，为中国医家所未知闻，亦主出汁入胃，以助消化。

胃在心下，专主消化；胃中有一种消化之汁，能化食物，几如强水；而胃又时时动摇，使消化愈速；胃中又有无数微管，能取饮食中之精华以成血。饮食既消化后，变成糜粥，然后入小肠。

小肠长可二丈余，专主取饮食中之精华以成血。饮食过小肠后，精华略已取尽，其糟粕遂归入大肠，而清水亦入小便。此脏腑之大略也。

大抵全体竟是一副绝精巧之机器。各司其职，缺一不可，与天地之大机器相似。

独是天必造此一种全体之精巧机器，果何为也哉？原是要使人顶天立地，做出一番事业来，所谓赞天地之化育与天地参也。诸君当知此堂堂七尺之躯，不是与人当奴仆、当牛马的。

诸君诸君！我辈不好自为之，则去当奴仆、当牛马之日不远矣！时事我更不忍言。然求能与外人一战，无论智愚皆知其不可。为今之计，惟有力保莫内乱，尚可为河西遗种处耳。

保之之法，无过于保卫局。保卫局即是团练之意。各府州县能遍设保卫局，乡间又清查保甲，则耳目灵通，匪类自无从窃发；即使乡僻之区或有聚众等事，而保卫局之巡查既经训练，聚之即可为兵。息事安人，无过于此。如欲别为团练之举，亦须变通旧法，整齐画一，聘武备学堂中之粗谙武事者为之教习；又须就地筹有的款，方可举办。然乡兵之额，亦自不能多。即以百人论，每年需钱三千数百串；而百人之用，仍与保卫局之巡查无异。故不如径办保卫局，而寓团练之意于其中，乃为经久之道。

今欲人人皆明此理，皆破除畛域，出而任事，又非学会不可。故今日救亡保命，至急不可缓之上策，无过于学会者。吾愿各府州县，就所有之书院概改为学堂、学会，一面造就人材，一面联合众力，官民上下，通为一气，相维相系，协心会谋，则内患其可以泯矣，人人之全体其可以安矣。（《湘报》第四十二号，1898 年 4 月 23 日）

南学会问答

一、答杨昌济

于圣贤微言大义晦盲否塞之秋，独能发此奇伟精深之问，此岂秦以后之学者胸中所能有哉？勉之乎，公羊氏之非常异义，其必有所得矣，斯事愚亦何敢论断。总之，眼光注定民身上，如何可以救民，即以如何为是，则头头是道，众说皆通矣。

长沙杨鳌问：愚观《泰西新史揽要》，专发明民主之益。即湘省士林中亦多有言民主为五大洲公共之理，至当不易、牢不可破者。及观梁君卓如《论君政民政递嬗之理》，则曰：多君为政者，据乱世之政也；一君为政者，升平世之政也；民为政者，太平世之政也。多君为政，其别亦有二：一曰酋长之世，一曰封建及世卿之世。一君为政，其别有二：一曰一君为政之世，一曰君民共主之世。民为政，其别亦有二：一曰有总统之世，一曰无总统之世。且引"见群龙无首，吉"之语，以证之无总统之说。然则今美国之政，尚有变迁矣。此理愚颇信之。即以保甲而言：愚家居长沙清泰都，向例只有都总一人，渐分为三人。光绪甲午岁，因地方盗贼甚横，于是都中人士聚议者二十二人，订立合约，公举都总五人，事以大行，岂非一人力孤而多人势盛之故耶？又我境一都，分十甲三十六团。愚之本团，团总不得力，将辞之而无人接办，于是有议不要团总，每事集众公议者。抑岂非以责在一人，人人皆不管事，不如权在众人，人人皆肯任事之故耶？此盖无总统之小象矣。然而有疑民主之说者，其一曰：或谓西国民主之制，可行于中国，此非本朝士子所忍言也。某意西学之不可少者，农政、工政、商政，与凡有益于三政者而已。盖四万万之众，非广其生计，必散漫溃裂而不可止，势不得不采用西法。若夫世变之大，则有天焉，吾不敢知，吾知吾君之不可弃而已。变君主为民主，将置我君于何地乎？此一说也。又有谓西国公法，民主与君主交涉仪节之间，皆让君主以先。且俄，君主之国也，然其强也，亦为诸民主之国、君民共主之国所不及。日本以扶立王政而猝致盛强，是君主之国不可变也明矣。故《时务报》中有论中国宜尊君权者。且各省会匪其所以号召党与，亦持西人民主之义。民主之说，其可倡乎？此又一说也。又有梁君所论，谓由多君之世而变为一君之世，由一君之世而变为民主之世，此天道之自然，一定之次第。按照其说，今日中国宜效英国君民共主之制。此又一说也。又有谓倡民主之义者，非必欲变为民主也。但以减轻君主之压力，以伸民气而御外侮，于是而君主安若泰山。是倡言民主之义者，正所以保君权也。此又一说也。此大事，愚不能明，请高明诲之。（《湘报》第二十八号，1898年4月7日）

二、答毕永年

所言抑何痛快也。然佛说众生根器不齐，故说佛乘外，复说菩萨缘觉声闻三乘种种法。夫岂不惮烦哉？亦以众生根器不齐，不得不如此耳。假如人皆如君之高明，此会几欲不设矣。

毕永年敬问主讲先生：永年三莅会矣，聆雅颂之音，足令筝琶息响，佩诵良切。但今日设会盛心，一在保种，一在保教。盖民权不振，则必日危日险，终任人之印度我，而种不能保。然学业不精，则虽日言民权，日言保种，徒启草莽窥窃之念，并无自立不拔之基，将保种而适足灭种。永年居恒悲咤，大惧覆巢之下将无完卵。辄念吾湘风气已开，人知向学。举凡汉、宋学派以及西学各书，幸已家置一编，士手一册。本末具在，循迹可求。抑亦非片时指陈，可卒而尽，东鳞西爪，可括而全也。伏愿先生捐弃陈言，益宏远略，惕以印度之辱，镜以日本之兴，诰群士以憔悴专壹之方，示群民以人皆读书之益。俾知通商之局，终此不更，则中西聚处日繁，不必再作闭关之想。中西日聚，则必中人果能日兴己学，日尊己教，日泯文武秀顽之见，日除操戈同室之羞，而后可绝西国之觊觎，而后可生西人之敬爱。庶不至野番我，即不至印度我。否则愈厉以亲上死长之义，则客气愈深；愈激以自强卫国之功，则债事愈甚。终以保教为奴隶基督，终以保教为割地自王，终以民权为洒耻雪愤。一旦天崩地坼，万险环生，求如今日之文恬武嬉，将为六朝五代之局，恐终不可得矣！岂诸君子设会之盛心哉？鄙人固陋，不知所裁，惟垂教幸甚。（《湘报》第二十九号，1898 年 4 月 8 日）

三、答毕永年

王船山云："抱孤心，临万端。"纵二千年，横十八省，可与深谈，惟见君耳。然因君又引出我无穷之悲矣！欲歌无声，欲哭无泪，此层教我如何揭破？会须与君以热血相见耳。

永年谨再问：顷闻复生先生讲义，声情激越，洵足兴顽起懦。但今日之局，根本一日不动，吾华不过受野番之虚名；銮舆一旦西巡，则中原有涂炭之灾祸。所谓保种保教，非保之于今日，盖保之于将来也。此时若不将此层揭破，大声疾呼，终属隔膜，愈欲求雪耻，将愈畏首畏尾，或以西学为沽名之具，时务为特科之阶，非互相剿袭，则仅窃皮毛矣。质之高明，当有良法。（《湘报》第二十九号，1898 年 4 月 8 日）

《湘报》后叙（上）

《春秋传》曰："中国亦新夷狄。"孟子曰："亦以新子之国。"新之为言也，盛美无憾之言也。而夷狄中国同此号者，何也？吾尝求其故于《诗》矣。周之兴也，僻在西戎，其地固夷狄也。自文王受命称王，始进为中国。秦虽继有雍州，《春秋》仍不以所据之地而不目之为夷。是夷狄中国，初不以地言。故《文王》之诗曰："周虽旧邦，其命维新。"旧者夷狄之谓也，新者中国之谓也。守旧则夷狄之，开新则中国之。新者忽旧，时曰新夷狄；旧者忽新，亦曰新中国。新同而所新者不同，危矣哉！己方惇惇然自鸣曰守旧，而人固以新夷狄新之矣。是夷狄中国，果不以地言，辨于新，辨于所新者而已矣。

然仅言新，则新与所新者亦无辨。昨日之新，至今日而已旧；今日之新，至明日而又已旧，乌足以状其盛美而无憾也？吾又尝求其故于《礼》与《易》矣。《礼》著成汤之铭："苟日新，日日新，又日新。"《易·系》孔子之赞："日新之谓盛德。"言新必极之于日新，始足以为盛美而无憾，执此以言治言学，固无往不贵日新矣。

顾吾求其助人日新之具，又不可得也。世必曰："文武之政，布在方策。"识大识小，未坠于地。求其助人日新之具，则书是也。夫书，已往之陈迹，古人之糟粕也。千世之变异，非古人所得逆而知也；当时之情事，亦非今人所得虚以揣也。昨日之新，至今日而已旧；今日之新，至明日而又已旧。虽温故知新，存乎其人，而新究在人不在书也。书而新，势必日日使新人、阐新理、纪新事，而作为新书而后可也。然日日使新人、阐新理、纪新事而作为新书，其构意也有日，谋篇也有日，成卷也有日，刊行也又有日，比书之寓吾目，则去其初著书之时，不知凡若干日。昨日之新，至今日而已旧；今日之新，至明日而又已旧。所谓新理、新事必更有新于此者，而书亦非新书矣。往者江君建霞，督学吾湘，有鉴于此。日日使新人、阐新理、纪新事，而作为新书。不俟其书之成也，而十日一出之，名之曰《湘学新报》，其助人日新之意至切也。然而则既已十日矣，昨日之新，至今日而已旧；今日之新，至明日而又已旧。然而则既已十日矣，谓之新可也，谓之日新不可也。于是同志诸友，复创为《湘报》。日一出之，其于日新之义庶有合也。

虽然，吾尤愿读此报者，勿泥以为新止于此也。天下之事之当新者多矣。日不一日，斯新不一新，闻斯行诸，不俟终日。为中国乎？为夷狄乎？吾宁自新，毋使人有以新我矣。（《湘报》第十一号，1898 年 3 月 18 日）

《湘报》后叙（下）

夫言新于今日，其惟吾湘乎？其惟吾湘乎？自陈抚部覃敷新政，辅之以黄按察，敦大成裕，日起有功，而簪绂之中济济然一新矣。自江学政首倡新学，继之以徐学政，简要宏通，举归实践，而襟佩之中喁喁然一新矣。其所以为新之具不一，而假民自新之权以新吾民者，厥有三要。一曰：创学堂，改书院，以造英年之髦士，以智成材之宿儒也。然而学堂书院之容积，犹有限量，自余之不得入而肄业者，以国量乎泽若蕉。顾安所得长裘广厦而遍覆翼之，而遍讲论之乎？二曰：学会。学会成，则向之不得入学堂、书院而肄业焉者，乃赖以萃而讲焉。然而学会设于会城，会城以外无由致其观听，而况于外县，而况于外府？是必更有推行之妙术，不啻一一佛化百千身，一一身具百千口，一一口出百千音，执涂之人，而强聒不舍而后可也。三曰：报纸。报纸出，则不得观者观，不得听者听。学堂之所教可以传于一省，是使一省之人游于学堂矣；书院之所课可以传于一省，是使一省之人聚于书院矣；学会之所陈说可以传于一省，是使一省之人晤言于学会矣。且又不徒一省然也，又将以风气浸灌于他省，而予之耳，而授以目，而通其心与力，而一切新政、新学，皆可以弥纶贯午于其间而无憾矣。

　　且夫报纸，又是非与众共之之道也。新会梁氏，有君史民史之说，报纸即民史也。彼夫二十四家之撰述，宁不烂焉，极其指归，要不过一姓之谱牒焉耳。于民之生业靡得而详也；于民之教法靡得而纪也；于民通商、惠工、务材、训农之章程靡得而毕录也，而徒专笔削于一己之私，滥褒诛于兴亡之后，直笔既压累而无以伸，旧闻遂放失而莫之恤。谥之曰官书，官书良可悼也！不有报纸以彰民史，其将长此汶汶暗暗以穷天，而终古为喑哑之民乎？西人论人与禽兽灵愚之比例，人之所以能喻志兴事以显其灵，而万过于禽兽者，以其能言耳。而喑之，而哑之，其去禽兽几何矣。呜呼！"防民之口，甚于防川"，此周之所以亡也；"不毁乡校"，此郑之所以安也；导之使言，"谁毁谁誉"，此三代之所以直道而行也。吾见《湘报》之出，敢以为湘民庆，曰诸君复何忧乎？国有口矣。（《湘报》第十一号，1898 年 3 月 18 日）

记官绅集议保卫局事

　　今夫舍其官权，略其势位，决弃其箝轹民、刀俎民之文若法，下与士民勤勤然谋国是，共治理，以全生而远害，初若不知己之为官，而官之可以箝轭、刀俎民也者，世必曰："天下乌有此不智之官矣？"然而舍其官权，略其势位，决弃其箝轭民、刀俎民之文若法，下与士民勤勤然谋国是，共治理，以全生而远害，初若不知己之为官，而官之可以箝轭、刀俎民也者，而士与民方窃窃焉疑之议之，远避之，曰："奈何不箝轭我而刀俎我也？"则宁得曰此天下之智士之智民乎？善乎唐才常之论保卫局也，曰："泰西、日本之有警察部也，长官主之，与凡议院章程不同。平心而论，此事本官权可了，而中丞、廉访必处处公之绅民者，盖恐后来官长视为具文，遂参以绅权，立吾湘永远不拔之基。此尤大公无我至诚至信之心，可以质鬼神，开金石，格豚鱼。"夫欲兴绅权，遂忘其为削己之官权，为人而遗己，宁非世俗所谓愚者乎？而廉访黄公与观察况公桂馨、黄公炳离，则犹恐绅之弗受其权也，而集诸绅士于保甲局，反覆引喻，终日不倦。且任之曰："某为董事，某为董事。"听者感动兴起，皆思有以自效，撼虑发谋，各陈其臆，盖罔不动中机宜矣。顾嗣同尤有大忧奇惧，腐心泣血，不忍言而又不忍不言者，遂扬言曰：保卫局之善，唐氏言之详矣，吾不赘言，言其大者。事之大有如国之存亡乎？则胡不见台湾乎？一旦割弃，所谓官者，皆相率内渡矣。又不见山东乎？虽巡抚、总兵之尊，且褫职去位矣。故世变至无常，而官者至不可恃者也。官以遵奉朝旨为忠，以违抗朝旨为罪，不幸复有台湾、山东之事，官惟有襆被而去耳，岂能为我民而少迟回斯须哉？斯时也，则任外人之戎马蹴踏我，任外人之兵刃脔割我，谁为我父母而护翼我？谁为我长上而捍卫我？虽呼天抢地于京观血海之中，宛转哀号，悔向者之不早自为谋，而一听之官之非计。岂有及哉！岂有及哉！然则乘此崦嵫之短景，豫防眉睫之急焰。官又假我以有可为之权，我不速出而自任而谁任矣？夫当速出而自任，宁止保卫一局？而保卫局特一切政事之起点，而治地方之大权也。自州县官不事事，于是有保甲局之设。其治地方之权，反重于州县官。今之所谓保卫，即昔之所谓保甲，特官权、绅权之异焉耳。夫治地方之大权，官之所以为官者此而已。今不自惜若此，岂真官之不智哉，亦诚自料不能终护翼我、捍卫我，又不忍人之蹴踏我、脔割我，而出此万不得已之策。以使我合群通力，萃离散，去壅蔽，先清内治，保固元气。庶几由此而自生抵力，以全其身家，此其用意之深而苦，亦至可感矣。

且闻之公法家，凡民间所办之事，即他人入室，例不得夺其权，是则历常变而不败者，又舍是末由也。议既终，吾请濡笔记之，且正告吾绅吾士吾民曰，吾愿睹吾属之智何如矣。(《湘报》第二十五号，1898 年 4 月 4 日)

4. 其他康门弟子的变法思想和主张

引　言

　　其他"康门弟子"，主要是康有为广州万木草堂的入室弟子。他们与梁启超一道成为宣传康有为学说、理论的主力，故其所宣传的内容与康有为并无二致。其宣传的途径主要是通过由康门师徒创办的《知新报》与梁启超主笔的《时务报》刊发文章。具体而言，与其他维新思想家一样，他们反复强调变法的急迫性，论证变法的合理性，但其思想资源主要取自其师说中的"公羊"三世说、素王改制论；他们也反对纲常名教、君主专制，提倡民权、平等，主张开议院，实行君主立宪，但康有为议院思想的变迁，对他们也有明显的影响，陈继俨的《不可开议院说》反映的即是康有为百日维新期间变化了的议院观。

　　作为康门弟子，他们思想的核心，无疑是维护师说，宣传康学中的创教、传教思想，他们宣传尊教、传教的逻辑与内容都一如其师。首先，强调孔教的教义及重要性，即孔子改制立法，以六经治万世，"教者，国之所以受治，民之所以托命"。其次，以西教为参照，分析孔教衰微的原因，认为关键在于教义不明，无人传教，孔教未定一尊等。最后，提出尊教、卫教的途径，即通过学校、学会、教会等途径发明教义、尊教传教，从而达到卫教的目的。而康门师徒所传之教正是经过康有为改造之后掺杂了民权、平等诸说在内的孔子之教。

　　《时务报》与《知新报》都是戊戌时期很有影响的报纸，康门弟子铺天盖地的宣传，无疑扩大了康学、康教的影响力，成为时人认知康学、康教又一重要途径。

孔昭焱

论中国变法之害

庚申之役，继以甲午，今之筹中国者，必曰变法以兴，不变法以亡，西人之肆口横厉，豪叫利骂，亦必曰中国即不能变法，吾将刲之剔之，均锤而支分之，其变未为迟也，不尽变则不得也。浅人之疑，不将以为彼国高义，极欲保存此土，故为是栗狉之议，掣之变乎？孔昭焱曰：中国何尝不变法？中国之变法者多矣。野番之俗，残杀不道，非洲之达疴美，至以人为牲，飨礼用人，盗跖闻风，且恻然汗下，哀不仁也。血肉之躯，矢人岂不仁于函人，荒古之世，无弓矢，吁吁而治，远古之世，无弓矢而有弓，矢中古之世，废弓矢而用甲兵，末法之仇，废甲兵而用炮铳，世变一日，则杀人之器利一日，中国之购求西国战具，兼营尽至，变之最大者也，一也。

学堂教院，以阐宗风，中国实学馆蹶，同文馆兴，牢槛世家稚呆之竖，吧哑学习西语，碎字削解，名物训诂之学，彼人未毁齿，即周祥延遍而任馆学子，委蜒其间，或十年或七八年，粗未通晓，而文义一门，即教习亦弗敢深信，且秦越之见，未必尽愿以告中国人，弗有责焉也。其于中国二帝三王孔子之道，则已未得丝麻，而先弃营蒯也。年晦志萎，出而牟纳，不为通事买办，即第一等人，流落州里，欺陷罗纨，月攫数金，米盐薪火，取充于是，翻译生员，输资递补，大病已然，良药皆螫用，何抵深怪变之二也。

无宁惟上，即富屋巨室，瞽瞆沉蔽，犹振声扬厉，以中学无可为，驱子弟舍所学而服彼，其自以买办通事量者匪计也，即稍光大，莫若量及翻译钦使，而所谓教习者，亦不过买办通事之流亚也。是以所学，即欲求异日之可以为翻译钦使而不得也，是大可惜也，是太愚也，而谓不变不得也，变之三也。

西国报馆，指陈大势，称说利害，以国力保护，实悬君命，固之斥之，张之抑之，威之色之，义之力之，报馆应得之权利也。今中国虽未冲流，然日报之馆，且以数十，岸口行省，错落散布，事难征实，义取深讳，譬词谴弄，诲淫召妖，佥之弗及，优之匪苛，变之四也。

邮政之行，重同铁路，取资甚微，获利极博，辖之大臣，权有统一，泰西诸国，莫不如是。今中国亦骈起接踵，援而征之，专之以税务司，易之以寄信局。泰西自邮政举后，文牒往还，瞬晷起色，中国众民，遽闻是议，颠骇沉愁，父焦子思，妇劳夫虑，两两比例，利害不言。传曰：非我族类，其心必异。赫德非类，猥与济事，其流毒则更有非余忍言者，变之五也。

蛮蛮旧俗，陆必驿站，舟必艨艟，三帆标竖，待风而冲，海禁既辟，治用轮舶，人乘其便，虽塞夫旧党，谈外学则议曰教徒，薄中学则排之汉奸。至倚装临流，慨然万里，莫不辞驿站而走滨洋，却艨艟而附轮舶，今铁路亦犹是也。未成则群起而阻之，若如轮舶，则未闻远顾而疾走也，变之六也。

钱以制钱，银以纹银，其捷者则为钱票，为银票，皆中国旧物，今沿口岸租界各地，通行洋圆洋钞，悉弃制纹诸票，光绪新制，混矹于荆，即弗取焉，虽塞夫旧党，犹上之说，不异也，变之七也。

褒衣博带，儒者之服，黄白杂处，异而见爱，怪以成习，蛮腰窄袖，纤颔修襦，中国自为，等之村野，彝之皂隶，衣必西织，布必西产，虽塞夫旧党，犹上之说，不异也，变之八也。

茅荻蒲苇，编驾为庐，只求安膝，无取丽观，今人所为，必洪敞峻廓，周之万木，映之清流，宽囿大地，明窗疏扉，洁尘净土，光采振目，以是为养生之道，虽塞夫旧党，犹上之说，不异也，变之九也。

食精脍细，鱼鲜豕哺，廉者不废，饮食异齐，谁不谓然。逾其所常，好以不类，美酒弗旨，而嗜架啡，香腴不甘，而乐腥羶，是非人之情也，虽塞夫旧党，犹上之说，不异也，变之十也。

席地而坐，渐为文明，簟垫之奢，不谓朴拙，身非庞大，必宽坐纵篓，于西为安，凡百利用，无适于中，有涎于西，虽塞夫旧党，犹上之说，不异也，变之十一也。

珍异玩好，本戒标新，独存古远，自西器流延扫削垢玷，人乃尽易其所为，不利重宝，如攫斯取，变之十二也。

金非土价，谁不爱惜，中人之家，操作劳若，仰首庭迡，妻子贱畜，重累难赡，相教以廉，为风恤己也力，接人也节胜，不图外俗摇扇，东草西靡，人心反常，半以百年，其拘苦者放，细屑者豪，卑湿者轩而抗，重迟者轻而脱，变之十三也。

浸之斯流，燎之斯然，游之相忘，习以我有，仪文粗学，大有适新之感，丰筵结客，觥筹往还，以让德胜，礼也。悍悍迈夫，以烦为忧，反质于文，若杞子之用彝礼，不必寿以位，不离其文，于所坐粘字，众客以字，就坐，揖接辞酢可废也。颠末以见大微眇以知显，涓涓为河，坏坏为山，变之十四也。

桀黠之辈，东迁无周，栋折榱崩，侨将不免，狡兔三窟，雄狐首丘，贿置必洋界，出纳必洋行，居必洋楼，业必洋贩，交必洋商，虽塞夫旧党，或有开焉矣。顽贱之子，宁为西奴，不为中负，侮获臧甬，势以然也，变之十五也。

由前之说，其变如此，战具也，学堂也，文言也，报馆也，邮政也，舟舶也，银币也，衣服也，庐屋也，饮食也，利用也，玩好也，风尚也，仪饰也，术智也，君之与臣，父之与子，昆之与弟，夫之与妇，繁兆之与繁兆，无名分，无理势，无证果，无根尘，皆有利于我者，则各为之，无利于我者，则坐视而不肯为也。其至私之世界，即至公之世界也，私之皆知之，公则人各自为，人各自利，上以此期，下以此报，莫大焉者。战具学堂邮政以利国，文言报馆银币衣服庐屋饮食利用玩好风尚仪饰术智以利民，利其所利，余不以为利也，利之无名，名亦事小，一身一家之便也，害之则尊在教，大在种，轻之即一身一家，必不能免也。

孟子曰："上下交征利而国危。"余甚不愿与天下言利也，余又不得不与天下言利也。《易》曰：乾始能以美利利天下，是以所利，顾不利哉，遑蹑跂之为。嗟乎，尧舜何人，梭伦何人，华盛顿何人，尘尘五洲，莽莽千古，伶伶数君，叹息不置，而中国之日言变法者小矣，余且不暇顾及矣。然鲁女之悲，忧从中来，雍门之琴，凄以外听，身非异类，何能漠然，余固守旧最笃之徒也。七尺躯壳，不由自主，衣服饮食，亦且流而斯变矣，事势儳儳，不可终日，众首崩离，人悬其命，奈之何哉？为斯言曰，中国何尝不变法，中国之变法者多矣，前之说皆然也。变而不为法也，后之说则学校也，科举也，先圣之鸿规也，中国固自有也，余且不忍言变法。(《中国近代史资料丛刊·戊戌变法》第三册)

改官制莫先于翰林院说

破败之后，则归坐于不变法。变法之不振，则归坐于无人才。夫若知以无人才为可忧者，达忧也。学校需之十年，绳格困之一阶，则人才不可得，学成而无所用，用乃不尊所学，身坐遍六部，足踏遍九卿，虽故纵之圣出人之姿，不敢自谓一一称职也。所以弃人才者如此，然由上之说，所不甚爱惜者，犹一人之才耳，而至以一人之才，而什百千万才，亿兆京垓埏秭穰才，合并其智慧心力，将以保国、保教、保种者，乃非此莫由乎出焉也。何也？今夫人才之不振，科举实坐其弊。而科举之弊，宁不以主持是者为之起点哉！破除禁格，开试时务，变通书院，礼官之覆，通于殿廷，天语昕煌，震及庐野，而主司悠悠，尚多背燎面壁，掩阳蹈昏，则所谓起点之差者矣！起家于帖括词章，而猝绳之以破禁格。试时务，变书院，是犹溽暑之飘风，晚阳之骤雨，狼藉仓遽，衣不知所蔽，盖不知所张为不蔽不张，而屡然以姑待。然则变法之诏，固非彼之所乐闻，即非余之所敢议也。且以是为无责焉，试官之充派，非曾入翰林者不与。差使之甄别，非稚习腐调者不录。期彼于此，彼即相从焉以成公之意。夫有所授之，遑问为破禁格、试时务、变书院矣。傲盲子以察秋毫，责聋俗以闻蚁语，天下岂有如是之不近情者乎。故科举不难于变，而难于变之其人。开敏之士，所为焦思衡虑长太息者也。是以甲午之间，明通士夫，变科举之议，充斥骈溢，累见叠闻，余窃怪未窥其本也。然横流益急，不择榜人，殆治标之法也。夫今欲变科举，必先得其人。欲得其人，乌焉而致之？曰变通翰林院。

翰林院之制，其迁变久矣。唐制翰林院初无常员，乘舆所在，必有文学掌故之士，即医卜伎术不废，皆值于别院，以备燕见，而制诰尚非所职也。乾封以后，以元万顷草文辞，而学士之名立。开元之初，以陆坚、张说、张九龄掌四方表疏，批答，而待诏之乏承，浸假而改翰林供奉为学士，浸假而别置学士院，专典内命，凡拜免将相、号令征伐，皆用白麻，时人称之为内相，议之为天子私人。于是乎，中书门下之权，遂渐次移于学士矣。故所称魏晋六朝初唐之中书，中唐之学士，晚唐五代之枢密，皆当日权要之地也。然但以学士贵异耳，而秩制未定，涉宋而定矣。明初则直以为储相之阶，而真相之贵于是非此莫由乎出焉者矣。更越圣制靡有异也，而位加显焉。翰詹立班于科道上，拾遗补阙，则犹前明谏诤之职也，犹得以激扬素行，树励名节，以基将来造大之境。自康熙十年奏，凡非言官而建言，为越职言事，例当降调处分，而责成专在御史，即前日之京官得上条陈者，今并不许，而翰林之权亦遂去矣。今人乃谓惟御史言事，翰林不当有谏书。呜呼！绯冠锦绶，黠者则控其华望，贿私疆藩，禁制州县，诳夺野民，纠联无赖，握持利蔽，书生市侩，尼山垄断，曷可言哉！驯者遂淫酗词章，批抹风月，克其职而已。金龟通籍以后，只延寿命，坐致台阶，相习为风，弥以拙朴，昔非无会胡骆诸君子，今非无湘陕诸文宗，将丝综麻，块然自异，如此不得谓翰林之得人，而谓英奇瑰玮之士，无以俯首就辕耳。

人之言翰林为清要，盖上之则重以储相，下之则寄以选才，近之则侍经筵注起居，小之则亦行省之魁垒、都会讲学之大师也。故变法之始，莫先于官制；变官制之始，莫先于翰林院。昔同治初叶，恭亲王等会请选编检庶常入同文馆肄业。此议若行，三十年之间位卿孤矣，攀殿阁矣，提文衡者屡矣，供试差者数矣。何法之不变，何人才之不得。法振于上，人才兴于下，而国强矣，教光矣，类保矣，奈之何以倭文端之贤而阻之，谋夫孔多，是用不集也。夫虽然积薪之上，火未及燃，及今而图之，则犹有济也。今欲变通翰林院，宜先择阁部大臣之开诚布公，尊贤容众，主开新不主守旧，言经世不言章句者，即不必深求其通中外之故，达治乱之原，但发一恢议，行一善政，不至阻挠牵涉于其间，由此其选满汉各一人，为掌院学士，又由此其选满汉各一人，为庶常馆教习，掌院学士，有纠督稽察教习之权，如科试之监临官，复察究心时务，旷志远大者数人，为小教习，不必有定员，由教习大臣会同掌院学士奏充新进士，殿试一依汉诏故事，专问当世之务，对策不拘格式，不论楷法，但取直言极谏、条陈凯切者，录其佳卷进御。掌院学士乃以诸进士引见，凡及格者改为庶吉士，入馆肄业。教习大臣，月试以先圣经术、本朝掌故、历代掌故、郡国利病、中外大势、富强之本，以小教习司任训课，充分校之职。比及三年期满，教习大臣，疏请散馆，圣上临轩咨问，积三年之所习，每策一道，开敏峻上者授职，余则以主事、知县用。其尤异者，即超升小教习，留馆分校。凡兹所议，急为治标起见，但以王多吉士，罔不周悉古今中外，异日之位卿孤，则不至尼成法而不知所变矣。供试差则不至仍守章句、帖括、八股、八韵、诗之学，以网取庸陋猥野之子矣。他若算学、技艺、语言、文字，则前日恭邸之所奏，可行于同治初叶之世，至于今则有迫不及待者。登第之年，妻子绕膝，智力昏疲，积数年而为学，命几及半，昔日行之，则收效于今，今日行之，又滔之三纪，甚非良医治垂急之证也。且试差、学差，频年充斥，童子试宜变，乡试宜变，万变须材，必新是议。若仍以塞夫旧党，蒙焉滥竽，则由起点之说，顾不难哉。算学、技艺、语言、文字，宜别为科。有及格者，编馆肄业，三年授职，如庶吉士出身。至于耆旧，或先十科达，或先数科达，或先二三科达，则无论如彼衙门所云，大前辈、老前辈、前辈若而称，自讲读学士以下至编检，大阅一次，其有年近七十者，予以致仕，得记传七十致仕之义，余则由掌院学士统同考试，量为宽格，有能舍弃汉人破碎之学，割爱六朝隋唐绮华浮藻之词，破除宋学末流束身自私之习，但有志时务深知国耻、奋然思兴者，录其佳卷进御刊定，留院供职，其若荦荦特异、扬厉聪强、通阅正变、周知大地者，则特旨奖嘉，不次拔擢。倘拘塞壅蔽，盲聋陆沉，则有降调处分，或终以废弃其身。若谨愿朴信，或精疾廉悍，仍有所迷督于大义，读讲学士，宜分藩以知府、直隶州用，读讲编检，则宜分藩以散州知县用。绌其所短，不没所长，严为澄汰，百制由此起点，取才于斯，储相于斯，襄经筵于斯，至一切算术技艺之精，语言文字之巧，又莫不得以正途出身人将骋力焉。期之五年，而科举、官制两大政，厘然变矣，吾中国庶有恃乎！（《知新报》第二十三册，1897 年 6 月 30 日）

欧榘甲

变法自上自下议

孟子曰：不仁者可与言哉！安其危而利其灾，乐其所以亡者。悲哉言乎！其青史氏易姓之符契欤？夫自古无不亡之国，故王者必通三统，所以博观终始，通变宜民，而绵国祚也。《易》曰：安不忘危，存不忘亡，是以身安而国家可保也。夫以安为安，存为存，尚虞有前山后冰之祸，况火燃寝薪，病入脑髓，危亡见端，不待言决。而犹晏安嬉笑于床第之间，从容燕食于湖山之上，何异饮刃以求生，沉渊以冀活者哉！且鱼烂于内，蛮触于外，而在上不知；约章恫喝，面颜忧睨，而内臣不知；鸿哀横衢，狐鸣聒耳，而外臣不知；衣冠危于累卵，种族将为奴隶，而士夫不知。非直不知也，且以为安，北狩不闻复仇之诏，则上不耻矣。东败不闻臣死其事，则臣不耻矣。率土不闻尊王之议，则士不耻矣。且夫法之败于普也，法人图其战败屠戮之状，与夫死丧流离之形，县之壁上，以励仇耻，故数年而法复强，日人之还辽东也，国人愤齿痛心，以为天孙降生未有辱，立记念会以冀他日报复，中国割祖宗之地以与人，括万姓之膏以馈敌，园陵震惊，海水沸啸，腥氛未已，各国狡然，乃仍循其无知无识之习，相庆以幸可无事，间有建异议、发忠言者，则诿之于部议，部议诿之于疆吏，疆吏诿之于州县，州县率以幸可无事，诿之于百姓。于是无一事能行，无一人可用，甘心陆沉，坐待棘莽。呜呼！天之弃中国哉！其不然耶。欧榘甲曰：《春秋》书梁亡者，弃民自亡也。外人之轻我甚矣，纵我日日讳亡，而存不可幸也，奚若热筹得失，而上下变计以求存乎！夫中国之弊不一端，而私伪居其二。何谓私？曰：古之王者以民为国，为之置田宅，谋畜牧，立党庠，民有凶荒疾疫，则天子食而不能举乐也。后之王者以国为产业，以民为刍狗，于产业无损，虽弃千万之民弗恤也。是故欢乐具陈观逸游田，优游卒岁，遑顾黎民，上之私也。沉沉觍颜，患得患失，无动为大，且以永日，内臣之私也。岁云莫矣，死无几时，幡然改变。吾将奚依，外臣之私也。桓桓衿缨，墨守章句，致用通经，吾辈何恃，士之私也。曰夏曰华，孰恤予家，胡天胡帝，硕鼠有牙，民之私也。各便其私，遂生诸伪，国势攘攘，人心皇皇，薄言顺之，无拂四方，伪于上也。举口奈何，束手一诺，莫肯朝夕，式臧覆恶，伪于内也。动言国运，亦曰天心，视官如市，消息阳阴，伪于外也。疾彝如仇，畏彝如虎，不识不知，行同狂瞽，不丽于群，不习于仁，哿矣富人，各顾其身，伪于士与民也。呜呼！以此二端，施于大一统之朝，尚且不可，况四国环伺，日不暇给者乎？

不观夫波兰之亡乎，天潢沦于沟壑，宫阃陷为泥涂，爵绅权贵，流死荒山荆棘中，白骨枕籍，妻子为奴，义民屡举，勤王之师，卒为俄歼，捕而窜之于西伯利高加索，全波之人破家散业，孤儿啼于道路，老者僵于轮蹄，槛若牛马，屠若鸡犬，西一千八百六十五年，使波人不得操土音，其所以愚波者至矣，而波遂亡。夫波兰非小弱也，约翰之雄烈未泯也，户口殷阗，土地广衍，几与俄亚，非若缅甸越南之藩于人也。所由至此，则内政不修，私伪相尚，甘为人役，以自速其亡也。考俄与波邻，忌其强，约普分之。西一千七百六十四年，俄人乘乱，率大军劫波兰王，以列字宁为使臣，监其国政，迫波王与内奸西直的多权。又申其国宪波兰之人，结为至交，倾国以听而不之悟也。一千七百七十二年，波兰内乱，俄普奥联兵入都城，俄臣恣虐波人。波人怨援普拒俄，而普怨波素与俄合。波人哥修士孤军，虽屡战克捷，欧洲诸国畏俄无敢赴援者。西一千七百九十五年，俄普奥竟分波兰地，至今百余年耳。当其寄生刀俎，宛转悲啼，君臣同尽，贵贱歼殄，何其痛哉！借非上下乖离，不相爱护，召虎狼使吞噬，授盗贼以兵刃，岂至是哉！而今之谋国者，不自振拔，约为与国，彼固利吾土地之大，且畏我之将自强也，旦夕间将有区畛剖匏之事焉，自入陷阱，直波兰之续耳。夫黄白歧视。黄人不同兴，则谁援手矣。华彝嫌名，华人不自救，则为胥溺矣。上自诿则国统亡，下自诿则种类灭。故今日言变法，人人皆有其责，人人当任其事。然变之之道有二：一曰变之自上，一曰变之自下。

变之自上者何？俄日是也。俄土跨欧亚二洲，民族各为风气，道路灌莽，农工惰窳商业武备，无可言者。彼得即位，览欧西制作，自耻不如，环顾臣僚，懵昧无识。乃涤童昏之气，退庸懦之臣，迁新都，改军制，遣门阀子弟于各国，传习诸术，择国中少年游意大利、荷兰、日耳曼，学造船航海。自变姓名，游欧洲各制造厂，与工人合作，讲地理法律政治诸学，归乃兴工场，务耕种，立黉舍，令民通各国语言文字，修水陆道路以通行旅，参西律以成新律，设矿局以开利源，立医院以疗民疾。凡百新政，俄皇皆躬自亲之。其遗命曰：我子孙宜为欧亚二洲之主，历世传授。遂乃灭波兰，削土耳其，创瑞典，割波斯，迩俄之国，蚕食殆尽。铁路通吾东三省，且已俯瞰神京矣。初俄之变政也，贵绅梗于内，瑞波构于外，而彼得独用走卒绵西果夫为相，尽黜旧党，君臣一心，雄略远震，通波罗的海、黑海以及太平洋。寰球之内，称强国者，必曰英俄，彼得为之也。至如日本之开诸港也，锁国之党，倡攘彝之议，以怵幕府，排之者目为奸党，犯之者即罹手刃，杀大僚，攻使馆，烧外舰，刺洋官，内讧绵挈。外伺蓁扰，睦仁乃与公卿誓曰：万机决于公论。上下一心，文武一途，使庶民各遂其志，一洗旧习，一从公道，求智识于海内。于是敕百官大励廉节，毋营私利，置集议院，撤诸关，废虐刑，废藩为县，领以亲王，遣使欧美。博问兴国之策。定学制，分学区，开地方官议会，设女子师范学校。国势勃兴，士气昌大。三十年中，夺我琉球，割我台湾，竞商务于欧美大洲，通电线于太平洋，以扼全球之吭，骎骎争霸天下焉。日本乃在海中三岛耳，语其土地，不如吾中州之灵淑也；语其人士，不及四万万之繁众也；语其物产，不如二十四万种之多也；幕府专横，不如吾君权之独尊；浮浪慓戾，不如吾士类之谨饬也；然而强弱异势，功业相反焉。天道喜强而恶弱，观日本之已事，况以中国而振奋有为也乎。夫邻我者莫如俄日，迫我者莫如俄日，宜取法者，亦莫如俄日。不取法于俄日，必见歼于俄日。不宁惟是，弃果于涂遗金于市，虽呆童乞人，皆得取而有之。不必强有力也，中国图治久矣，卧薪尝胆布于纶音创巨痛深。嗟哉天语！而左右贵近，烀蔽汶暗，无能周知外事翊赞圣聪。畿内外吏，又复忘君父之大仇，无能愤扬国耻，力任新政。是以高拱深宫，独立无助，是皆有官守者之过也。曹翙不忘汶阳，范蠡不忘会稽，卒能沼吴返地，克济大计。伊藤井上之徒，首倡革政，日人哗然，卒用大治。在位者，诚勿为身家之谋，共怀晋宋之辱，其年届悬车，则自行告退，毋妨贤路，其识仍故辙，则急自被濯，无误朝廷。大辟公府，以延天下之士，广集众议，以上天子之听。流涕痛哭，不计利害。圣聪既达，四门斯辟，降至尊以交国人，振长策而御宇内，本先圣经世之义，采泰西殖民之规，阳开阴阖，乾端坤倪，良法美意，耳目焕然。遣使臣与列邦公会，立二十年太平之约，选学士与列邦教会，明春秋太平之制。《易》曰：首出庶物，万国咸宁。《诗》曰：周虽旧邦，其命维新。其是之谓乎！此变之自上之策也。

变之自下者何？泰西诸国是也。当美法之民之大变也，全球震荡，民智豁开。欧洲诸国，人人知有自主之权，人人知有当为之事，而哗然而起，英民尤甚。故学校之盛，以英为最。其幼学堂也，一万二千七百十三所，自五岁至十三岁，皆入塾读书，百人中识字者七十余人。虽英廷助以国帑，而经费则民自捐给也。其于农也，立农学会，刊农学报，制农学新具，创农学新法，每年所产值一千兆两。虽英廷助以国帑，而化学格致，则民自为考究也。纺织之厂，七千二百九十四所，出口之数，价值四垓八京磅。虽英廷助以国帑，而火轮自来机器，则出于民之心思材力也。自余若铁路若轮舟，若电线，若枪炮煤铁乳油羊毛毡绒等类，莫不创合公司，招集巨股，讲求新法，售于外地。他若义堂，善局，善会，皆由英之人士倡之以保贫穷，以救疾苦。国无无告之民，人有仰给之乐。迨其后民气日昌，民权日重且以十三万金之商会，而墟印度，以二十五万金之教会，而踞太平洋诸岛，属地占全球之一，商务为五洲之冠。夫英伦三岛，纵竭其全力，岂能遽致富强哉！厚其力，雄其财，广其智，故能如是也，而国家亦安坐而受其福矣。《书》曰：民为邦本，本固邦宁。此之谓也。且夫泰西之强也，民群强之也。中国之弱也，民不群弱之也。是故学校盛，则民智慧；善堂盛，则民仁善；农织盛，则民富饶；工商盛，则民阗溢。之数者，民之有也，民之事也。民而甘为愚犷凋瘵，则可不事其事矣。如其不然，未有舍己而从人者也。五官必自用，衣服必自被，饮食必自进，其待于人者，非废疾之人，必寄生之君，其下焉，则狗马鸡豚哉！然而一木不足以成栋宇，独流不足以成江海，孤峰不足以成邱壑，匹夫之勇不足以御三军，横潦之水不足以敌广泽，孤根之智不足以戡万灵。以之为士则纬繣，以之农则荒芜，以之为商则霾靡，以之为工则沾遭，何也？未能群也。虎豹虽猛，不敢入九衢，群与否也。今之中国，人众矣，土广矣，然而无士也，无农也，无工也，无商也。非无士也，士而不群，故无学会以通声气，无图籍以扩见闻，无教会以御外侮，无游历以广尊亲，外士荧荧，吾士尘尘，与无士同也。非无农也，农而不群，故无农会以相比较，无农报以稽土物，无新机以利刈播，无化学以速滋生，外农勤勤，吾农旽旽，与无农同也。非无工也，工而不群，故无工局以讲制造，无工器以辟心思，便日用则无妙制，御漏卮则无巧式，外工裳裳，吾工芒芒，与无工同也。非无商也，商而不群，故无商会以厚财力，无商学以规巨利，资小而取微，势分而志轧，外商夥夥，吾商焦囚，与无商同也。夫以中国之大，成为无人之境，等于灭亡之野，岂不痛哉！其坐以待毙欤？抑思有以振之，而未得其道欤？思有以振之，则宜合群。思合群，则宜开会。学会者士之群也，农会者农之群也，工会者工之群也，商会者商之群也。然而世变日迫，曾无几时，卒未闻有踔踤奋发、云兴雾涌、宣布新化者，岂意望于上人哉！夫人各有能不能，且商务之局，铁路之兴，既已叠奉明诏，天语煌煌，自当谨率，不必因人成事也。即斯人而果如所望也，不过伙助我耳，诱劝我耳。其章程条理，阐发奥蕴，化质纤微，考察猥琐，试汽验力，蹈隙操赢，经纬委曲，条画密致，不能代我而任之也。不能我代，复何望哉？盖亦自谋之为愈矣。自谋如何？一曰开学会。各直省设大学会，各府县设中学会，各乡间设小学会。其学会之旨以明孔教，救中国为宗主，以通时务求实用为条理。其会之目，专门经学，备购图书，通其政治，佑我文明，议论有关时事者，刊之新报，著作有益人心者，付之副墨。其会之人，能文学者，令传教于四方。能言语者，充讲生于异域。能艺术者，制利用于民生。学会已盛，智士愤励，风气日开，人心苏醒，延未坠之道。续将绝之脉。庶有瘳乎！及今不图，则祸患接轸，虽欲讲学，亦无日矣。台湾某之言曰：台未亡时，士溺举业无知识，有倡学会为自强计者，士皆哗讪之。及台约已成，乃亟思合力以自守，而倏忽间日人遍地矣。今所谓士者，科举路绝，惟有困苦乞为奴而已。呜呼！台事如此，学会之宜兴何如矣！夫中国之衰困，士气之卑湿，迟重基之，老杨其心，训诂其学，帖括其业。八星勿识，五洲勿知，语以大道，咋舌瞠目，非荡涤其污泽，则沦溺及之矣。此士之宜变也。二曰开农会。各直省设大农会，各州县设中农会，各乡间设小农会。其会之旨，则以请化学师为第一义。以辨土宜为第二义，以购嘉种为第三义，以购新器为第四义，修水利为第五义。精粪壅为第六义。田亩之外，如畜牧林渔，莫不有利。务农三年，息可数倍。然今之为农者，皆听于愚夫愚妇为之耳。问以土化而不知，问以水利则不识，讲新法则概乎未有闻，购新器则瞠乎其未见。不宁惟是，吾物产不丰，不敷自给，家置户用，莫非彼物，洋米洋面，充斥于民间，岁耗以千万计。富者馈焉，贫者助焉，富贫交困，民不堪命矣。中国为全球沃壤，地处温带，西方之人曰：中国若以化学浇壅一县，一年可增款一百五十万两，一省一年可增款三万八千四百万两，十八行省一年可增款六十九万一千二百万两。苟农会林立，种植得宜，家安耕获，垦荒辟地，人众滋多，富甲全球矣。夫子舆保民，屡言桑畜，商君强秦，首重农战，今列国并立，尤以农务为强弱。故俄产值二千二百兆两，法产值一千余兆两，德产值一千七百兆两，美产值三千一百兆两，其富为五洲冠。中国万里膏腴废为灌莽，吾民独不自为计乎！

此农之宜变也。三曰开工会。各直省设大工会，各府县设中工会，各乡间设小工会，辟工艺院以娴技巧，赛会场以浚心思，广见闻以趋时尚，集巨资以速销行，中人用力之勤，奉身之俭，取价之廉，用心之巧。以兴工艺，可以横绝四海，西人啧啧称道者也。《考工》一记，详察阴阳天地，搜罗羽裸脂膏，民器所重，比于王公，后儒无学，工务失统，任外物之畅销，无精思以制造。商局铁路，哆然继作，然不眩精华，则嗜好莫投。不立学堂，则工程不习。苟民自立会，厚集工资，自为保护，自精格致，自妙制造，行见夺回利权。如操左券，英日购棉于吾国，而复运以入，所获尚为倍蓰。吾民据沃衍之产，无转饷之劳，精造出口，握利无算，虽外国多用机器，成功较捷，然以吾工人之众，工价之廉，作工之久，实足相抵。若能自创机巧，直可衣被全球矣。英人学织绸于意法，学织呢于和兰，学织葛于比利时，学制船于丹墨。华忒克楞吞，创汽力新机，遂乃工艺无伦。船艘旁午，而光化声电热重等学，皆推小致大，以裨国家。岂白人之灵异哉？讲之求之，合众力以为力，合众智以为智也。此工之宜变也。其四曰开商会。各直省设大商会，各州县设中商会，各乡间设小商会。计然之言曰：务完物，无息币，贵出如粪土，贱取如珠玉。美哉商学乎！商者贸迁有无，非居积以待售者也。故曹邴行贾遍郡国，师史转毂以百数。商者货无常主，必用奇胜者也。故邘氏鼎食以洒削，浊氏连骑以胃脯。商者与时俯仰，斗智以治产者也。贪贾三之，廉贾五之，故同业而相倾者必败，合力而善谋者必饶。中国之商，非无魁桀，失此三者，坐致无措。西人商书，译者甚少，商术精微。末由步武。然观其微物适用。即为辐凑而集公司，经商数年，即与万户侯等。盖力能为继，业益扩充，获利甚普，人自乐附。中国北方如牛羊驼麝，南方如棉蔗桑樟，物虽纤薄，为用甚多。诚能踊跃集资，建成大本，制作适宜，生财必厚，其他如丝茶织纺，成效久彰，散商内溃，遂至亏闭。心力不齐，乃至于此。往者英购印棉以作布，近者日用桑皮以制棉，公司雾涌顷刻集事，而吾厘务关厂。需索无已，虽有美制，亦苦滞销，水运陆行，亦难迅速。子长氏之传货殖曰：利者人所弗学而能。而吾商弃其不涸之源，不竭之府，而自即于穷绌，果何为哉！此商之宜变也。此变之自下之策也。

难者曰，上变法矣，官书之局开矣，铁路银行邮政并举矣；下变法矣，报馆开矣，学会起矣，农务商务方萌芽而未有已也，子何强聒为？曰：子言是也。试问上之变法。有如俄日君臣一心。以图新政者乎？无有也。下之变法，其他吾不知，试问举国学校，有如诸国一县之多者乎？无有也。国家受外侮久矣，蹙蹙惴惴，而气日下，稍一举动，即恐人指摘。于是有识者睊睊焉以望下，谓下为之固甚善也。而下亦漫不之省，曰无权无勇，职为乱阶矣，复睊睊焉以待上。于是上下失望，外人睨吾权无所属，乃日欲代吾权，欲灭吾权，曰中国之不自政治也，须我政冶之也，其下之不自教化之保养之也，须我教化之保养之也。呜呼！吾中国果求外人为谋耶？吾闻古之有天下者曰：保民而王，民事不可缓。言保民以保国也。糜烂其民而不顾，必无失吾般乐怠傲之素，是自求祸也。又曰：务民之义。曰：天下有道。则庶人不议，言国势危蹙，民宜发愤昌言，合群进力，自务其义，以救君父也。夫上能变，则宜待之上。上不能变，则下宜自为之。非背上也，崦嵫已迫，雨雪其旁，毋宁自变焉，以塞狡谋而杜众口，或有补于上乎？瑞士一小国耳，处群虎之中，而莫敢搏噬者，以民气固结，莫可瑕疵也。然则萃中国之士农工商各群于会，各联其气，各精其业，各奋其心，各充其智，各竭其力，谓他日震烁地球可也。不自为政，而百姓亦复不率劳焉，夫复何望哉？或曰：子言悲而恫，为下也多，而为上也寡，夫雷动风举，上之变顾不易耶？曰：惟易也，当路者之事也。不必言，不待言，吾民也，故言吾悲恫言。（《知新报》第二十八、二十九册，1897 年 8 月 18 日、8 月 28 日）

论中国变法必自发明经学始

呜呼，士夫通人惩于外侮之故，切乎燎原之痛，叠背接踵，发论议于时，以冀变法而保种族者众矣哉。欧桀甲曰：是非知务者也，或者曰今之言格致制造炮械舟车，惟西人之说是听者无论矣。至如变学校科举、变官制农法，兴女学、重译书、复民兵、征之传记而皆可据，施之当今而皆可行也，恶乎不知务。又如史也，掌故也、舆地也，算也、商也、交涉也，奋吾中学以振夏声，晞矣存陈无忘神胄，恶乎不知务。欧桀甲曰：中国之坏，自人心始，人心之芜，自学术始，学术之谬，自六经不明始，六经不明，未有变法之方也；六经明则学术正，学术正则民智开，民智已开，人心自奋，热力大作，士气日昌，爱力相进，国耻群励，以此凌厉九州可也，况变法乎？故谓今日欲救中国，宜大明孔子六经之义于天下。

孟子曰："下无学，贼民兴"。又曰："经正则庶民兴，贼民之兴，由于无学，庶民之兴，本乎经正"。噫，此中国二千年来治乱得失之林也。两汉之盛，春秋治狱，禹贡行河，三百篇当谏书，天子临轩讲学，骑士尽习孝经，礼乐兴行，觱觱千古，及奸歆伪作，崇周夺孔，博士倚席，横舍鞠蔬，贾马服郑，伪传绵暧，三国六朝，大道中绝，盖彝狄入中国之祸，自兹烈矣。

唐沿隋制，尚词章重诗赋，缀学习于浮靡，气节堕于贪缘，至五代之乱极焉。宋世五子崛出，求圣人之道于遗经，明《论语》《中庸》《孟子》以觉斯世，其言曰，志伊尹之志，学颜子之学，民吾同胞，物吾同与，士气丕变，崇尚讲学，迄于东林，儒统未坠、政乱于上、道明于下，名节之隆，与汉媲美，斯岂非学之效乎？斯岂非学之效乎？然则宋何以易为元，明何以变为国朝？曰：其时有天下者之心，与为有天下者之臣妾，务以固其有天下之私，纵其有天下之欲，诸儒徒守正心诚意之正论，不明民重君轻之宏义，只袭忠君爱国之常谈，不破一夫民贼之故智，儒术已隘，独善为高，虽或得志，无补危败，非独君若臣之罪也，毋亦诸儒所讲习，无与六经之过欤？

且夫九州之内，万类之族，千载之期，春秋三世，不见太平，大易乾元，何日用九，漭漭苟生，幽幽苟死，望唐虞若神山，语洙泗若梦寐，徒嘅啃曰，经说纷于丝，经言微于缕，经案积如山，经义渺如海，而曰经学也，经学也吾恶乎知之？又嘅啃曰，汉宋之争，如狼如羊，今古之辨，若豪若芒，素王改制，古有其说，今笑大方，一云其激，一诋曰狂，吾益时耳，何取矫亢。之二说者，巨子倡之，塞夫和之，嚣嚣然谓吾所治者史，详于四民教养矣，掌故详于历代典章矣，舆地资于郡国利病矣，商算可以富国制器矣，交涉可以柔远人矣，有此数者，虽不言经学可也。

曰，恶是何言欤？日用有饮食而无养气，则呼吸立死，周身有血脉而无脑筋，则聪明不灵。经学者生人之心也，人心死，虽有教养，何由举？典章何由明？利病何由晰？富国制器更不暇计也。日人之变政也，衣服政教从泰西，而彼中贤者尚孳孳，以再兴汉学为事，（日本称中国为汉人，故称中学为汉学。）何吾人之智出日人下也。

且亦知中国文教政治，皆我生民未有之孔子所开乎？天降元圣，祐我齐州，受命端门，儒冠创制，特以黑生苍际，在庶无施，不能不有所托以行事，于是为素王以改制，而其说见于传记者，公羊拨乱世反之正，莫近于春秋，孟子春秋天子之事，春秋纬麟出周亡，故立春秋制，素王授当兴文，作春秋以改乱制，庄子春秋经世，先王之意繁露，孔子立新王之道（玉杯），托乎春秋，正不正之间，而明改制之义（符瑞），汉书孔子作春秋，先正王而系万事，见素王之文焉（《董仲舒传》）。淮南子孔子专行教道，以成素王，采善鉏丑，以成王道（主术训）。史记孔子约其文辞，去其烦重，以制义法，王道备人事浃（《十二诸侯年表》）因史记作春秋。以当王法，（儒林列传）故作春秋，垂空文以断礼义，当一王之法，说苑退作春秋，明素王之道以示后人，（贵德篇）郑元六艺论，孔子已西狩获麟，自号素王，为后世受命之君，制明王之法，卢钦公羊序孔子自因鲁史记而修春秋，制素王之法，（吾师南海先生着有孔子改制考最备此特举数条耳。）天纵之本纪，炳如日星，师法之传授，不沦夏郭，七十无异说，两汉无异辞，非一人之私言也。

夫考孔子者，不于七十后学之口说，两汉经师之质言，猥以悠谬之见，妄象圣容，寥廓之形，虚上尊号，圣迹不晰，经籍道息何惑乎以春秋为断报，仪礼为赈目，大易为卜筮，三百可删改，故举六经之义，无一可施于天下也。二千年之教宗，若存若亡久矣，拟联同志，发先圣之真迹，明教养之大道，目吾为狂，所不敢辞，所不敢辞。

庄子曰：诗以道志，书以道事，礼以道行，乐以道和，易以道阴阳，春秋以道名分，其数散于天下，而设于中国者，百家之学，时或称而道之。盖孔子改制翻经，诸子窃其一得，以自为方，犹佛氏兴于印度，而西方诸教衍其旨而开别宗也。然往而不返，不能相通，吾儒内圣外王之道，暗而不明，郁而不发，道术将为天下裂，故战国之世，杨墨横行，孟子辟之曰："杨墨之道不息，孔子之道不著。"唐之世，佛老横行，韩子辟之曰："人其人，火其书"。夫二子者，何深恶痛绝之如是哉，攻乎异端，斯害也已，异端不攻，则孔子不尊，孔子与异端不并立者也。

今含生之类，呻唔诗书，语之任道，乃诞乃噤，下焉者利欲据其府，得失动其心，上焉者以束脩自好为大学，以无非无刺为中庸，遂至郢书燕说，尘垢尼山，尨猭熊哮，烟横神壤，清议乱于非种，斯文疑于坠地。甚且以吾制科之不善教术之不行，遂谓吾经为无用为不备，明目张胆，以进其诬天之说，而无耻衿缨乃决然叛去正道而不之惜也。人心之患，乃至此极，呜呼，今日而言经学，岂得已耶，岂得已耶！世以为激，吾犹惧大声疾呼，流涕而道之无及也。（《知新报》第三十八册，1897 年 11 月 24 日）

刘桢麟

复仇说

复仇何说？公理哉！呜呼，中国无公理久矣，一仇于英，割香港，赔巨款，而不能复；再仇于英、法，虏使相，焚禁苑，而又不能复；三仇于法，取越南，要盟约，而又不能复；四仇于日本，失高丽，割台湾，而亦不能复。呜呼，中国无公理久矣，不意面唾未干，疮痛未定，而横暴无理之欺凌，复有德人据胶州之事也。德人无理寻衅之事，吾昔已论之，杞人谬忧不幸竟中，独不解中国四万万聪秀之伦，血性之类，蒙首垢面，顽软柔媚，至今而漠然不动于心也。

庄生之言曰："哀莫大于心死。"呜呼，岂我中国之人心，竟至于死哉？毋亦公理之未明也。春秋之义，百世之仇可复。西人公法家言，凡受人非理之加者，必如其道以报之，如此而后合于公法。是以齐襄灭纪复祖宗之仇；子胥入楚，复父兄之仇；勾践沼吴，复己身之可仇；德役于法，威良卑士麦复仇以虏路易；英挫于法，惠灵吞复仇以囚拿破仑。我朝太祖复二祖之仇，以遣甲三十伐明，而诛尼堪外兰。远征古史，近法圣武，旁验敌邦，未有不以忍仇事仇为耻者，未有不以申仇复仇为志者。世非大同之治，不能以忘恩怨，事当不平之甚，惟有重于报施，此盖天理之自然，人心之至公也。

我华人受侮于外人，至今日亦已亟矣。国税可以减，华工可以逐，使臣可以拒，疆吏可以辱，民讼可以争，臣犯可以索，遇我如野蛮，虐我如牛马，犹复当俎肉，约瓜分，仇我者贺之，欺我者唆之，务使我黄种之伦不克列于有国之伍，无所容于五洲之间而后快。呜呼，吾以为齐州之内，震旦之氓，凡有耳听，凡有目睨者，应如何痛心疾首，愤哭流涕，激厉振起，思雪大耻，虽卧薪尝胆，杖剑及袂犹恐不及也。

然而人心之死，犹狃于恬习，岂恶辱之垢，顽积已厚，若不睹闻哉？语有之曰："父母之仇，不共戴天。"《诗》曰："兄弟阋墙，外御其侮，"呜呼！此宁非君父之辱。兄弟之难欤？不共之仇不报，是谓不孝；外侮之来不御，是谓不友；嗟我兄弟，邦人诸友，莫肯念乱，谁无父母？不为君父计，独不为己之父母计哉，不为邦人兄弟计，独不为为己之兄弟计哉！

虽然，复仇之义，有真有伪，市井无赖，毁堂闹教，杀人掠财，鸟聚兽散，贻忧君父，失地偿款，是谓自取侮亡，非真复仇也，痛疾外人，不分黑白，谬逞迂说，空言攘拒，讳病不医，坐以待毙，是谓大言不惭，非真复仇也；激于目前，不量进退，驱率疲羸，狂呼主战，内腑已枯，手足逆命，骤撄凶锋，适投敌志，是谓客气用事，非真复仇也；上下异志，新旧分党，经国大谟，惟在船械，累朝蠹政，不忍割弃，浅尝辄用，自谓克敌，经划屡年，一挫即馁，是谓邹鲁之哄，非真复仇也，真复仇者万人一心千人一气，刻骨饮血，处心积虑，上急其乱，下急其学，智急其才，愚急其力，变敝政，兴新法，破忌讳，起疮痏，然后伺隙而动，据义而起，叱咤英俄，鞭笞欧美，振我夏声，昌吾华种。呜呼，是在有志之士。（《知新报》第四十册，1897 年 12 月 14 日）

何树龄

论实学

曰礼节、曰仪文、曰名分、曰习俗、皆人事之制作也，虚也；曰理势、曰象数、曰仁智、曰忠信、皆天道之自然也，实也。虚也者或数年而一变，或十年而一变，或千百年而一变，不可以大，不可以久；实也者，历万年而不变，历亿兆年而不变，历京垓秭年而不变，大于宇宙，久于天地。伏羲、神农黄帝得之而制器，而开物、而成务、而创世。苗猺獞（獠），生番野人，失之而为奴，而作虏，而丧躯，而灭种。倍根、奈端、瓦特得之而强国，而辟地，而生财，而兴学。此固未可与词藻华丽驰声艺苑者道矣。

不宁惟是，即起五十年前之经济家，而问治乱兴衰之故，所答者亦徒曰，事权专一则强，自天子出则昌而已，未闻刑威独擅之君主，竟受制于谋夫孔多之议院也。徒曰契丹、金、元，居塞外，尚朴野，耐苦瘠则强，入中原慕华饰，狃安逸则弱而已，未闻学业愈盛之邦，其武备之修愈严也。徒曰越国不能鄙远，嬴秦不能越韩、魏以鄙齐蒙古不能越金、夏以鄙宋而已，未闻漠北之国，可以遥制南洋，西域之国，可以远吞东海也。

昔楚汉连兵，则匈奴称霸；六朝绮靡，则胡羯劲悍；宋儒独善，则鞑靼崛起；二千余年，亚洲大小数十国，此兴彼衰，互相消长而已，未有如今日鲁卫同政，各不相尚，皆靡克自主者也。泰西之国，岂天国耶？泰西之人，岂天人耶？头同圆也，足同方也，趾同五也，肢同四也，心思之慧，才力之雄，相为伯仲，而强弱之形，盛衰之势，判若天渊者何哉？务实学，不务实学故耳。

务实学者以忠信廉耻为甲胄，以士农工商为卒伍，以穷理格物为韬钤，以奇法新艺为糗粮，师法域外而非辱，以旧习宿弊为痞结，屏却身外而不惜，以丧师失地为药石，铭箴座右而不讳。务虚文者，以农工商贾为鄙琐，以八股制艺为尊圣，以八韵卷折储卿贰，以弓刀矢石作干城，以夸毗揖让为驯厚，以荡轶不羁为高节，以钻营奔竞为通方。守此不变，数年之后，吾恐官山者皆泰西之壮人，而夷齐无可隐之山，府海者皆泰西之渔师，而仲连无可蹈之海也。

变之若何？核实而已矣。改科举、更学校、停捐纳、明功罪、尊卑贵贱，皆治于法律之下。此在上者之变政也。轻帖括、重格致、贱词华、贵物理，兔园狗曲，皆易为经济之林，此在下者之变学也。然而庠序诸生恭默圣谕，乡党自好之士，则亦变为私钞矣。《论语》《孟子》，词严义正，守旧称先之士，则亦变为割截矣，丧礼之传记，饰终之大事也，塾师训蒙则变为删本矣。国家贡举登进之阶，植党营私，圣训所戒，释褐之士，则变而引为师生矣。陋规馈赠典章所禁，服官之人，则变之而定为常例矣。科举之姓名，他日之公卿也，岭海绅民皆变之，而以为博具矣。京师之乐籍国朝所禁戒也，名流之贵官皆变之而狎比蛮童矣。

其有坏于人心风俗教化者，则自行变法以趋之，沛然下流，莫之能御交相仿，若会若党，无怪之者，无阻之者，无议之者，独至于弃短从长之良谟，救弊扶衰之大计，则笑之骂之，忌之讳之，诋为乖张，指为多事，目为朋党，罪之曰："处士横议。"戒之曰："庶人不议。"呜呼，吾不知其诚何心也。故今日之积弱，朝廷不独任其咎，而士习实阶之厉也。

不变士习若何？陈其利害而已矣，广其见识而已矣。陈其利害莫如译报，广其见识莫如译书，务使泰西农工商矿之书，天文地理之学，化光电重之器，如米盐水火，汗牛充栋，月异而岁不同焉，剖劂氏恃之为恒产焉，书贾恃之为利薮焉，师长以此课其生徒焉，父兄以此勉其子弟焉，朋友以此誉其交游焉，如是则风气既成，人心顿变，是非既定，国本自立，而安南、缅甸、印度、南洋诸岛，阿非利加洲之覆辙，庶可绝于天壤焉。

难者曰：子言是矣，夫掇拾香草，岂知植物披抹风月，乌识天文？本之不立，末何由生？皮之不存，毛将奚附？今夫羲和羲叔，钦若昊天，璇玑玉衡，以齐七政，诗书之文，谁不习诵，何为今之畴人，咸聚欧美，而震旦之推步制器者寥寥也。物地相宜，草人之职，识别金石，卝人所司，厥土黑壤，厥土白坟，镠铁银镂，璆琳琅玕，禹书详载经生素习，何以今之矿师，聘自泰西，而中国之生斯长斯者，反昏昏也。象胥掌翻译，行人掌交邻，方言有院，同文有馆，何以出使专对者不数见，而周知四国之为者乏才也。

辨方正位，体国经野，量地制邑，度地居民，神农、黄帝之事，周官王制之书，立之学官，以之校士，何为不实行于今也。西人有机器，则举公输子以当之，西人有光学重学，则举墨子以抑之，西人有化学，则举亢仓关尹之徒以先之，世家孙子，奸伪贪横，自弃典型，流伪罪犯，羡他人之富贵，谈宗祖之甲第，言愈高神愈沮，色愈厉胆愈茬，呜呼，尚何说哉？尚何说哉？

释之曰：苟无其先，安问其后，虽不能行，尚幸有言，帖括伪善之言，犹胜于淫书伪恶之言也。谈西学者，天文地理之空言，犹胜于八股八韵之空言也。修德之书，人每诵而不行，语录内典之书是也。求利之书，人每诵而即行，形家日者之术是也。盖是在风俗之转移，人心之趋向耳。正谊者何必不谋利，明道者何必不计功耶？泰西经商之法当译也，泰西务农之法当译也，泰西开矿之法当译也，泰西制器之法当译也，欲兴民之利，先开民之智，欲兴民之义，先兴民之利，不与之以利，但绳之以义，不求生利而但求分利夺利，上下交征，内外相讧，其不驱四百兆聪秀之民为欧洲奴仆者，几希矣。（《中国近代史资料丛刊·戊戌变法》第三册）

康同薇

女学利弊说

凡物无能外阴阳者矣，光有白黑，形有方圆，质有流凝，力有吸拒，数有奇偶，物有雌雄，人有男女，未有轩轾者也。形质不同，而为人道则一也。夫学者学为人所必需也，一饮一啄，一言一行，非生而已然，则皆谓之学。是故扶床之孙，即挟之以步履，盈尺之孩，即训之以称谓，其有咿哑而不能成声，翘企而不免却步者，鲜不以废疾忧之。夫废疾于语言动作，则亟亟然以忧，废疾于知识学问，则安焉习焉，恬不为怪者何哉？岂女子宁非人，固天生之戮民而亲之弃体哉？毋亦未加之意焉耳。

不宁惟是，学也者，固文教野蛮之所攸分也。国也而野蛮半其数，家也而野蛮共其事，不亡何待？不乱何俟？同薇居常想念，以为天之生斯民也，既有男女之分，即有智愚之别，虽有巧妇，不及拙夫，虽有贤姬，不如莽汉，天所兴废，人无能为。及今思之，乃知有大谬不然者。何言之？波斯，印度，耻其国之有女也，不敢以示人，美利坚睹其女之多也，群喜而贺之。夫亦犹是人也，而轻重若此，乃知男女之轩轾，良有所因，而国家之盛衰，亦非无故也。

夫欧美之强，度越前古，而考其制度之美备，人才之众多，智慧之浚发，风俗之敦实，泱泱乎雄视万国者，胥成于学校。其学校之制，凡男女八岁不入学者，罪其父母，幼学处所，男女并同。及其长也，别为女学以教之。学分三等，循序而升，高等师范，下及百艺，视其性近，乃入专门。由是辅之以女红场，广之以女学会，上以蓄德，下及艺事。其教之也，分圣教、闺范、修身、教育、天文、地舆、律法、家政、医算、格致、音乐、书画、女红，各有专门，学成者同得优第。故美、法之女，有为枭司者，英、美之女，有为天文生者、典史者，有为传电报、司文案、医师、律师、教授、传教者，类皆与男无异。

日本步武泰西，亦重女学，其女学之制，约分十三科：一修身、二教育、三国语；四汉文、五历史、六地理、七数学、八理科、九家事、十习字、十一图画、十二音乐、十三体操。其所以异于男学者，不过数事，盖德足以自辅，才足以自养，相砺以廉节，相信以德义，而不为严密之防，不兴猜疑之心，内顾既寡，而工业得力，既无坐食蠹国之民，即收兴业植产之益，此西方所以致富强，而王道之成，治外必先乎治内也。

且夫福兴有基，邦乱有胎，国之强弱视乎人才，才之良窳视乎幼学。西人蒙塾，多用女师，盖以其专精静细也。然尚不若贤母之益，何则？初生之赤子，天性纯一，其性情嗜好，惟妇人能因其势而利导之。且孩提之童，狎母而畏父，习于父者寡，成于母者多，幼之所学，壮而行焉，引线之差，视乎起点，九层之台，立于初基。故谚有之曰："少成若天性，习惯成自然。"记曰："行远自迩，登高自卑。"根本之地，顾不重哉！

夫女学者所以端本也，本端则万事理，故太妊胎教，厥产圣子，孟母三迁，乃成大贤，此又人才之关系也。夫孝以事父，贤以相夫，义以训子，大义弗明，三从之道阻矣。修身立志，言动作为，圣道不闻，则举措乖方矣。今女学废弛，流弊无既，不得已乃严其防范，密其局钥，拥其面，刖其足，惴然歉然，恐尚有失，而名节日下，世风愈颓，虽曰刑于之化，防其未萌，而疑间斯存，人道益苦，犹之防盗，严刑峻法，以为得计，而盗风之炽，日甚一日，盖不穷本溯源，去害兴利，使遂其生，且浚其智，譬犹止沸而加薪，不绝之于此，而绝之于彼，岂可得哉！

夫女学不讲，而几以防盗之法防之，日望天下之贤母教其子，淑妻相其夫，孝女事其父，使家庭雍睦，间里熙让〔攘〕，仁义之风播于国，敦厚之化遍于都，人人皆修其身，齐其家，以致平治，不亦难乎？语云："家齐而后国治，国治而后天下平。"盖福之兴莫不本乎家室，道之衰莫不始于梱内，往乘所纪，言之綦详。今而欲为起化之渐，行道之先，必自女教始。故古者内政修明，为之宫公保傅，以正其趋，为之典礼训言，以迪其志，是以教成于内，而顺成于外，所以佐妇德，善风俗，而上古风化之厚，亦由于此也。

春秋之际，内习渐蔽矣，然而秉礼者贞而难犯，称古者辩而有辞，盖其时师保之训，宫庙之教，殆未尽废，而先王遗泽，浸灌已深也。若夫老荣之妇，黔娄之妻，岂独娴于礼节，习于古训哉！观其所论，殆与闻圣人之大道者也。及至末世浇漓，重才华而轻德行，女教益衰，士夫既无实学之足法，而女子日习于邪僻，以文词自炫，以才藻相矜，而先王所以立教，君子所以端化者，亦鲜能明其旨，乃因噎废食，为词以号于天下曰："女子以无才为德。"其尤甚者，倡伪古文之说曰："牝鸡司晨，非家之祥。"于是无非无仪，酒食是议。父若兄，夫若弟，相戒惟恐其妻女之识一字，解一理，以败闺范。举中国二万万之人，有目而暗，有耳而充，有脑而闭，有心而蓬，以成此不痛不痒之世界，使外国嗤为半教，视为野蛮，岂不哀哉，岂不痛哉！

虽然，由上之说，则不学之为害矣，然今日之号于大众，而自以为读书者，卒未睹厥效，何哉？夫海内淑秀，知书识字者非无其人也，然其上者，则沉溺于词赋，研悦于笔札，叹老嗟悲之字，充斥乎闺房，春花秋月之辞，缤纷于楮墨。其尤下者，且以小说弹词之事，陆沉于其间，而为父兄者，不能因其道而导之，反以为无所用而禁之，夫若此等事诚无用也，然短视而并去其目，跛步而并断其足，掩耳盗铃，自为得计，宁不哀哉！

学非所用，用非所学，虽男子亦知其无益也，而奚论妇人耶？彼班姬续史，伏女传经，韦母下帷以讲学，二宋继轨而授教，观古之贤女，类能引经据义，以决祸难，苟非读书，谁复能此！是故泰西各国深通古义，昌明女学，即小如瑞典、挪威，女子百人中不识字者一人耳。日本新树小邦，前十年间，女学生徒二百余万，教习千余员，学校三百余所。而我文明之邦，圣教之泽，神明之裔，山川之秀，二万里之地，二百兆之女，曾未有一女学以教育妇女，此何故耶？且西人在我通商之地，分割之境，皆设学校教堂，以教我女子，我有民焉，而俟教于人，彼所以示辱我也，无志甚矣。

闻之海不择细流，而百物被其泽；圣人辅相天地，而有生赖其拯；未有泽及草木，仁被禽兽，而教不逮于妇女者。是故孔佛之道，男女平等，孔子编诗，则首关雎〔雎〕，传礼则详内则，大义昭然，至可信据，而无知妄作之吴培，乃复禁妇女谒圣庙，一若此二百兆之人，无与于教化之事也者。呜呼，不亦示敬弥甚，而去道弥远乎？窃尝观大地奉教图矣，举中国之大，而惟佛教之从，盖于孔子无与焉者。虽然，其又奚怪也。

夫中国妇女所拜者菩萨，至圣列贤之名未闻也，所礼者经忏，传记大义不知也。吝于为善，而侈于饭僧，愚于医药，而智于祈禳，笃于事佛者，莫妇女若也，莫妇女众也。四百兆之众，闻圣教者仅十之一二，而事佛者乃半之，其曰佛教，何足怪哉！若不早图，安其故习，一任此圆颅纤趾之辈，自生自灭于高天厚地之中，吾恐不归释，必归耶，奉彼教者日益多，归吾道者日益寡，靡独国家之危，系于眉睫，即吾教之亡，亦弗远矣。且缠足之害无人不知，而受斯害者，举天下而皆是。盖皆妇女惑于祸福，不明大义之所致也。

今缠足之祸，虽或稍戢，然开会者不过通商数区，入会者不过通人数辈，行省之大，充耳不闻，毋亦知此理者尚少也。若欲扩其救人之心，非先遍开女学以警醒之启发之不可。曰：女学如此其亟亟也，然神州之大，行省之远，流风所匽，未易遍及，有其举之，条理奚在？曰：遍立小学校于乡，使举国之女，粗知礼义，略通书札，则节目举矣。分立中学校于邑，讲求有用之学，大去邪僻之习，则道德立矣。特立大学校于会城，群其聪明智慧，广其材艺心思，务平其权，无枉其力，则规模大立，而才德之女彬彬矣。起二万万沉埋之囚狱，革千余年无理之陋风，昌我圣道，复我大同，于嗟中国，其毋才壅智而自穷。(《知新报》第五十二册，1898 年 5 月11 日）

徐　勤

中国除害议

今中国有目有心之士，莫不言自强，言自强之道，莫不言变法维新。虽然，越道光二十年至光绪二十年，上至庙谟，下迄舆议。侈口张目，著书陈论者，六十年矣，而法终不变，或少变而不效，何哉？徒侈陈夫变法之利，而忘其腹心膏肓之害，向跛者而震以山海万里之观，向聋者而耀以钧天霓裳之舞；游观乐舞，非不美也，未去其跛聋之患，而骤进以观听之乐，彼终无所受也，岂终不受而已。患喉结者，哽塞而不能吞，患肠溃者，内烂而不可救，而医者乃左操酒酪，右陈粉饵，以饮之食之，岂有当乎？新会梁启超谓三水徐勤曰：子盍思为中国兴利矣，徐勤唈唈忧之曰：吾不敢遽为中国言兴利也，是病瘥之补剂也，吾惟忧中国之害，欲与天下共扫除洗荡，拔之为攻坚之泻剂乎？或庶几其有瘳也，为中国除害议，其中国兴利议后焉。

凡今中国之大害，无学为害，无教为害，忘国为害，忘君为害，蔽塞为害，古老为害，愚瞽为害，束缚为害，虚憍为害，狭小为害，倾诈为害，险薄为害，流荡为害。

何以谓无学之害也？凡泰西之所以富强，横绝地球者，不在其炮械军兵，而在其学校也；凡仆缘大地之上，号称文教之国，圆颅方趾牝牡之民，莫不有学，自负床之孙，襁褓之子，为之日用图器以教之，若船舟铁路电线筑堤连屋修路造桥之工，皆为小样可分可合者，以习其事，方其乳臭未去，髭齗未除，而制造之精奇，手足之灵便，已压倒其长老矣。及其童岁，则亦无男女牝牡，而入于幼学，而教之数与、方名、地图、天球、音乐、图画、历史、礼教，其不就学者，罚其父母，故举国无不识字之人，非惟识字而已，举国无不粗通天文、诸星、地球、万国物产、图算、历史之人，夫而后举其才秀，以升之郡学大学，其不能升者，退而为农、为工、为商、为兵，亦皆学有本原，而足以考植物之学，制造之书，万货之源，武备之事，乃至聋哑废疾，皆有新法以教之，而后国家欲有所措施指挥，乃能应其意而趋其功以集其事。

若夫其课程之精密，层级之次第，师范之专门，无小无大，莫不有学。下至裁缝、土木、油绘、雕镂之术，皆简册繁巨，师传深美，而其大学之言算数、医律、各国方言，以及格致之化光、电重、声光、理伦、心灵、魂魄、天地之学，大陈图器，广集方闻，以观摩之，其能著新书创新学者，又有清秩高第以奖引之，其耆旧通人巨学，又各因其所专习之学，为学会以考求焉。

英美之国，一岁所出新书，皆二万种，视彼罗马意大利四千年之所述作，中国四库古今之所著录，方之褊矣。彼为学之人，以王子之贵而学兵也，则充水手士伍；以女子之贱而学律也，则为法官学师；夫以其才秀之多，通博之众，专门之精，阅习之练，而后因其专业而授其职事，录其通才而举以议官，其层累密而多，条理繁而切，故其有内政外交，大工大役，辟地殖土，制造通商，凡有举措指挥变革兴作，皆足以为杜为楯，皆足以应国家之用，其有艰巨奇险，则又穿天凿地，推陈出新，惊犹鬼神，故英、荷之国，以区区之地，一旅之师，驾扁舟，跨重海，越数万里而抚全地临中国，职有由也。

夫吾中国所以虚憍自恃者，非自尊其土地之博，人民之庶也，盖自谓为教化至美，文章礼乐至盛之名国也。然撢考四万万人之为学而被教化识文字者，妇女不得入学，以无才为福也，习以不教，不识文字，稍弄笔墨，涂丹黄，填韵语，则号为闺秀矣，此不得为学，既无女学，则四万万之民，去其半矣。深山邃谷，苗猺杂俗，男女同俗，旷野百里，邈无蒙学。乃若滇、黔之交，邕、广之边，藜面鸟言，民不识字，待命于巫，立邑设学，士少于额，有考生八人，而学额十三者。昔人所诮且夫二字大有作开讲意者，使者按临，不能不录取矣。

推之陇蜀之边，新疆蒙古之俗，盖益过之。其他奴隶、蛋户、乐籍，不得考试仕宦者，咸自安其分，世其愚，不敢读书以求知识，若其耕农之贫，工作之贱，乡无义学，阀非世胄，室无诗书，家乏衣食于此而欲得读书识字，望若云天，二万万人中若此者，殆十而九，然则尽中国之读书者，殆不过二千万人耳。以是民数之众，而读书者之少。乃仅当泰西之小国，使其教之道，学之有法，已不足当英、法、德、美诸大国。及考其所以教之之术，童齿未毁，而授以平治天下无声无臭之书，之无粗识，或授以吊由灵诘屈聱牙之奥，甚至以孔子之圣五十而后学，以孟子之贤终身不敢道之易，而乳臭之子，昼夜诵之，义理非不正也，而其必格不能入，可断断也。

然使说经铿铿，诂训有根，善诱循循，能索解人，犹之可也。乃教者之法，但责诵读，不求义解，以骑梁打细腰鼓之性，当舞象舞勺之时，人非泥塑，强为天囚；地非刑司，但闻敲朴；歌舞俱无，则体不健；脑髓扑坏，则性不灵。不健则体弱，而不能任事；不灵则心钝，而不能新思；害莫大于破坏童稚之姿。及其壮也，血气方刚，然心力已弱。而不能穷智极思以心斗矣，童学无法，虽有聪敏之才，亦不过效声律帖括之业。

若夫度数地图之事，虽极浅近者，未尝稍问津焉。然以帖括之故，得掇高科，而跻权要，则有以词馆之英，而问四川之近海与不近海，日本之在东在西者；有以外部之要，而言澳门在星架坡之外者；若亲藩极贵，问安南在何处？与广西近否？则固然矣。是以割混同江、精奇里江、乌苏里江六千里之地与俄，可谓从古割地未有之事，而中朝若不知之，其它割黑顶子帕米尔于俄，分缅甸土司于法，割野人山于英，皆茫然于其名，况于抚有其地哉？此与市井之愚，自刳肠屠腹也奚以异？而追原祸始，则由于童学无法为之。向者在酒坐，满坐皆通人学士，或有问一里之长果几许？无能答者。通学能读万卷，而昧于一里之长，由童时无度数之学故也。

尝见有乡里子弟，读书十年，遍诵群经，书法六朝，笔画遒劲，而不能作一书札者，终而学贾。呜呼，若斯之类，殆遍天下，岂不痛哉！二千万人之中，识字而不知其义者，又十去其九，所余二百万人者，则士乎士乎，将为操觚属文，襕衿入试之伈伈胄子矣。以其搜捡也，则熟读四书朱注，而后许诵五经之文；以多剿袭也，则日从事于割截枯窘缩脚之题，以求应有司之意。夫自元延祐以朱注四书立学官，而以试士，自明洪武以八股为体制，而以取人，岂不以四书为孔子义理之宗门，朱子为近古儒先之粹博，以此取士，趋向必端哉？然义理成为格套，流于戏曲，文体务于防弊，流为割裂，于是上之试士者，敢于侮圣言而不顾；下之媚上者，敢于为杂耍而无惭；久习成风，视为应然，而中国二百万之生童，呕心呖血以求工此割截之文，穷老尽气，垂于白首，苟不青其衿者，尚未许以谈孔子之道，四书之义。朱子之学者也。言孔子之道，其隘少如此，何以寄托其道哉？

昔王荆公创变经义之法，曰：本图变学究为进士，岂料变进士为学究。若由今之法推之，本倡孔子义理之学，以正士趋，岂料倡侮圣游戏轻薄之风，以坏士习矣。且夫天下之才，莫不始于童生，而天下之学文，莫不先为割截。以慢侮轻佻无理之题，取慢侮轻佻之文，彼有司为国育才，为国进贤，为士正俗，乃忍而出此乎？既以纤小裹二万万妇女之足，又以此纤小裹二百万士人之心，裹足不能行则弱，裹心无所知识则愚，既弱且愚，欲不为人臣妾得乎？是有司之罪也。且学额甚隘，考生甚多，试场岁有，割截之文法甚繁，一日不为。手生荆棘，于是终身业是而无暇稍窥文史焉。有民贼陕人路德也者，又密为三尺法以律之，谬种流传，高天广地，世界无限，为此文囿，以囿我二百万之士，以囿我世世二百万之士，梏其心，闭其目，务使二百万人，世世无知识。而有司从之，所谓殃民之贼，不容于尧舜之世者也。夫童生者，秀才之父，举人之祖。进士之曾祖，而公卿之高祖也，种既坏矣，将奈之何？夫泰西之教士多方，欲其民之智，吾中国之教士多方，乃欲其民之愚，至民愚已极，国无与立，虽欲有民有士，安可得哉？

徐勤正告天下曰：覆吾中国，亡吾中国者，必自愚民矣，必自以举业愚民矣。中国二万万里之地，四万万之人，二十六万种之物产，大地莫富强焉。而北扼于俄，南慑于英、法，东割于日本，岌岌几不国，原所以倾败之由，在民愚之故。愚民之术，莫若令之不学，而惟在上者之操纵，不学而愚之术，莫若使之不通物理，不通掌故，不通古今，不知时务，聚百万瞽者跛者而鞭笞指挥之，如牧者之驱群鹅鸭然，稍投以水草，奔走趋赴惟恐后，乃得以呵斥杀戮，獭祭而奴使之。

虽然，天下之士至多，豪杰殊特负异气者，郡县而有，咸欲使之不通物理，不通掌故，不通古今，不通时务；其道甚难，故用束水刮沙之法，尽去汉唐以来征辟聘召、贤良茂才、有道四行、鸿博十科之选，又去三公光禄刺史守相之举，独立科目以招之。夫以人才之殊，而取士之隘，未有若此者也。然所谓科目所取之士，试之以四书五经之义。以通圣人之大道，策之以经史掌故，无所不问，以验其记诵之强富，贯串之该博，岂不得才乎哉？然所谓经义者，乃非欲人通圣人之大道也。自割截枯缩而外，乃密为文法文式文律以困之，圣人之言，以明其道，岂有所谓词句之间，不许犯上连下者哉？岂有所谓偏全斡补者哉？长则博士百万之言，发挥之而不足；短则申公之对，一二言而有余；岂有所谓七百字之限哉？易奇而法，诗正而葩，岂必以八家之调，八股之体哉？岂有浮腔滥调，若填词唱曲之淫哇哉？战龙载鬼之怪，侯旬挦捊之奥，岂限以宋儒之粗浅者哉？虽然，限以格式，定以法律，束缚人才，非义之义，亦无所不可。

若夫援证古今，会文切理，而后深切著明，此自古为文之通恉，未能外之者也，而制举乃禁之。其说曰：代圣人言，不得用汉后书汉后事，以为孔、孟周人也，安得知汉后事？于儒林等字，亦谓不可用，岂知其所谓雅正者，不过宋世文字之一偏哉？于宋世之文字，则以为雅正，于孔经之文字，则以为怪僻，新安之经，尊于阙里，其端起于归有光、方苞争名之陋，其后成于陋儒专己攻人之私，持界甚严，托体甚尊，谬种流传，最便不学，人皆乐之。于是天下衿缨，束书不读，斥以杂学，读《礼》则丧删其简，读《左传》则篇删其句。

若夫仪礼春秋公穀大戴，或孔子之亲笔，或洙泗之微言，以词馆耆英，鲜有诵读者，至于群书，益复高阁。言史学则述坊书之《纲鉴易知录》者以为掌故，谈经学则奉大全汇参备旨味根以为考据，讲词章则奉古文分编眉诠观止评注以为宗主，小儿学问上论语，不知有汉，何论魏晋？故虽策问极博，唯重四书文，空对敷衍，可以登科。故对策而云唐之王阮亭，宋之白乐天，犹知有渔洋、居易，尚为通博者矣。

若夫考官阅卷，以贞观为西京年号，佛時为西土经文，甚至有一代名臣，而不知范仲淹为何人，曾入翰林。而问司马迁为何科前辈者。盖未闻汉书，可证经义，先儒之中，未闻王粲，其风古矣。自童年受四书诗书易半部礼记左传外，读烂腐之八股，纤巧之试帖，写方黑之大卷，轻润之折子，送诗片，递条子，遍拜座主为师，即以乳臭之童，没字之碑，掇高科，抢鼎元，回翔木天，衡文天下。然且小之考军机御史，大之考试差大考，权要富贵，皆赖于是。进之为公卿督抚之尊，退之亦不失主学道府之荣，无日不待楷法文赋之用，即终身不离楷法诗赋之业，浸淫秾郁，习臭而忘，故天下移风，想望沉醉。

若夫巨儒宿学，盛德高行，束置勿恤，岂闻征聘，间逢奏荐，只授教职，亦仅头衔而已。其行文魁垒奇伟，则以怪黜，或以犯讳不合律法黜，其不能抑压者亦登第矣，则不计其文之工否，言之切直否，校其书法之工而已。书法之工，亦非取其欧、颜、虞、褚，取其合院体而已，又非取其书法也。横看其章法欲其疏，正看其笔法欲其通，不知沈约萧该自何来，而妄据刘渊以谈平仄；不知《急就》《说文》为何物，而谬持字学举隅而挑破体；凡有此者，虽以舒向之金玉渊海，颜冉之龙翰凤雏，抑置末第，永为外吏，折腰督邮，见弃永世。

故魁天下之状元，为四万万人最惊羡者，乃由钞策冒写方格而来，非谓有黼黻云汉之学也。宰天下之大学士，为四万万人所最尊者，乃由写白折积资格而致，非关有经纬天地之才也。人主以富贵奔走天下。而下之举人秀才，中之词馆试差，上之状元宰相，所取在彼，所弃在此，故风行草偃，高髻广袖，楚灵细腰，齐桓紫服，君行法而臣行意。况标之甚高者乎？

天下之人，惟富贵之是求，惟至愚极陋无用之是学，习非成是，深入人心，谬种流传，子孙蕃衍。孩提爱饼枣而不爱金珠，野人爱钱帛而不爱空青钻石，愚以传愚，陋以袭陋，易丹而素，看碧成朱，以至愚极陋之总裁阅卷者，选试差翰林，又以至愚极陋之主考学政，拔天下之秀才举子。夫惟汤而后得伊尹，惟桓公而后得管仲，惟陆敬舆而后能拔昌黎，惟欧阳永叔而后能拔东坡，自非然者。海滨逐臭之夫，瞽者扪盘之论，臭味各合，淄渑难混，其弃周鼎而宝康瓠，珍斌玖而舍卞璞，自然之理也。大播其陋种，鼓荡其愚风，震动六合，陶镕一世，举国既狂，则必以不狂为狂，而抑之挟之，强饮狂泉，虽以百炼之钢，绝世之资，蒙药软其骨，则手足皆麻，光色眩其神，则东西具瞽，亦不暇从事天下之故，而惟八股小楷之是攻，故亦同归聋瞽矣。

夫以八股愚天下之人，若使惟通才是求，不限名额，通则一榜尽赐及第，尚可以余日读书，不通则停其选举，尚可止其幸进，泰四抡才，皆无额也，而科举则不问通否，惟额是副。吾粤南海、顺德、新会，童试至五六千人，而学额仅四十；诸生试者万二千余人，而诸生不得录科者，尚十之五六；监生不得录科者以千数。会试则吾粤举子五百余，而进士仅十六人，总裁四人。各分其额，人得四卷。其他江、楚、四川，亦或类是，及额而后，虽有孟、荀、庄、屈之文，欧、虞、颜、柳之书，亦皆摈而不录矣。其他就吾耳目所及，虽以江浙文风之美，而童试无几，如广西、云南、贵州，则士风僻陋，且自童试乡试，亦复寥寥，而亦以额强取之，若欲以安慰镇抚之者。

夫国非贤不立，事非才不举，卷耳之求贤审官，菁莪之造士育才，此千古之通义，有国之常法也。而科举之制，国有庆典，则开恩科，行省士民，有报效捐款义举，则广以恩额，是国家本不以科举为求才之法，而以为恩施之具，不问其人才之有否，则多取其本额之数，是不以士人为才，而等于恩幸之流，既以为恩矣，则不得滥赏而靳其额，或加惠而增其额，亦义之宜也。然而愚不肖者进，而贤智见遗，小民知其不必以才进也，故五经未毕，皆怀侥幸之心，一丁不识，并有进取之志；故自髫龀至老耄，焚书而舞之，吾粤学舍千数，舍皆百数十人，皆聪俊才也，而朝咿夕哇，摇头顿足，高吟低咏，惟腐烂文数篇，老师耆儒，登皋比宣讲者，亦惟陈文数篇，吾过其门，欲为痛哭，以绝世之人才。咸葬薶于是，计直省省风，当亦同埋矣。然使额虽隘矣，而分场多日，阅卷多人，犹少失也。

然科举之制，以一使者再岁巡试行省千余里之地，时日迫促，场期接比。如吾广州，每场士皆五六千，隔日一场，一人阅之，是以一日阅数千卷矣，虽有仲尼之圣，离娄之明，力能穿纸，岂能办是？不过听幕友之颠倒，取既及额，余可束阁。各听其命运之所遇，若赌吕宋之票，榜花之猜而已。若乡会试，稍宽其期，增其人矣，然泰西每试，人不过百，考者数人，安有以万数千卷，十数日所能了之哉？惟有颟顸抹涂而已。

夫以额之定限若此，场期之迫促。阅卷之恅愺若彼，既驱数百万童生而缚之，幸取焉而为诸生，不得则岁岁复试，其枯窘割截如故。又驱十余万诸生而缚之以限额，促期阅卷寡独颟顸之法，幸取焉而为进士，不幸则三岁复试，其不许用后世书后世事之八股如故。其他童试则岁岁有县府试数场，凡费数月，而后能见试于学政，诸生则年年有岁试科试录科试，而后得望于乡试。若仍岁有失，则沉溺于枯窘搭截之中，累试而或有所得，然苟未第进士者，终营营于不许用后世书后世事，谬称雅正之八股之内，不问贤否，不问通否，试既重叠，而额益隘少，如累塔登峰，高益尖矣。

然考试之事同，而尊贱之体别，侥得则乘轺建节，在于指顾；侥失则黄馘枯首，困于泥涂；树之标者，极高以诱之；束之额者，极隘以汰之；密为层累之试以缚之，宽其岁月之望以老之。故合四万万之民，而得数百万之秀民，累试数百万之秀民，而得数千之举人，数百之进士，可谓妙选天下之英矣。所以分在天下之职事者，皆在此数千百人矣，而以不用后世书后世事之故，考其知识，不独与彼数百万之秀民无异，乃与彼四万万黔首，亦无异也。

合数百进士而试之，又选数十人以入翰林，尤天下之俊选矣。既入翰林之后，可以读书穷理，纾发志事矣，则历资以限之，薄俸以困之，亦不问贤否，不问才否也。其有不由资历而可以超迁，可给衣食，而足资供职，则有大考试差。以岁俸数十之穷，二十年开坊之难，而骤超学士讲读之班，任全省学政之富，开合太大，操纵太奇，自非天民出世之姿，安有不俯首帖耳，而惟马首是瞻也。

当是时也，若试以妙通新理，创著新书，专辟新地，何求而不得？则失四万万人而尚有数百才人，犹可为国也，而官制尚虑其稍智也。自朝殿之试，大考试差之试，别出一天下古今最无补最无用之小楷白折试帖诗以缚之，得之若升天，失之若坠地，于是所谓天下之英，词馆之俊，研墨弄笔，朝书暝写，穷老尽气，而惟楷折之求工。试赋则求题解而熟诵无用之诗。则谓才博人矣。尚安有余力暇日，以讲天下之故、新理之学，群盲既聚，亦安能互相补益，而少见天日乎？故词馆之俊，以为公卿督抚之选，主考学政给御道府之任者，考其知识，与数百万之秀民无以异，与四万万之黔首，亦无以异也。

故数百万之童生，以枯窘割截愚之于始，十余万之诸生举人，以不用后世书后世事愚之于中，数百之翰林，以楷法诗赋愚之于终，三法立而天下之公卿士人，无复有不愚者矣，无得漏网而能智者矣。其有脱颖而出者，孑孑独立，无与讲求，其智亦有限矣。然且众谤群攻，以为怪物，流言飞文，务令不容，否则尽弃其学，变易其面目，与之偕愚而后苟容焉。故通经学古之士，一郡一邑，无一人焉。大清通礼，当王之贵也，或一省无其书。若夫博学雄文，一省或无其人焉，绝学专门，经纬世宙之才，或一代无其人焉，愚之效大著矣。

然科举所限者士人耳，若上之王公，下之农工商贾，中之将帅士卒，医卜星术，不受八股楷法诗赋所缚者，可以智矣。无如才识之开，皆由文学，士人既专文学之业，九流咸奉为宗师，分其论议，故二万万妇女，皆士农工商，稍识字者之弟子也；二万万农工商贾，及将师士卒，皆日作搭截，仅诵四书三经之童生之弟子也；医卜星术，皆日作搭截，仅诵四书三经易知录之童生，不进学而变身者也。

天潢之英，宗亲之贵，亲郡王贝勒贝子公将军，皆日作搭截，日作不许用后世书后世事之八股，日写白折之翰林之弟子也。至于天子，圣神首出，不待教者，不敢论矣。然以数百年之积习，数万万人之风气，熏蒸染濡，智种欲绝，是以朝无才相，阃无才将，疆无才吏，野无才农，市无才商，肆无才工，聚黄帝、尧舜神明之胄，四万万明秀之才，而皆以八股楷法诗赋而瞽之，盲人瞎马，夜半深池，使犹当嘉、道一统之时，乱民一呼，城邑皆躏矣。况当大地交通，强国数十，兴学励士，日智其民，而吾以数十百万瞽者当之，岂有噍类哉？呜呼。岂有噍类哉！

夫闵马父之不悦学，此周之所以亡也，上无礼，下无学，贼民兴，丧无日，此孟子所以叹也，故谓覆中国，亡中国，必自科举愚民不学始也。不除科举搭截枯窘之题，不开后世书后世事之禁，不去大卷白折之楷，八股之体，试帖之诗，定额之限，场期之促，试官之少，累试之繁，而求变法自强，犹却行而求及前也。（《时务报》第四十二、四十四册，1897 年 10 月 16 日、11 月 5 日）

韩文举

推广中西义学说

天予以目，目而不能视，天戮之；天予以耳，耳而不能听，天戮之；天予以舌，舌而不能言，天戮之。盲可使识字，聋可使听说，哑可使解意，是人也，非天也。婴而育何为也？幼而慈何为也？孤而恤何为也？病而药何为也？养之有道也，使人如介虫，吾不欲也；使人如毛虫，吾不欲也；使人如倮虫，吾不欲也。象能耕，牛能服，马能舞，犬能歌，猴能戏，虎豹能阵，熊罴能战，鸽能传书，教之也。羌比异言，僰翟异俗，胡越异礼，吴楚异服，教之也。泰西不与中国同，声不与同，教不与同，习不与同，文教之也。中国多能八股，多能训诂，多能词章，非生而然也。西人多能格致，多能制器，多能电学，多能光学，多能化学，多能热学，多能动物学，多能植物学，为工为商为农为士，皆远逾中国亿万也，非生而然也。犹嫫母西施、驽马骐骥也。使周公商高，管墨亢仓，公输王尔诞于今日，岂能唾西人为无用哉！今者书籍无藏，锢其思也；翻书无局，蔀其目也；新闻乏馆，囿其识也；讲学无会，塞其智也；议院不设，靳其权也。

缚之于科举，奔之于官宦，趋之于酬酢，地广二万里，人众四万万，虽有同文馆、广方言馆、水师学堂、武备学堂、格致书院，而寥寥历历，几若晨星，其为泰西丑诋无怪也。又况束于势力，人分数等，奴仆居一，蛋民居一，役隶居一，苗民居一，乞丐居一，农居一，商居一，工居一，终身役役，不尊于乡里，不选于朝廷，未尝睹诗书、沐教化者，十居其九乎？不以识字为能，不以无学为耻，不以不才为不肖，营营衣食，自成自败，自生自灭，国家不一问，官长不一谋乎！谓为黑奴，谓为冰人，谓为红皮土番，谓为羢特狄，虽似过之，而原其无学，无以异也。我将援之而入泰西乎？不忍也；我将援之而入学塾乎？不能也。我诚困矣，辞无所骋矣，策无所施矣，然则计已穷乎？曰：不穷，不穷。将奚若？曰：义学创善堂者。谓之天牧；树义学者，谓之天教；通天人、改制度、立义理，圣人也。覃于亿万世，暨于南北极，远而诸星，迩而诸地，圣人也。不及圣人才，不及圣人德，偲偲以教人为意，身无以董之，而进人以自表者，圣人之徒也，创义学者是也，神农师悉诸，黄帝师大扰，颛顼师伯彝父，帝喾师伯招，尧师许由，禹师子州父，人而无师，犹狐狸无穴，鸟无巢，犬无家也。而义学者，师之类也。今之义学，仅能识字，课时文而已，非有殊技也。鳞有甲，禽有羽，兽有毛，非有大过也。易之，变之，通之，达之，非中西义塾不可。然西人学塾，动以千万计，其出于国款者，不知凡几也。其出于民款者，又不知凡几也。今不能躔西人之全辙，惟举西人之已效者，变通而仿行之。其例云何？曰：有五，一曰：合醵义学，荟萃众资，非众不举；二曰：会捐义学，由义学首会假其余润，存款挈息，以资灌溉；三曰：息捐义学，名为捐款若许，实则只拨年息，举行较易；四曰：传习义学，若三年学成，或六年学成，留其在院，教习无须束脯，自能绵远。五曰：两利义学，其人捐款兴设，若学有成立，或往别处教习，十括二三，以为酬馈。凡此皆民间为之，而官不与也。师乎！师乎！人才莘莘，以此为冠弁乎！众将援以为首乎！广之，光之，绵之，延之，亿兆生灵，其有赖夫！（《知新报》第十五册，1897年5月2日）

陈继俨

伸民权即以尊国体说

　　仆缘大地，首函清阳，翘然而异于众类者，皆人也。生于一家，则米盐之事，妇子共之，离而异者家必败。生于一族，则乡党之事，亲戚任之，沟而分者族必亡。生于一国，则治理之事，上下同之，专而独者国必蠹。广厦之大，非一木所能支。滔天之流，岂涓滴所可就。英之取印度也以商会，日之成维新也以藩士。匹夫之思，未易轻弃。众志所蓄，其国斯强。岂不然哉！岂不然哉！中国之在今日也，时事日急，人心惶骇，忧时之彦，于是为民权之说力行新法。变之自下，盖欲以辅国政之不逮，为天下生民计，实为国家计也。然而天下亦窃窃焉议之，夫天之生民也，将以自理也。天之立君也，亦以理民也。苟无民，何有君。君能理民，民之福也。民能自理，亦君之福也。以君而理民，即缘民以立国。彼议者而欲贼民蠹国斯已耳。如曰重劳我君，相助为理，则民权亦为国之一端也，请言其义以告天下。

　　人类之初生也尚力，及其后也尚智，又其后也尚仁。尚力之世，强悍多而循良少，于千百强悍之中，择其尤强且悍者，沟地而治之。惟其强且悍也，故一人之赏如天命，一人之罚如天殃，受其治者不敢是非也。丁此时也，民困而国乱。尚智之世，奸巧多而朴直少。其君国而子民者，受祖宗故有之地，辖祖宗旧治之人。而生其世者，亦祝天以祷之，素位而安之。奉命惟谨，无或有愆。以视尚力世之俯首帖耳，不敢有异，以殉身命者，固亦有间。然是非之事，不敢于口而敢于心也。丁此时也，民疾而国危。尚仁之世，信睦多而险诈少，君德如风，民德如草。上无不行之政，下无不从之教。渊渊其仁，浩浩其天。丁此时也，民乐而国安。夫犹是国也，而安危若此。岂非民为邦本、而权之属与不属哉！不宁惟是，国家之政治所以便民，非所以苦民。西方言政之书有之曰：凡文教之国，必先有风俗规矩，而后有律法章程。律法章程，必由风俗规矩而出者也。（见《佐治刍言》六十八节）夫积民之智慧而风俗成，积民之行习而规矩立。君子之道，造端夫妇。天子之尊，得乎邱民。背而驰焉，其律法规矩之格而难行者，已可知矣。夫无政则国不立，苦民则政难行。持此以往，即使尧舜为之君，禹皋为之臣。亦不可以为国，况国势危急，强邻环眈，彼合聪明开敏之民，日以自强，日以谋我。而我仅得一二王大臣，策画天下之大者乎！呜呼！其何以能国。

夫从古之君，专权而不轻假于天下者，莫如秦始皇，然万几之断，衡石自程。其次莫如明太祖，然宰辅之尊不敢上侵。惟彼二君，事至微浅，要未尝大权旁落也。而今日之天下，则胥吏之天下也。天下之权，则胥吏之权也。天下有事，上之天子。天子责之部院，是权在部院也。部院议可，移文疆吏，是权在疆吏也。疆吏奉谕，颁之州县，是权在州县也。州县得命，下之吏胥，是权在吏胥也。夫二十行省之大，四万万人之众，而其权实无所属焉。于是昌言以号于天下，曰尊君权，尊君权，其谁信之？曰部院分任政之权，疆吏有守土之责，州县为奉职之官。而议覆之事，仅责于胥吏，以胥吏之治治天下，是部院、督抚、州县亦无权也。闻之公理家之言曰：权也者，合事与利言之者也。举天下之人，各事其事，各利其利，是谓人人有自主之权，是谓民权。虽然，以一人而事天下之事，即以一人而利天下之利，则天子有权，而庶民无权，其亦庶民之所乐受也。而无如其必不能也，必不能，则与其假权于无赖胥吏之手，不若还权于天下庶民之身，其理甚顺，其事至浅，而天子无失权，庶民亦无争权也。匪直此也，权者合事与利而言，即合劳与逸而言也，利天下之利，而逸天下之逸，人情之所乐就也。逸天下之逸，即事天下之事，而劳天下之劳，人情之所不乐就也。以不乐就之事，而天下愈以不治，何如使天下之人事其事，而利其利乎！积水而成渊，积土而成山，积权而成国，能国其国者，未有不自固其权者也。还权于民，即所以固权也。

且夫中国之政，其待举于民者亦多矣。铁路之事，经画已久，而仅成区区。商务之局，言之数年，而疆吏如故，日言自强而日弱，日言自保而日削。天子励精于上，而守旧诸臣，犹复沓沓泄泄，无以宣发上德，即间有一二忧国之臣，昌言变法，而体要未得，妄窃虚名，天下甚大，谁与为理。自非破除恶习，大畏民志，不假官以虐民，不愚民以亡国，禹甸茫茫，复奚望哉！夫民之于国也，犹人之于家也，其天子则家人之严君也。长者有事，而乃子乃孙、不能服劳奉养，以既厥职，其家之存亡，不待智者而知矣。夫德之覆法也，有良民会，法之复振也。有记念会，意之淳兴也。有保国会，希之自立也。有保种会，瑞士之变法也。有自卫党，日本之有今日也。有尊攘党，革政党，改进党，自由党，彼数会者。实赖以兴国者也。而倡自齐民，实过半焉。既非金张之胄，复无王谢之荣，而热血所结摩荡奋发，卒以成非常之原，而苏已死之国。试问今日无耻衿缨，能乎？否乎？吾直惧吾国之民，不能自伸其权已耳。如能自伸其权，则台澎之失，二万万之款；胶州之割，旅大之辱；广州湾之亡，云贵两粤之约，于中国何有焉？《易》曰：吉凶与民同患。《书》曰：天聪明自我民聪明，天明畏自我民明威。又曰：天视自我民视，天听自我民听。《孟子》曰：与民偕乐，故能独乐。又曰：保民而王，莫之能御。语曰：国所与立，惟民是依。是知重民而国强，弃民而国亡，虐民而国戕。民不事事，时曰无良，受治无权，必及于殃，宣德达情，惠此一方。因噎废食，胡可以长保我区宇，庶民气其日昌。（《知新报》第六十一册，1898 年 8 月 8 日）

5. 严复的变法思想与主张

引　言

严复（1854—1921），原名宗光，字又陵，后改名复，字幾道，汉族，福建侯官（今福州）人，近代著名思想家、翻译家、教育家。先后毕业于福建船政学堂和英国海军学校，曾担任过京师大学堂译局总办、上海复旦公学校长、安庆高等师范学堂校长，清朝学部名辞馆总编辑。在李鸿章创办的北洋水师学堂任教期间，培养了中国近代第一批海军人才，翻译了《天演论》，创办了《国闻报》，系统地介绍西方民主和科学，宣传维新变法思想；后又翻译亚当·斯密的《原富》、斯宾塞的《群学肄言》、约翰·穆勒的《群己权界论》和《名学》、甄克斯的《社会通诠》、孟德斯鸠的《法意》、耶芳斯的《名学浅说》，与《天演论》合称"严译八大名著"，将西方的社会学、政治学、政治经济学、哲学、逻辑学等介绍到中国，提出"信、达、雅"的翻译标准，对后世的翻译工作产生了深远影响，是晚清主要资产阶级启蒙思想家之一，是中国近代史上向西方国家寻找真理的"先进的中国人"之一。

论世变之亟

呜呼！观今日之世变，盖自秦以来未有若斯之亟也。夫世之变也，莫知其所由然，强而名之曰运会。运会既成，虽圣人无所为力，盖圣人亦运会中之一物。既为其中之一物，谓能取运会而转移之，无是理也。彼圣人者，特知运会之所由趋，而逆睹其流极。唯知其所由趋，故后天而奉天时；唯逆睹其流极，故先天而天不违。于是裁成辅相，而置天下于至安。后之人从而观其成功，遂若圣人真能转移运会也者，而不知圣人之初无有事也。即如今日中倭之构难，究所由来，夫岂一朝一夕之故也哉！

尝谓中西事理，其最不同而断乎不可合者，莫大于中之人好古而忽今，西之人力今以胜古；中之人以一治一乱、一盛一衰为天行人事之自然，西之人以日进无疆，既盛不可复衰，既治不可复乱，为学术政化之极则。盖我中国圣人之意，以为吾非不知宇宙之为无尽藏，而人心之灵，苟日开瀹焉，其机巧智能，可以驯致于不测也。而吾独置之而不以为务者，盖生民之道，期于相安相养而已。夫天地之物产有限，而生民之嗜欲无穷，孳乳浸多，镌镵日广，此终不足之势也。物不足则必争，而争者人道之大患也。故宁以止足为教，使各安于朴鄙颛蒙，耕凿焉以事其长上，是故春秋大一统。一统者，平争之大局也。秦之销兵焚书，其作用盖亦犹是。降而至于宋以来之制科，其防争尤为深且远。取人人尊信之书，使其反复沉潜，而其道常在若远若近、有用无用之际。悬格为招矣，而上智有不必得之忧，下愚有或可得之庆，于是举天下之圣智豪杰，至凡有思虑之伦，吾顿八纮之网以收之，即或漏吞舟之鱼，而已暴鳃断鳍，颓然老矣，尚何能为推波助澜之事也哉！嗟乎！此真圣人牢笼天下，平争泯乱之至术，而民智因之以日窳，民力因之以日衰。其究也，至不能与外国争一旦之命，则圣人计虑之所不及者也。虽然，使至于今，吾为吾治，而跨海之汽舟不来，缩地之飞车不至，则神州之众，老死不与异族相往来。富者常享其富，贫者常安其贫。明天泽之义，则冠履之分严；崇柔让之教，则嚣凌之氛泯。偏灾虽繁，有补苴之术；雚苻虽夥，有剿绝之方。此纵难言郅治乎，亦用相安而已。而孰意患常出于所虑之外，乃有何物泰西其人者，盖自高颡深目之伦，杂处此结袵编发之中，则我四千年文物声明，已涣然有不终日之虑。逮今日而始知其危，何异齐桓公以见痛之日，为受病之始也哉！

夫与华人言西治，常苦于难言其真。存彼我之见者，弗察事实，辄言中国为礼义之区，而东西朔南，凡吾王灵所弗届者，举为犬羊夷狄，此一蔽也。明识之士，欲一国晓然于彼此之情实，其议论自不得不存是非善否之公。而浅人怙私，常詈其誉仇而背本，此又一蔽也。而不知徒塞一己之聪明以自欺，而常受他族之侵侮，而莫与谁何。忠爱之道，固如是乎？周孔之教，又如是乎？公等念之，今之夷狄，非犹古之夷狄也。今之称西人者，曰彼善会计而已，又曰彼擅机巧而已。不知吾今兹之所见所闻，如汽机兵械之伦，皆其形下之粗迹，即所谓天算格致之最精，亦其能事之见端，而非命脉之所在。其命脉云何？苟扼要而谈，不外于学术则黜伪而崇真，于刑政则屈私以为公而已。斯二者，与中国理道初无异也。顾彼行之而常通，吾行之而常病者，则自由不自由异耳。

夫自由一言，真中国历古圣贤之所深畏，而从未尝立以为教者也。彼西人之言曰：唯天生民，各具赋畀，得自由者乃为全受。故人人各得自由，国国各得自由，第务令毋相侵损而已。侵人自由者，斯为逆天理，贼人道。其杀人伤人及盗蚀人财物，皆侵人自由之极致也。故侵人自由，虽国君不能，而其刑禁章条，要皆为此设耳。中国理道与西法自由最相似者，曰恕，曰絜矩。然谓之相似则可，谓之真同则大不可也。何则？中国恕与絜矩，专以待人及物而言。而西人自由，则于及物之中，而实寓所以存我者也。自由既异，于是群异丛然以生。粗举一二言之：则如中国最重三纲，而西人首明平等；中国亲亲，而西人尚贤；中国以孝治天下，而西人以公治天下；中国尊主，而西人隆民；中国贵一道而同风，而西人喜党居而州处；中国多忌讳，而西人众讥评。其于财用也，中国重节流，而西人重开源；中国追淳朴，而西人求欢虞。其接物也，中国美谦屈，而西人务发舒；中国尚节文，而西人乐简易。其于为学也，中国夸多识，而西人尊新知。其于祸灾也，中国委天数，而西人恃人力。若斯之伦，举有与中国之理相抗，以并存于两间，而吾实未敢遽分其优绌也。

自胜代末造，西旅已通。迨及国朝，梯航日广。马嘉尼之请不行，东印度之师继至。道咸以降，持驱夷之论者，亦自知其必不可行，群喙稍息，于是不得已而连有廿三口之开。此郭侍郎《罪言》所谓："天地气机，一发不可复遏。士大夫自怙其私，求抑遏天地已发之机，未有能胜者也。"自蒙观之，夫岂独不能胜之而已，盖未有不反其祸者也，惟其遏之愈深，故其祸之发也愈烈。不见夫激水乎？其抑之不下，则其激也不高。不见夫火药乎？其塞之也不严，则其震也不迅。三十年来，祸患频仍，何莫非此欲遏其机者阶之厉乎？且其祸不止此。究吾党之所为，盖不至于灭四千年之文物，而驯致于瓦解土崩，一涣而不可复收不止也。此真泯泯者智虑所万不及知，而闻斯之言，未有不指为奸人之言，助夷狄恫喝而扇其焰者也。

夫为中国之人民，谓其有自灭同种之为，所论毋乃太过？虽然，待鄙言之。方西人之初来也，持不义害人之物，而与我构难，此不独有识所同疾，即彼都人士，亦至今引为大诟者也。且中国蒙累朝列圣之庥，幅员之广远，文治之休明，度越前古。游其宇者，自以谓横目冒耏之伦，莫我贵也。乃一旦有数万里外之荒服岛夷，鸟言夔面，飘然戾止，叩关求通，所请不得，遂而突我海疆，虏我官宰，甚而至焚毁宫阙，震惊乘舆。当是之时，所不食其肉而寝其皮者，力不足耳。谓有人焉，伈伈俔俔，低首下心，讲其事而咨其术，此非病狂无耻之民，不为是也。是故道咸之间，斥洋务之污，求驱夷之策者，智虽囿于不知，术或操其已促，然其人谓非忠孝节义者徒，殆不可也。然至于今之时，则大异矣。何以言之？盖谋国之方，莫善于转祸而为福，而人臣之罪，莫大于苟利而自私。夫士生今日，不睹西洋富强之效者，无目者也。谓不讲富强，而中国自可以安；谓不用西洋之术，而富强自可致；谓用西洋之术，无俟于通达时务之真人才，皆非狂易失心之人不为此。然则印累绶若之徒，其必矫尾厉角，而与天地之机为难者，其用心盖可见矣。善夫！姚郎中之言曰："世固有宁视其国之危亡，不以易其一身一瞬之富贵。"故推鄙夫之心，固若曰：危亡危亡，尚不可知；即或危亡，天下共之。吾奈何令若辈志得，而自退处无权势之地乎？孔子曰："苟患失之，无所不至。"故其端起于大夫士之怙私，而其祸可至于亡国灭种，四分五裂，而不可收拾。由是观之，仆之前言，过乎否耶？噫！今日倭祸特肇端耳。俄法英德，旁午调集，此何为者？此其事尚待深言也哉？尚忍深言也哉！《诗》曰："其何能淑，载胥及溺。"又曰："瞻乌靡止。"心摇意郁，聊复云云，知我罪我，听之阅报诸公。（天津《直报》1895 年 2 月 4、5 日）

原强

今之扼腕奋舌，而讲西学，谈洋务者，亦知五十年以来，西人所孜孜勤求，近之可以保身治生，远之可以利民经国之一大事乎？

达尔文者，英国讲动植之学者也。承其家学，少之时，周历寰瀛。凡殊品诡质之草木禽鱼，裒〔哀〕集甚富。穷精眇虑，垂数十年而著一书，名曰《物类宗衍》。自其书出，欧美二洲几于无人不读，而泰西之学术政教，为之一斐变焉。论者谓达氏之学，其彰人耳目，改易思理，甚于奈端氏之天算格致，殆非溢美之言也。其为书证阐明确，厘然有当于人心。大旨谓：

物类之繁，始于一本。其日纷日异，大抵牵天系地与凡所处事势之殊，遂至阔绝相悬，几于不可复一。然此皆后天之事，因夫自然，而驯致若此者也。书所称述，独二篇为尤著，西洋缀闻之士，皆能言之。其一篇曰《争自存》，其一篇曰《遗宜种》。所谓争自存者，谓民物之于世也，樊然并生，同享天地自然之利。与接为构，民民物物，各争有以自存。其始也，种与种争，及其成群成国，则群与群争，国与国争。而弱者当为强肉，愚者当为智役焉。迨夫有以自存而克遗种也，必强忍魁桀，趫捷巧慧，与一时之天时地利泊一切事势之最相宜者也。且其争之事，不必爪牙用而杀伐行也。习于安者，使之处劳，狃于山者，使之居泽，不再传而其种尽矣。争存之事，如是而已。是故每有太古最繁之种，风气渐革，越数百年，或千余年，消磨歇绝，至于靡有孑遗，如卵学家所见之占禽古兽是已。此微禽兽为然，草木亦犹是也；微动植二物为然，而人民亦犹是也。人民者，固动物之一类也。达尔文氏总有生之物，而标其宗旨，论其大凡。

而又有锡彭塞者，亦英产也，宗其理而大阐人伦之事，帜其学曰"群学"。"群学"者何？荀卿子有言："人之所以异于禽兽者，以其能群也。"凡民之相生相养，易事通功，推以至于兵刑礼乐之事，皆自能群之性以生，故锡彭塞氏取以名其学焉。约其所论，其节目支条，与吾《大学》所谓诚正修齐治平之事有不期而合者，第《大学》引而未发，语而不详。至锡彭塞之书，则精深微妙，繁富奥衍。其持一理论一事也，必根柢物理，征引人事，推其端于至真之原，究其极于不遁之效而后已。于一国盛衰强弱之故，民德醇漓翕散之由，尤为三致意焉。于五洲之治中，狉榛蛮夷，以至著号最强之国，指斥发藏，十九罄尽。而独于中国之治嘿如也，此亦于其所不知，则从盖阙之义也。锡彭塞殚毕生之精力，阅五十载而后成书。全书之外，杂著丛书又十余种，有曰《动〔劝〕学篇》者，有曰《明民要论》者，以卷帙之不繁而诵读者为尤众。《动〔劝〕学篇》者，劝治群学之书也。其大恉以谓：天下沿流溯源，执因求果之事，惟于群学为最难。有国家者，施一政，著一令，其旨本以坊民也，本以拯弊也，而所期者每不可成，而所不期者常以忽至。及历时久而曲折多，其利害蕃变，遂有不可究诘者。是故不明群学之理，不独率由旧章者非也，而改弦更张者，乃瘖误，因循卤莽二者必与居一焉。何则？格致之学不先，褊僻之情未去，束教拘虚，生心害政，固无往而不误人家国者也。是故欲治群学，且必先有事于诸学焉。非为数学、名学，则其心不足以察不遁之理，必然之数也；非为力学、质学，则不知因果功效之相生也。力学者，所谓格致七〔之〕学是也。炙〔质〕学者，所谓化学是也。名数力炙〔质〕四者已治矣，然其心之用，犹审于寡而荧于纷，察于近而迷于远也，故非为天地人三学，则无以尽事理之悠久博大与蓄变也，而三者之中，则人学为尤急切，何则？所谓群者，固积人而成者也。不精于其分，则末由见于其全。且一群一国之成之立也，其间体用功能，实无异于生物之一体，大小虽殊，而官治相准。故人学者，群学入德之门也。人学又析而为二焉：曰生学，曰心学。生学者，论人类长养孳乳之大法也。心学者，言斯民知行感应之秘机也。盖一人之身，其形神相资以为用；故一国之立，亦力德相备而后存；而一切政治之施，与其强弱盛衰之迹，特皆如释民所谓循业发现者耳，夫固有为之根而受其蕴者也。夫唯此数学者明，而后有以事群学，群学治，而后能修齐治平，用以持世保民以日进于到治馨香之极盛也。呜呼！美矣！备矣！自生民以来，未有若斯之懿也。虽文、周生今，未能舍其道而言治也。

　　呜呼！中国至于今日，其积弱不振之势，不待智者而后明矣。深耻大辱，有无可讳焉者。日本以寥寥数舰之舟师，区区数万人之众，一战而翦我最亲之藩属，再战而陪京戒严，三战而夺我最坚之海口，四战而覆我海军。今者款议不成，而畿辅且有旦暮之警矣。则是民不知兵而将帅乏才也。曩者天子尝赫然震怒矣，思有以更置之。而内之则殿阁宰相以至六部九卿，外之洎廿四行省之督抚将军，乃无一人焉足以胜御侮之任者。深山猛虎，徒虚论耳。夫如是尚得谓之国有人焉哉！兵连仅逾年耳，而乃公私赤立，洋债而外，尚不能无扰闾阎，是财匮而蹈前明之覆辙也。夫一国犹一身也，击其首则四肢皆应，刺其腹则举体知亡。而南北虽属一君，彼是居然两戒。首善震矣，四海晏然，视邦国之颠危，若秦越之肥瘠。则是臣主君民之势散，而相爱相保之情薄也。将不素讲，士不素练，器不素储。一旦有急，蚁附蜂屯，授以外洋之快枪机炮，则扞格而不操，窒塞而毁折。故其用之也，转不如陋钝之抬枪。而昧者不知，遂诩诩然曰：是内地之利器也。又有人焉，以谓吾习一枪之有准，遂可以司命三军，且大布其言以慑敌。此其所见，尚何足与言今日之军械也哉！更何足与言战陈之事也哉！夫督曰制军，抚曰抚军，皆将帅也，其居其名不习其事乃如此。十年已来，朝廷阙政亦已多矣。其谋谟庙廊，佐上出令者，与下为市翘污浊苟且之行以为天下标准，且觍然曰：弊者，固中国之所以养天下者也。此其言是率中国举为穿窬而后已也。即目击甚不道之政，亦谓吾已无可奈何于吾君，或为天下后世所共谅。且此数公者，又非不知与乱同事之罔不亡也。正如息夫躬所言："以狗马齿保目所见。"苟幸及吾身之无亲见而已，而国家亿万年之基，由此而臲卼焉，非所恤矣，而孰谓是区区者之尚不余畀耶！至所谓天子顾问献替之臣，则于时事时势国家所视以为存亡安危者，皆茫然无异瞽人之捕风。其于外洋之事，固无责矣。所可异者，其于本国本朝与其职分所应知应明之事，亦未尝稍留意焉一考其情实。是故有所论列，则喑呓稚骀，传闻远方，徒资笑虐。有所弹劾，则道听涂说，矫诬气矜。人经朝廷数十年之任事，在辇毂数百里之中，于其短长功罪、得失是非，昏然毫未有知。徒尚龃龉，自鸣忠谠。而一时之论，亦以忠谠称之，此皆文武百执事天子缓急所恃以为安者，其人材又如此。至其中趋时者流，自命俊杰，则矜其浅尝，夸为独得，徒取外洋之疑似，以乱人主之聪明。而尤不肖者，则窃幸世事之纠纷，又欲因之以为利。求才亟，则可以侥幸而骤迁，兴作多，则可以居间以自润。凡此云云，其皆今日逆耳之笃论，抑为鄙人丧心之妄言也。

夫人才求之于有位之人，既如此矣。意者沉废伏匿于草野闾巷之间，乃转而求之，则消乏雕亡，存一二于千万之中，即竟谓之无，亦蔑不可审矣。神州九万里之地，四百兆之民，此廓廓者徒土荒耳，是熙熙者徒人满耳。尚自谓吾为冠带之民，灵秀所钟，孔孟之所教，礼义之所治，抑何其无愧而不知耻也。夫疆场之事，一彼一此，战败何足以悲。今且无论往古，即以近事明之：八百三十年，日耳曼不尝败于法国乎？不三十年，洒耻复亡，蔚为强国。八百六十余年，法兰西不尝破于德国乎？不二十年，救敝扶伤，褎然称富，论世之士，谓其较拿破仑之日为逾强也。然则战败又乌足悲哉！所可悲者，民智之已下，民德之已衰，与民气之已困耳，虽有圣人用事，非数十百年薄海知亡，上下同德，痛刮除而鼓舞之，终不足以有立。而岁月悠悠，四邻耽耽，恐未及有为，而已为印度、波兰之续；将锡彭塞之说未行，而达尔文之理先信，况乎其未必能遂然也。吾辈一身即不足惜，如吾子孙与中国之人种何！於戏！天地父母，山川神灵，其尚无相兹下士民以克诱其衷，咸俾知奋！

闻前言者造而开〔问〕余曰：甚矣先生之言，无异杞人之忧天坠也！今夫异族之为中国患，不自今日始也。自三代以迄汉氏，南北猜猜，互有利钝。虽时见侵，无损大较，固无论已。魏晋不纲，有五胡之乱华，大河以北，沦于旃裘羶酪者近数百年。当是之时，哀哀黔首，衽革枕戈，不得咳息，盖几靡有孑遗，耗矣！息肩于唐，载庶载富。及至李氏末造，赵宋始终，其被祸乃尤烈。金源女真更盛迭帝。青吉斯汗崛起鄂诺，威憺欧洲。忽必烈汗荐食小朝，混一华夏，南奄身毒，北暨俄罗，幅员之大，古未有也。然而块肉沦丧，不及百年，长城以南，复归汉产。至国朝龙兴辽沈，圣哲笃生，母我群黎，革明弊政，湛恩汪秽，盖三百祀于兹矣。此皆著自古昔者也。其间递嬗，要不过一姓之废兴，而人民则犹此人民，声教则犹古声教，然则即今无讳，损益可知。林林之众，讵无噍类！而吾子耸于达尔文氏之邪说，一将谓其无以自存，再则忧其无以遗种，此何异众人熙熙，方登春台，而吾子被发狂叫，白昼见魅也哉？不然，何所论之怪诞不经，独不虑旁观者之闵笑也？况夫昭代厚泽深仁，隆基方永，景命未改，讴歌所归，事又万万不至此。殷忧正所以启圣明耳，何直为此叫叫也？且而不见回部之土耳其乎？介夫俄与英之间，壤地日蹙，其逼也可谓至矣，然不闻其遂至于亡国灭种，四分五裂也，则又何居？吾子念之，物强者死之徒，事穷者势必反，天道剥复之事，如反覆手耳。安知今之所谓强邻者不先笑后号咷，而吾子漆叹嫠忧，所贬君而自损者，不俯吊而仰贺乎？

余应之曰：唯唯，客之所以祛吾惑者，可谓至矣！虽然，愿请间，得为客深明之。若客者，信所谓明于古而暗于今，得其一而失其二者也。姑微论客之所指为异族者之非异族。盖天下之大种四：黄、白、赭、黑是也。北并乎锡伯利亚，南襟乎中国海，东距乎太平洋，西苞乎昆仑墟，黄种之所居也。其为人也，高颧而浅鼻，长目而强发。乌拉以西，大秦旧壤，白种之所产也。其为人也，紫髯而碧眼，隆准而深眶。越裳、交趾以南，东萦吕宋，西拂痕都，其间多岛国焉，则赭种之民也。而黑种最下，则亚非利加及绕赤道诸部，所谓黑奴是矣。今之满、蒙、汉人，皆黄种也。由是言之，则中国者，遂〔邃〕古以还，固一种之所君，而未尝或沦于非类，区以别之，正坐所见隘耳。彼三代、春秋时，秦、徐、燕、越、吴、楚、闽、濮、胥戎狄矣，又乌足以为典要也哉！第就令如客所谈，客尚不知种之相强弱者，其故有二：有鸷悍长大之强，有德慧术智之强；有以质胜者，有以文胜者。以质胜者，游牧射猎之民是也。其国之君民上下，截然如一家之人，忧则相恤，难则相赴。生聚教训之事，简而不详，骑射驰骋，云屯飙散，胹毳肉酪，养生之具，益力耐寒。故其为种乐战而轻死，有魁杰者要约而驱使之，其势可以强天下。虽然，强矣，而未进夫化也。若夫中国之民，则进夫化矣，而文胜之国也。耕凿蚕织，城郭邑居，于是有刑政礼乐之治，有庠序学校之教。通功易事，四民乃分。其文章法令之事，历变而愈繁，积久而益富，养生送死之资无不具也，君臣上下之分无不明也，冠婚丧祭之礼无不举也。故其民也偷生而畏法，治之得其道则易以相安，失其道亦易以日窳，是故及其敝也，每转为质胜者之所制。然而此中之安富尊荣，声明文物，固游牧射猎者所心慕而远不逮者也。故其既入中国也，虽名为之君，然数传而后，其子若孙，虽有祖宗之遗令切诫，往往不能不厌劳苦而事逸乐，弃惇德而染浇风，遁天倍情，忘其所受，其不渐靡而与汉物化者盖已寡矣。善夫苏子瞻之言曰："中国以法胜，而匈奴以无法胜。"然其无法也，始以自治则有余，迨既入中国而为之君矣，必不能弃中国之法，而以无法之治治之也，遂亦入于法而同受其敝焉。此中国所以经其累胜以常自若，而其化转以日广，其种转以日滋。何则？物固有无形之相胜，而亲为所胜者每身历其境而未之或知也。是故取客之言而详审之，则谓异族常受制于中国也可，不可谓异族制中国也。

　　然而至于至今之西洋，则与是断断乎不可同日而语矣。彼西洋者，无法与法并用而皆有以胜我者也。自其自由平等观之，则捐忌讳，去烦苛，决壅蔽，人人得以行其意，申其言，上下之势不相悬，君不甚尊，民不甚贱，而联若一体者，是无法之胜也。自其官工商贾章程明备观之，则人知其职，不督而办，事至纤悉，莫不备举，进退作息，未或失节，无间远迩，朝令夕改，而人不以为烦，则是以有法胜也。其民长大鸷悍既胜我矣，而德慧术知较而论之，又为吾民所必不及。故凡所谓耕凿陶冶，织纴树牧，上而至于官府刑政，战斗转输，凡所以保民养民之事，其精密广远，较之中国之所有所为，其相越之度，有言之而莫能信者。且其为事也，又一一皆本之学术；其为学术也，又一一求之实事实理，层累阶级，以造于至大至精之域，盖寡一事焉可坐论而不可起行者也。推求其故，盖彼以自由为体，以民主为用。一洲之民，散为七八，争雄并长，以相磨淬，始于相忌，终于相成，各殚智虑，此日异而彼月新，故能以法胜矣，而不至受法之敝，此其所以为可畏也。

往者中国之法与无法遇，故中国常有以自胜；今也彼亦以其法与吾法遇，而吾法乃颓堕蠹朽膅〔瞠〕乎其后也，则彼法日胜而吾法日消矣。此曩者所以有四千年文物儳然不终日之叹也，此岂徒客之所甚恨！石介有言："吾岂狂痴也者。"但天下事既如此矣，则安得塞耳涂目，不为吾同胞者垂涕泣而一道之耶！且客过矣，吾所谓无以自存，无以遗种者，夫岂必"死者以国量平〔乎〕泽若蕉"而后为尔耶？第使彼常为君，而我常为臣，彼常为雄而我常为雌，我耕而彼食其实，我劳而彼享其逸，以战则我居先，为治则我居后，彼且以我为天之傲民，谓是种也固不足以自由而自治也。于是束缚驰骤，奴使而虏用之，使吾之民智无由以增，民力无由于奋，是蚩蚩者长为此困苦无聊之众而已矣。夫如是，则去无以自存无以遗种也，其间几何？不然，夫岂不知其不至于无噍类也，彼黑与赭且常存于两间矣，矧夫四百兆之黄也哉！民固有其生也不如其死，其存也不如其亡，贵贱苦乐之间异耳。

且物之极也，必有其所由极，势之反也，必有其所由反。善保其强，则强者正所以长存；不善用其柔，则柔者正所以速死。彼《周易》否泰之数，老氏雄雌之言，固圣智者之妙用微权，而非无所事事俟其自至之谓也。无所事事而俟其自至者，正《太甲》所谓"自作孽，不可活"者耳，天固不为无衣者减寒，岁亦不为不耕者减饥也。客亦知之否耶？至土耳其之所以尚存，则彼之穆哈驀德，固以敢死为教，而以武健严酷之道狃其民者也。故文不足而质有余，术知虽无可言，而鸷悍胜兵尚足有以自立，故虽介两雄乎而灭亡犹未也。然而日侵月削，所存盖亦仅矣。若我中国，则军旅之事，未之学矣，又乌得以土耳其自广也哉！

虽然，使今有人焉，愤中国之积贫积弱，攘臂言曰：曷不使我为治？使我为治，则可以立致富强而厚风俗。然则其道何由？曰：中国之所不振者，非法不善也，患在奉行不力而已。祖宗之成宪有在，吾将遵而用之而加实力焉。于是督责之政行，而刺举之事兴。如是而期之十年，吾知中国之贫与弱犹自若也。何则？天下之势，犹水之趋下，夫已浩浩然成江河矣，乃障而反之使之在山，此人力之所不胜也。

乃又有人焉曰：法制者，圣人之刍狗也，一陈而不可复用。天下之势已日趋于混同矣，吾欲富强，西洋富强之政有在也，何不蹴而用之。于是其于朝也，则建民主，开议院；其于野也，则合公司，用公举。练通国之兵以御侮，加什二之赋以足用。如是而亦期之以十年，吾知中国之贫与弱有弥甚者。

今夫人之身，惰则窳，劳则强，固常理也。而使病夫焉日从事于超距赢越之间，则有速其死而已。中国者，固病夫也。且其事有不能以自行者，苏子瞻知之矣。其言曰："天下之祸，莫大于上作而下不应。上作而下不应，则上亦将穷而自止。"锡彭塞亦言曰："富强不可为也，特可以致致者何？相其宜，动其机，培其本根，卫其成长，使其效不期而自至。"今夫民智已下矣，民德已衰矣，民力已困矣。有一二人焉，谓能旦暮为之，无是理也。何则？有一倡而无群和也。是故虽有善政，莫之能行。善政如草木，置其地而能发生滋大者，必其天地人三者与之合也，否则立槁而已。王介甫之变法，如青苗，如保马，如雇役，皆非其法之不良，其意之不美也，其浸淫驯致大乱者，坐不知其时之风俗人心不足以行其政故也。而昧者见其敝而訾其法，故其心不服，因而党论纷骇，至于亡国而后已。而后世遂鳃鳃然，举以变法为戒，其亦不达于理矣。苟曰：今之时固不然，则请无论其大而难明者，得以小小一事众所共见者证之可乎？曩者有西洋人游京师，见吾之贡院，笑谓导者曰：尔中国乃选士于此乎？以方我国之囹圄不如，其湫秽溷浊不中以畜吾狗马，此至不恭之言也，然亦著其事实而已。今无论辟治涂墍为其中以选士者，上之人有不克也，费无从出一也。幸而费出矣，而承其事之司官胥吏所不盗蚀而有以及工者几何？其土木之工，所不偷工减料者又几何？幸而吏廉工庀矣，他日携席帽而入居于此者，其知此为上之深恩，士之公利而爱惜保全焉，不恣毁瓦画墁以为快者，又有几人哉？然则数科之后，又将不中以畜狗马。然则此一事也，固不如其勿治之为愈。此虽一事，而其余可以类推焉。

凡为此者，士大夫也。士大夫者，固中国之秀民也，斯民之坊表也。圣贤之训，父兄之诏，此其最深者也。其所为卓卓如是，则于农工商以至皂隶舆台，夫又何说？往者尝见人以僧徒之滥恶而訾释迦，今吾亦窃以士大夫之不肖而訾周孔，以为其教何入人心浅也。惟其入人心之浅，则周孔之教固有未尽善焉者，此固断断乎不得辞也。何则？中国名为用儒术者，三千年于兹矣，乃徒成就此相攻、相感、不相得之民，一旦外患忽至，则糜烂废瘵不相保持。其究也，且无以自存，无以遗种，则其道奚贵焉？然此特鄙人发愤之过言，而非事理之真实。子曰："人能宏道，非道宏人。"儒术之不行，固自秦以来，愚民之治负之也。

　　第由是而观之，则及今而图自强，非标本并治焉，固不可也。不为其标，则无以救目前之溃败；不为其本，则虽治其标，而不久亦将自废。标者何？收大权、练军实，如俄国所为是已。至于其本，则亦于民智、民力、民德三者加之意而已。果使民智日开，民力日奋，民德日和，则上虽不治其标，而标将自立。何则？争自存而欲遗种者，固民所受于天，不教而同愿之者也。语曰："同舟而遇风，则胡越相救如左右手。"特患一舟之人举无知风水之性、舟楫之用者，则其效必至于倾覆。有篙师焉，操舵指挥，而大难济矣。然则三者又以民智为最急也。是故富强者，不外利民之政也，而必自民之能自利始；能自利自能自由始；能自由自能自治始，能自治者，必其能恕、能用絜矩之道者也。

　　今夫中国人与人相与之际，至难言矣。知损彼之为己利，而不知彼此之两无所损而共利焉，然后为大利也。故其敝也，至于上下举不能自由，皆无以自利；而富强之政，亦无以行于其中。强而行之，其究也，必至于自废。夫自海禁既开以还，中国之仿行西法也，亦不少矣：总署，一也；船政，二也；招商局，三也；制造局，四也；海军，五也；海军衙门，六也；矿务，七也；学堂，八也；铁道，九也；纺织，十也；电报，十一也；出使，十二也。凡此皆西洋至美之制，以富以强之机，而迁地弗良，若亡若存，辄有淮橘为枳之叹。公司者，西洋之大力也。而中国二人联财则相为欺而已矣。是何以故？民智既不足以与之，而民力民德又弗足以举其事故也。颜高之弓，由基用之，辟易千人，有童子懦夫，取而玩弄之，则绝膑而已矣，折壁〔臂〕而已矣，此吾自废之说也。嗟乎！外洋之物，其来中土而蔓延日广者，独鸦片一端耳。何以故？针芥水乳，吾民之性，固有与之相召相合而不可解者也。夫唯知此，而后知处今之日挽救中国之至难。亦唯知其难，而后为之有以依乎天理，批大却而导大窾也。至于民智之何以开，民力之何以厚，民德之何以明，二者皆今日至切之务，固将有待而后言。（天津《直报》1895 年 3 月 4 日至 9 日）

原强修订稿

今之扼腕奋胗，讲西学、谈洋务者，亦知近五十年来，西人所孜孜勤求，近之可以保身治生，远之可以经国利民之一大事乎？

达尔文者，英之讲动植之学者也。承其家学，少之时，周历寰瀛。凡殊品诡质之草木禽鱼，裒集甚富。穷精眇虑，垂数十年，而著一书，曰《物种探原》。自其书出，欧美二洲几于家有其书，而泰西之学术政教，一时斐变。论者谓达氏之学，其一新耳目，更革心思，甚于奈端氏之格致天算，殆非虚言。其书谓：物类繁殊，始惟一本。其降而日异者，大抵以牵天系地之不同，与夫生理之常趋于微异；泊源远流分，遂阔绝相悬，不可复一。然而此皆后天之事，因夫自然，驯致如是，而非太始生理之本然也。其书之二篇为尤著，西洋缀闻之士，皆能言之，谈理之家，摭为口实，其一篇曰物竞，又其一曰天择。物竞者，物争自存也；天择者，存其宜种也。意谓民物于世，樊然并生，同食天地自然之利矣。然与接为构，民民物物，各争有以自存。其始也，种与种争，群与群争，弱者常为强肉，愚者常为智役。及其有以自存而遗种也，则必强忍魁桀，趫捷巧慧，而与其一时之天时地利人事最其相宜者也。此其为争也，不必爪牙用而杀伐行也。习于安者，使之为劳，狃于山者，使之居泽，以是以与其习于劳、狃于泽者争，将不数传而其种尽矣。物竞之事，如是而已。是故每有太古最繁之种，风气渐革，越数百年数千年，消磨歇绝，至于靡有孑遗，如矿学家所见之古兽古禽是已。动植如此，民人亦然。民人者，固动物之类也，达氏总有生之物，标其宗旨，论其大凡如此。至其证阐明确，犁然有当于人心，则非亲见其书者莫能信也。此所谓以天演之学言生物之道者也。

斯宾塞尔者，亦英产也，与达氏同时。其书于达氏之《物种探原》为早出，则宗天演之术，以大阐人伦治化之事。号其学曰"群学"，犹荀卿言人之贵于禽兽者，以其能群也，故曰"群学"。夫民相生相养，易事通功，推以至于刑政礼乐之大，皆自能群之性以生。又用近今格致之理术，以发挥修齐治平之事，精深微眇，繁富奥殚。其论一事，持一说，必根据理极，引其端于至真之原，究其极于不遁之效。于五洲殊种，由狉榛蛮夷，以至著号开明之国，挥斥旁推，什九罄尽。而于一国盛衰强弱之故，民德醇漓合散之由，则尤三致意焉。殚毕生之精力，五十年而著述之事始蒇。其宗旨尽于第一书，名曰《第一义谛》，通天、地、人、禽兽、昆虫、草木以为言，以求其会通之理，始于一气，演成万物。继乃论生学、心学之理，而要其归于群学焉。夫亦可谓美备也已。

斯宾塞尔全书而外，杂著无虑数十篇，而《明民论》《劝学篇》二者为最著。《明民论》者，言教人之术也。《劝学篇》者，勉人治群学之书也。其教人也，以浚智慧、练体力、厉德行三者为之纲。其勉人治群学者，意则谓天下沿流讨源，执因责果之事，惟群事为最难，非不素讲者之所得与。故有国家者，其施一政，著一令，本以救弊坊民也，而其究也，所期者每或不成，而所不期者常以忽至。至夫历时久而转相因，其利害迁流，则有不可究诘者。格致之事不先，偏颇之私未尽，生心害政，未有不贻误家国者也。是故欲为群学，必先有事于诸学焉。不为数学、名学，则吾心不足以察不遁之理，必然之数也；不为力学、质学，则不足以审因果之相生，功效之互待也。名数力质四者之学已治矣，然吾心之用，犹仅察于寡而或荧于纷，仅察于近而或迷于远也，故必广之以天地二学焉。盖于名数知万物之成法，于力质得化机之殊能，尤必借天地二学，各合而观之，而后有以见物化之成迹。名数虚，于天地征其实；力质分，于大地会其全，夫而后有以知成物之悠久，杂物之博大，与夫化物之蕃变也。虽然，于群学犹未也。盖群者人之积也，而人者官品之魁也。欲明生生之机，则必治生学；欲知感应之妙，则必治心学，夫而后乃可以及群学也。且一群之成，其体用功能，无异生物之一体，大小虽异，官治相准。知吾身之所生，则知群之所以立矣；知寿命之所以弥永，则知国脉之所以灵长矣。一身之内，形神相资；一群之中，力德相备。身贵自由，国贵自主。生之与群，相似如此。此其故无他，二者皆有官之品而已矣。故学问之事，以群学为要归。唯群学明而后知治乱盛衰之故，而能有修齐治平之功。呜呼！此真大人之学矣！

不观于圬者之为墙乎？与之一成之砖，坚而廉，平而正，火候得而大小若一，则无待泥水灰粘之用，不旋踵而数仞之墙成矣。由是以捍风雨，卫室家，虽资之数百年可也。使其为砖也，嵌嵌巇缺，小大不均，则虽遇至巧之工，亦仅能版以筑之，成一粪土之墙而已矣。廉隅坚洁，持久不败，必不能也。此凡积垛之事，莫不如此。唯其单也为有法之形，则其总也成有制之聚。然此犹人之所为也。唯天生物，亦莫不然。化学原质，自然结晶，其形制之穷巧极工，殆难思议，其形虽大小不同，而其为一晶之所积而成形，则虽析之至微，至于莫破。其晶之积面隅幂，无不似也。然此犹是金石之类而已。至如动植之伦，近代学者，皆知太初质房为生之始，其含生蕃变之能，皆于此而已具。但其事甚赜，难与未尝学者谈。而其本单之形法性情，以为其总之形法性情，欲论其合，先考其分，则昭昭若揭日月而行，亘天壤不刊之大例也。

夫如是，则一种之所以强，一群之所以立，本斯而谈，断可识矣。盖生民之大要三，而强弱存亡莫不视此：一曰血气体力之强，二曰聪明智虑之强，三曰德行仁义之强。是以西洋观化言治之家，莫不以民力、民智、民德三者断民种之高下，未有三者备而民生不优，亦未有三者备而国威不奋者也。反是而观，夫苟其民契需恂愁，各奋其私，则其群将涣。以将涣之群，而与鸷悍多智、爱国保种之民遇，小则虏辱，大则灭亡。此不必干戈用而杀伐行也，磨灭溃败，出于自然，载籍所传，已不知凡几，而未有文字之先，则更不知凡几者也。是故西人之言教化政法也，以有生之物各保其生为第一大法，保种次之。而至生与种较，则又当舍生以存种，践是道者，谓之义士，谓之大人。至于发政施令之间，要其所归，皆以其民之力、智、德三者为准的。凡可以进是三者，皆所力行；凡可以退是三者，皆所宜废；而又盈虚酌剂，使三者毋或致偏焉。西洋政教，若自其大者观之，不过如是而已。

由是而观吾中国今日之民，其力、智、德三者，固何如乎？往者日本以寥寥数舰之舟师，区区数万人之众，一战而翦我最亲之藩属，再战而陪都动摇，三战而夺我最坚之海口，四战而威海之海军燼矣。使曩者款议不成，则畿辅戒严，亦意中事耳。当此之时，天子非不赫然震怒也。思改弦而更张之，乃内之则殿阁枢府以至六部九卿，外之则洎甘四行省之疆吏，旁皇咨求，卒无一人焉足以胜御侮折冲之任者。"猛虎深山"，徒虚论耳。兵连不及周年，公私扫地赤立，洋债而外，尚不能无扰闾阎，其财之匮也又如此。夫一国犹之一身也，脉络贯通，官体相救，故击其头则四支皆应，刺其腹则举体知亡。而南北虽属一君，彼是居然两戒；首善震矣，四海晏然，视邦国之颠危，犹秦越之肥瘠。合肥谓"以北洋一隅之力御倭人全国之师"，非过语也。此君臣势散而相爱相保之情薄也。将不素学，士不素练，器不素储。一旦有急，则蚁附蜂屯，授之以扞格不操之利器，曳兵而走，转以奉敌。其一时告奋将弁，半皆无赖小人，觊觎所支饷项而已。至于临事，且不知有哨探之用，遮蕈之方。甚且不识方员古陈大不宜于今日之火器，更无论部勒之精详，与夫开阖之要眇者矣。即当日之怪谬，苟纪载其事而传之，将皆为千载笑端，而吾民觍然固未尝以之为愧也。

夫阃外之事既如此矣，而阃内之事则又何如？法弊之极，人各顾私，是以谋谟庙堂，佐上出令者，往往翘巧伪污浊之行以为四方则效。其间稍有意者，亦不过如息夫躬所云"以狗马齿保目所见"，而孰谓是区区者之终不吾界也！至于顾问献替之臣，则不独于时事大势瞢未有知，乃至本国本朝之事，其职分所应知者，亦未尝少纡其神虑。是故有时发愤论列，率皆唵〔喑〕暎童呆，徒招侮虐，功罪得失，毁誉混淆。其有趋时者流，自许豪杰，则徒剽窃外洋之疑似，以荧惑主上之聪明。其尤不肖者，且窃幸事之纠纷，得以因缘为利，求才亟，则可侥幸而骤迁，兴作多，则可居间而自润。嗟乎！此真天下士大夫之所亲见。仆之为论，岂不然哉？

夫人才者，民力、民智、民德三者之征验也，求之有位之中，既如此矣。意或者沉伏摧废，高举远行而不可接欤？乃吾转而求之草野闾巷之间，则又消乏雕亡，存一二于千万之中，竟谓同无，何莫不可？然则神州九万里地，四十京之民，此廓廓者徒土荒耳，是蚩蚩者徒人满耳。尚自诩冠带之民，灵秀之种，周孔所教，礼义所治，诸君聊用自娱则可耳，何关人事也耶！且事之可忧可畏者，存乎其真，而一战之胜败，不足计也。使中国而为如是之中国，则当日中东之事，微论败也，就令边衅不开，开而幸胜，然而自有识之士观之，其为忧乃愈剧。何则？民力已荼，民智已卑，民德已薄故也，一战之败，何足云乎！今虽有圣神用事，非数十百年薄海知亡，君臣同德，痛锄治而鼓舞之，将不足以自立。而岁月悠悠，四邻眈眈，恐未及有为，已先作印度、波兰之续，将斯宾塞尔之术未施，而达尔文之理先信。矧自甲午迄今者几何时，天下所振兴者几何事，固诸君所共闻共见者耶！呜呼！吾辈一身无足惜，如吾子孙与四百兆之人种何！天地父母，山川神灵，尚无相兹下土民以克诱其衷，咸俾知奋！

闻前言者造而问余曰：甚矣先生之言，无异杞人之忧天坠也！今夫异族之为中国患，不自今日始也。自三代以迄汉朝，南北猃狁，互有利钝。虽时见侵，无损大较，固无论已。魏晋不纲，有五胡之乱华，大河以北，沦于旃裘膻酪者盖数百年。当是之时，哀哀黔首，衽革枕戈，不得喙息，盖几靡有孑遗，耗矣！息肩于唐，载庶载富。而李氏末造，赵宋始终，其被祸乃尤烈。金源女真更盛迭帝。青吉斯汗崛起鄂诺，威慑欧洲。忽必烈汗荐食小朝，混一华夏，南奄身毒，北暨俄罗，幅员之大，古未有也。然而块肉沦丧，不及百年，长城以南，复归汉种。至国朝龙兴辽沈，圣哲笃生，母我群黎，革明弊政，湛恩汪秽，盖三百祀于兹矣。此皆著自古昔者也。其间递嬗，要不过一姓之废兴，而人民则犹此人民，声教则犹古声教，是则即今无讳，损益可知。林林之众，讵无噍类！而吾子耸于达尔文氏之邪说，一则谓其无以自存，再则忧其无以遗种，此何异众人熙熙，方登春台，而吾子被发狂叫，白昼见魅也哉？不然，何所论之怪诞不经，独不虑旁观者之闵笑也？况夫昭代厚泽深仁，隆基方永，景命未改，讴歌所归，事又万万不至此。殷忧正所以启圣明耳，何直为此叫叫也？且而不见回部之土耳其乎？介乎俄与英之间，壤地日蹙，其逼也可谓至矣，然不闻其遂至于亡国灭种，四分五裂也，则又何居？吾子念之，物强者死之徒，事穷者势必反，天道剥复之事，如反覆手耳。安知今之所谓强邻者不先笑后号咷，而吾子漆叹螯忧，所贬君自损者，不俯吊而仰贺乎？

应之曰：唯唯，客所以祛吾惑者，不亦至乎！虽然，愿请间，得为客深明之。若客者，信所谓明于古而晦于今，得其一而失其二者也。姑微论客之所指为异族之非异族也。盖天下之大种四：黄、白、赭、黑是已。北并乎西伯利亚，南襟乎中国海，东距之太平洋，西苞乎昆仑虚，黄种之所居也。其为人也，高颧而浅鼻，长目而强发。乌拉盐泽以西，大秦旧壤，白种之所聚也。其为人也，碧眼而卷发，隆额而深眶。越裳、交趾以南，东萦吕宋，西拂痕都，其间多岛国焉，则赭种之民也。而黑种最下，亚非利加及绕赤道诸部，所谓黑奴是已。今之满、蒙、汉人，皆黄种也。檀君旧国，箕子所封；冒顿之先，降由夏后，客何疑乎？故中国邃古以还，乃一种之所君，实未尝或沦于非类。第就令如客所谈，客尚不知种之相为强弱，其故有二：有鸷悍长大之强，有德慧术智之强；有以质胜者，有以文胜者。以质胜者，游牧射猎之民是已。其国之君民上下，截然如一家之人，忧则相恤，难则相赴。生聚教训之事，简而不繁，骑射驰骋，云屯飙散，旃毳肉酪，养生之具，益力而能寒，故其民乐战轻死。有魁杰者为之要约而驱使之，其势可以强天下。虽然，强矣，而未进夫化也。若夫中国之民，则进夫化矣，而文胜之国也。耕凿蚕织，城郭邑居，于是有礼乐刑政之治，有庠序学校之教。通功易事，四民肇分。其法令文章之事，历变而愈繁，积久而益富，养生送死之资无不具也，君臣上下之分无不明也，冠昏丧祭之礼无不举也。故其民偷生而畏法，治之得其道则易以相安，治之失其道亦易以日窳，是以及其末流，每转为质胜者之所制。然而此中之安富尊荣，声明文物，固游牧射猎者所深慕而远不逮者也。故其既入中国也，虽名为之君，然数传以后，其子若孙，虽有祖宗之遗令切诫，往往不能不厌劳苦而事逸乐，弃淳德而染浇风，遁天倍情，忘其所受，其不渐摩而与汉物化者寡矣。苏子瞻曰："中国以法胜，而匈奴以无法胜。"然而其无法也，始以自治则有余，迨既入中国而为之君矣，必不能弃中国之法，而以无法之治治之也，遂亦入于法而同受其敝焉。此中国所以经累胜而常自若，其化转以日广，其种转以日滋。何则？物固有无形之相胜，而亲为所胜者，虽身历其境而尚未之或知也。然则取客之言而深论之，则谓异族常受制于中国也可，不得谓异族制中国也。

至于今之西洋，则与是不可同日而语矣。何则？彼西洋者，无法与法并用而皆有以胜我者也。自其自由平等以观之，则其捐忌讳，去烦苛，决壅蔽，人人得其意，申其言，上下之势不相悬隔，君不甚尊，民不甚贱，而联若一体者，是无法之胜也。自其官工兵商法制之明备而观之，则人知其职，不督而办，事至纤悉，莫不备举，进退作息，皆有常节，无间远迩，朝令夕改，而人不以为烦，则是以有法胜也。其鸷悍长大既胜我矣，而德慧术知又为吾民所远不及。故凡其耕凿陶冶，织纫牧畜，上而至于官府刑政，战守、转输、邮置、交通之事，与凡所以和众保民者，精密广大，较吾中国之所有，倍蓰有加焉。其为事也，一一皆本诸学术；其为学术也，一一皆本于即物实测，层累阶级，以造于至精至大之途，故蔑一事焉可坐论而不足起行者也。苟求其故，则彼以自由为体，以民主为用。一洲之民，散为七八，争驰并进，以相磨砻，始于相忌，终于相成，各殚智虑，此既日异，彼亦月新，故若用法而不至受法之弊，此其所以为可畏也。

往者中国之法与无法遇，故虽经累胜而常自存；今也彼亦以其法以与吾法遭，而吾法乃颓隳朽蠹如此其敝也，则彼法日胜而吾法日消矣。何则？法犹器也，犹道途也，经时久而无修治精进之功，则扞格芜梗者势也。以扞格芜梗而与修治精进者并行，则民固将弃此而取彼者亦势也。此天演家言所谓物竞天择之道固如是也。此吾前者所以言四千年文物俯然有不终日之势者，固以此也。嗟乎！此岂徒客之甚恨哉？然而事既如此矣，则吾岂能塞耳涂目，而不为吾同胞者垂涕泣而一指其实也哉！且吾所谓无以自存，无以遗种者，岂必"死者以国量乎泽若蕉"而后为尔耶？第使彼常为君而我常为臣，彼常为雄而我常为雌，我耕而彼食其实，我劳而彼享其休，以战则我常居先，出令则我常居后，彼且以我为天之僇民，谓是种也固不足以自由而自治也。于是加束缚驰骤，奴使而虏用之，俾吾之民智无由以增，民力无由以奋，是蚩蚩者亦长此困苦无聊之众而已矣。夫如是，则去不自存而无遗种也，其间几何？不然，夫岂不知其不至无噍类也，彼黑与赭且常存于两间矣，矧兹四百兆之黄也哉！民固有其生也不如死，其存也不如亡，亦荣辱贵贱，自由不自由之间异耳。

客谓物强者死徒，事穷者势反，固也。然不悟物之极也，固有其所由极，故势之反也，亦有其所由反。善保其强，则强者正所以长存；不善用其柔，则柔者乃所以速死。彼《周易》否泰之数，老氏雄雌之言，固圣智之妙用微权，而非不事事听其自至之谓也。不事事而听其自至，此《太甲》所谓"自作孽，不可逭"者耳，天固何尝为不织者减寒，为不耕者减饥耶！至土耳其之所以常存，则彼自谟罕蓦德设教以来，固以武健严酷死同仇异之道狃其民者也。故文不足而质有余，学术法度虽无可言乎，而劲悍胜兵则尚足以有立，此所以虽介两雄而灭亡犹未也，然而日削月侵，其为存亦仅矣。此诚非暖暖姝姝偷愞惮事如中国之民者，所援之以自广也。悲夫！

虽然，论国土盛衰强弱之间，亦仅畴其差数而已。夫自今日中国而视西洋，则西洋诚为强且富，顾谓其至治极盛，则又大谬不然之说也。夫古之所谓至治极盛者，曰家给人足，曰比户可封，曰刑措不用。之数者，皆西洋各国之所不能也。且岂仅不能而已，自彼群学之家言之，且恐相背而驰，去之滋远焉。盖世之所以得致太平者，必其民之无甚富亦无甚贫，无甚贵亦无甚贱；假使贫富贵贱过于相悬，则不平之鸣，争心将作，大乱之故，常由此生。二百年来，西洋自测算格物之学大行，制作之精，实为亘古所未有。民生日用之际，殆无往而不用其机。加以电邮、汽舟、铁辙三者，其能事足以收六合之大，归之一二人掌握而有余。此虽有益于民生之交通，而亦大利于奸雄之垄断。垄断既兴，则民贫富贵贱之相悬滋益远矣。尚幸其国政教之施，以平等自由为宗旨，所以强豪虽盛，尚无役使作横之风，而贫富之差，则虽欲平之而终无术矣。中国之古语云："富者越陌连阡，贫者无立锥之地"；"富者唾弃粱肉，贫者不厌糟糠"。至于西洋，则其贫者之不厌糟糠，无立锥之地，与中国差相若，而连阡陌，弃粱肉，固未足以尽其富也。夫在中国，言富以亿兆计，可谓雄矣，而在西洋，则以京垓秭载计者，不胜偻指焉。此其人非必勤劳贤智胜于人人也，仰机射利，役物自封而已。夫贫富不均如此，是以国财虽雄而民风不竞，作奸犯科、流离颠沛之民，乃与贫国相若，而于是均贫富之党兴，毁君臣之议起矣。且也奢侈过深，人心有发狂之患；孳乳甚速，户口有过庶之忧。故深识之士，谓西洋教化不异唐花，语虽微偏，不为无见。至盛极治，固如此哉！

然而此之为患，又非西洋言理财讲群学者之所不知也。彼固合数国之贤者，聚数百千人之知虑而图之，而卒苦于无其术。盖欲救当前之弊，其事存于人心风俗之间。夫欲贵贱贫富之均平，必其民皆贤而少不肖，皆智而无甚愚而后可，否则虽今日取一国之财产而悉均之，而明日之不齐又见矣。何则？乐于惰者不能使之为勤，乐于奢者不能使之为俭也。是故国之强弱贫富治乱者，其民力、民智、民德三者之征验也，必三者既立而后其政法从之。于是一政之举，一令之施，合于其智、德、力者存，违于其智、德、力者废。当是之时，虽有英君察相，苟不自其本而图之，则亦仅能补偏救弊，偷为一时之治而已矣，听其自至，浸假将复其旧而由其常焉。且往往当其补救之时，本弊未去，而他弊丛然以生，偏于此者虽祛，而偏于彼者闿然更见。甚矣！徒政之不足与为治也。

往者英国常禁酒矣，而民之酗酒者愈多；常禁重利盘剥矣，而私债之息更重。瑞典禁贫民嫁娶不以时，而所谓天生子者满街。法国反政之后，三为民主，而官吏之威权益横。美国华盛顿立法至精，而苞苴贿赂之风，至今无由尽绝。善夫斯宾塞尔之言曰："民之可化，至于无穷，惟不可期之以骤。"而吾孔子亦曰："为邦百年，胜残去杀。"又曰："虽有王者，必世而后仁。"程子曰："有《关雎》《麟趾》之风而后可以行周礼。"古今哲人，知此盖审。故曰：欲知其合，先察其分。天下之物，未有不本单之形法性情以为其聚之形法性情者也。是故贫民无富国，弱民无强国，乱民无治国。

然则假令今有人于此，愤中国之积弱积贫，攘臂言曰：胡不使我为治？使我为治，则天下事数着可了耳，十年以往，其庶几乎！然则其道将奚由？彼将曰：中国之所以不振者，非法制之罪也，患在奉行不力而已。祖宗之成宪俱在，吾宁率由之而加实力焉。于是而督责之令行，刺举之政兴。如是而为之十年，吾决知中国之贫与弱犹自若也。何则？天下大势，犹水之东流，夫已浩浩成江河矣，乃障而反之，使之在山，此人力所必不胜也。

于是又有人焉，曰：法制者，圣人之刍狗，先王之蘧庐也，一陈不可复用，一宿不可复留。宇宙大势，既日趋于混同矣，不自其同于人者而为之，必不可也。方今之计，为求富强而已矣；彼西洋诚富诚强者也，是以今日之政，非西洋莫与师。由是于朝也则建民主，立真相；于野也则通铁轨，开矿功。练通国之陆军，置数十百艘之海旅，此亦近似而差强人意矣。然使由今之道，无变今之俗，十年以往，吾恐其效将不止贫与弱而止也。

盖一国之事，同于人身。今夫人身，逸则弱，劳则强者，固常理也。然使病夫焉，日从事于超距赢越之间，以是求强，则有速其死而已矣。今之中国，非犹是病夫也耶？且夫中国知西法之当师，不自甲午东事败衄之后始也。海禁大开以还，所兴发者亦不少矣：译署，一也；同文馆，二也；船政，三也；出洋肄业局，四也；轮船招商，五也；制造，六也；海军，七也；海署，八也；洋操，九也；学堂，十也；出使，十一也；矿务，十二也；电邮，十三也；铁路，十四也。拉什数之，盖不止一二十事。此中大半，皆西洋以富以强之基，而自吾人行之，则淮橘为枳，若存若亡，不能实收其效者，则又何也？苏子瞻曰："天下之祸，莫大于上作而下不应。上作而下不应，则上亦将穷而自止。"斯宾塞尔曰："富强不可为也，政不足与治也。相其宜，动其机，培其本根，卫其成长，则其效乃不期而自立。"是故苟民力已蕳〔茶〕，民智已卑，民德已薄，虽有富强之政，莫之能行。盖政如草木焉，置之其地而发生滋大者，必其地之肥硗燥湿寒暑与其种性最宜者而后可。否则，萎悴而已，再甚则僵槁而已。往者，王介甫之变法也，法非不良，意非不美也，而其效浸淫至于亡宋，此其故可深长思也。管、商变法而行，介甫变法而敝，在其时之风俗人心与其法之宜不宜而已矣。达尔文曰："物各竞存，最宜者立。"动植如是，政教亦如是也。

夫如是，则中国今日之所宜为，大可见矣。夫所谓富强云者，质而言之，不外利民云尔。然政欲利民，必自民各能自利始；民各能自利，又必自皆得自由始；欲听其皆得自由，尤必自其各能自治始；反是且乱。顾彼民之能自治而自由者，皆其力、其智、其德诚优者也。是以今日要政，统于三端：一曰鼓民力，二曰开民智，三曰新民德。夫为一弱于群强之间，政之所施，固常有标本缓急之可论。唯是使三者诚进，则其治标而标立；三者不进，则其标虽治，终亦无功；此舍本言标者之所以为无当也。虽然，其事至难言矣。夫中国今日之民，其力、智、德三者，苟通而言之，则经数千年之层递积累，本之乎山川风土之攸殊，导之乎刑政教俗之屡变，陶钧炉锤而成此最后之一境。今日欲以旦暮之为，谓有能淘洗改革，求以合于当前之世变，以自存于倛儴烦扰之中，此其胜负通窒之数，殆可不待再计而知矣。然而自微积之理而观之，则曲之为变，固有疾徐；自力学之理而明之，则物动有由，皆资外力。今者外力逼迫，为我权借，变率至疾，方在此时。智者慎守力权，勿任旁夺，则天下事正于此乎而大可为也。即彼西洋之克有今日者，其变动之速，远之亦不过二百年，近之亦不过五十年已耳，则我何为而不奋发也耶！

然则鼓民力奈何？今者论一国富强之效，而以其民之手足体力为之基，此自功名之士观之，似为甚迂而无当。顾此非不佞一人之私言也，西洋言治之家，莫不以此为最急。历考中西史传所垂，以至今世五洲五六十国之间，贫富弱强之异，莫不于此焉肇分。周之希腊，汉之罗马，唐之突厥，晚近之峨特一种，莫不以壮佼长大，耐苦善战，称雄一时。而中土畴昔纷争之代，亦皆以得三河六郡为取天下先资。顾今人或谓自火器盛行，懦夫执靶，其效如壮士惟均，此真无所识知之论也。不知古今器用虽异，而有待于骁猛坚毅之气则同。且自脑学大明，莫不知形神相资，志气相动，有最胜之精神而后有最胜之智略。是以君子小人劳心劳力之事，均非气体强健者不为功。此其理吾古人知之，故庠序校塾，不忘武事，壶勺之仪，射御之教，凡所以练民筋骸，鼓民血气者也。而孔孟二子皆有魁桀之姿。彼古之希腊、罗马人亦知之，故其阿克德美（柏拉图所创学塾）之中，莫不有津蒙那知安（此言练身院）属焉，而柏拉图乃以骈胁著号。至于近世，则欧罗化〔巴〕国，尤鳃鳃然以人种日下为忧，操练形骸，不遗余力。饮食养生之事，医学所详，日以精审，此其事不仅施之男子已也，乃至妇女亦莫不然。盖母健而后儿肥，培其先天而种乃进也。去岁日本行之，《申报》论其练及妇女，不知所云。嗟夫，此真非以裹脚为美之智之所与也！

　　故中国礼俗，其贻害民力而坐令其种日偷者，由法制学问之大，以至于饮食居处之微，几于指不胜指。而沿习至深，害效最著者，莫若吸食鸦片、女子缠足二事，此中国朝野诸公所谓至难变者也。然而夷考其实，则其说有不尽然者。今即鸦片一端而论，则官兵士子，禁例原所未用。假令天子亲察二品以上之近臣大吏，必其不染者而后用之，近臣大吏各察其近属，如是而转相察，藩臬察郡守，郡守察州县，州县察佐贰，学臣之察士，将帅之察兵，亦用是术焉，务使所察者，人数至简，以期必周。如是定相坐之法而实力行之，则官兵士子之染祛。官兵士子之染祛，则天下之民知染其毒者必不可以为官兵士子也，则自爱而求进者必不吸食。夫如是，则吸者日少，俟其既少，然后著令禁之，旧染渐去，新染不增，三十年之间可使鸦片之害尽绝于天下。至于缠足，本非天下女子之所乐为也，拘于习俗而无敢畔其范围而已。假令一日者，天子下明诏，为民言缠足之害，且曰：继自今，自某年所生女子而缠足，吾其毋封。则天下之去其习者，犹热之去燎而寒之去翣也。夫何难变之有与！夫变俗如是二者，非难行也，不难行而不行者，以为无与国是民生之利病而已。而孰知种以之弱，国以之贫，兵以之窳，胥于此焉阶之厉耶！是鸦片、缠足二事不早为之所，则变法者，皆空言而已矣。

　　其开民智奈何？今夫尚学问者，则后事功，而急功名者，则轻学问。二者交失，其实则相资而不可偏废也。顾功名之士多有，而学问之人难求，是则学问贵也。东土之人，见西国今日之财利，其隐赈流溢如是，每疑之而不信；迨亲见而信矣，又莫测其所以然；及观其治生理财之多术，然后知其悉归功于亚丹斯密之一书，此泰西有识之公论也。是以制器之备，可求其本于奈端；舟车之神，可推其原于瓦德；用电之利，则法拉第之功也；民生之寿，则哈尔斐之业也。而二百年学运昌明，则又不得不以柏庚氏之摧陷廓清之功为称首。学问之士，倡其新理，事功之士，窃之为术，而大有功焉。故曰：民智者，富强之原。此悬诸日月不刊之论也。顾彼西洋以格物致知为学问本始，中国非不尔云也，独何以民智之相越乃如此耶？或曰：中国之智虑运于虚，西洋之聪明寄于实，此其说不然。自不佞观之，中国虚矣，彼西洋尤虚；西洋实矣，而中国尤实，异者不在虚实之间也。夫西洋之于学，自明以前，与中土亦相埒耳。至于晚近，言学则先物理而后文词，重达用而薄藻饰。且其教子弟也，尤必使自竭其耳目，自致其心思，贵自得而贱因人，喜善疑而慎信古。其名数诸学，则借以教致思穷理之术；其力质诸学，则假以导观物察变之方，而其本事，则筌蹄之于鱼兔而已矣。故赫胥黎曰："读书得智，是第二手事，唯能以宇宙为我简编，民物为我文字者，斯真学耳。"此西洋教民要术也。而回观中国则何如？夫朱子以即物穷理释格物致知，是也；至以读书穷理言之，风斯在下矣。

　　且中土之学，必求古训。古人之非，既不能明，即古人之是，亦不知其所以是。记诵词章既已误，训诂注疏又甚拘，江河日下，以致于今日之经义八股，则适足以破坏人才，复何民智之开之与有耶？且也六七龄童子入学，脑气未坚，即教以穷玄极眇之文字，事资强记，何神灵襟！其中所恃以开浚神明者，不外区区对偶已耳。所以审核物理，辨析是非者，胥无有焉。以是为学，又何怪制科人十九鹘突于人情物理，转不若农工商贾之有时而当也。今之蒿目时事者，每致叹于中国读书人少；自我观之，如是教人，无宁学者少耳。今者物穷则变，言时务者，人人皆言变通学校，设学堂，讲西学矣。虽然，谓十年以往，中国必收其益，则又未必然之事也。何故？旧制尚存，而荣途未开也。夫如是，士之能于此深求而不倦厌者，必其无待而兴，即事而乐者也。否则刻棘之业虽苦，市骏之赏终虚，同辈知之则相忌，门外不知则相忘，几何不废然反也！是故欲开民智，非讲西学不可；欲讲实学，非另立选举之法，别开用人之涂，而废八股、试帖、策论诸制科不可。

至于新民德之事，尤为三者之最难。今微论西洋教宗如何，然而七日来复，必有人焉聚其民而耳提面命之，而其所以为教之术，则临之以帝天之严，重之以永生之福。人无论王侯君公，降以至于穷民无告，自教而观之，则皆为天之赤子，而平等之义以明。平等义明，故其民知自重而有所劝于为善。今夫"上帝临汝，勿贰尔心"、"相在尔室，尚不愧于屋漏"者，大人之事而君子之所难也；而西洋小民，但使信教诚深，则夕惕朝乾，与吾之大人君子无所异。内省不疚，无恶于志，不为威惕，不为利诱，此诚教中常义，而非甚瑰琦绝特之行者也。民之心有所主，而其为教有常，故其效能如此。

至于吾民，则姑亦无论学校义废久矣，即使尚存如初，亦不过择凡民之俊秀者而教之。至于穷檐之子，编户之氓，则自襁褓以至成人，未尝闻有孰教之者也。孟子曰："饱食暖衣，逸居而无教，则近于禽兽。"夫饱食暖衣之民，无教尚如此。则彼饥寒逼驱，救死不赡者，当何如乎？后义先利，诈伪奸欺，固其所耳。曩甲午之办海防也，水底碰雷与开花弹子，有以铁滓沙泥代火药者。洋报议论，谓吾民以数金锱铢之利，虽使其国破军杀将失地丧师不顾，则中国今日之败衄，他日之危亡，不可谓为不幸矣。此其事足使闻者发指，顾何待言！然诸君亦尝循其本而为求其所以然之故欤？

盖自秦以降，为治虽有宽苛之异，而大抵皆以奴虏待吾民。虽有原省，原省此奴虏而已矣；虽有燠咻，燠咻此奴虏而已矣。夫上既以奴虏待民，则民亦以奴虏自待。夫奴虏之于主人，特形劫势禁，无可如何已耳，非心悦诚服，有爱于其国与主，而共保持之也。故使形势可恃，国法尚行，则颡靴膝面，胡天胡帝，扬其上于至高，抑其己于至卑，皆劝为之；一日形势既去，法所不行，则独知有利而已矣，共起而挺之，又其所也，复何怪乎！今夫中国之詈诟人也，骂曰畜产，可谓极矣。而在西洋人则莫须有之词也。而试入其国，而骂人曰无信之诳子，或曰无勇之怯夫，则朝言出口而挑斗相死之书已暮下矣。何则？彼固以是为至辱，而较之畜产万万有加焉，故宁相死而不可以并存也。而我中国，则言信行果仅成硁硁小人，君子弗尚也。盖东西二洲，其风尚不同如此。苟求其故，有可言也。

西之教平等，故以公治众而贵自由。自由，故贵信果。东之教立纲，故以孝治天下而首尊亲。尊亲，故薄信果。然其流弊之极，至于怀诈相欺，上下相遁，则忠孝之所存，转不若贵信果者之多也。且彼西洋所以能使其民皆若有深私至爱于其国与主，而赴公战如私仇者，则亦有道矣。法令始于下院，是民各奉其所自主之约，而非率上之制也；宰相以下，皆由一国所推择。是官者，民之所设以厘百工，而非徒以尊奉仰戴者也，抚我虐我，皆非所论者矣。出赋以庀工，无异自营其田宅；趋死以杀敌，无异自卫其室家。吾每闻英之人言英，法之人言法，以至各国之人之言其所生之国土，闻其名字，若我曹闻其父母之名，皆肫挚固结，若有无穷之爱也者。此其故何哉？无他，私之以为己有而已矣。

是故居今之日，欲进吾民之德，于以同力合志，联一气而御外仇，则非有道焉使各私中国不可也。顾处士曰："民不能无私也，圣人之制治也，在合天下之私以为公。"然则使各私中国奈何？曰：设议院于京师，而令天下郡县各公举其守宰。是道也，欲民之忠爱必由此，欲教化之兴必由此，欲地利之尽必由此，欲道路之辟、商务之兴必由此，欲民各束身自好而争濯磨于善必由此。呜呼！圣人复起，不易吾言矣！

此三者，自强之本也，不如是则虽有伊尹、吕尚为之谋，吴起、李牧为之战，亦将浸衰浸灭，必无有强之一日决矣。虽然，无亦有其标者焉。然则治标奈何？练兵乎？筹饷乎？开矿乎？通铁道乎？兴商务乎？曰：是皆可为。有其本则皆立，无其本则终废。自甲午以来，海内樊然并兴者亦已众矣，其效何若？其有益于强之数与否，识时审势之士将能言之，无假鄙人深论者也。虽然，有一事焉，自仆观之，则为标之所最亟而不可稍或迂缓者也。其事维何？曰：必朝廷除旧布新，有一二非常之举措，内有以慰薄海臣民之深望，外有以破敌国侮夺之阴谋，则庶几乎其有豸耳。不然，是琐琐者，虽百举措无益也。善夫吾友新会梁任公之言曰："万国蒸蒸，大势相逼，变亦变也，不变亦变。变而变者，变之权操诸己；不变而变者，变之权让诸人。"《传》曰："无滋他族，实逼处此。"愿天下有心人三复斯言而早为之所焉可耳。（《侯官严氏丛刻》）

辟韩

往者吾读韩子《原道》之篇，未尝不恨其于道于治浅也。其言曰："古之时，人之害多矣。有圣人者立，然后教之以相生相养之道，为之君，为之师，驱其虫蛇禽兽而处之中土。寒，然后为之衣；饥，然后为之食。木处而颠，土处而病也，然后为之宫室。为之工以赡其器用，为之贾以通其有无，为之医药以济其夭死，为之葬埋、祭祀以长其恩爱，为之礼以次其先后，为之乐以宣其湮郁，为之政以率其怠倦，为之刑以锄其强梗。相欺也，为之符玺、斗斛、权衡以信之；相夺也，为之城郭、甲兵以守之。害至而为之备，患生而为之防。"如古无圣人，人之类灭久矣。何也？无羽毛、鳞介以居寒热也，无爪牙以争食也。如韩子之言，则彼圣人者，其身与其先祖父必皆非人焉而后可，必皆有羽毛、鳞介而后可，必皆有爪牙而后可。使圣人与其先祖父而皆人也，则未及其生，未及成长，其被虫蛇、禽兽、寒饥、木土之害而夭死者，固已久矣，又乌能为之礼乐刑政，以为他人防备患害也哉？老之道，其胜孔子与否，抑无所异焉，吾不足以定之。至其明自然，则虽孔子无以易。韩子一概辞而辟之，则不思之过耳。

而韩子又曰："君者，出令者也；臣者，行君之令而致之民者也；民者，出粟米麻丝、作器皿、通货财以事其上者也。君不出令，则失其所以为君；臣不行君之令，则失其所以为臣；民不出粟米麻丝、作器皿、通货财以事其上，则诛。"嗟乎！君民相资之事，固如是焉已哉？夫苟如是而已，则桀、纣、秦政之治，初何以异于尧、舜、三王？且使民与禽兽杂居，寒至而不知衣，饥至而不知食，凡所谓宫室、器用、医药、葬埋之事，举皆待教而后知为之，则人之类其灭久矣，彼圣人者，又乌得此民者出令而君之。

且韩子胡不云：民者，出粟米麻丝、作器皿、通货财以相为生养者也，有其相欺相夺而不能自治也，故出什一之赋，而置之君，使之作为刑政、甲兵，以锄其强梗，备其患害。然而君不能独治也，于是为之臣，使之行其令，事其事。是故民不出什一之赋，则莫能为之君；君不能为民锄其强梗，防其患害则废；臣不能行其锄强梗，防患害之令则诛乎？

孟子曰："民为重，社稷次之，君为轻。"此古今之通义也。而韩子不尔云者，知有一人而不知有亿兆也。老之言曰："窃钩者诛，窃国者侯。"夫自秦以来，为中国之君者，皆其尤强梗者也，最能欺夺者也。窃尝闻"道之大原出于天"矣。今韩子务尊其尤强梗，最能欺夺之一人，使安坐而出其唯所欲为之令，而使天下无数之民，各出其苦筋力、劳神虑者，以供其欲，少不如是焉则诛，天之意固如是乎？道之原又如是乎？"呜呼！其亦幸出于三代之后，不见黜于禹、汤、文、武、周公、孔子也；其亦不幸不出于三代之前，不见正于禹、汤、文、武、周公、孔子也！"

且韩子亦知君臣之伦之出于不得已乎？有其相欺，有其相夺，有其强梗，有其患害，而民既为是粟米麻丝、作器皿、通货财与凡相生相养之事矣，今又使之操其刑焉以锄，主其斗斛、权衡焉以信，造为城郭、甲兵焉以守，则其势不能。于是通功易事，择其公且贤者，立而为之君。其意固曰，吾耕矣织矣，工矣贾矣，又使吾自卫其性命财产焉，则废吾事。何若使子专力于所以为卫者，而吾分其所得于耕织工贾者，以食子给子之为利广而事治乎？此天下立君之本旨也。是故君也臣也，刑也兵也，皆缘卫民之事而后有也；而民之所以有待于卫者，以其有强梗欺夺患害也。有其强梗欺夺患害也者，化未进而民未尽善也。是故君也者，与天下之不善而同存，不与天下之善而对待也。今使用仁义道德之说，而天下如韩子所谓"以之为己，则顺而祥；以之为人，则爱而公；以之为心，则和且平。"夫如是之民，则将莫不知其性分之所固有，职分之所当为矣，尚何有于强梗欺夺？尚何有于相为患害？又安用此高高在上者，腏我以生，出令令我，责所出而诛我，时而抚我为后，时而虐我为仇也哉？故曰：君臣之伦，盖出于不得已也！唯其不得已，故不足以为道之原。彼佛之弃君臣是也，其所以弃君臣非也。而韩子将以谓是固与天壤相弊也者，又乌足以为知道者乎！

然则及今而弃吾君臣，可乎？曰：是大不可。何则？其时未至，其俗未成，其民不足以自治也。彼西洋之善国且不能，而况中国乎！今夫西洋者，一国之大公事，民之相与自为者居其七，由朝廷而为之者居其三，而其中之荦荦尤大者，则明刑、治兵两大事而已。何则？是二者，民之所仰于其国之最急者也。昔汉高入关，约法三章耳，而秦民大服。知民所求于上者，保其性命财产，不过如是而已。更驾其余，所谓"代大匠斫，未有不伤指"者也。是故使今日而中国有圣人兴，彼将曰："吾之以藐藐之身托于亿兆人之上者，不得已也，民弗能自治故也。民之弗能自治者，才未逮，力未长，德未和也。乃今将早夜以孳孳求所以进吾民之才、德、力者，去其所以困吾民之才、德、力者，使其无相欺、相夺而相患害也，吾将悉听其自由。民之自由，天之所畀也，吾又乌得而靳之！如是，幸而民至于能自治也，吾将悉复而与之矣。唯一国之日进富强，余一人与吾子孙尚亦有利焉，吾曷贵私天下哉！"诚如是，三十年而民不大和，治不大进，六十年而中国有不克与欧洲各国方富而比强者，正吾莠言乱政之罪可也。彼英、法、德、美诸邦之进于今治者，要不外百余年、数十年间耳。况夫彼为其难，吾为其易也。

嗟夫！有此无不有之国，无不能之民，用庸人之论，忌讳虚骄，至于贫且弱焉以亡，天下恨事孰过此者！是故考西洋各国，当知富强之甚难也，我何可以苟安？考西洋各国，又当知富强之甚易也，我不可以自馁，道在去其害富害强，而日求其能与民共治而已。语有之曰："曲士不可与语道者，束于教也。"苟求自强，则六经且有不可用者，况夫秦以来之法制！如彼韩子，徒见秦以来之为君。秦以来之为君，正所谓大盗窃国者耳。国谁窃？转相窃之于民而已。既已窃之矣，又惴惴然恐其主之或觉而复之也，于是其法与令猥毛而起，质而论之，其什八九皆所以坏民之才，散民之力，漓民之德者也。斯民也，固斯天下之真主也，必弱而愚之，使其常不觉，常不足以有为，而后吾可以长保所窃而永世。嗟乎！夫谁知患常出于所虑之外也哉？此庄周所以有胠箧之说也。是故西洋之言治者曰："国者，斯民之公产也，王侯将相者，通国之公仆隶也。"而中国之尊王者曰："天子富有四海，臣妾亿兆。"臣妾者，其文之故训犹奴虏也。夫如是则西洋之民，其尊且贵也，过于王侯将相，而我中国之民，其卑且贱，皆奴产子也。设有战斗之事，彼其民为公产公利自为斗也，而中国则奴为其主斗耳。夫驱奴虏以斗贵人，固何所往而不败？（天津《直报》1895 年 3 月 13、14 日）

原强续篇

夫所谓标本并治者，岂非以救时之道通于治病者乎？盖察病而知致病之原，则其病将愈，唯病原真而后药物得，药物得而后其病乃有瘳，此不易之理也。

今日之东事，横决大溃，至于不可收拾者，夫岂一朝夕之故，而审其原者谁乎？方其未发也，上下晏安，深忌讳而乐死亡。当是之时，虽有前识，破脑刳心，痛哭阙下，亦将指为妖言，莫之或省。及其始发也，无责者不审彼己之情实，不图事势之始终，徒扬臂奋呼，快一发而不虑其所以为收。迨至事功违反，则共咤嗟骇荡。众难群疑曰："是必有强国焉阴助之耳，不然倭乌能如是！"又曰："是必吾国有枭杰焉为之谋主，不然倭又乌能如是！"又曰："是必我之居津要者与表里为奸，不然倭又乌以至此！"嗟乎！诸君自视太高，视人太浅，虚骄之气不除，虽百思未能得其理也。夫所恶于虚骄恃气者，以其果敢而窒，如醉人之勇，俟其既醒，必怯懦而不可复作也。夫以中国今日政治之弛缓不收，人心之浇薄自私与百执事人才之消乏，虑无起者耳。有枭雄焉，操利仗驱数万训练节制之师，胜、广之祸殆莫与遏。况乎倭处心积虑十余年，图我内地之山川，考我将帅之能否，举中国一切之利病，微或不知之。此在西洋为之则甚难，彼倭为之则甚易者，书同文而壤地相接故也。今乃谓其必待西洋之相助，与中国奸人之借资，诸君能稍贬此〔所〕谓人莫己若之心，庶有以审今日之乱源，而国事尚有豸耳。

悲夫！窃尝谓国朝武功之盛，莫著于高宗，而衰端即伏于是。降及道、咸，官邪兵窳极矣。故发、捻之乱，蔓延浸淫，几天下无完土。湘、淮二军起煨烬之中，百折不回，赫然助成中兴之业，其功诚有不可没者。然究切言之，则不外以匪之术治匪，其营规军制，多一切苟且因应之图，断然不足以垂久远。世人成败论世，且依附者众，遂举世莫敢非之。顾祖宗数百年缔造之远略宏规，所谓王者之师，至此而扫地尽矣！使今日而祖制尚有孑遗，则存其法而易其器，补其敝而师其心，则武备之坏，尚不至此，而军政尚可用也，惜乎今万不能。又窃尝谓百十年来中国之至不幸，其兵所相与磨砻者，皆内地乌合之土匪，即遇外警，皆不过西洋之偏师，扣关搪呼，求得所愿而遂止。致吾国君臣上下，谓经武之事，不外云云。而文人学士，不耻佞谀，相与扬厉铺张，其身受与侧听者，皆信为果然。故其病愈深痼而不可疗。今乃知未履之而艰，未及之而知，是唯度量超绝，决荡拘挛，极物理之精者为能，讲俗学者必不能也。

然而今日之事，诸君为我识之，螳螂捕蝉，而黄雀已从其后。今之胜我者亦将谓天下之兵皆若所遇于北洋之易欤；不言所攻者之甚瑕，独信攻者之实坚，举国若狂，中毒尤剧，虽有明识，将莫能救。继此以往，必有乘其蔽而覆之者。姑前言之，以为他日左验而已。

彼之跳掷决躁，至今极矣。如是之敌，尚不知制为所以待之之术，公等又安用读书学道为哉！今夫倭者务胜好乱，傀然不终日之民也。然其谋则已大矣。其谋云何？曰："将兴亚以拒欧。"尝自论曰："吾东洲之英吉利也。"十余年间，变服式，改制度，初自谓与西之国齐列而等夷，而西人乃儿抚而目笑之，大失所望，归而求亲于中国，中国视之，益蔑如也。于是深怒积怨，退而治兵，蛇入鼠出，不可端倪。而我尚晏然不知蜂虿之有毒，般乐怠傲，益启戎心。是故推既往之迹，以勘倭之隐：使中国而强，则彼将合我；使中国而弱，则彼将役我。为合为役，皆以拒欧。其拒欧之中，则拒英为尤甚，其次乃俄。何则？英固西洋之倡国也，其民沉质简毅，持公道，保盛图，而不急为翕翕热者，故其中倭忌也尤深，而俄则亦实逼处此者也。故处今之日，无论中国之弱与强，倭之谋皆必出于战而后已。盖必战而后有以示我以其强，去我蔑视之心，以后有以致其所谓合与役者。

虽然，倭之谋则大矣，而其术乃大谬。夫一国一洲之兴，其所以然之故，至繁赜矣。譬诸树木，其合抱参天，阴横数亩，足以战风雨而傲岁寒者，夫岂一曙之事！倭变法以来，凡几稔矣。吾不谓其中无豪杰能者，主权势而运国机，然彼不务和其民，培其本，以待其长成而自至，乃欲用强暴，力征经营以劫夺天下。其民才未长也，其民力未增也，其民德未和也，而唯兵之治，不知兵之可恃而长雄者，皆富强以后之果实。无其本而强为其实，其树不颠仆者寡矣。

夫中国者，倭之母也。使中国日益蕃昌，兴作日多，通商日广，则首先受其厚利者，非倭而谁？十年以来，中国出入口之货籍具在，可覆案也。顾倭狠而贪，未厌厥欲。善夫西人之设喻也，曰：埃及人甲养神鹅，一日，鹅生卵，坠地化黄金，甲大喜，以为是腹中皆此物也，刳而求之，无所得而鹅死。夫使物类之繁衍，国土之富强，可倒行逆施而得速化之术，且不至于自灭者，则达尔文、锡彭塞二子举无所用著书矣。华人好言倭学西法徒见皮毛，岂苟论哉！彼二子之所谆谆，倭之智固不足以与之耳。《黄石公记》曰："务广地者荒，务广德者强；有其有者安，贪人有者残。残贼之政虽成必害。"今倭不悟其国因前事事太骤以致贫，乃日用其兵，求以其邻为富，是盗贼之行也，何西法之不幸，而有如是之徒也。故吾谓教顽民以西法之形下者，无异假轻侠恶少以利矛强弓，其入市劫财物、杀长者固矣。然亦归于自杀之驱而已矣。害农商，戕民物，戾气一消，其民将痛。倘军费无所得偿，吾不知倭之所以为国也。其与我不得已而起，民心日辑合，民气日盈者，岂可同日而论哉？是故今日之事，舍战固无可言，使上之人尚有所恋，而不早自断焉，则国亡矣。且三五百年间，中土无复振之一日。

夫倭之条款，众所宜知矣，姑无论割地、屯兵诸大端，即此数万万之军费，于何应之？倭患贫而我适以是拯之，以恣其虐我。是何异驱四百兆之赤子，系颈面缚以与其仇，以求旦夕之喘息，此非天下之至不仁者不为。今日款议所关，实天下之公祸公福。陛下仁圣，岂忍妄许。呜呼！和之一言，其贻误天下，可谓罄竹难书矣。唯"终归于和"之一念，中于人心者甚深，而战事遂不可复振。是故举今日北洋之糜烂，皆可于"和"之一字推其原。仆生平固最不喜言战者也，每谓有国者，虽席极可战之势，据极可战之理，苟可以和，切勿妄动。迨不得已战矣，则计无复之，唯有与战相终始，万万不可求和，盖和则终亡，而战可期渐振。苟战亦亡，和岂遂免！此中国之往事然，而西国之往事又莫不然也。唯始事而轻言战，则既事必轻言和。仆尝叹中国为倒置之民者。正为轻重和战之间所施悖耳。

为今日之计，议不旋踵，十年二十年转战，以任拼与贼倭没尽而已。诚如是，中倭二者，孰先亡焉，孰后倦焉，必有能辨之者。天子以天下为家，有以死社稷教陛下者，其人可斩也。愿诸公绝"望和"之一念，同德商力，亟唯军实之求。兵虽乌合，战则可以日精；将虽愚怯，战则日来智勇；器虽苦窳，战则日出坚良。此时不独宜绝求和之心，且当去求助各国之志。何则？欲求人助者，必先自助。使我自坐废，则人虽助我，亦必不力，而我之所失多矣。（天津《直报》1895 年 3 月 29 日）

救亡决论

天下理之最明而势所必至者，如今日中国不变法则必亡是已。然则变将何先？曰：莫亟于废八股。夫八股非自能害国也，害在使天下无人才。其使天下无人才奈何？曰：有大害三：

其一害曰：锢智慧。今夫生人之计虑智识，其开也，必由粗以入精，由显以至奥，层累阶级，脚踏实地，而后能机虑通达，审辨是非。方其为学也，必无谬悠影响之谈，而后其应事也，始无颠倒支离之患。何则？其所素习者然也。而八股之学大异是。垂髫童子，目未知菽粟之分，其入学也，必先课之以《学》《庸》《语》《孟》，开宗明义，明德新民，讲之既不能通，诵之乃徒强记。如是数年之后，行将执简操觚，学为经义，先生教之以擒挽之死法，弟子资之于剽窃以成章。一文之成，自问不知何语。迨夫观风使至，群然挟兔册，裹饼饵，逐队唱名，俯首就案，不违功令，皆足求售，谬种流传，羌无一是。如是而博一衿矣，则其荣可以夸乡里；又如是而领乡荐矣，则其效可以觊民社。至于成贡士，入词林，则其号愈荣，而自视也亦愈大。出宰百里，入主曹司，珥笔登朝，公卿跬步，以为通天地人之谓儒。经朝廷之宾兴，蒙皇上之亲策，是朝廷固命我为儒也。千万旅进，人皆铩羽，我独成龙，是冥冥中之鬼神，又许我为儒也。夫朝廷鬼神皆以我为儒，是吾真为儒，且真为通天地人之儒。从此天下事来，吾以半部《论语》治之足矣，又何疑哉！又何难哉！做秀才时无不能做之题，做宰相时自无不能做之事，此亦其所素习者然也。谬妄糊涂，其曷足怪？

其二害曰：坏心术。揆皇始创为经义之意，其主于愚民与否，吾不敢知。而天下后世所以乐被其愚者，岂不以圣经贤传，无语非祥，八股法行，将以"忠信廉耻"之说渐摩天下，使之胥出一途，而风俗亦将因之以厚乎？而孰知今日之科举，其事效反于所期，有断非前人所及料者。今姑无论试场大弊，如关节、顶替、倩枪、联号，诸寡廉鲜耻之尤，有力之家，每每为之，而未尝稍以为愧也。请第试言其无弊者，则孔子有言"知之为知之，不知为不知，是知也"，故言止于所不知，固学者之大戒也。而今日八股之士，乃真无所不知。夫无所不知，非人之所能也。顾上既如是求之，下自当以是应之。应之奈何？剿说是已。夫取他人之文词，腼然自命为己出，此其人耻心所存，固已寡矣。苟缘是而侥幸，则他日掠美作伪之事愈忍为之，而不自知其为可耻。然此犹其临场然耳。至其平日用功之顷，则人手一编，号曰揣摩风气。即有一二聪颖子弟，明知时尚之日非，然去取所关，苟欲求售，势必俯就而后可。夫所贵于为士，与国家养士之深心，岂不以矫然自守，各具特立不诡随之风，而后他日登朝，乃有不苟得不苟免之概耶！乃今者，当其做秀才之日，务必使之习为剿窃诡随之事，致令羞恶是非之心，旦暮梏亡，所存濯濯。又何怪委赘通籍之后，以巧宦为宗风，以趋时为秘诀。否塞晦盲，真若一丘之貉。苟利一身而已矣，遑恤民生国计也哉！且其害不止此。每逢春秋两闱，其闱内外所张文告，使不习者观之，未有不欲股弁者。逮亲见其实事，乃不徒大谬不然，抑且变本加厉。此奚翅当士子出身之日，先教以赫赫王言，实等诸济窍飘风，不关人事，又何怪他日者身为官吏，刑在前而不栗，议在后而不惊。何则？凡此又皆所素习者然也。是故今日科举之事，其害不止于锢智慧，坏心术，其势且使国宪王章渐同粪土，而知其害者，果谁也哉？

其三害曰：滋游手。扬子云有言："言，心声也；书，心画也。"故知言语文字二事，系生人必具之能。人不知书，其去禽兽也，仅及半耳。中国以文字一门专属之士，而西国与东洋则所谓四民之众，降而至于妇女走卒之伦，原无不识字知书之人类。且四民并重，从未尝以士为独尊，独我华人，始翘然以知书自异耳。至于西洋理财之家，且谓农工商贾皆能开天地自然之利，自养之外，有以养人，独士枵然，开口待哺。是故士者，固民之蠹也。唯其蠹民，故其选士也，必务精，而最忌广；广则无所事事，而为游手之民，其弊也，为乱为贫为弱。而中国则后车十乘，从者百人，孟子已肇厉阶。至于今日之士，则尚志不闻，素餐等诮。十年之间，正恩累举，朝廷既无以相待，士子且无以自存。械朴丛生，人文盛极。然若以孙文台杀荆州太守坐无所知者例之，则与当涂公卿，皆不容于尧舜之世者也。况夫益之以保举，加之以捐班，决疣溃痈，靡知所届。中国一大豕也，群虱总总，处其奎蹄曲隈，必有一日焉，屠人操刀，具汤沐以相待，至是而始相吊焉，固已晚矣。悲夫！

夫数八股之三害，有一于此，则其国鲜不弱而亡，况夫兼之者耶！今论者将谓八股取士，固未尝诚负于国家，彼自明以来用之矣，其所收之贤哲巨公，指不胜屈，宋苏轼尝论之矣。果循名责实之道行，则八股亦何负于天下？此说固也，然不知利禄之格既悬，则无论操何道以求人，将皆有聪明才智之俦入其彀。设国家以饭牛取士，亦将得宁戚、百里大夫；以牧豕取士，亦将得卜式、公孙丞相。假当日见其得人，遂以此为科举之恒法，则诸公以为何如？夫科举之事，为国求才也，劝人为学也。求才为学二者，皆必以有用为宗。而有用之效，征之富强；富强之基，本诸格致。不本格致，将无所往而不荒虚，所谓"蒸砂千载，成饭无期"者矣。彼苏氏之论，取快一时，盖方与温公、介甫立异抵〔巇〕，又何可视为笃论耶！总之，八股取士，使天下消磨岁月于无用之地，堕坏志节于冥昧之中，长人虚骄，昏人神智，上不足以辅国家，下不足以资事畜。破坏人才，国随贫弱。此之不除，徒补苴罅漏，张皇幽渺，无益也，虽练军实、讲通商，亦无益也。何则？无人才，则之数事者，虽举亦废故也。舐糠及米，终致危亡而已。然则救之之道当何如？曰：痛除八股而大讲西学，则庶乎其有瘳耳。东海可以回流，吾言必不可易也。

难者曰：大八股锢智慧，坏心术，滋游手，积将千年之弊，流失败坏，一旦外患凭陵，使国家一无可恃。欲战则忧速亡，忍耻求和，则恐浸微浸灭。当是之时，其宜改弦更张，不待议矣。顾惟是处存亡危急之秋，待学问以图功，将何殊播谷饲蚕，俟获成献功，以救当境饥寒之患。道则是矣，于涂无乃迂乎？今先生论救亡而以西学格致为不可易，夫格致何必西学，固吾道《大学》之始基也，独其效若甚赊，其事若甚琐。朱晦翁《补传》一篇，大为后贤所聚讼。同时陆氏兄弟，已有逐物破道之讥。前明姚江王伯安，儒者之最有功业者也，格窗前一竿竹，七日病生。其说谓"格"字当以孟子格君心之非，及今律格杀勿论诸"格"字为训，谓当格除外物，而后有以见良知之用，本体之明。此尤事功无待格致之明证，而先生谓富强以格致为先务，蒙窃惑之。其说得详闻欤？

应之曰：不亦善乎，客问之也。夫中土学术政教，自南渡以降，所以愈无可言者，孰非此陆王之学阶之厉乎！以国朝圣祖之圣，为禹、文以后仅见之人君，亦不过挽之一时，旋复衰歇。盖学术末流之大患，在于徇高论而远事情，尚气矜而忘实祸。夫八股之害，前论言之详矣。而推而论之，则中国宜屏弃弗图者，尚不止此。自有制科来，士之舍干进梯荣，则不知焉所事学者，不足道矣。超俗之士，厌制艺则治古文词，恶试律则为古今体；鄙折卷者，则争碑版篆隶之上游；薄讲章者，则标汉学考据之赤帜。于是此追秦汉，彼尚八家，归、方、刘、姚，恽、魏、方、龚；唐祖李、杜，宋祢苏、黄；七子优孟，六家鼓吹。魏碑晋帖，南北派分，东汉刻石，北齐写经。戴、阮、秦、王，直闯许、郑，深衣几幅，明堂两个。钟鼎校铭，珪琮著考，秦权汉日，穰穰满家。诸如此伦，不可殚述。然吾得一言以蔽之，曰：无用。非真无用也，凡此皆富强而后物阜民康，以为怡情遣日之用，而非今日救弱救贫之切用也。其又高者曰：否否，此皆不足为学。学者学所以修己治人之方，以佐国家化民成俗而已。于是侈陈礼乐，广说性理。周、程、张、朱、关、闽、濂、洛。学案几部，语录百篇。《学蔀通辨》，《晚年定论》。关学刻苦，永嘉经制。深宁、东发，继者顾、黄，《明夷待访》《日知》著录。褒衣大袖，尧行舜趋。訑訑声颜，距人千里。灶上驱疠，折箠笞羌。经营八表，牢笼天地。夫如是，吾又得一言以蔽之，曰：无实。非果无实也，救死不赡，宏愿长赊。所托愈高，去实滋远。徒多伪道，何裨民生也哉！故由后而言，其高过于西学而无实；由前而言，其事繁于西学而无用。均之无救危亡而已矣。

客谓处存亡危急之秋，务亟图自救之术，此意是也。固知处今而谈，不独破坏人才之八股宜除，与〔举〕凡宋学汉学，词章小道，皆宜且束高阁也。即富强而言，且在所后，法当先求何道可以救亡。惟是申陆王二氏之说，谓格致无益事功，抑事功不俟格致，则大不可。夫陆王之学，质而言之，则直师心自用而已。自以为不出户可以知天下，而天下事与其所谓知者，果相合否？不径庭否？不复问也。自以为闭门造车，出而合辙，而门外之辙与其所造之车，果相合否？不龃龉否？又不察也。向壁虚造，顺非而泽，持之似有故，言之若成理。其甚也，如骊山博士说瓜，不问瓜之有无，议论先行蜂起，秦皇坑之，未为过也。盖陆氏于孟子，独取良知不学、万物皆备之言，而忘言性求故、既竭目力之事，惟其自视太高，所以强物就我。后世学者，乐其径易，便于情窳傲慢之情，遂群然趋之，莫之自返。其为祸也，始于学术，终于国家。故其于己也，则认地大民众为富强，而果富强否，未尝验也；其于人也，则神州而外皆夷狄，其果夷狄否，未尝考也。抵死虚憍，未或稍屈。然而天下事所不可逃者，实而已矣，非虚词饰说所得自欺，又作盛气高言所可持劫也。迨及之而知，履之而艰，而天下之祸，固无救矣。胜代之所以亡，与今之所以弱者，不皆坐此也耶！前车已覆，后轸方遒，真可叹也！若夫词章一道，本与经济殊科，词章不妨放达，故虽极蜃楼海市，惝恍迷离，皆足移情遣意。一及事功，则淫遁诐邪，生于其心，害于其政矣；苟且粉饰，出于其政者，害于其事矣。而中土不幸，其学最尚词章，致学者习与性成，日增惛慢。又况以利禄声华为准的，苟务悦人，何须理实，于是惛慢之余，又加之以险躁，此与武侯学以成才之说，奚啻背道而驰。仆前谓科举破坏人才，此又其一者矣。

然而西学格致，则其道与是适相反。一理之明，一法之立，必验之物物事事而皆然，而后定之为不易。其所验也贵多，故博大；其收效也必恒，故悠久；其究极也，必道通为一，左右逢源，故高明。方其治之也，成见必不可居，饰词必不可用，不敢丝毫主张，不得稍行武断，必勤必耐，必公必虚，而后有以造其至精之域，践其至实之途。迨夫施之民生日用之间，则据理行术，操必然之券，责未然之效，先天不违，如土委地而已矣。且西士有言：凡学之事，不仅求知未知，求能不能已也。学测算者，不终身以窥天行也；学化学者，不随在而验物质也；讲植物者，不必耕桑；讲动物者，不必牧畜。其绝大妙用，在于有以练智虑而操心思，使习于沉者不至为浮，习于诚者不能为妄。是故一理来前，当机立剖，昭昭白黑，莫使听荧。凡夫洞〔恫〕疑虚猲，荒渺浮夸，举无所施其伎焉者，得此道也，此又《大学》所谓"知至而后意诚"者矣。且格致之事，以道眼观一切物，物物平等，本无大小、久暂、贵贱、善恶之殊。庄生知之，故曰道在屎溺，每下愈况。王氏窗前格竹，七日病生之事，若与西洋植物家言之，当不知几许轩渠，几人齿冷。且何必西士，即如其言，则《豳诗》之所歌，《禹贡》之所载，何一不足令此子病生。而圣人创物成能之意，明民前用之机，皆将由此熄矣。率天下而祸实学者，岂非王氏之言欤？

且客过矣。西学格致，非迂涂也，一言救亡，则将舍是而不可。今设有人于此，自其有生以来，未尝出户，但能读《三坟》《五典》《八索》《九邱》，而于门以外之人情物理，一无所知。凡舟车之运转流行，道里之险易涩滑，岩墙之必压，坎陷之至凶，摘埴索涂，都忘趋避，甚且不知虎狼之可以食人，鸩毒之可以致死。一旦为事势所逼，置此子于肩摩毂击之场，山巅水涯之际，所不残毁僵仆者，其与几何？知此，则知中国由今之道，无变今之俗，欲求不亡之必无幸矣。盖欲救中国之亡，则虽尧、舜、周、孔生今，舍班孟坚所谓通知外国事者，其道莫由。而欲通知外国事，则舍西学洋文不可，舍格致亦不可。盖非西学洋文，则无以为耳目，而舍格致之事，将仅得其皮毛，智井瞀人，其无救于亡也审矣。且天下唯能者可以傲人之不能，唯知者可以傲人之不知；而中土士大夫，怙私恃气，乃转以不能不知傲人之能与知。彼乘骐骥，我独骑驴；彼驾飞舟，我偏结筏，意若谓彼以富强，吾有仁义。而回顾一国之内，则人怀穿窬之行，而不自知羞；民转沟壑之中，而不自知救。指其行事，诚皆不仁不义之尤。以此傲人，羞恶安在！至一旦外患相乘，又茫然无以应付，狂悖违反，召败薪亡。孟子曰："不仁而可与言，则何亡国败家之有？"夫非今日之谓耶！

且客谓西学为迂涂，则所谓速化之术者，又安在耶？得毋非练军实之谓耶？裕财赋之谓耶？制船炮开矿产之谓耶？讲通商务树畜之谓耶？开民智正人心之谓耶？而之数事者，一涉其流，则又非西学格致皆不可。今以层累阶级之不可紊也，其深且远者，吾不得与客详之矣。今姑即其最易明之练兵一端言之可乎？今夫中国，非无兵也，患在无将帅。中国将帅，皆奴才也，患在不学而无术。若夫爱士之仁，报国之勇，虽非自弃流品之外者之所能，然尚可望由于生质之美而得之。至于阳开阴闭，变动鬼神，所谓为将之略者，则非有事于学焉必不可。即如行军必先知地，知地必资图绘，图绘必审测量，如是，则所谓三角、几何、推步诸学，不从事焉不可矣。火器致人，十里而外；为时一分，一机炮可发数百弹，此断非徒裎奋呼、迎头痛击者所能决死而幸胜也。于是则必讲台垒壕堑之事，其中相地设险，遮扼钩联，又必非不知地不知商功者所得与也。且为将不知天时之大律，则暑寒风雨，将皆足以破军；未闻遵生之要言，则疾疫伤亡，将皆足以损众。二者皆与扎营踞地息息相关者也。乃至不知曲线力学之理，则无以尽炮准来复之用；不知化学涨率之理，则无由审火棉火药之宜；不讲载力、重学，又乌识桥梁营造？不讲光电气水，又何能为伏桩旱雷与通语探敌诸事也哉？抑更有进者，西洋凡为将帅之人，必通敌国之语言文字，苟非如此，任必不胜。此若与吾党言之，愈将发狂不信者矣。若夫中国统领伎俩，吾亦知之：不知道里而迷惑，则传问驿站之马夫；欲探敌人之去来，则暂雇本地之无赖。尤可笑者，前某军至大同，无船可渡，争传州县办差；近某军扎新河，海啸忽来，淹死兵丁数百。是于行军相地，全所不知。夫用如是之将领，使之率兵向敌，吾国不亡，亦云幸矣！尚何必以和为辱也哉？且夫兵之强弱，顾实事何如耳，又何必如某总兵所称，铜头铁额如蚩尤，驱使虎豹如巨无霸。中国史传之不足信久矣，演义流布，尤为惑世诬民。中国武夫识字，所恃为韬略者，不逾此种。无怪今日营中，多延奇门遁甲之家，冀实事不能，或仰此道制胜。中国人民智慧，蒙蔽窘陋，至于此极，虽圣人生今，殆亦无能为力也。哀哉！

议者又谓：自海上军兴以来，二十余年，师法西人，不遗余力者，号以北洋为最，而临事乃无所表见如此，然则曷贵师资？此又耳食之徒，不考实事之过也。自明眼人观之，则北洋实无一事焉师行西法。其详不可得言，姑举一端为喻。曩者法越之事，北洋延募德酋数十人，洎条约既成，无所用之，乃分遣各营，以为教习。彼见吾军事多不可者，时请更张。各统领恶其害己也，群然噪而逐之。上游筹所以慰安此数十人者，于是乎有武备学堂之设。既设之后，虽学生年有出入，尚未闻培成何才，更不闻如何器使，此则北洋练兵练将，不用西法之明征。夫盗西法之虚声，而沿中土之实弊，此行百里者所以半九十里也。呜呼！其亦可悲已已！然此不具论。论者见今日练兵，非实由西学之必不可耳。至于阜民富国之图，则中国之治财赋者，因于西洋最要之理财一学，从未问津，致一是云为，自亏自损，病民害国，暗不自知。其士大夫亦因于此理不明，故出死力与铁路机器为难，自遏利源，如近日京师李福明一案，尤足令人流涕太息者也。不知是二事者，乃中土真不容缓之图，富强所基，何言有损？果其有损，则东西二洋其贫弱而亡久矣。《淮南子》曰："柸者堕发而柸不至〔止〕者，为堕者少而利者多也。"彼唯有见于近而无见于远，有察于寡而无察于多，肉食者鄙，端推此辈。中国地大民众，谁曰不然，然地大在外国乃所以强，在中国正所以弱；民众在外国乃所以富，在中国正所以贫。救之之道，非造铁道用机器不为功；而造铁道用机器，又非明西学格致必不可。是则一言富国阜民，则先后始终之间，必皆有事于西学，然则其事又曷可须臾缓哉！

约而论之，西洋今日，业无论兵、农、工、商，治无论家、国、天下，蔑一事焉不资于学。锡彭塞《劝学篇》尝言之矣。继今以往，将皆视物理之明昧，为人事之废兴。各国皆知此理，故民不读书，罪其父母。日本年来立格致学校数千所，以教其民，而中国忍此终古，二十年以往，民之愚智，益复相悬，以与逐利争存，必无幸矣。《记》曰："学然后知不足。"公等从事西学之后，平心察理，然后知中国从来政教之少是而多非。即吾圣人之精意微言，亦必既通西学之后，以归求其反观，而后有以窥其精微，而服其为不可易也。夫中国以学为明善复初，而西人以学为修身事帝，意本同也。唯西人谓修身事帝，必以安生利用为基，故凡遇中土旱干水溢，饥馑流亡，在吾人以为天灾流行，何关人事，而自彼而论，则事事皆我人谋之不臧，甚且谓吾罪之当伐，而吾民之可吊，而我尚傲然弗屑也，可不谓大哀也哉！

嗟嗟！处今日而言救亡，非圣祖复生，莫能克矣。圣祖当本朝全盛之日，贤将相比肩于朝，则垂拱无为，收视穆清，宜莫圣祖若矣！而乃勤苦有用之学，察究外国之事，亘古莫如。其所学之拉体诺，即今之辣丁文，西学文字之祖也。至如天算、兵法、医药、动植诸学，无不讲，亦蔑不精。庙谟所垂，群下莫出其右，南斋侍从之班，以洋人而被侍郎卿衔者，不知凡几，凡此皆以备圣人顾问者也。夫如是，则圣者日圣，其于奠隆基致太平也何难。不独制艺八股之无用，圣祖早已知之，即如从祀文庙一端，汉人所视为绝大政本者，圣祖且以为无关治体，故不许满人得鼎甲，亦不许满人从祀孔子庙廷，其用意可谓远矣。而其所以不废犹行者，知汉人民智之卑，革之不易，特聊顺其欲而已。然则圣祖之精神默运，直至二百年而遥。而有道曾孙，处今日世变方殷，不追祖宗之活精神，而守祖宗之死法制，不知不法祖宗，正所以深法祖宗。致文具空存，邦基陧阢，甚或庙社以屋，种类以亡，孝子慈孙，岂愿见此！曩己丑、庚寅之间，祈年殿与太和门，数月连毁。一所以事天，一所以临民，王者之大事也！灾异至此，可为寒心，然安知非祖宗在天灵爽，默示深痌也哉！总之，驱夷之论，既为天之所废而不可行，则不容不通知外国事。欲通知外国事，自不容不以西学为要图。此理不明，丧心而已。救亡之道在此，自强之谋亦在此。早一日变计，早一日转机，若尚因循，行将无及。彼日本非不痛恶西洋也，而于西学，则痛心疾首、卧薪尝胆求之。知非此不独无以制人，且将无以存国也。而中国以恶其人，遂以并废其学，都不问利害是非，此何殊见仇人操刀，遂戒家人勿持寸铁；见仇家积粟，遂禁子弟不复力田。呜呼，其慎甚矣。

虽然，吾与客皆过矣。运会所趋，岂斯人所能为力。天下大势，既已日趋混同，中国民生，既已日形狭隘，而此日之人心世道，真成否极之秋，则穷变通久之图，天已谆谆然命之矣。继自今，中法之必变，变之而必强，昭昭更无疑义，此可知者也。至变于谁氏之手，强为何种之邦，或成五裂四分，抑或业归一姓，此不可知者也。吾与客茫茫大海，飘飘两萍，委心任运可耳，又何必容心于鼠肝虫臂，而为不祥之金也哉！客言下大悟，奋袖低昂而去。

　　建言有之：天不变，地不变，道亦不变。此观化不审似是实非之言也。夫始于涅菩，今成隋轨；天枢渐徙，斗分岁增；今日逊古日之热，古晷较今晷为短，天果不变乎？炎洲群岛，乃古大洲沉没之山尖；萨哈喇广漠，乃古大海浮露之新地；江河外啮，火山内弸，百年之间，陵谷已易；眼前指点，则勃澥旧界，乃在丁沽，地果不变乎？然则，天变地变，所不变者，独道而已。虽然，道固有其不变者，又非俗儒之所谓道也。请言不变之道：有实而无夫处者宇，有长而无本剽者宙；三角所区，必齐两矩；五点布位，定一割锥，此自无始来不变者也。两间内质，无有成亏；六合中力，不经增减，此自造物来不变者也。能自存者资长养于外物，能遗种者必爱护其所生。必为我自由，而后有以厚生进化；必兼爱克己，而后有所和群利安，此自有生物生人来不变者也。此所以为不变之道也。若夫君臣之相治，刑礼之为防，政俗之所成，文字之所教，吾儒所号为治道人道，尊天柱而立地维者，皆譬诸夏葛冬裘，因时为制，目为不变，去道远矣！第变者甚渐极微，固习拘虚，末由得觉，遂忘其变，信为恒然；更不能与时推移，进而弥上；甚且生今反古，则古昔而称先王，有若古之治断非后世之治所可及者，而不知其非事实也。

　　中国秦火一事，乃千古诿遇〔过〕渊丛。凡事不分明，或今世学问为古所无，尊古者必以秦火为解；或古圣贤智所不逮，言行过差，亦必力为斡旋，代为出脱。如阮文达知地圆之说必不可易，则取"旁陀四隤"一语，谓曾子已所前知；又知地旋之理无可复疑，乃断《灵宪》地动仪，谓张平子已明天静。此虽皆善傅会，而无如天下之目不可掩也。至于孔子，则生知将圣，尤当无所不窥。于是武断支离，牵合虚造，诬古人而厚自欺，大为学问之蔀障。且忧海水之涸，而以泪益之，于孔子亦何所益耶！往尝谓历家以太阳行度盈缩不均，于是于真日之外，更设平日，以定平晷，畴人便之，儒者亦然。故今人意中之孔子，乃假设之平圣人，而非当时之真孔子。

世有好学深思之士，于吾言当相视而笑也。

夫稽古之事，固自不可为非。然察往事而以知来者，如孟子求故之说可也。必谓事事必古之从，又常以不及古为恨，则谬矣！间尝与友论中国尚古贱今之可异，友曰："古人如我辈父兄、君家如有父兄，事事自必谋而后行，尚古之意，正亦如是。"仆曰："足下所以事事必谋而后行者，岂非以其见闻较广，更事较多故耶？"友曰："诚然。"仆大笑曰："据君之理，行君之事，正所谓颠倒错乱者耳。夫五千年世界，周秦人所阅历者二千余年，而我与若皆倍之。以我辈阅历之深，乃事事稽诸古人之浅，非所谓适得其反者耶！世变日亟，一事之来，不特为祖宗所不及知，且为圣智所不及料，而君不自运其心思耳目，以为当境之应付，圆枘方凿，鲜不败者矣！"友愕眙失气，然叹仆之说精确无以易也。

晚近更有一种自居名流，于西洋格致诸学，仅得诸耳剽之余，于其实际，从未讨论。意欲扬己抑人，夸张博雅，则于古书中猎取近似陈言，谓西学皆中土所已有，羌无新奇。如星气始于臾区，勾股始于隶首；浑天昉于玑衡，机器创于班墨；方诸阳燧，格物所宗；烁金腐水，化学所自；重学则以均发均悬为滥觞，光学则以临镜成影为嚆矢；蜕水蜕气，气学出于亢仓；击石生光，电学原于关尹。哆哆硕言，殆难缕述。此其所指之有合有不合，姑勿深论。第即使其说诚然，而举划木以傲龙骧，指椎轮以訾大辂，亦何足以助人张目，所谓诟弥甚耳！夫西学亦人事耳，非鬼神之事也。既为人事，则无论智愚之民，其日用常行，皆有以暗合道妙；其仰观俯察，亦皆宜略见端倪。第不知即物穷理，则由之而不知其道；不求至乎其极，则知矣而不得其通。语焉不详，择焉不精，散见错出，皆非成体之学而已矣。今夫学之为言，探赜索隐，合异离同，道通为一之事也。是故西人举一端而号之曰"学"者，至不苟之事也。必其部居群分，层累枝叶，确乎可证，涣然大同，无一语游移，无一事违反；藏之于心则成理，施之于事则为术；首尾赅备，因应厘然，夫而后得谓之为"学"。

是故西学之与西教，二者判然绝不相合。"教"者所以事天神，致民以不可知者也。致民以不可知，故无是非之可争，亦无异同之足验，信斯奉之而已矣。"学"者所以务民义，明民以所可知者也。明民以所可知，故求之吾心而有是非，考之外物而有离合，无所苟焉而已矣。"教"崇"学"卑，

"教"幽"学"显；崇幽以存神，卑显以适道，盖若是其不可同也。世人等之，不亦远乎！是故取西学之规矩法戒，以绳吾"学"，则凡中国之所有，举不得以"学"名；吾所有者，以彼法观之，特阅历知解积而存焉，如散钱，如委积。此非仅形名象数已也，即所谓道德、政治、礼乐，吾人所举为大道，而诮西人为无所知者，质而言乎，亦仅如是而已矣。若徒取散见错出，引而未申者言之，则埃及、印度，降以至于墨、非二洲之民，皆能称举一二所闻，以与格致家争前识，岂待进化若中国而后能哉！

虽然，中土创物之圣，固亦有足令西人倾服者。远之蚕桑司南，近之若书椠火药，利民前用，不可究言。然祖父之愚，固无害子孙之智，即古人之圣，亦何补吾党之狂。争此区区，皆非务实益而求自立者也。尤可笑者，近有人略识洋务，著论西学，其言曰："欲制胜于人，必先知其成法，而后能变通克敌。彼萃数十国人才，穷数百年智力，掷亿万资财，而后得之，勒为成书，公诸人而不私诸己，广其学而不秘其传者，何也？彼实窃我中国古圣之绪余，精益求精，以还中国，虽欲私焉，而天有所不许也。"有此种令人呕哕议论，足见中国民智之卑。今固不暇与明"学"为天下公理公器，亦不暇与讲物理之无穷，更不得与言胞与之实行，教学之相资。但告以西洋人所与共其学而未尝秘者，固不徒高颧斜目、浅鼻厚唇之华种，即亚非利加之黑人，阿斯吉摩之赤狄，苟欲求知，未尝陋也。岂二种圣人亦有何物为其所窃？不然，何倾吐若斯也！更有近〔进〕者，前几尼亚人，往往被掠为奴，英人恻然悯之，为费五千万镑之资，遣船调兵，禁绝此事，黑人且未即见德，古〔故〕固深以为仇。此种举动，岂英之前人曾受黑番何项德泽，不然，何被发缨冠如此耶？此更难向吾党中索解人矣！

昨者，有友相遇，慨然曰："华风之敝，八字尽之：始于作伪，终于无耻。"呜呼！岂不信哉！岂不信哉！今者，吾欲与之为微词，则恐不足发聋而振聩；吾欲大声疾呼，又恐骇俗而惊人。虽然，时局到今，吾宁负发狂之名，决不能喔咿嚅呢，更蹈作伪无耻之故辙。今日请明目张胆为诸公一言道破可乎？四千年文物，九万里中原，所以至于斯极者，其教化学术非也。不徒嬴政、李斯千秋祸首，若充类至义言之，则六经五子亦皆责有难辞。嬴、李以小人而陵轹苍生，六经五子以君子而束缚天下后世，其用意虽有公私之分，而崇尚我法，劫持天下，使天下必从己而无或敢为异同者则均也。因其劫持，遂生作伪；以其作伪，而是非淆、廉耻丧，天下之敝乃至不可复振也。此其受病至深，决非一二补偏救弊之为，如讲武、理财所能有济。盖亦反其本而图其渐而已矣！否则，智卑德漓，奸缘政兴，虽日举百废无益也。此吾《决论》三篇所以力主西学而未尝他及之旨也。善夫西人之言曰："中国自命有化之国也，奈何肉刑既除，宫闱犹用阉寺；束天下女子之足，以之遏淫禁奸；谳狱无术，不由公听，专事毒刑榜笞。三者之俗，蛮猓不如，仁义非中国有也。"呜呼！其言虽逆，吾愿普天下有心人平气深思，察其当否而已。至凡所云云，近则三十年，远则六十年，自有定论，今可不必以口舌争也。（天津《直报》1895 年 5 月 1 日至 8 日）

拟上皇帝书

臣闻跛者不忘履，眇者不忘视，一身且然，而况国乎？夫古今中外之人君，其发扬蹈厉，拨乱奠基，功著于当时，庆流于后嗣者，大抵处积弱难治之世，奋于存亡危急之秋，而大得志，不必承庥继明，席富强之余烈，而后可以有为也。中国者，天府之国，广土众民，有四五千年之教化，五洲诸部，方之蔑矣。顾今者大势岌岌，不治将亡，为有识所同忧，而泄沓晏豫，顾取延岁时，一隅有警，则君臣相顾失色，甚者罢朝痛哭，不知所图。举朝之人，无有能为陛下画一策、出一谋以御侮威敌者，徒容忍涊涊，顺敌所求，如偿逋然，求遂责解，相对欢欣，如克大敌者。见兔既不思顾犬，亡羊复不思补牢。臣伏处草野，仰观朝廷所为，私窃痛之。臣闻古今有不为治之国，而天下无不可治之时。陛下果欲有为，则臣今所言，未必无可采择者，惟留神幸察。

臣惟中国之积弱，至于今为已极矣。此其所以然之故，由于内治者十之七，由于外患者十之三耳。而天下汹汹，若专以外患为急者，此所谓为目论者也。且即外患而言，其势之至于今日者，不自今日始也。机动于明代国朝之间，而大著于道光咸丰之际。使当日者，见其已著矣，吾君臣上下，毅然闵然，为深究详察其所由来，而豫具所以待之之术，则所谓外患者，一见而不再见焉可也。不幸敖而弗图，使之再见三见屡见而终不为之所，于是乎有甲午东方之役。夫甲午之役，不独挠败为辱也，其辱有余于挠败者焉。而吾国之权力，乃为天下所尽窥，虽欲为前之苟延岁月，有不可得者矣。然而彼各国犹未敢轻量中国也。彼以谓中国之所以不振者，坐不知外情、不求自奋已耳。使其一旦知外情、求自奋，则以其壤地之大，物产之阔，君权之重，其富强之效，孰能当之！今者以中国之大，而辱于日本，意者其将知外情而深以不振为忧，而力图其所谓自奋者乎？此所以东事以还，外人之于中国，观听之深，十倍于曩者。凡吾朝野上下之举动意向，莫不深诇而详论之。何则？望之深故察之审也。然而以彼为有爱于中国者，则又非也。不爱则何为而深望之？曰：惧中国之终于不振，致启戎心，破各国平权之局，兵事大起而生民涂炭也。盖今日各国之势，与古之战国异。古之战国务并兼，而今之各国谨平权。此所以宋、卫、中山不存于七雄之世，而和兰、丹麦、瑞士尚瓦全于英、法、德、俄之间。且百年以降，船械日新，军兴日费，量长较短，其各谋于攻守之术也亦日精，两军交绥，虽至强之国，无万全之算也。胜负或异，死丧皆多，且难端既构，累世相仇，是以各国重之。使中国一旦自强，与各国有以比权量力，则彼将隐消其侮夺觊觎之心，而所求于我者，不过通商之利而已，不必利我之土地人民也。惟中国之终不振而无以自立，则以此五洲上腴之壤，而无论何国得之，皆可以鞭笞天下，而平权相制之局坏矣。虑此之故，其势不能不争，其争不能不力。然则必中国自主之权失，而后全球之杀机动也。虽然，彼各国岂乐于为是哉！争存自保之道，势不得不然也。臣故曰：各国深望中国自强，望之深，故察之审也。

今夫外患之乘中国，古有之矣。然彼皆利中国之弱且乱，而后可以得志。而今之各国，大约而言之，其用心初不若是。是故徒以外患而论，则今之为治，尚易于古叔季之时。夫易为而不能为，则其故由于内治之不修，积重而难反；而外患虽急，尚非吾国病本之所在也。臣故曰：今日之积弱，由于外患者十之三，由于内治者十之七也。

其在内治云何？法既敝而不知变也。臣闻天下有万世不变之道，而无百年不变之法。盖道者，有国有民所莫能外。自皇古以至今日，由中国以讫五洲，但使有群，则莫不有其相为生养、相为保持之事。既有其相生养、相保持之事。则仁义、忠信、公平、廉耻之实，必行于其间。否则其群立衰，种亦浸灭。至于法则不然。盖古之圣贤人，相一时之宜，本不变之道，制为可变之法，以利其群之相生养、相保持而已。是以质文代变，自三代而已然。即有神圣祖宗，明谕切戒，所以期其子孙世守者，意亦曰，使内之民物，外之敌国，常无异于今，则吾之法制，固可以措天下于至安，而历久而无弊。必不曰情异事迁，世变方亟，所立之法，揆之事理，不可复通，犹责子孙令谨守其法以至危亡也明矣。臣尝窃读中外各国史书矣，见彼外洋，一国既立，为之主者，率皆一姓相传，累千余年而不变。即中间吏〔更〕制民主，置其旧君，而他日复辟，必更求其裔为之，如法兰西前之卢夷是已。至于英、德、奥、日、义、比诸邦，则旧治未隳，为之君者，惟一家而已。独至中国则曰一姓不再兴矣。三古以还，君此土者，不知几易，治乱兴废，如循环然。此其故何哉？司马迁曰："物穷则变，变则通，通则久。"穷变通久，使民不券〔倦〕。外国穷而知变，故能与世推移。而有以长存。中国券〔倦〕不思通，故必新朝改物，而为之损益。果使券〔倦〕而能通，取来者之所损益而豫为之，因世变化，与时俱新，则自夏禹至今，有革制而无易主，子孙蒙业千祀不坠可也；何必如汉臣刘向所言：自古及今，未有不亡之国也哉！且夫王者之大事，莫大于法祖而敬天矣。敬天则当察天意之所趋，法祖则当体贻谋之所重。天之意于何察？察之于亿兆而可知。祖宗之贻谋于何体？体之于一己而可悟。近岁以来，薄海嗷嗷，扼腕扣胸，知与不知，莫不争言变法。且谓中国若长此终古，不复改图，将土地有分裂之忧，人民有奴虏之患。民情如此，则天意可知矣。

　　且臣知陛下之所以谦让逡循，终不忍言变法者，重以子孙轻改祖、父之道故也。此诚陛下孝治之隆，不可及之盛德也。然而臣愚窃以为过矣。臣请得就陛下一己之意明之：设今者陛下愤因循之致弱，不得已审势顺时，制为一切之法以补救之，凡此亦陛下一时之计也。而千秋万岁之后，陛下之圣子神孙，其所遭之世，虽其所以得救者不存，然犹兢守陛下之法，至于不可复行；甚且坐法之故，使人才消乏，财赋困穷，内忧外患，垒至而不可复支，如是而犹不变，宁使宗社倾危，种姓降为皂隶，则陛下以为孝乎？且将恫其易辙改弦，以与天下更始乎？臣愚有以知陛下之必不然矣。然则皇天之意，莫急于利安元元；祖宗之贻谋，莫重于保世垂纯。而既敝之法度，犹刍狗之不可重陈，惟天惟祖宗所日夜属望陛下早为改革者也。此在常智犹能知之，而谓陛下庸有不知此理！今者陛下君九万里之中国，子四百兆之人民，其为荣业可谓至矣。然而审而言之，则所承之重，实百倍于古之帝王；所遭之时，亦古无如是危急者。国之富强，民之智勇，臣愚不知忌讳，不敢徒以悦耳之言欺陛下，窃以为无一事及外洋者。而其所以获全至今者，往者以外人不知吾虚实故耳。甲午以来，情见势屈矣，然而未即动者，以各国之互相牵制故耳。故中国今日之大患，在使外人决知我之不能有为，而阴相约纵，以不战而分吾国。使其约既定，虽有圣者，不能为陛下谋也。为陛下谋，务及此约未及之际，此臣所谓时至危急者也。况客岁德人之占夺胶州，则外人意之所欲为，愈明白而不待更察矣。东方俄、日汹汹，论者策其必出于战。战则无论孰为胜负，而我皆有池鱼之忧。伏惟皇天、祖宗以丕基鸿业付陛下，皇太后援立有德，原以冀祖宗万世之安。且使中国一朝而分，则此四百兆黄炎之种族，无论满、蒙、汉人，皆将永为贱民，而为欧人之所轻蔑践踏。陛下即敝屣万乘，不为身谋，奈九庙在天之灵与皇太后千秋之养何？奈中国率土臣庶所以爱戴陛下之意何？此臣所谓陛下奉承之重，百倍于古之帝王者也。夫陛下所承之重如此，所遭之时，其危急又如此，然则陛下虽欲趣过目前，忍与终古，不可得矣。然而居今之日，而欲讲变革，图富强，虽臣至愚，亦深谅陛下之难为也。

盖古今谋国救时之道，其所轻重缓急者，综而论之，不外标、本两言而已。标者，在夫理财、经武、择交、善邻之间；本者，存乎立政、养才、风俗、人心之际。势亟，则不能不先事其标；势缓，则可以深维其本。盖使势亟而不先事标，将立见覆亡，本于何有？顾标必不能徒立也。使其本大坏，则标非所附，虽力治标，亦终无动。是故标、本为治，不可偏废，非至明达于二者之间，权衡至审而节次图之，固不可耳。夫欲审权衡，则必审察时势，内政外交，皆了然见其症结之所在，而无影响之疑，此固事之大难者也。且臣云今日吾国之富强、民之智勇，无一事及外洋者，亦非敢为无征之辞，抑己扬人，欺陛下也。其所以然之故，所从来也远。臣请得为陛下深明之。臣闻建国立群之道，一统无外之世，则以久安长治为要图；分民分土、地丑德齐之时，则以富国强兵为切计，此不易之理也。顾富强之盛，必待民之智勇而后可几；而民之智勇，又必待有所争竞磨砻而后日进，此又不易之理也。欧洲国土，当我殷周之间，希腊最盛。文物政治，皆彬彬矣。希腊中衰，乃有罗马。罗马者，汉之所称大秦者也。庶几一统矣，继而政理放纷，民俗抵冒，上下征利，背公营私。当此之时，峨特、日耳曼诸种起而乘之，盖自是欧洲散为十余国焉。各立君长，种族相矜，互相砥砺，以胜为荣，以负为辱。盖其所争，不仅军旅疆场之间而止，自农工商至于文词学问一名一艺之微，莫不如此。此所以始于相忌，终于相成，日就月将，至于近今百年，其富强之效，遂有非余洲所可及者。虽曰人事，抑亦其地势之华离破碎使之然也。至我中国，则北起龙庭天山，西缘葱岭轮台之限，而东南界海，中间方数万里之地，带河砺山，浑整绵亘，其地势利为合而不利为分。故当先秦、魏、晋、六朝、五代之秋，虽暂为据乱，而其治终归一统。统既一矣，于此之时，有王者起，为之内修纲维而齐以法制，外收藩属而优以羁縻，则所以御四夷、抚百姓，求所谓长治久安者，事已具矣。

夫圣人之治理不同，而其求措天下于至安而不复危者，心一而已。圣人之意，以谓天下已治已安矣，吾为之弥纶至纤悉焉，俾后世子孙谨守吾法，而有以相生养、相保持，永永乐利，不可复乱，则治道至于如是，是亦足矣。吾安所用富强为哉！是故其垂谟著诫，则尚率由而重改作，贵述古而薄谋新。其言理财也，则崇本而抑末，务节流而不急开原，戒进取，敦止足，要在使民无冻饥，而有以剂丰歉、供租税而已。其言武备也，则取诘奸宄，备非常，示安不忘危之义。外之无与为絜长度大之劲敌，则无事于日讲攻守之方，使之益精益密也。内之与民休息，去养兵转饷之烦苛，则无由蓄大支之劲旅也。且圣人非不知智勇之民之可贵也，然以为无益于治安，而或害吾治，由是凡其作民厉学之政，大抵皆去异尚同，而旌其谆良谨悫者，所谓豪侠健果，重然诺、立节概之风，则皆惩其末流而黜之矣。夫如是，数传之后，天下靡靡驯伏，易安而难危，乱萌无由起。而圣人求所以措置天下之方，于是乎大得。此其意亦非必欲愚黔首、利天下、私子孙也。以为安民长久之道，莫若此耳。盖使天下尝为一统而无外，则由其道而上下相维，君子亲贤，小人乐利，长久无极，不复乱危，此其为甚休可愿之事，固远过于富强也。不幸为治之事，弊常伏于久安之中；而谋国之难，患常起于所防之外，此自前世而已然矣。而今日乃有西国者，天假以舟车之利，阗然而破中国数千年一统之局。且挟其千有余岁所争竞磨砻而得之智勇富强，以与吾相角，于是吾所谓长治久安者，有傥然不终日之势矣。嗟乎！此其为事岂仅祖宗之所不及知也哉！盖虽周孔之圣，程朱之贤，其论治道虑后世也，可谓详且尽矣，然而今日之变，则所未尝豫计者也。

今夫陛下之所以为治，与诸臣之所以辅治，不过近考祖宗之成宪，远稽古圣贤人之所著垂，详择其中以措之于政而已。而今日外交之事，既为前人之所不及知，而未尝豫计，则陛下之为治与诸臣之辅治者，将皆无所循效据依，以为一切因应之具。往者尝欲不察外情而纯任我法矣，顾外人不但不范我驰驱，乃常至于决裂，而我国愈病。于是更以柔道行之，孰意从彼，苟以求一顷之安。然而彼之欲常无穷，而孰意之为，将有时而必不可忍。于是陛下乃起而求折冲御侮之臣，与夫绸缪未雨之佐。而平日国既不以此养才，上亦未尝以此为学，则人才消乏之弊见矣。陛下思所以整武备，缮封疆，与一切可以建国威，消敌萌者，而今日船械之费，动辄数百巨万，吾国度支，以之处平世则有余，以之图非常必不足，则财赋匮乏之弊又见矣。夫人才之与财赋二者，兴事者之所必资也；而皆乏如此，则陛下纵欲为之，而安所借手乎？且臣闻天下非［求］财之难也，而理财为难；又非求才之难也，而知才实难。夫今日中国所处之时势，既大异于古初矣，则今日之才，方之于已往者，虽忠孝廉贞之德，不能不同。而其所具之才，所以幹时艰，策外交而辅内理者，必其详考古今之不同，而周知四国之故者也。夫如是，故其所治之学与其所建白者，亦将有异于古初。而异于古初者，非陛下与内之二三大臣、外之十数疆吏之所尝学而深悉也。如是，则无以知此才而为之区其贤否矣。无以知此才而区其贤否，则所求之才，伏而不出，而游谈乱真者日以多，故陛下虽屡下明诏，督诸臣以荐举之事，而彼外之不能不缘虚声以为采，内之不能不本己意以相求，荐而陛下用之矣，然而事实之际不可诬也。则不幸往往有败，败而陛下又不悟其才之非真也，转曰今之所谓人才，吾既取而用之矣，而于吾事乃如此。然则天下固无才，抑虽才亦无益于吾事也。如此，则陛下求才之意衰，而中国之人才愈不出。夫人才者，国之桢干也。无人才则所谓标、本之治皆不行。于此之时，陛下欲自为其本，则事无旦暮之效，为之虽切，恒恐不逮于救亡。救亡而急理其标，则陛下在在无人才之助。臣故曰：居今之日，而欲讲变革、图富强，虽臣而愚，亦深知陛下之难为也。今使中国之民一如西国之民，则见国势倾危若此，方且相率自为，不必惊扰仓皇，而次第设施自将有以救正。陛下惟恭己无为，顺民所欲，而数稔之间，吾国固已富已强矣。彼英国之维多利亚，不过一慈祥女主耳，非所谓聪明神武者也。至若前主之若耳治，则尤庸暗非才。然而英吉利富强之效，百年以来，横绝四海，远迈古初者，则其民所自为也。顾中国之民有所不能者，数千年道国明民之事，其处势操术，与西人绝异故也。夫民既不克自为，则其事非陛下倡之于上固不可矣。

臣居平尝论中国今日之法，虽已大敝，然所以成其如是者，率皆经数千载自然之势流演而来，对待相生，牢不可破。故今者审势相时，而思有所变革，则一行变甲，当先变乙；及思变乙，又宜变丙。由是以往，胶葛纷纶，设但支节为之，则不特徒劳无功，且所变不能久立。又况兴作多端，动縻财力，使其为而寡效，则积久必至不支，此亦事之至为可虑者也。迩岁以来，朝野之间，其言变法以图自强者，亦不少矣。或曰固圉为急矣，则请练陆营而更立海军；或曰理财最优矣，则请造铁路、开各矿而设官银号；又以事事雇用洋人之不便也，则议广开学馆以培植人才。大抵皆务增其新，而未尝一言变旧。夫国家岁入之度支有限，而新政之日增无穷，新旧并存，理自竭蹶。臣闻为政之道，除旧布新，相因为用者也。譬如病痞之夫，欲求强健，良医临证用药，必将补泻兼施，夫而后积邪去而元气苏，徐收滋补之效。使其执不可攻削，恐伤病人之说，而专补不泻，日进参蓍，则虽所废多金，以求良药，恐痞疾终不可愈，积邪日以益坚，而大命之倾将无日矣。陛下试观今日诸臣所为，何以异此？故臣窃谓前者诸事，以治标而论，则事势太逼，恐无救于危亡；以治本而言，则积疾未祛，亦无益于贫弱。其事诚皆各国所以富强之具，今日所不可不图，第为之而不得其序，则远之有资敌之忧，近之有縻财之患，而于自强之实，取之尚遥。何者？将以为标，则救亡图存，事尚有亟乎此者；以之为本，则原始要终，事尚有先乎此者也。臣尝旷观时变，蚤夜以思，既深识大局之至为难图，又大愿陛下之不可不勉。得未变法之前，陛下之所亟宜行者三；既变法之后，陛下之所先宜行者四。狂夫之言，圣人择焉。屈原不云乎："所非忠而言之兮，指苍天以为正。"惟陛下俯垂圣听而已。

臣所谓未变法所亟宜行三者：一曰联各国之欢。今夫欧洲各国之事，至纷纭矣。然而约而言之，大抵英、俄两大权之所举措而已。英最孤立，而俄则有法、德之连。其所以联者，以三国皆以倾英为谋故也。盖英之海权最大，而商利独闳。其属地大者有五，印度、南澳洲与北美之康纳达、非洲之好望角。而尤要者，则自其国绕大西洋而入地中海，出苏尔斯、红海，过新加坡北首而入吾之东海。沿途岛步，如置驿然，蝉嫣不绝，以为屯煤转饷之资；而辅之以全球之海线，此可谓管五洲之锁钥者也。余国出而行贾，皆有仰于英，而英则无所待于余国。然而以设步之多也，故虽为国大费，而不能不盛设海军而弹压之，此则事相为表里者也。至于俄之国势，则与英悬殊。英岛国也，而俄区大陆，地势平衍，跨有二洲，游牧农渔之利最富，陆师额设之多，甲于天下，善治而自守，收葱领以西之部落，夫已蔚为雄国矣。然自大彼得崛兴以来，常以无四时不冻口门，使商利不恢，国威不畅为恨。百数十年，其君若臣所处心积虑，不遗余力者，为斯一事而已。拓土开疆，抑其次也。波罗特海、白海皆冻，不足以蓄船；黑海宽矣，而内有君士但丁之限，外则地中海东西两头，皆英人司其门户，俄不得以逞志也。前者思南通波斯、阿富汗以出印度洋矣，然此又英人所必争、所死龁，不能入尺寸者也。咸丰末年，以中国之多故，伺隙蹈瑕，唾手而得我黑龙江之东部，于是俄肇有海参威自由之海口，而其国东方之略，亦用此为起点矣。自彼得堡以抵海参威，一经两海，中间径六七千迷卢，多穷徼荒寒之地，俄不惜筹数百兆之费，创为锡伯利亚之铁路以通之。英通海而俄通陆，道成则有以夺英之商权而大得志。嗟夫！谋国若此，此可谓高掌远蹠者矣。不幸道未成而有甲午之事，高丽失怙，而我伤师。日本荐食上国，且有以妨俄数十年惨淡经营之大业，此其势所不能不争者也。于是俄既以助我为名矣，则英自不能不合日本；而法、德者，则俄自知兵力之单，而引以为重者也。夫法之事俄久矣，其事俄也，疾英国而思报德人也。俄一举足，有以为二国轻重，德不能树襟背之敌，故不得已而折入于俄。然往者俄、法衡而德、奥欲为纵矣。且使法人报德之志，日久而衰，则俄、法之交，或不可恃，大抵各适己事而已。此泰西各国之大略也。

至于泰东今日之局，俄、日殆不可解之深仇。日于俄之助我也怨浅，于俄之以我为名以自利也怨深。且俄人在韩之所为，尤使日人噎媚不能出气。故乙未至今，两国伧儴，争为战备，简军峙粮，无一息之逸，吾沿海米价，为之昂腾。度日本之未与俄告绝者，恐英援之未足深恃故耳。今夫英固海上之雄国也，往者泰东西有事，英罔不执牛耳者矣。顾近岁以来，独若谦让未遑，不敢为天下先者，是亦有故。海军之费已重，属地已多，恐窭薮之不容穴，一也；其治已成民主之规，民主者不甚以并兼为利，二也；为各国所妒媢者深，己亦自危孤立，三也；非洲南北，移民新壤，与各国日有违言，国事已冗，四也；前之成绩，备极崇闳，今即不争，已多厚实，争之而胜，得者无多；争之不胜，国荣顿减，故常以持盈保泰为事，五也；君王后享国六十年矣，即位以来，国之富强日臻，己之身名俱泰，为其前史所未有，当国者咸思保其晚节，不忍轻举，六也。以此六故，虽武备日修，力足以与人争先，而无往不为持重，此客岁以前英人大略之政策也。然臣闻其近月以来，稍稍变矣。变则英、日两岛国，左提右挈，必有以阻俄人之东略；而俄人不能为让，则东方战事始殷然矣。至既战之后，各国之离合错综，与其胜败之数，虽有明智，不可得以豫言也。昔者甲午之役，各国皆以日本为必危；去岁土希之战，论者又以希腊为宜胜，及其事验明白，皆异人言。是故事变之来，非臣愚所能豫决。而所决然可知者，则我必受其敝而已。盖外国之事，如海流然，方其澜之安也，则蛟龙鲸鲵，翔泳奔突，奋迅悦豫于涛波之中，皆宽廓有余，而不足为患；及其聚为海啸，则浑乱荡潏，水之百怪，皆郁勃放肆，求自快其意而不可御，而所冲之地，田庐民舍，罔不被灾者矣。是故目前东方之祸，苟有术以弭之，亟宜早为之所。

臣遍观欧、亚二洲之中，其能弭是祸者，独中国而已。而中国之中，独一人而已，则皇帝陛下是也。设今者陛下奋宸断、降德音，令计臣筹数千万之款，备战舰十余艘为卫，上请皇太后暂为监国，从数百亲贤贵近之臣，航海以游西国，历聘诸有约者，与分庭抗礼。为言中国天子有意为治，今之来者，愿有以联各主之欢，以维持东方太平之局，怀保中外之民人。继自今事之彼此交利，如通商，如公法，义所可许者，吾将悉许之无所靳。且吾将变法进治，俾中西永永协和，惟各国之助我。而其有阴谋无义，侮夺吾土地，而蹂躏吾人民者，吾将与有义之国为连以御伐之。夫如是，则不待陛下词之毕，五洲称圣明英武，而东方分争之祸弭矣。伏惟陛下所遭之时，为中国古今帝王所未曾有，则陛下应机发业，亦当出于帝王所未尝为。陛下果采臣言，则上之有以永宗庙万世之安，下之有以拯神州亿兆之黎元而作其气，外之有以解东西各国不可已之兵争而弭其祸。陛下一举，贤于尧、舜、禹、汤、文、武远矣。此臣所不胜为陛下大愿者也。夫帝王会同，在西国亦年月事耳，而自陛下行之，有如是之效验者，在西国则为数见而不鲜，在中国则为旷古而非常也。至于亲履其地，则有以知中西政俗之异同。知其异同，则有以施吾因应修改之治，其为益当众，有非臣所能详举而细论者矣。

二曰结百姓之心。臣闻孟子有言："兵革非不坚利也，米粟非不多也，委而去之，是地利不如人和也。"贾谊亦曰："圣人有金城，民且为我死，故吾得与之俱生；民且为我亡，故吾得与之俱存；夫将为我危，故吾得与之皆安。"降至宋臣苏轼之告其君，亦一言再言以深结人心为本。此以见自古立国之道，未有人心未去而国本或摇者也。其在一统无外之世，固为重矣，而处权均力敌之时，其重倍之。此诚今日陛下所宜戒儆恐惧而常目在之者也。伏惟圣清受命，自入关定鼎以来，首革有明之弊政，作则垂宪，加意优民，刑章赋役，尤所反覆详审。盖本朝十有一叶，二百五十余年之间，未尝用一虐刑也，未尝加一苛赋也，未尝兴一暴役也。生其土者，熙熙含和，有未知征税徭役为何事者。此其爱民之德，不独远迈前朝，盖亦同时五洲大小各国所未尝有。夫国家惠保黎元，至于如此，而臣犹以深结人心戒陛下者，无他，善政经久，则习为固有，而民不知恩；陋规孔多，则吏为屯膏，而下乃疾视。而其尤患者，则在尊卑阔绝，上下之情不交。兵民亿兆，虽欲效忠致爱于陛下，而其道莫由也。臣窃尝观之西国矣，大抵民主之兵，最苦战而不易败，得能者为将，则当者皆靡，如华盛顿之自立与拿破仑之初起是已。君臣上下，日见相亲，抚循教训，截然如一家者次之；而将贵君尊，势分相绝，招之以利，用之以威者最下。夫民勇怯之资虽殊，而贪生之情则一。行阵之间，所以守战至死而不去者，必其有不容己之恩义利害故也。真实民主之国，其兵所以最强者，盖其事虽曰公战，实同私争。所保者公共之产业国土，所伐者通国之蟊贼仇雠。胜则皆荣而安，败则皆忧而辱，此所以临陈争先，虽挫而不溃也。至其次则衔恩顾义，不忍弃捐。且其君臣上下既相亲矣，则其赏罚必明，所以顾恤其私者亦必至。伤残则有养废之廪禄，陈亡则其妻子无饥寒，夫如是，则亦效

死而勿去矣。独至主尊将贵，邈然不亲，招以利而用以威者，民之应募而
为兵也，如牛马然，其心固漠然无所向，迫于饥寒，觊数金之口粮以为生
计耳。至于临陈之顷，于其上非所爱也，于其敌非所仇也，一军未破之时，
顾法重不敢去耳。然而有时而可用者，则必内地之战争，前有城池卤掠之
获，后有官职保举之优，有一不存，其兵皆废。夫以今日战事之烈，火器
之威，其枪炮之利钝悬殊，将领之贤不肖相绝者，固无论矣。至于二力悉
敌之际，则胜败之数，悉以士气之振茶，人心之坚脆为分。以后之兵，当
其前二，摧枯拉朽，岂待言哉！外国知其然也，故其国主将官，一言治兵，
莫不以抚循士大夫为最急。德主于宫禁之内，特设武备学堂，亲选英俊少
年，己为之师，躬行训练。而甲午之役，日本国主亦亲驻广岛，收恤伤亡，
其皇后以中宫之尊，躬率妃嫔，为军士织带调药。岂无故哉！岂无故哉！

　　夫今日中国之事，其可为太息流涕者，亦已多矣。而人心涣散，无护
念同种忠君爱国之诚，最可哀痛。甲午之辽东，客岁之胶、澳，其中文武
官弁之所为作，民情之所见端，臣具有廉耻，为国讳恶，有不忍为陛下尽
言者。陛下闻格物之说乎？格物家之言理也，以谓一物之完而不毁、坚而
难破也，必其中质点爱力至多，如慈石吸铁然，互相牵吸维持而后有以御
外力而自存。及其腐败也，则质点之爱力渐无，抵拒舛驰，而其物遂化。
今中国之质点，亦可谓无爱力矣。以此而当外洋，犹以腐肉齿利剑也。虽
然，陛下慎勿恨民之无良也，亦自反其所以附民者而已。夫附民之要，在
得其心，而心之精微，必不可以美言文具取也。今之为陛下惠养此民者，
不过数千之州县而已，为陛下统辖此兵者，不过数百之将领而已；凡此什
八九，皆受羊而盗其刍者也，其不见德之日久矣。陛下之尊譬如天，而官
吏将领之可畏犹鬼神，生养不为之谋，穷屈无所于诉，而日夜厉以征求敲
朴之事。民生是群，不知何所可恋；士从是军，不识为谁而战。则其忘陛
下之帝力于何有也，不亦宜乎？且民既不知其国之可爱矣，则陛下虽岁筹
无限之费，以庀新器，练新军，部勒正齐，悉用西洋之新法，平居无事，
常派大臣为之简阅，其巧密精练，皆可为无穷之美观；独至一旦有急，则
相率以随前者之覆辙，此列御寇所谓君形者亡也，曷足用乎！况其未必能
及此也。议者将谓昔中国之兵亦尝强矣，不必如西人所为而后可用也。则
臣应之曰：不然。盖事之利钝，起于相较，至于兵为尤然。战者，敌也，

必经权奇正，事事可与人相敌，而后可以言战，而有一胜之可期。使其不然，则未战而败形已具。日者，中国之敌，非西人也。至于内乱，则草寇耳。与草寇敌，故即用草寇之道，亦可有功。此所以湘、淮二军，在前则为精兵，在今则至不足道。犹用其制，必败无疑。何则？其或与校者异也。今者中国制度，固与外洋悬殊，君民之间，必不能与彼之轻简。然兵战之事，存亡所关，急宜略师其意，起而为之。臣之愚计，欲请陛下于臣前言出洋回国之便，亲至沿海各省，巡狩省方，纵民聚观嵩呼，瞻识共主；又为躬阅防练各军，誓诰鼓厉，振其志气。近事俄皇即位加冕，与英国君王后金刚钻喜，皆游宴各部，听民纵观，亲加劳慰，其时举国之民，欢忭感泣，人人有戴主死敌奋不自顾之心，识者皆谓其民为可用。夫中国之民，爱主之心亦犹是也，特陛下忽而远之，故隐而不见耳。一朝振之，其气百倍，敌国见此，自生戒心。夫使四百兆之人皆爱陛下，则陛下何为而不成，何求而不得哉！此为至计，不可忽也。

三曰破把持之局。臣闻国家变法之时，其难有二：一曰抑侥幸之门；一曰破把持之局。侥幸者，自新进而言之也。把持者，自守旧而言之也。然而抑侥幸难矣，而破把持尤难。何以知其然也？国家当奋发有为之际，势不能不开功名之门，破常格以待非常之士。彼侥幸者，中无所有也，而有意于天子之爵禄，于是则养交游谈，甚者或拜私门行苞苴以规进取。虽然进取矣，使其人之甚不肖，则受者难之，而言者或揭其短，抑或负乘而败，则必无幸矣。故抑之虽难而实易也。至于把持之局之难破，则自古而已然。侥幸者，皆小人也，而把持之中不无君子。但使其人不知当世之务，不察理势之真，则奋其偏见，皆可与为治者力争，虽刑黜有所不顾，其所称引者，动缘祖宗之法制，贤圣之遗文，而人君之所宜法守者也。且人情常乐因循而惮改作，故其持论，和者常多。及其既多，则虽以人君之权，有不能与其臣下争胜者矣。赵武灵王之胡服骑射，可谓英主之壮图，然与其臣公叔成往复十余周而后得行其意。宋王安石之新法，虽行之不皆合于道，然亦救时不得已之计也，乃一时为之助而匡辅者少，为之攻而排击者多，于是党论纷淆，而宋治亦不振矣。然此犹是君子之把持也，其害国如此。至于小人之把持，则其术尤工，而其害有不胜偻指者矣。大抵君子之把持，生于智虑之有所不周，意见之有所偏激；而小人之把持，则出于营私自利而已矣。国家承平既久，则无论为中为外，举凡一局一令，皆有缘法收利之家。且法久弊丛，则其中之收利者愈众，一朝而云国家欲变某法，则必有某与某者所收之利，与之偕亡。尔乃构造百端，出死力以与言变者为难矣。是故其法弥敝，则其变弥不可缓；而亦其变之弥不可缓，则其欲变弥难。盖法之敝否，与私利之多寡为正比例；而私利之多寡，又与变之难易为正比例也。夫小人非不知变法之利国也，顾不变则通国失其公利，变则一己被其近灾。公利远而难见，近灾切而可忧，则终不以之相易矣。嗟夫！此西人讲群学者，所以称必有为群舍己之人，而后群强而化进也。且今者中国变法之难，不必改用西法而后尔也。但使人失私利者多，则虽经典之所载，祖训之所垂，不能据之以敌把持之势。

今夫同律度量衡而谨圜法者，王者之大政也，著于礼经，载之会典。且度量不同，圜法不谨者，其国必贫，又计学之公例也。而中国之数者之放纷杂乱，为全球之所无。日者尝有人焉，欲为陛下立圜法矣，以一两五钱为制，色均权等，此法立则民无以滋其巧伪，而吏无以售其奸，而泉货大通于中国，有无穷之利，此亦富国之本谋也。顾何以事经部臣议覆以为多所窒碍而万不可行乎？厘金者，天下之弊政也。吾与外洋议及加税，则英人常以为言，以为吾不病中国之抽厘，所抽重轻，抑亦其次，但商人出本行货，必示以一定税则，然后可以操筹计赢，不至亏折。而中国十里一卡，百里一牙，疏密重轻，毫无定制。夫取于民有制者，又百王之通义也。且赋民无法，则上之所益有限，而下之所损至多。合天下而计之，则国财之耗于无形者不少。今陛下试取其法而整顿之，而观各省之督抚官吏以为何如？由此而推之，则陛下欲变科举考试之法，则必有收科举考试之利以为不便矣。陛下欲废弓箭，用枪炮，毁沙艇，易轮船，罢漕运，收折色，讲河工，用西法，诸如此者，必有收前利者以后之变法为大不便。总之，如臣前言，其法愈敝，则把持愈多，而变之愈不易，不必问其为中法为西法也。孔子曰："鄙夫可与事君也与哉？……苟患失之，无所不至。"而近人之论李斯，亦云：小人宁坐视其国之危亡，不以易其身一朝之富贵。痛矣乎，其言之也！然而臣以为彼把持者之计亦短矣。譬如树木之有虫，一身之有蛊，聚而嗽之，以为得计，而不念及其已甚，则树僵人亡，而己亦与偕尽。此庄周所谓濡需豕虱者也。使其幡然变计，先国而后身，先群而后己，则一身虽不必利，犹可以及其子孙。况夫处富强之国，其身之未必不利也哉，特一转移之间耳！

是以臣之愚计，以为陛下治今日之中国，不变法则亦已矣，必变法则慎勿为私利者之所把持。夫法度立，则无独蒙其利者，故虽至不得已而改革，其于人必有所龃龉而不安。历代叔季之君，夫亦自知伤危而思振刷矣。使其匪所龃龉而变之不难，则古今安得有亡国哉？臣闻帝王之用心，与众庶异。众庶急其一身一家而已，然而仁贤之士，尚有亡身以救物者；至陛下之用心，则利社稷安元元否耳。《淮南子》有云："栉者堕发。"然而栉不止者，所损者少而所利者多也。尚安能以数人之私戚，而废天下之公休也哉！故不破把持之局，则变法为虚言。陛下果有意于讲变革、图富强，亦在断之而已。以上二端，皆未变法之先所宜亟行者也。盖不联各国之欢，则侮夺之事，纷至沓来，陛下虽变法而不暇；不结百姓之心，则民情离涣，士气衰靡，无以为御侮之资，虽联各国之欢，亦不可恃；而不破把持之局，则摇手不得，虽欲变法而不能也。一其事在各国，二其事在万民，而三则在陛下之一心。陛下果采臣议而次第行之，则为旷古之盛节，机关阖辟，而数千年之治运转矣，然后因势利导。所谓既变法所宜先者，臣请竭其愚虑，继今而言之。（《国闻报》1898 年 1 月 27 日至 2 月 4 日）

有如三保

今者执中国之涂人而强聒之曰：世法不变，将有灭种之祸，不仅亡国而已。则强者必怒于形，弱者必怒于色；而黠者且目笑而存之，其心以为自中国驱夷无术，汉奸孔多，利在变法，取已成之制度，而纷更之，因势乘便，以规富贵，故为此不可知未曾有之危词，助彼族相恫愒。不然，中国以四百四十四万九千方米卢之地，开国自黄帝至今，四千三百八十六年；挈乳浸多，而有三百四十一兆一十八万之民众；纵世运有盛衰，而天运循环，互为雄雌，亡国且不必然，何所谓灭种者？此其说甚伟。使其果然，则吾辈与彼，均可式食式饮而听天下事之自至。夫人情乐逸休而苦劳动，利守旧而惮谋新，吾与若情一而已。且以一二人倡为危论，以扰天下优游暇豫之心者，天下之所恶也。且其甚为怪民，为妖言。彼且不恨外仇，而恨倡为是言以形其丑辱。以眇眇之身，集高墉而为群矢的，智者所不为。往者江浙之间，有五通神，淫祀也。天大雨淫潦，一狂生取其像横水中，为砥以过。俄而乡民至，大惊畏，跪起其像，拂拭之，复其位而去。其夕五通见梦曰："吾为砥潦中，时日不利耳。尔何物？乃众辱我！罪死无赦！"遂病热死。今之从政者，大抵五通神。东西洋诸国为狂生，而持危言谠论痛哭流涕以道之者，则乡愚也。其见怪梦而责死，又胡疑乎！虽然，使其身蒙祸，而国势尊，民智进，虽灭死何足恨。独恨危身亡躯，于时事无丝毫补耳！夫人生于一群之中，犹大质之一点，其为力本微。昌言驾说，犯天下之所不喜，被讥弹，蒙谤议，甚且危身亡躯，是亦可以已矣。而犹强聒不舍者，盖其心以为民之于国，犹子之事父母也。孔子不云乎："见志不从，又敬不违，劳而不怨。"此其被讥弹，蒙谤议，甚且危身亡躯而不见可悔者，守孔子之道而不敢畔云尔。

今夫灭种之祸，不睹事物之真者，咸不知其所谓。吾且不必本动植之事，取群学之例而言之，但取众人耳目之所睹听者而言之，已可见矣。今天下官民所交困者，非钱荒谷贵二事乎？吾辈试思：钱之所以荒，谷之所以贵，与夫钱荒谷贵之流极，则于时事之艰、种之难存，思过半矣。驱夷闭关之说既不可行，则中外之通，日甚一日，虽甚愚亦知之。既通矣，则中外食货，犹水互注，必趋于平，又无疑也。数十年来，泰西日本皆废银而用金，故其银为无用而价跌。彼跌之则我不能独腾，而吾银亦日贱，于是前之受银者，降至七八折不止，而官始困矣。至于谷贵，则其祸尤烈。二十年以前，编户之家，月得三千，有以资八口，至于今则养两人殆不足。夫如是，则前之三餐者，今则两餐矣；前之两餐者，今则一餐矣。甚且如颜鲁公举家食粥者有之，饥饿不能出门户者有之。

吾尝闻化学家之说，物之焚也，皆以其质与养气合，故世间物有快焚，有慢焚。快焚者，火烈具举，顷刻灰烬是也；慢焚者，如草木之槁腐，如铜铁之绣〔锈〕涩是也。二者迟速虽不同，而皆归于灰烬。由是推之，则世间亦有快饿死，有慢饿死。快饿死者，罗雀掘鼠，粮食罄尽，转为沟瘠是也；慢饿死者，饮食不臝，颟顸不饱，阴消潜削，乃成赢民，疾疫一兴，如风扫箨，男女老少，争归北邙是也。诸君试闭目静念，今日谷贵如此，一府一县罹此祸者凡有几家，其老迈者何以终天年，其幼少者何以遂其长养。而且仓廪不实，风化日衰，争夺既兴，世且大乱。今者外国取通，尚不外沿海各省而已，而籴贱卖贵，已足使吾民之病如此。设他日遍地通商，而吾暗然犹不知所以为待之术，则其祸当如何？则知吾灭种之说，非恫愒之词，而为信而有征者矣。悲夫。

于是闻吾说者，乃谓此所以海禁万不可开，和约必不可立，吾惟抵死守吾驱彝之策而已，庶有豸乎？此其所云，果能必济，则虽非至策，固亦大妙；而无如观五十年来之国事阅历，使其人略有识解，应当知此法之必不可行，尝试为之，亡灭更速。且即使可行，亦非至策云者，盖即竭力而济，亦不过将此局面推之后来，且发迟而其祸更烈。天下之至不仁，莫若苟且自救，祸遗后人。地学家谓澳洲以复远不通之故，其中动植诸物，皆比欧亚为后一期，如甘噶卢鸭嘴獭之类，前者虽有以自存，今者与旧洲忽通，前种皆站不住。可知外物之来，深闭固拒，必非良法，要当强立不反，出与力争，庶几磨厉玉成，有以自立。至于自立，则彼之来皆为吾利，吾何畏哉！又有一种自命智计之士，以谓周利则凶年不杀，故明知国势既危，其心之谋利益至，而能事又不足取外以附内，而徒侵夺于同种并国之中。以智侵愚，以强暴弱，民为质点，爱力全无，所谓自侮而后人侮，自伐而后人伐。如此者，皆灭种功臣，而他日乱世多财，自存无术，其亡更速，则置之不足道也。

今日更有可怪者，是一种自鸣孔教之人，其持孔教也，大抵于〔与〕耶稣、谟罕争衡，以逞一时之意气门户而已。不知保教之道，言后行先则教存，言是行非则教废。诸公之所以尊孔教而目余教为邪者，非以其理道胜而有当于人心多耶？然天下无论何教，既明天人相与之际矣，皆必以不杀、不盗、不淫、不妄语、不贪他财为首事。而吾党试自省此五者，果无犯否，而后更课其精，如是乃为真保教。不然，则孔教自存，灭之者正公等耳，虽日打锣伐鼓无益也。且孔子当日，其拳拳宗国之爱为何如？设其时秦、楚、吴、越有分东鲁之说，吾意孔子当另有事在，必不率其门弟子，如由、求、予、赐诸人，向三家求差谋保；而洙、泗之间，弦歌自若，一若漠不相关也者；又不至推六经诸纬，委为天心国运可知。且《记》〔语〕称"毋意，毋必，毋固，毋我"，则必不因四国为夷狄，而绝不考其行事，而谋所以应付之方。然则以孔子之道律今人，乃无一事是皈依孔子。以此而云保教，恐孔子有知，不以公等为功臣也。且外人常谓以中土士夫今日之居心行事而言，则三千年教泽，结果不过如是，自然其教有受弊根苗，所以衍成今日之世道。然则累孔教，废孔教，正是我辈。只须我辈砥节砺行，孔教固不必保而自保矣。

本馆数日前接到泰西访事友人一信，今略陈之，则我辈凡为中国男子者，皆当愧死。信云：前有法兰西人名迈特者，为福建船厂雇为教习有年。娶一粤女为妇，伉俪甚笃。生二女一男，长者今过笄矣。迈归，挈之回法，入学皆通达。去岁自德占胶州、俄租旅顺之后，欧洲国论纷纭，皆云瓜分之局已具。是二女者，日夜流涕，至忘寝食。每日早起，有闻卖报纸过者，必讯其中有中国事否，有则必购阅之，阅已复哭。见其弟，则勖其努力为学，后日归华，为黄种出死力也。此固友人亲见之者，非谬悠之说也。其书后尚云：华人素斥西洋为夷狄，而不知此中人民，君民相与之诚。伉俪之笃，父子之爱，朋友之信，过吾中国之常人千万也，则其说狂而悖矣。嗟乎！诸公何必学孔子，但能以迈二女子之心为心，则不佞高枕无忧，有以知中国之不亡矣。因与客论保种、保国、保教三事而觊缕如此。（《国闻报》1898 年 6 月 3、4 日）

保教余义

合一群之人，建国于地球之面。人身，有形之物也，凡百器用与其规制，均有形之事也。然莫不共奉一空理，以为之宗主。此空理者，视之而不见，听之而不闻，思之而不测。而一群之人，政刑之大，起居之细，乃无一事不依此空理而行。其渐且至举念之间，梦寐之际，亦无心不据此空理而起也。此空理则教宗是矣。自非禽兽，即土番苗民，其形象既完全为人，则莫不奉教，其文化之浅深不同，则其教之精粗亦不同。大率必其教之宗旨适合乎此群人之智识，则此教即可行于此群中；而此群人亦可因奉此教之故，而自成一特性。故风俗与教宗可以互相固结者也。

中国孔子以前之古教，不可考矣。自秦以后，乃有信史。据史以观，则知历代同奉孔教以为国教。然二千年来，改变极多。西汉之孔教，异于周季之孔教；东汉后之孔教，异于西汉之孔教；宋后之孔教，异于宋前之孔教。国朝之孔教，则又各人异议，而大要皆不出于前数家。故古今以来，虽支派不同，异若黑白，而家家自以为得孔子之真也。夫孔教之行于中国，为时若此之久，为力若此之专，即中国人之斤斤与外人相持，亦均以新法之有碍孔教为辞，若欲以国殉之者。旅顺、威海、胶州之割，关税、厘金、铁路、矿产之约，举国视之不甚措意，偶有言及者，如秦人道越人之肥瘠。独至春间，独逸营兵狼藉即墨孔庙之事，乃大哗愤。士夫固然，商贾行旅之徒，亦颇汹汹。欧人视之，相与骇笑，以为此与印度当日屈伏于英，曾不为耻，忽闻营中所给火药中有豕膏，以为此即破其教门，乃相率而叛，其情节正同也。虽然，西人即作是言，亦因此可以见支那信教之深，于国于种，未尝无益。且其言果确，则西人亦安得视我为无教之人，而夷之于非、澳之土族哉！

往见西人地图，每地各以色为标识，表明各教所行之地。一种以支那与蒙古、西藏、暹罗同色，谓行佛教。又一种以支那、悉毕尔与非洲、澳洲之腹地同色，谓行土教。问其何以为佛教？曰：验人之信何教，当观其妇人孺子，不在贤士大夫也；当观其穷乡僻壤，不在通都大邑也；当观其闾阎日用，不在朝聘会同也。今支那之妇女孺子，则天堂、地狱、菩萨、阎王之说，无不知之，而问以颜渊、子路、子游、子张为何如人，则不知矣。支那之穷乡僻壤，苟有人迹，则必有佛寺尼庵，岁时伏腊，匍匐呼吁，则必在是，无有祈祷孔子者矣。至于闾阎日用，则言语之所称用，风俗之所习惯，尤多与佛教相连缀者，指不胜屈焉。据此三者，尚得谓之非佛教乎！问其何以为土教？则曰：遍地球不文明之国所行土教，有二大例：一曰多鬼神，二曰不平等。支那名山大川，风雷雨露，一村一社各有神。东南各省则拜蛙以为神，河工之官则拜蛇以为神，载之祀典，不以为诞。时宪书者，国家之正朔也。吉神凶神，罗列其上，亦不以为诞。此非多鬼神而何？官役民若奴隶，男役女若奴隶，盖律例如此也，此非不平等而何？据此二者，尚得谓之非土教乎！是二说也，欧人所云然，支那人即欲辨之，恶得而辨之？平心思之，则实有尸之者矣！

孔教之高处，在于不设鬼神，不谭格致，专明人事，平实易行。而大《易》则有费拉索非之学，《春秋》则有大同之学。苟得其绪，并非附会，此孔教之所以不可破坏也。然孔子虽正，而支那民智未开，与此教不合。

虽国家奉此以为国教，而庶民实未归此教也。既不用此教，则人之原性，必须用一教，始能慰藉其性魂。于是适值佛法东来，其小乘阿食一部，所说三涂六道，实为多鬼神之说，与不开化人之脑气最合，遂不觉用之甚多，而成为风俗。盖民智未开，物理未明，视天地万物之繁然淆然而又条理秩然，思之而不得其故，遂作为鬼神之说以推之，此无文化人之公例矣。然则支那今日实未尝行孔教，即欧人之据目前之迹以相訾謷者，与孔教乎何与？今日支那果何从而明孔教哉！夫不读万国之书，不能明一先生之说也。（《国闻报》1898 年 6 月 7、8 日）

保种余义

支那古语云：天道好生。吾不解造物者之必以造万物为嗜好也。其故何耶？此姑不论。但论其既好生物，则必有生而无死，而后可谓之好生。若云有生无死，则地不能容，故不容不死。不知同此一器，容积既满，则不能再加，必减其数而后可。此我等之智则然，此所以为成其局于形器之人也。若造物则当不如是，使造物而亦如是，则其智能与吾等耳，吾何为而奉之哉！今若反之曰：上天好杀。正惟好杀，故不能不生。盖生者正所以备杀之材料，故言好生则不当有死，言好杀则不能不生。同一臆测，顾其说不强于好生之说耶？吾作此说，非一人之私言也。英达尔温氏曰："生物之初，官器至简，然既托物以为养，则不能不争；既争，则优者胜而劣者败，劣者之种遂灭，而优者之种以传。既传，则复于优者中再争，而尤优者获传焉。如此递相胜不已，则灭者日多，而留者乃日进，乃始有人。人者，今日有官品中之至优者也，然他日则不可知矣。"达氏之说，今之学问家与政事家咸奉以为宗。盖争存天择之理，其说不可易矣。

以今日之时事论，白人在一千五百年间，未出欧洲之境，而与黄人有大争数次，实系乎两族之兴亡，而其时黄人已不能得志于白人。第一次波斯亚答泽耳士起倾国之众以伐希腊，而为米地斯多基利所败。第二次蒙古曷底拉深入罗马境，而为那底亚所败。第三次阿刺伯耶昔第二逾比利牛斯山欲伏全欧，而为沙尔马的尔所败。第四次蒙古成吉斯渡多瑙河而西，以攻日尔曼，既胜矣，终惮欧人之勇，遂不敢复西。此数事者，白人有一不胜，则不能保全其自主，若一经服于他族，则失其独立不羁之气。白人之能有今日与否，未可知矣。而白人乃能联为一气，致死不渝，终不予其权于黄人。洎乎二百年来，民智益开，教化大进，奋其知勇，经略全球。红人、黑人、棕色人与之相遇，始则与之角逐，继则为之奴虏，终则归于泯灭。二百年间之事，图书明备，见闻相接，然岂凿空之谈哉！

今数雄已灭，所存大东之数国而已。夫黄种之后亡于红种、黑种、棕种者，岂智力之足抗白人哉！徒以地大人多，灭之不易，故得须臾无死耳。合亚洲黄人号八百兆，而支那居其半，支那之人亦窃恃此以无恐，然吾窃虑支那之民虽众，未可恃也。夫支那有此生齿者，非特其天时地利之美，休养生息之宜，以有此也。其故实由于文化未开，则民之嗜欲必重而虑患必轻。嗜欲重，故亟亟于婚嫁，虑患轻，故不知预筹其家室之费而备之。往往一人之身，糊口无术，娶妻生子，视为固然。支那妇人，又凡事仰给于人，除倚市门外，别无生财之术。设使娶妻一人，生子四、五人，而均须仰食于不足自给之一男子，则所生之子女，饮食粗弊，居住秽恶，教养失宜，生长于疾病愁苦之中，其身必弱，其智必昏，他日长成，必有嗜欲而无远虑，又莫不亟亟于嫁娶。于是谬种流传，代复一代。虽半途夭折之数极多，然所死之数，必少于所生之数。而国家又从无移民之法，积数百年，地不足养，循至大乱，积骸如莽，流血成渠。时暂者十余年，久者几百年，直杀至人数大减，其乱渐定。乃并百人之产以养一人，衣食既足，自然不为盗贼，而天下粗安。生于民满之日而遭乱者，号为暴君污吏；生于民少之日［而］获安者，号为圣君贤相。二十四史之兴亡治乱，以此券矣。不然，有治而无乱，何所谓一治一乱哉！

夫此群中均身体弱智识昏之人，则其人愈多，为累愈甚，于是虽有善者，必为不善者所累，而自促其生。积数十人或数百人以累一人，是不啻以勤俭自立之人，受役于游惰无业之人也。而有志者先死，因而劣者反传，而优者反灭。然若优者尽死，则劣者亦必不能自存，灭种是矣。此与达氏之言相反。非相反也。盖前之说，论全球之进化；而此之说，乃一支之退化也。退之不已，可以自灭，况加以白人之逼迫哉！欧人近创择种留良之说，其入手之次，在于制限婚姻。其说也，白人尚欲自行之，况于支那乎！夫天下之事，莫大于进种，又莫难于进种，进与退，固无中立之地

哉！（《国闻报》1898 年 6 月 11、12 日）

论治学治事宜分二途

　　自学校之弊既极，所谓教授训导者，每岁科两试，典名册，计赀币而已。师无所为教，弟无所为学，而国家乃徒存学校之名，不复能望学校之效。积习已久，不可骤更，乃不得已而以书院济之，十八行省中，其布政司之所治者，必有数大书院，若府治，若县治，莫不有之，即村镇之稍大者，亦往往有焉。书院之大者，岁糜数万金之款，聚生徒数百人；其小者，亦必有名额数十。月必有课，课必第其甲乙。官若师则视其甲乙以奖励之。若师若弟子，均有所事事，而学校之意遂寄于书院矣。木之老也，必荣其歧；事之弊也，必贵其式。有内阁而又有军机，有地方官而又有局所，其同一故哉！然书院之兴，虽较胜于学校，其所课者，仍不离乎八股试帖，或诗赋杂体文；其最高雅者，乃分经学、史学、理学、文学等而试之。而其不切于当世之务，则与八股试帖等。士之当穷居，则忍饥寒，事占毕。父兄之期之者，曰：得科第而已。妻子之望之者，曰：得科第而已。即己之寤寐之所志者，亦不过曰：得科第而已。应试之具之外，一物不知，无论事物之赜，古今之通，天下所厚望于儒生者，彼不能举其万一。即市侩贩夫，目不知书，而既阅历于世者甚亲，其识或出儒生之上。于是举世不见通儒之用，而儒术遂为天下病。况乎叔世俗漓，机械百出，当其伏处，苟能咿唔，作可解不可解之文字，尚能藏其拙也。一旦通籍，则尽弃其诗书乐礼之空谈，而从事簿书期会之实事。非独其事非所素习也，即其情亦非己所素知。在捷给者，或不难尽更其面目；其迟钝者，仍不免有平夙作诸生时之故态，而因以为仕病。盖章缝之道苦矣。有识之士，深维世变，见夫士气不振，官常不肃，学业不修，政事不举，一一均由于所学之非；乃相与慷慨叹诧而言曰：天下之官，必与学校之学相应，而后以专门之学任专门之事，而治毕举焉。斯言也，一唱而百和，凡为有志，莫不然之。虽然，以此论矫当世之论则可耳，若果见诸施行，则流弊之大，无殊今日。

　　天下之人，强弱刚柔，千殊万异，治学之材与治事之材，恒不能相兼。尝有观理极深，虑事极审，宏通渊粹，通贯百物之人，授之以事，未必即胜任而愉快。而彼任事之人，崛起草莱，乘时设施，往往合道，不必皆由于学。使强奈端以带兵，不必能及拿破仑也；使毕士马以治学，未必及达尔文也。惟其或不相侵，故能彼此相助。土蛮之国，其事极简，而其人之治生也，则至繁，不分工也。国愈开化，则分工愈密，学问政治，至大之工，奈何其不分哉！今新立学堂，革官制，而必曰，学堂之学，与天下之官相应，则必其治学之材，幸而皆能治事则可，倘或不然，则用之而不效，则将疑其学之非，其甚者，则将谓此学之本无用，而维新之机碍，天下之事去矣。

然则将何为而后可？曰：学成必予以名位，不如是不足以劝。而名位必分二途：有学问之名位，有政治之名位。学问之名位，所以予学成之人；政治之名位，所以予入仕之人。若有全才，可以兼及；若其否也，任取一途。如谓政治之名位，则有实任之可见，如今日之公卿百执事然，人自能贵而取之；学问之名位，既与仕宦不相涉，谁愿之哉？则治学者不几于无人乎？不知名位之称，本无一定。农工商各业之中，莫不有专门之学。农工商之学人，多于入仕之学人，则国治；农工商之学人，少于入仕之学人，则国不治。野无遗贤之说，幸而为空言，如其实焉，则天下大乱。今即任专门之学之人，自由于农、工、商之事，而国家优其体制，谨其保护，则专门之人才既有所归，而民权之意亦寓焉。天下未有民权不重而国君能常存者也。治事之官，不过受其成而已，国家则计其效而尊辱之。如是，则政治之家亦有所凭依，以事逸而名荣，非两得之道哉？且今日学校官制之大弊，实生于可坐言即可起行之一念耳。以坐言起行合为一事，而责以人人能之。方其未仕，仅观其言，即可信其能行；及其不能，则必以伪出之，而上不得已亦以伪应焉，而上下于是乎交困，天下古今，尝有始事之初，不过一念之失，而其末也，则弊大形，极天下之力而不足挽回，此类也哉！（《国闻报》1898 年 7 月 28、29 日）

论中国之阻力与离心力

西人之论物理者曰：凡物成形之后，若无别力加之，则此物永不变异。然天下之物，点点密移，前后相续，无间变易者，则以有阻力与离心力也。阻力者，如此物有欲行之方向，而有他力阻之使不行，或阻力四面俱生，亦可使本物受其极大之逼迫，而更其面目。离心力者，由万物极微合成，内具向心力，若失其互相吸引之性，而每点各相推拒，则可使本物失其形性，而化为乌有。此二力均能改物，而离心力尤甚。因物遇阻力时，若无离心力，则物不过失其本形，而别成新形；设再加之以离心力，则此物遂灭而别为他物矣。尝持此说以论群学，则其验尤不爽。譬如有一家于此，本非富贵之裔，上无奥援，外无凭借，内无恒产，欲有所图，其力辄若有物以限制之。其限之者，即群中之阻力也。然若其家之父子兄弟，齐心耦意，沉毅有为，既不躁动，亦不馁败，将见如此久之，而阻力渐次变小，终至于无。家业之兴，其始若或限之者，其究莫之能御，此阻力终为向心力所胜也。若其家之父子兄弟，互相猜忌，借助外援，自相鱼肉，以取一时之快意，则其一家所成之离心力，外侮之来未迫，而内讧之势已不可支矣。即使家本富贵，亦不能久，况其为贫贱乎！故曰：离心力尤可畏于阻力也。

今者中国幅员万里，人民数百兆，天下之人，举皇皇然若有不终日之势。问其何故，则必以为欧洲各强国之阻力也。从大至小，无论何事，考其情状，无不见屈于西人。谓为阻力，诚阻力也。然试思此阻力之何以行于吾土，而吾竟无拒力哉？则知吾中国有离心力之故也。夫离心力者，非权臣内奸，外藩跋扈，士民朋党，大盗移国之谓也。盖此数者，虽可使玉步迁移，神州板荡，势浪所及，或数十百年而后已，然其先必有数十人或数百人，同一心志，生死不渝，而后能成滔天之祸，其后则杀人既多，祸机渐弭，亦终有小康之一日，必不至无声无臭，全种沦胥。故仅可谓为阻力，而非离心力也。然则离心力之情状何如？其情状之可见者，朝野乂安，除外侮之外，晏然无事，野无盗贼，即偶有，亦旋擒搜荡平之。士林无横议，布帛菽粟之谈，远近若一，即有佻达，亦其小小。朝士彬彬，从容文貌，威仪繁缛，逾于古初。听天下之言，无疾言也；观天下之色，无遽色也；察天下之行事，无轻举妄动也。而二万里之地，四百兆之人，遂如云物之从风，夕阳之西下，熟视不见其变迁，逾时即泯其踪迹，其为惨栗，无以复逾。究其本原，其细已甚。

尝考欧人之富强，由于欧人之学问与政治。当其声光化电动植之学之初发端时，不过一二人以其余闲相论讨耳。或蓄一垆一釜，凡得金石，举加热以察其变化；或揉猫皮，擦琥珀，放风筝，以玩其相吸；或以三角玻璃映日以观其采色；或见水化汽时，鼓动其器之盖，而数其每时之动；其尤可笑者，或蓄众微虫而玩之，或与禽兽同卧起以觇之。其始一童子之劳，锲而不舍，积渐扩充，遂以贯天人之奥，究造化之原焉。以若所为，若行之中国，必群目之曰呆子。天下之善政，自民权议院之大，以至洒扫卧起之细，当其初，均一二人托诸空言，以为天理人心，必当如此，不避利害，不畏艰难，言之不已；其言渐著，从者渐多，而世事遂不能不随空言而变。以若所为，若移之中国，又必群议之曰病狂。其菲薄揶揄，不堪视听，或微词婉讽，或目笑不言，始事者本未有心得之真，观群情如此，必自疑其所学之非，而因以弃去。故不必有刀锯之威，放流之祸，仅用呆狂二字，已足沮丧天下古今人材之进境矣。人材既无进境，则教宗政术，自然守旧不变，以古为宗。夫数千年前人所定之章程，断不能范围数千年后之世变，古之必敝，昭然无疑，更仆难终，不能具论。综其大要，不过曰，政教既敝，则人心亦敝而已。人心之敝也，浸至合群之理，不复可言，不肖之心，流为种智，即他人之善政，而我以不肖之心行之，既有邪因，必成恶果，守旧之见，因之益坚。

当斯时也，游于其野，见号为士者，习帖括，工折卷，以应试为生命。当其应试，偶不如志，哗然称罢考。已而有贱丈夫焉，默计他人皆不应试，而我一人独应之，则利归我矣，乃不期然而俱应试如故。行于其市，实业之学不明，商情日棘，亦尝奋然曰齐行。乃又有贱丈夫焉，默计他人如彼，而我阴如此，则利归我矣，乃不期然而行之不齐如故。及观乎其朝，夫今日之卿大夫，即士子帖括之所换，市贾金钱之所买者也。当其少年，本无根蒂〔柢〕，一行作吏，习气益深，陈力就列，所治之事，彼此不相知，各凭私见，以为独断。若国之内政，无往非伪，以伪应伪，无从证其是非，但见事事合例而已。及猝有外交之事，则本无例之可援，万不能以己之伪，应他人之真，遂不得不互相推诿，互相蒙蔽，直至其事已临不能再缓之限，乃以一二志气颓唐，本无学问，而又互相猜忌之人，凭其影响之见闻，决以须臾之意见。其职愈要，则其见闻之来历，转展愈多，故其影响亦愈甚，而差谬愈远焉。此局一成，局中即有明哲人，亦必随俗迁流，无能为役。盖明知一立异同，则其身不能一日安，于事毫无所补，不如姑回翔以待之也，而此待遂千古矣。

今日中西人士论中国弊政者，均沾沾以学校、官制、兵法为辞，其责中国者，何其肤廓之甚哉！夫中国之不可救者，不在大端，而在细事，不在显见，而在隐微。故有可见之弊，有不可见之弊，有可思及之弊，并有不可思及之弊。蒙等生长乡间，见闻狭隘，三途六道，千诡万变，无由得知，仅就平日所闻于朋友者，而已若此。此病中于古初，发于今日，积之既久，疗之实难。无以名之，名之曰离心力而已。夫中国实情，其或有不止于此者乎？或有不若此之甚者乎？非所知也。（《国闻报》1898 年 1 月 2、3 日）

论中国分党

《论语》称"君子不党"，已以党义为非。屈原赋始用"党人"为指斥之辞。至东汉之季，乃有党祸。自是以后，唐之牛李，宋之蜀洛，明之东林，几代代有之，而与国家之存亡相终始。近数十年，与欧美相通，乃知西人亦有类乎党者，如英之保党、守党，法之民党、王党，日之宪政党、自由党之类，不可悉数。此等之党，与中国昔时之所谓党者不同，不过译人偶以"党"称之耳。中国之所谓党者，其始由于意气之私，其继成为报复之势，其终则君子败而小人胜，而国亦随亡。其党也，均以事势成之，不必以学识成之也，故终有一败而不能并存。西人之党，则各有所学，即各有所见；既各有所见，则无事之时，足以相安，及有所借手，则不能不各行其意而有所争于其间，其所执者两是，则足以并立而不能相灭。此中西各党之不同也。由前之说，则有今昔之殊；由后之说，则有中外之别，均不足以例今日。最后则知高丽有守旧、维新两党，此为支那言守旧维新之始。然其时支那之人，旧者太多，新者太少，无从分党。自甲午以后，国势大异。言变法者稍稍多见，先发端于各报馆，继乃昌言于朝，而王大臣又每以为不然，于是彼此之见，积不相能，而士大夫乃渐有分党之势矣。西人见此，遂遽以为支那人本有三党：守旧党主联俄，意在保现存之局面；中立党主联日，意在保国而变法；维新党主联英，意以作乱为自振之机。此言也，出于西人之口，骤闻之颇似别白极真者，然深思之，甚为不然。意此不过西人以其国家之情形，臆度支那之情形耳。而支那之实情，实不若是也。试条辨之。

西人所谓维新党者，盖即指孙文等而言。西人之许可孙文，别无深意，因谋叛之罪，彼律甚轻，孙文之为其教中人，尝大言欲行其教于中国，以此之故，西人许之，非实见其人之足信也。而孙之为人，轻躁多欲，不足任重，粤人能言之者甚多。幻气游魂，幸逃法外，死灰不然，盖已无疑。即英人前在伦敦使馆之辩论，不过自保其国权，与孙文无涉焉。如此，则彼所谓之维新党，不能成其党也。西人所谓中立党者，即支那现所称之维新党，大约即指主变法诸人而言。支那此党之人，与守旧党比，不过千与一之比，其数极小。且此党之中，实能见西法所以然之故，而无所为而为者，不过数人；其余则分数类：其一以谈新法为一极时势之妆，与扁眼镜、纸烟卷、窄袖之衣、钢丝之车正等，以此随声附和，不出于心，此为一类；其一见西人之船坚炮利，纵横恣睢，莫可奈何，以为此其所以强也，不若从而效之，此为一类；其一则极守旧之人，夙负盛名，为天下所归往，及见西法，不欲有一事为彼所不知不能也，乃举声光化电之粗迹，兵商工艺之末流，毛举糠秕，附会经训，张唇植髭，不自愧汗，天下之人，翕然宗之，郑声乱雅，乡愿乱德，维新之种，将为所绝，此又为一类。之斯三者，有维新之貌，而无维新之心者也。如此，则彼之所谓中立党，不能成党也。

若夫至不称其名者，莫如守旧党。既称守旧，则必有旧之可守。所谓旧者，支那立国数千年，今虽不及欧美之盛，然亦非生番黑人也，盖亦必有道矣。真能守之，当有可观。乃今日守旧之人，问以七略九流之家法，不能如也；课以三千年之朝章国政，不能举也；责以子臣弟友纲常名教之职，不能践也。且旧学中之至大至要者，莫如五伦，此旧党所援以攻新党者。今观旧党，有父母之丧，则苫块所嗰蹙，朋友所慰藉，其所言者，不曰某科不能考，即曰某缺不能补而已，无他言焉。此无足怪，盖其所患者，惟此三年中不能应试，不能做官，为实祸耳。至其饮酒、食肉、御内，以至一切征歌、选色，与夫名姝、骏马之游，与无丧者等。人人如是，恬不为怪。此父子之伦何在？通籍以后，妄上营私，惟恐不及。补某缺，则校量其肥瘠，无言及地方之利弊者也；除一官，则较量其迟速，无言及责任之易胜否也。总其生平，则国家所求者贤能，士夫所求者富贵。彼于入塾之时，父兄所期，师友所教，即已如此。故国家之事与士夫之心，终古不相遇，甚者无不与律令相反焉。如此，则君臣之伦何在？至于夫妇，仅可谓之曰男女，而不能谓之曰夫妇。其始也，拈阄探筹以得之，无学问性情之素也；其既也，爱则饰之以花鸟，怨则践之以牛马，法则防之以盗贼，礼则责之以圣贤。夫花鸟、牛马、盗贼、圣贤而能以一身兼之者，盖无有矣。如此，则溃败决裂，不可穷诘之事，往往如是。观《大清律例》中，死刑由于男女者，几及十之六七焉。如此，则夫妇之伦何在？其他兄弟阋墙，朋友相卖，此更常事，不足深责。夫伦纪者，旧学之根原，而守旧党乃弁髦若此，然则此真生番黑人也，所守何旧哉！彼之所守者，不过流俗之习气，为己之私心焉耳！彼见上之人作此论者多，故从而附和之，内可便其不学之私，外可忝居正人之目，何所惮而不为？若此之人，但能谓之趋时，而不能谓之守旧，谤以守旧，不亦冤乎？如此，则彼所谓之守旧党，不能成党也。

嗟乎！木老而枯，人老而病，支那之教化，盖已老矣！千年以来，日见凌夷，代不及代。观其风气，随波逐流，不复能有树立之意。将欲如汉之党锢，唐之牛李，宋之蜀洛，明之东林，而亦不可得焉，岂能与东西诸国之各党比哉？（《国闻报》1898年7月31日、8月1日）

6. 宋恕的变法思想和主张

引 言

宋恕（1862—1910），即宋衡，浙江平阳人，近代启蒙思想家，与陈黻宸、陈虬并称"浙东三杰"。著有《六斋卑议》，抨击程朱理学，指斥社会黑暗，建议广立学会与图书馆，主张仿英、美、日等国章程，举办议院、报馆和学校。维新运动兴起后，他在上海接触大批维新派人士及其领袖，逐渐成为上海维新派的灵魂人物；同时在杭州主编《经世报》，宣传西学与新知，支持变法维新。

六字课斋卑议

自叙印行缘起

巨清光绪十有七年，宋恕著《卑议》四篇六十四章于亚细亚洲东海之滨，成，以质其师曲园先生。先生誉之，然戒曰："是宜缓出。"恕敬受戒，然渐闻于世，索观日众。

宋恕之友谓宋恕曰："今天子圣神，公卿大夫士莫不相与议兵刑、钱谷、学校、教化之事，子盍出子之议以备择焉？"宋恕谢曰："今天子圣神，公卿大夫士莫不能通兵刑、钱谷、学校、教化之事，安用宋氏《卑议》欤！"宋恕之友曰："虽然，其亦尽吾心焉。《诗》不云乎：'询于刍荛。'子之议宁不足比于刍荛欤？"于是，乃取旧稿，稍加改削，印行问世，而重为之叙曰：

宋恕年十九，受大儒颜习斋氏之书于外舅止庵先生。止庵先生兼治百氏，不专宗颜，宋恕亦兼治百氏，不专宗颜，然心以颜氏为接孔门卜子夏氏之传。弱冠后，见浙西李壬叔氏所序《德国学略》、扶桑冈本子博氏所撰《万国史记》及南楚郭筠仙氏、扶桑冈鹿门氏之绪论，悄然以悲，泣数行下，曰："嗟乎！素王之志今乃行于海外哉！今乃行于海外哉！"已而，又得见大儒黄黎洲氏之书，且喜且泣曰："悲夫！言子游氏、孟子舆氏之传在此矣！"此"剥"之所以复，"否"之所以泰，唐虞三代之所以盛，而美、英、日本等国之所以四民乐业、月异日新者也。苟有权力者咸克以黄氏之说为体，以颜氏之说为用，则大同其几乎，岂但小康哉！

《卑议》之著，缘起具于前叙。上二篇二十五章指病，下二篇三十九章拟方。指病不及本，拟方多据乱，故自命曰"卑"。虽然，其诸不谬于儒术而不见斥于黄氏、颜氏之徒者欤！其诸可告无罪于言氏、卜氏、孟氏者欤！其诸陈于空山、吟于荒野，可使恒河沙数之冤魂沉魄感而夜哭，声连千里不能休者欤！

孟氏曰："人皆有不忍人之心，先王有不忍人之心，斯有不忍人之政。"《诗》曰："莫赤匪狐，莫黑匪乌。"今天子圣神，执政多仁，盖远于《北风》所讥，其有愿行不忍人之政者乎？其宁无取于斯议焉！

光绪二十有三年，去著书时七年，宋恕自叙印行缘起。

民瘼篇

·患贫章第一·

夫民为邦本，本固则邦无危象；食为民天，天足则民无离志。自古及今，未有十室九空而不酿乱，家给人足而不成治者也。是以百姓不足，动有若之嗟；训农通商，致卫朝之富。海外望国，深明斯理，故极力求富而藏之于民，盖与法家富国之旨殊矣。（法家富强之旨，与儒家富强之旨判若天渊。孟子最深于富强之学，商鞅亦深于富强之学，然而万无可通者，旨殊也。）

咸、同以来，弊政滋甚：横征内困，互市外漏，农田水利之制，苟焉弗修，天地自然之藏，尚多未发。礼义生于富足，冻馁忘其廉耻。《诗》云："民之贪乱，宁为荼毒！"可为寒心者也。

·盗贼章第二·

昔惠人遗戒，明火烈之功；严尹信罚，息犬吠之警；道德齐礼，其风渺矣；刑以止盗，又可弛欤！

夫为盗之乐，十倍良民，自非必惩，富犹易犯，何况贫驱，争趋奚怪！

今盗律非不严，捕官非不多也。然而首善之区，骄肆尤甚，中原庶族，十九业斯，黄河南北，跬步荆棘；大江之表，较为乐土，然劫窃之事亦无日无之。役有私例，仰赠阴护；官有同情，讳劫细窃；岂尽亡良，均非得已。被盗之户，苟乏奥援，讼必无幸，势使然矣！盖闻海外望国，道不拾遗，门不闭夕〔户〕，虽以异族子躯、深闺弱质，独行千里，无虞暴客，偶有盗案，登即破获。相去何远，抑有由欤！

《诗》云："流言以对，寇攘式内。"又云："式遏寇虐，憯不畏明。"能无望焉！

·旱潦章第三·

大小诸川，时常泛滥；高原燥区，又苦屡旱；更相为虐，循环不休；哀鸿满地，良堪恻隐！

夫水旱之降，世以为天；然人事未修，岂宜委数。夫种树以润空气，理著于西书；凿井以引源泉，效彰于东国，皆防旱之至术，化硗之良方。至如境内有浸，因而善用，则干流支波，但能为益，而淹槁之灾，两可无虞。

忘所当尽，动辄言天；但求暂安，计不及远；坐使父老幼孤频遭于惨亡，田园室庐恒惧于不保，斯乃仁人所流涕，志士所抚膺也！

昔尧有九年之水，汤有七年之旱，以今方古，未为甚烈，然情隔于代遥，痛深于目击。《诗》云："周余黎民，靡有孑遗。"先王词意，迫切若此！闺中邃远，谁上流民之图？公等慈悲，宁胜筹赈之举！永虑长策，更待何人？

·士妖章第四·

号士者流，倚厥章服，舞弄刀笔，横暴邑里，庶民畏之，目为"讼师"。讼师之强有力者：声气广通，震慑守令，例案特熟，挟制院司。一喜一怒，万户股栗，生人死人，操其毫端；弱无力者，扬威数村，称雄九族，良懦被虐，厥痛均焉。

夫察拘文严，褫刑惩重，猖獗至此，其故安在？盖由庶鲜识字，士罕读律，乡议无权，官护可恃。

夫趋荣远枯者，有生之恒情，悲贫慕富者，含识之公理。今韦布之士，谋食奇艰，一尺青毡，大费延誉，昼劬夕悴，肘见踵决；犹多上阙甘旨，下窭号啼，瓮牖绳枢，绝望高轩之过，贷钱假粟，动遭市人之辱。而彼业讼师者：或等列庠校，或属在世年，非有公卿之职，而门疑要显，非有黄白之术，而财足挥霍；居则燠馆凉台，适体于冬夏，出则狎客健仆，导随于前后；鲜衣怒马，亲戚让途，沉饮纵博，衣冠满坐；积资购仕，仕资相长，轮盖耀宗，田宅利子；苟非上哲，相形难堪。是以效尤波靡，守节风微，巧取豪夺，各矜名家，诵诗习礼，竞用发家。遂使农贩之俦，腹诽孔、孟，以为一号为士，便不可近。《诗》云："士也罔极，二三其德。"玉石同讥，诚愤切于身受，恶聒于耳闻也。

·庶莠章第五·

古称"十室之邑，必有忠信"，今则三家之村，必有地棍：或练习拳勇，动辄殴人；或包藏祸心，专喜败事；或阴结讼师，奉令承教；或显交胥役，揣瘦量肥；或驱率悍贫，骚扰懦富；或依托势富，欺压弱贫；或群行郊野，截乱妇女；或私立规例，强派农商。鸟兽光化，灭理若斯，鱼肉善良，触目皆是。

夫耕夫织妇，获利甚微，小贩之艰，亦不可说；辛勤一生，致富能几？稍有盈余，便愁虎视，食不甘味，寝不安席。一夫发难，厚贿乞哀，懦声播扬，外患纷起；今日输币，明日割地，楚骹未干，秦兵又至；不忍忿忿，背城一战，胥役讼师，每多助棍，败者十七，胜者十三，正使得胜，讼费浩繁；而彼地棍，充其受惩，不过笞系，笞不知愧，系即获释；既释之后，仍复来扰，终当贿和，以静门户。

至或彼系戚族，或此乃孤寡，则胜败之数，尤与情违，弱贫被压，苦倍兹焉！

今民鲜不思去乡井，慕趋公门；实业惮修，游惰日众，驱于地棍，亦一端欤！《诗》云："大风有隧，贪人败类。"又云："民之罔极，职凉善背。"谁之咎也？

·仆役章第六·

内仆外役，倚官作威，名则不齿，实则极乐。仆权倍主，役权侔仆，气慑本管，各署之常。芸芸四民，输其膏血，不义致富，或逾王侯。姑论州县，门仆岁入，动数千金，多且万计，更名报捐，转瞬显仕。

明暗诸役，千百为群，此辈性行，本鲜良善，一来作役，濡染益非。朝得官票，侪偶相贺，暮宿村店，势焰便张。所至之家，奉若神明，酒食之外，索献钱币。若系绅户，稍不敢逼；若系农贩，鸡犬一空；欲壑不满，即行殴毁；邻舍代哀，必遭株蔓。晋人祖父，以为当然，辱人母妻，亦复时有。

及原、被到案，胜败既分，为笞为系，令出于官；掌笞掌系，权操于役：其笞也——胜家预贿，则计十肉飞；败家预贿，则呼千皮存。其系也——胜家预贿，则桎梏私加；败家预贿，则眠食使适。至于捕官之役，翼庇盗徒，刑官之役，勒买刀数，尤骇初闻，岂胜痛哭！

夫教养之道，旷代失修，民生今日，为善实难。半亩之宅，良莠杂处；一门之内，苦乐悬殊；不平之端，何日蔑有。原其始意，皆欲讼官。继念得直与否，尚未可知，衙役临提，先受骚扰；遂尔隐忍不发，抑郁终身。或乃不愿生存，含悲引决。老成家法，以守怯为宗；闾里格言，以勿讼为要；得闻于官，万不能一，闻而得直，百不能一。《诗》云："哀我填寡，宜岸宜狱。握粟出卜，自何能谷！"匹夫匹妇，制于强暴，乏财而讼，鲜不危躬，沉冤幽恨，充塞天地，衙役之为祸烈哉！

·胥幕章第七·

夫贵贱之品，以才德为衡；轻重之任，以贵贱为次；斯固用人之雅素，理国之经常。

今时所睹，大异是焉：

修撰、编检，其名甚贵，然尺寸之柄，不以相假。各署胥吏，其名甚贱，然威福之权，乃与之共。就中权重，莫如部胥；舞文弄法，父子传家，曲出深入，黑白变色。司员多贫，每抑河润，润既及矣，势难持正。其廉公者，又多愚直，疏于例案，昧于情弊，欲驳不能，受欺不觉。七堂人杂，兼差政繁，画诺惟命，不问何事。官反为吏，吏反为官，名实相戾，一至于此！

外署吏权，稍轻于部。然督、抚之吏，奴视镇、协；布、按之吏，踞见守、令；提学之吏，阴操黜复；知县之吏，半握赋讼。无署无吏，无吏无权，并为一气，毒遍赤县。

夫仆役等辈，皆有传人；胥吏虽贱，尚非其比，宁无君子，出于其中；然众寡之数，殆悬绝矣。

在昔汉氏，郡县称朝，妙选乡望，以充曹职，士吏合一，犹有古风。盖嗜利之心，有生同患，欲遏其流，惟持名念，是以古先哲王，用名范俗。

夫苟任之，则宜贵之，既贱之矣，岂宜反任？彼之来充，固非为名，惟利是图，又焉足怪！

至若刑钱劣幕，盘踞挟持，寻其殃民，或甚胥吏；望卑分尊，赏罚不及，苟弗改律，末如之何，律之弗改，虽贵吏名，亦恐无益。《诗》云："谁能执热，逝不以濯！"胥幕之热，生于法家，濯之濯之，其必以儒欤！

·赋税章第八·

今京禄奇薄，专仰外赠；外官费繁，恃剥军民；剥民大宗，基于州县；州县四应，取诸赋税。

夫浮征、勒折，律有明禁，然为今州县，苟遵律言，不能终日。故浮勒之禁，徒存其文，浮勒之实，仁者不免。但仁者为之，较有限制，而服官之子，中人为多：当其未仕，非不慕廉，笑骂贪酷，亦出真心；及亲其境，公私交逼，环顾同侪，莫不浮勒；倍征浮也，数倍亦浮，倍折勒也，数倍亦勒，人之欲钱，苦不知足；既必破律，自专计利，计心一起，多多益善，由有计心，渐入贪境；由有贪心，渐入酷境，陷溺日深，殊不自觉。遂至纷提孤寡，频飞雷火之签；大索契凭，不恤脂膏之竭；指正人为漕棍，视农户为奇货。僻左之地、愿朴之乡，赋税苦民，尤不可说，但狱不鬻，尚得清名。

夫今之州县，风莫下矣！苟苦民之事，止于赋税，目之为"清"，固亦近似，然清者若此，浊者奚如！《诗》云："为民不利，如云不克。"黔黎之苦，何其极欤！若夫京外旧关，掌税官吏，无殊劫盗，则更可悲者矣！

·厘盐章第九·

相沿虐政，莫甚官盐；近创虐政，莫甚厘捐。

夫盐于民生，每饭必俱。质本极纯，而官杂之；味本极美，而官恶之；价本极贱，而官贵之。仇彼私贩，号之曰"枭"，水陆置兵，专司截杀。盐官囊溢，誉满区中；盐犯人微，死者山积；又动指买私，牵连破产，使富苦勒派，贫苦淡食。吁！可悲矣！

厘捐之法，效从洪逆。数十年来，设卡日密，抽捐日重，去厘远矣，徒仍其名。总办、分委，得橄色喜；巡丁、司事，入局颜开；索贿横行，人理几绝；触怒勒罚，千百任倍；寸丝尺布，只鸡斗酒，苟无私献，亦不能过。至乃家船载水，投石中流；村妇裹粮，夺囊当路；倾资毙命，轻若鸿毛。或弗能忍，聚众毁卡；徒受诛夷，随毁随设；计臣忧饷，岂暇恤民！

《诗》云："废为残贼，莫知其尤。"盐哉厘哉！稍有人心，莫不切齿！嗟彼创者、持者、加者，独何心欤？！彼方号曰"大儒"、号曰"良臣"，然则厘盐之虐，岂有穷期欤！抑岂独厘盐然欤？！昔汉代贤良，力争盐铁，宣公、温公，痛斥聚敛，儒哉儒哉！

·刑威章第十·

古先哲王，制刑禁暴，父子兄弟，罪不相及；诚以尧、朱反性，周、管殊情，各事其事，同恶盖鲜。

自公理渐晦，高位多忧，刑以锄忌，非以禁暴；惧报亲仇，计出网尽；秦汉之制，动辄三族；元元之苦，蔑以加矣！

皇朝定律，大致沿明，相及之法，尚未削除；假有柳下之圣，必蒙盗跖连枝之戮；蔡仲之贤，终以郭邻遗种而锢；二百年来，抱恨何限！

若夫各署审案，恒用酷刑逼招，使被诬良民，求生不能，求死不得，必承乃已；既承之后，曰磔、斩、绞，惟上所定。是以九州之内，无力之民，莫不日夜自危，常恐祸及。《诗》云："谓天盖高，不敢不局。谓地盖厚，不敢不蹐。"又云："战战兢兢，如履薄冰。"悲夫！使三代遗民至此极者，非鞅、斯也欤！

贤隐篇

·塾课章第一·

孔、孟教旨，晦于秦后；然汉、唐诸儒，辛苦传经，微言大谊，多借以存，厥功伟矣。

自洛闽师弟，以不学之躯，肆口标榜，张其谬说；奇渥以来，宗之取士：功令之文，必极腐陋，又极纤巧，乃为合格；禁引子史，禁涉时政，忌讳深重，法限严苛；于是民间塾课，专锢聪明，墨守是督，博览是戒。有好读古书者，父兄以为大戚，有稍讲世务者，庠序以为大怪；连上犯下，销磨锐气；细腰高髻，挫折英才。

少壮精力，既竭于兹；先入为主，神昏已久；通籍晚学，暇晷难得，自非上智，焉克有成？昔贤斥洛闽为洪猛，等八股于焚坑，夫岂过欤！

·教官章第二·

童生入学，进身始基。今之教官，所教何事？横索册费，罔恤破家。教之贪酷，乃无遗义。优劣生员，匪文匪行，惟爱惟憎；屈膝道府，乞怜州县，无所不至；庶几称职，吾见罕矣！

夫进士、举贡，今之所谓正途也；而生员者，正途之所从出也；教官者，生员之坊表也；教官不可问，而生员不可问矣；生员不可问，而进士、举贡不可问矣；进士，举贡不可问，而通国之政治不可问矣。

·书院章第三·

今自京师以至县城，皆有书院以课功令文。大率朔官望师，贫士恃膏奖为生，课案操荣辱之柄，苟能实事求是，尚或有小补焉。

乃今县令以上，概多不学；无聊署客、候补僚属，苟且阅课；所延院师，非其亲故，即以陋例；师课公明，百难得一；官课公明，千难得一。

夫书院非尊爵之区，院师非赠好之物；表既不端，景焉不曲！浮薄之子，负笈萃处，永昼纵博，长夜群饮；甚或围调妇女，朋扰市肆，淫盗显行，无复羞恶。其号称攻苦者：终日呻吟，不出三科之墨；穷年塞杜，宁闻四部之名。哀哉书院：或以为自放之场，或以为自囚之狱，虽多奚益，可为太息者也！

·科场章第四·

今京员十九奇贫，幸得试差，陋规不多，难补生计；若鬻科名，则数万之金，或可立致，少亦数千，虽畏弹劾，发觉甚稀。冒险图利，常人之情，倘差以贿得，则更所必至。

外省分房，例用知县，候补穷困，尤恃鬻荐。提学丰于陋规，最少鬻榜，鬻乃丛幕；复有非鬻，而以情赠。

乡、会试官，或惮阅卷，每募生员，诈充随丁，入内代阅。应募之人，皆极无耻，而操重权。其余场弊，无涉阅卷，又不胜举。大小试场，卷多限促，掌试之官，虽一目十行，万难遍阅，纵极公明，失人犹多，况公明者，晨星落落。

数百年来，通人节士，遇合恒艰，势固然欤！

·小楷章第五·

殿试一甲，世以为至荣；修撰、编检之职，世以为至贵；然问其所以得之者，小楷也。苟小楷不工，虽有经天纬地之学，沉博绝丽之文，不能得焉。优、拔贡生之朝考也，亦以是为等差。遂使京外风气，特重楷课，慕妍耻丑，举国若狂：疲心手于点画，掷光阴于临摹；器求精佳，或岁费中人之产；形尚滞俗，并大失书家之意。

此事无渭，最为浅显，诸公衮衮，想莫不知，徒以忌讳未开，论对必泛，千篇一律，无可甲乙，聊凭小楷，亦岂得已！类此者多，悉属病标，致病之本，尽于忌讳矣。

·养望章第六·

编检，史职也。馆中之课，宜以史论，今课诗赋，于谊何取！昔如司马长卿之赋，犹或讥其讽一劝百，扬子云之赋，犹自悔曰"壮夫不为"，况命以腐泛之题，专尚颂扬之巧乎！

盖汉末置鸿都之学，儒臣非之；唐、宋以声律取士，君子病之。今八股为害，既甚声律；幸脱八股之系，复为声律所困。自非旷世逸才，有闻顿悟，更以何暇，细治实学，切究时务！养望之地，识议井蛙，偶出鸿、通，必被众谤，曷足怪乎！立法初意，固欲其愚，不然，夫岂不知声律之无用也。

·洛闽章第七·

儒家宗旨，一言以蔽之曰"抑强扶弱"；法家宗旨，一言以蔽之曰"抑弱扶强"。

洛闽讲学，阳儒阴法：谈经则力攻故训；修史则大谬麟笔；诬贞诗为邪淫，丑诋夏《序》；恶《礼运》之圣论，敢摈游《传》；自谓接孟，实孟之贼！背此"闻诛一夫"之说，树彼"臣罪当诛"之谊；背此"殃民不容"之说，奉彼"虏使其民"之教；道统、帝统，日事忿争；上智、上仁，悉遭横贬。贪禄位而毁高隐，畏刑戮而毁孤直，惮读书而毁通人，短用武而毁良将。善均，而出于其党则极称之，出于非其党则深刺之；恶均，而出于其党则曲讳之，出于非其党则痛斥之，嫉妒阿私，但务尊己；强词拒辨，薄躬厚责。忠恕之风，于斯荡然！

末流虚憍益甚，诈伪益多，廉耻全亡，恻隐尽绝，而凭借巍科，依倚贵势，谀颂程、朱，以媚当时，竟得号为理学之魁、儒林之特者，自元、明来，何可胜道！哀哉理学，乃数遭逃！彼真理学，安得不灭迹埋名，空山夜哭，尚友两生，神交沮、溺也！

·汉学章第八·

洛闽祸世，不在谈理，而在谈理之大远乎公；不在讲学，而在讲学之大远乎实。近时通人，救以汉学，实事求是，考据精详，寸积铢累，艰苦卓绝，有功古籍，良非浅鲜。然诸通人讥切洛闽，恶其谈理之不公，非恶其谈理也；恶其讲学之不实，非恶其讲学也。

及风气既成，华士趋名，于是渐多但治小学而不治经史、但阅序目而不阅原书之辈。此辈胸中，恒乏理解，乃始以谈理为厉禁、讲学为大诟，然犹借曰"空谈不如实践，口讲不如躬行"，未敢公然逾闲荡检。

及老师益远，大谊益微，于是轻薄少年、纨绔子弟，或稍识篆刻，或家富旧椠，莫不依草附木，自号"汉学"；则且以实践为迂，以躬行为腐，以信厚为可笑，以淫盗为无伤，败群坏俗，声望反隆。及其闻政事，发论议，则又莫不影响疏舛，苛刻躁妄，深中洛闽之毒，无殊帖括之侪。

呜呼！若斯之伦，而号曰"汉学"，夫岂创始通人梦想所及者欤！

·文词章第九·

昔周之季，诸子竞鸣，学有是非，文皆精妙，各抒心得，所谓"文质彬彬"者也。汉、唐作者，尚多如是。

宋、元以降，浮伪日滋：慕昌黎之词，例辟佛老；学彭泽之句，阳慕耕桑；质之不存，文类诽矣。千年积重，牛耳争持，丹素相非，罕秉公论。骈散异制，同归诬民；"无题"入集，自命才人；谀墓之外，宁有余业！比文章于郑卫，贱庶子之春华，招侮有由，负斯文矣！

·外务章第十·

趋时之子，竞谈外务，终南捷径，富贵反手。

夫外务，至难通也，能通外务，未必能兼通内务也。是以东邻师西：内务、外务，分省建官，分门取士。我则不然：自好之流，耻谈外务；谈者类多鄙夫，闻者惊若河汉，彼于外务，何曾稍通！委之外交，已为大误；矧使治内，固宜殃民！

夫右行文字，岂异仓造，欧墨情形，远殊禹域；纵精识右行，不过如六书名家；笔追希腊，不过如愈、翱访古；无关经济，犹甚昭显。

况乃音气粗谐，文字极浅。生长赤县，而未知唐虞、三代之名；游历诸洲，而未解星地一物之理；蠢如鹿豕，残如虎狼，而执政者尊之过孔子，信之过邹衍，使得厚诬西人，肆行虐政，假公肥己，罄竭脂膏，咎有所归，彼宁足责欤！

·岁月章第十一·

人之建立，气为之先。气之为物，有若潮汐：当其盛时，殆不可遏；及其既衰，欲振良难。故及锋而用，则懦者亦奋；过时而试，则奇者亦庸。

今京外汉员，多苦需次，或数十年，杳无差缺，沦落之贤，何处蔑有？或蕴管、孙之术而不得参一议，抱颇、牧之略而不得乘一障，名登仕籍，实均被褐。慷慨抑郁，流涕太息，朝朝览镜，夜夜抚剑，日月逝矣，岁不吾与。门巷萧条，积感于苔草；室人交谪，疲虑于米盐：冯唐易老，贾谊早衰，驱迈之气，何能不挫！挫尽之后，乃始任之，债负督偿，儿孙掣肘，循常守陋，遂同碌碌；大言无实，贻诮庸夫，原其至此，可悲甚矣！

·用违章第十二·

人各有能，短长不掩。用当其能，则意开事举，用违其能，则纲弛目乱。故滕、薛大夫，不宜于公绰，汉家丞相，无取于绛侯。

昔在帝尧之代，益、稷并称。假使益教稼，则树谷之效未必如稷也；假使稷掌火，则烈泽之效未必如益也。及观仲尼之门，由、求齐誉。假使由为宰、则足民之效未必如求也；假使求治赋，则知方之效未必如由也。

近世人材，每伤用违，精神弗出，功业弗彰，用违之过，亦一端欤！

·传舍章第十三·

春秋之世，去古未远；尼父之圣，绝后空前；故三年有成，可以自信。世异春秋，圣非尼父，虽握全权，致治犹缓；矧乃牵制万状，稍展孔艰，欲以仓卒，有所移易，其又焉能！

今督抚布按，乍秦乍楚，岂无豪英，意图兴革？旧案如山，未易遍阅；属官如海，未易周察；军民利病，未易灼见，水土美恶，未易洞悉。至于州县，席暖尤稀，勉强引端，求行其素志；从容竟绪，难望于后人。

昔子产为郑，武乡治蜀，舆人之情，始怨终德。盖凡近之举，奏功可速；远大之谋，收效必淹。

今官如传舍，仕多贾心；有创莫继，反成弊政；与憎我以口实，抱遗恨于毕生；是以才敏之子，恒存自便，惧来轸之不遵，奉因循为至诀。

夫以今之牵制万状，稍展孔艰；虽使尼父久居一职，阻力太厚，宁遂厥图！然增秩不徙，犹或小补；更调频数，小补亦几绝望，可哀也已！

· 政本章第十四 ·

枢府大差，号为相职。然宰相之实，惟王足当，余旗、汉员，乃相之相。夫相之相，焉能行志！

六部书、侍，部各六人，又加管理，敌体互掣，纵擅大略，难展寸长；况多兼差，署所悬隔，昼夜驰走，何暇问政！

夫草茅贱族，循资平进，得至书、侍，年皆垂暮。正使无敌体之我掣，无兼差之驰走，精力已衰，犹必废弛，而况困之以纷掣，疲之以驰走；世家宗戚，左右指挥；坏道拙车，震伤脑智；其入直枢府者，又加风雪早期、劳形拜跪之苦乎！

夫枢部者，政之根本。虽有贤圣，极其位分，不过长部参枢，局外之人，罕能设身处地；动援前代辅佐，以相责望，岂知定职初意，固非愿其兴除！

夫以发政言之，则根本在枢部，枢部今若此矣！以及民言之，则根本在州县，州县今何如哉？品卑压重，动辄获咎；虽专城居，犹难施布；若夫冲要之区，冠盖多经，上官所驻，触怒尤易；往来如织，销暑于送迎；监临如麻，短气于伺候；无聊酬应，穷日不足；虽使言、宓作宰，恭、宽绾绥，亦岂能不权侵于仆役，政委于幕胥也！

· 山林章第十五 ·

禄利之途，奔竞举国；孤芳自赏，代不乏人。怀玉藏珠，耻于求贾；饭疏〔蔬〕饮水，安于处贫。如斯之流，良宜搜采。

夫虚声纯盗，诚哉可轻；然抱道不群，岂真无有！古先哲王，首崇隐逸，卑辞厚币，惟恐拒招：非但假其风节以励贪顽，固将用其谟猷以新治化。自蒲轮之典，久绝于中林；旷世之才，多老于空谷；友麋鹿以毕生，与草木而等腐，坐视同胞，伤心何极！

昔尹耕莘野，三聘始出，说筑傅岩，图求乃来。向使尹、说生于今世，宁屑简练揣摩，希场屋之遇；趑趄嗫嚅，游公卿之间耶！其亦长为农工而已！

变通篇

·师范章第一·

宜征通人撰《蒙师铎》《小学必自》二书。《蒙师铎》宜极简要，《小学必自》宜采古经传中平正显切语，及内外国界学、白种政治学、物理学之略，颁行天下。

每县城设延师公所一区，经费派捐，县贫者暂借神祠，由本县议院绅生（《议院别章》）公举品学兼优者为师董。欲为蒙师者，无论流、土，均须报名公所，候董面试史论、时务论各一首。除不取外，取者等四，榜之公所，差其脩额，欲延蒙师者向所指延。师董分别着购《蒙师铎》《小学必自》二书。该师到馆后，如有背《铎》中语，及不以《必自》教徒情事，由该东白董逐师，访实摘名。如公所无名之人私教十六岁以内子弟，倘有与东、徒争殴等情到官，但依凡判，不以师论。其品学特著、人所共知、不来报试者，师董径列甚〔其〕名。（日本及欧美诸国皆有师范学校，兹略师其意。）

·四科章第二·

各处书院师宜改由本处议院绅生公延，无论大绅、布衣听择。

课题改分性理、古事理、今事理、物理四科：性理题出诸孔、孟、老、庄及印度、波斯、希腊、犹太诸先觉师徒经论；古事理题出诸内外史传；今事理题出诸现行律例、现上章奏及外国现行律例，年、季、旬、日各新闻纸；物理题出诸新译欧美人所著各种物理书。四科轮课，文任骈散；无论何人，均许应课。

院师许用公文与大小印委官相往来，彼此概称"照会"。院生中优者，由师开单照会督抚、提学：童生升作附生，贡、监、廪、增、附生均升作举人，举人升作进士，有职衔者升一实级，依衔改实；再登照会者递升。膏火奖赏，由各处自酌多寡之数。

"书院"二字于谊欠合，宜依日本称"学校"；各处旧学有名无实，宜改称"祠令署"，旧学职宜改称"祠令"，专司孔祠祭扫。

·博文章第三·

亚洲文字，赤县、印度二种行最广；和文乃赤县文之别子，独行于日本一国；然近时日本学业大兴，译著之盛，为亚洲所未有，多用和文。欧洲文字，英、法二种行最广，英文尤广，远过赤县、印度二种。则居今之赤县而谋新民，必以多开和文、英法文学为要义矣。

今宜令各疆臣通饬所属守令：立即择董筹捐，于各城建和文或英、法文小学校一区，限二年内办竣；师徒之数听各议院绅生视捐项多寡酌定；延师或西、或东、或本国亦然。地太僻恶，无师肯来者，暂缓建校，给资愿学者游学。创置和、英、法文学，生员由提学招考取充，一体应岁科考、乡试。（按：今欧洲诸国，平常士商往往兼通同洲异国文字。我与印度、波斯等国同洲，而今举国无识印、波等文之人；江浙极博金石家，所见仅及同在亚洲东南隅而又同文同教之朝鲜、交趾、日本；而英、法金石家至有能读埃及、巴比伦之古碑者。此非赤县学士之性皆安陋恶博与欧人殊也，势之艰也，政之锢也。）

· 开化章第四 ·

白种之国男女识字者，多乃过十之九，少亦几十之二。黄种之民识字者，日本最多，印度经英人弛平民及女子识字之禁后，识字者今亦得百之四。赤县秦前学校最盛，男女无不知书；秦后频遭惨劫，劫余之族，日以昏愚，计今识字者，男约百之一，女约四万得一，去印度尚远，况日本与白种乎！识字者之少如此，民之积困安有解期。

今宜取法日本，下教育令：令民男女六岁至十三岁皆须入学，不者罚其父母。每县乡、聚、连（《乡聚别章》）均置男、女校各一区，校费派捐于本县乡、聚、连，校师公举于本县乡、聚、连，课程酌集外国之长，读本专用赤县之字。（按：今日本小学教法：先授和文，后授汉文。若师其意，江淮以南须创造切音文字多种，以便幼学。兹事体大，未敢议及。）民生六岁入连校，连校中优者升入聚校，聚升乡，乡升县，如是递升，以至京校。依日本科举法：某学有成，给某学士、某学博士名号，女子一体给与。男、女满十三岁，愿出学者任便。创办时，本乡、聚、连无可举之师，暂许外延；女师难求，女校暂许延男师。（人之生也，得母气居多；其幼也，在母侧居多；故女不可不学，尤甚于男。愚民之主，皆以绝女学为要义，故秦一统，汉继之，而赤县女学遂几绝，彼印度之禁女识字，其尤甚者耳！）

· 学会章第五 ·

今日本及白种诸国，皆任官民男女立会讲学，学会因以繁兴，目别不可胜举；其大纲有天、地、人、哲、史、文、律、农、工、商、医之分。学会最多者，其国最治；次多者，国次治；最少者，国最不治；无学会者，国不可问矣！

今宜播告天下：许官民男女创立各种学会；学会兴，则君子道必日长，小人道必日消，而山泽盗匪之会自将解散于无形矣。

·取士章第六·

学校既开，十年之后，人材蔚起，可以尽废旧取士法、专行新取士法。（新取士法见《开化章》）十年之内，势难尽废旧法，宜变之以渐。

生童院试、乡会试，均照旧举行，惟命题改分四科（《四科》别章）任应其几；提学、主考改由本省京官疏荐，总裁改由各省督抚、布按疏荐，以登荐最多者充之；乡、会房校，改由总裁、主考自辟，不论何人，皆许登荐辟；乡会取中者之三场文字及落卷之总、主、房批，榜后由知贡举监临悉数即行发刊印布；批语背谬，许被摈者呈控查办；省殿试分甲，即按会榜名次：一甲以枢员用，二甲以大、中、小知县用，三甲以部曹、阁书用。优拔贡朝考，亦改命四科题，如会试、朝考取中者，亦称进士，一体分甲，摈者视同举人，一体会试。

武科改以《左传》《史记》《孙子》题论为首场，德国陆师、英国水师、日本水陆师章程为次场，弓矢刀石为三场；武生、武举愿应文乡会试者听。

·议报章第七·

学校、议院、报馆三端，为无量世界微尘国土转否成泰之公大纲领。

今宜诏求英、德、法、美、日本等国议院、报馆详细章程，征海内通人斟酌妥善，与学校同时举行。

三大纲领既举，则唐虞、三代之风渐将复见，英、德、法、美之盛渐将可希矣。（白种之国，独俄罗斯无议院，故俄最不治。黄种之国，独日本有议院，故日本最治。然俄国虽无议院，尚有学校、报馆，不治则不治也，然而异乎黄种不治之国矣。）

·枢部章第八·

军机处宜改名总理处以副其实，设实缺大臣四员、参议三十员、主事百员，不兼别职差，以专其责。

六部：裁吏部，户部改理财部；礼部分为二，曰礼乐部、文学部；兵部分为二，曰陆军部、海军部；刑、工二部仍旧；增置医部；共为八部。

尚书、侍郎，名不副实，宜每部改设正卿二员、副卿四员；卿以下分上中下大夫、上中下士六级；部卿须由下士渐升，升降不出本部；惟可内改总理处、阁院（《阁院别章》）及外改总督以下。

吏部既裁，用人之权归总理处、八部卿、议院；大学士管部差宜裁。

·阁院章第九·

内阁专备顾问，宜设实缺太师、傅、保各一员，大学士十员，学士五十员，中书百员。

宗人府宜改名宗务院，总理各国事务衙门宜改名交邻院，以副其实。此二院合理藩院、都察院称四院。

除此一阁、四院不属八部外，其余衙门、院、寺等悉行裁省，分属八部。所有卿、使、统领等缺悉改部大夫，卑秩悉改部士。（如步军统领宜改为陆军部京城司捕上大夫，大理寺卿宜改为刑部司平上大夫，余依此。）

·华衔章第十·

宜改翰林院大小职名为清华之虚衔，以宠赐京外各官之治行优异者；不设实员，如今宫衔。（今太子太师等职名，名为职而实则衔。）所有该院例办诸事，改归内阁；院中大小现员，悉数量改枢部、阁院各职及外职。

·民政章第十一·

行省之名，缘于京省，京省既无，"行"名安立？减"行"称"省"，于谊更非。今宜改"省"曰"部"，改"巡抚"曰"民政使"，总理全部民政，设四大司属焉。

四大司者：改布政使曰理财司，掌全部赋税及种种为民兴利之政；改按察使曰提刑司，掌全部讼狱及种种为民除弊之政；增设劝学司，掌全部学校及种种为民开智之政；交邻司，掌与外国人会议事件。

裁道员、同、通等缺；府及直隶厅州悉改曰"州"，州设一牧；散厅州悉改曰"县"，县设一令；州县均分大中小三等，牧令均由小缺递升中、大缺，牧必由令升授，牧令必用本部人。

总督改为差，不常设；遇某部有军务，暂设一员节制民政使及海陆军政使。

·军政章第十二·

军政乃百政之一，今独号治军政者为武职，而治他政者皆号为文职，于谊固已欠通。且治军政之员如兵部堂司、各省督抚、兵备道等，亦号为文职；防营亦可以文员统带；而独号提督以下、外委以上——十等绿营员为武职，不以士大夫为之，尤不可解。

今宜先去文、武职之名，方可言治军政。提督等职名久为世所轻贱，不可仍用，宜改提督曰军政使。部有海军者，设陆、海军政使各一员；无者，但设陆军政使一员。总兵至外委，改为二等至九等陆、海军官。外部陆、海军政使以下，可与京部陆、海正卿以下互相升改。（民政、军政使秩视部副、卿副，参将均改三等军官。学校既开，十年之后，非曾考取军学士出身者不得任京外军职。）

·九曹章第十三·

县设户、农、工、商、礼、乐、刑、驿、外九曹，曹设长一，（驿曹掌送往迎来，外曹掌与外国人会议事件，县无外国人者可省。）由本县议院公举县中贤者补授；曹属听其长自择；曹长可外升令、牧，内入枢部、阁院。既设曹长，所有县丞、簿、典等员概裁。

·乡聚章第十四·

乡设一正，（乡之户数因地制其多寡，每县分乡，多不过八。）掌一乡劝善惩恶诸务，由本乡公举。百家为聚，聚设一正，掌一聚劝善惩恶诸务，由本聚公举，十家为连，连设一正，掌一连劝善惩恶诸务，由本连公举。如本乡、聚、连无可举之人，听求之外乡、聚、连。乡、聚、连正，可外升令、牧，内入枢部、阁院。（九曹长属，乡、聚、连正，禄均从重。）

·听讼章第十五·

刑审逼招之法，起于秦汉酷吏，赤县惨政，以此为最。夫已得其情，又焉用招！未得其情，何忍刑逼！良懦之民，加以轻刑，犹必诬服，况酷刑乎！无益惩恶，徒便诬良，真可为痛苦流涕者也。

按白种诸国皆无刑审法，听讼与众共之，大有三代之风。近者，日本亦禁刑审，师白种法：置公民同审，又置辨护士，令代原、被剖陈曲直，可谓勇于从善。

夫险佞者，理虽曲而言之动听；拙怯者，理虽直而词不达意；官非神人，势多误判，况又有官民语异、供胥鬻译之弊乎！故听讼之法不改，则怨气之平无期。

今宜诏除取招供例，烧弃刑审器具，示永永不复用；听讼师日本法：置公民辨护士，则怨气平而邦本固矣。（学校既开，十年之后，听讼官必以律学士补授。）

·轻刑章第十六·

徐北海曰："夫赏罚者，不在重而在必行。必行则虽不重而民戒，不行则虽重而民怠。"诚哉是言也！昔唐虞别衣为刑，其轻至矣，而民乃鲜犯者，非必行之效欤！

今日本及白种诸国，咸务轻刑，以教民仁。或竟废死刑；或虽有死刑而死之之法——非闭绝养气使之渐死，即对脑枪击使之立死。等死也，而视磔、斩、绞之苦则相去天壤矣。夫人犯死罪，使之死可也；使之求死而不得，不可也。磔、斩、绞之刑，乃使之求死而不得之刑也，仁者所不忍闻，而何忍行之？是教民忍也！

夫日、英等国，刑如此其轻矣，然而犯者反甚少；我国刑如此其重矣，然而犯者反甚多；则非必行、不必行之异欤！将欲必行，必先轻刑；刑之不轻，行无可必，理势然也。

赤县俗坏已久，固难骤废死刑；然鞅、斯遗法，必不可用。今宜先除磔、斩、绞刑及连坐律，死刑改用闭刑、枪击新法，大小案件概不牵累本犯祖孙、父子、叔侄、兄弟、夫妇等伦属；大改刑律，务使轻而必行，则北海所谓"民戒"者可致，而唐虞之风可渐几矣！

·司捕章第十七·

将欲除暴安良，必以师西法、设巡捕为要务。

今宜创设司捕局，无论城市、村落，一体密布明、暗巡捕；京局之长曰司捕上大夫，属于刑部；部局之长曰中大夫，州局之长曰下大夫，县、乡、聚局之长曰上、中、下士；明捕贤者升暗捕，暗捕贤者升下士、列职官，如是递升至上大夫。

·惩罪章第十八·

每县宜设男、女惩罪所各一区。男所用男吏役，女所用女吏役，以收囚本县种种恶男女，日夜督作苦工。工分极苦、次苦、又次苦，视罪轻重，囚限长短如之。向受虐害者，许入所鞭挞，以快积忿，但不得致死。

·重禄章第十九·

将欲责廉，必先重禄。今大学士号正一品，而岁俸银仅一百八十两，殊骇听闻。外官虽有养廉，然无论何职，其万不能省之出数，必远过于俸廉之入数，况又常遇摊捐、欠发、减成之举乎。故生今之赤县，不仕则已，仕而不居实职则已；苟居实职，虽圣如周、孔，清如夷、齐，为京官亦不能不受外官之赠，为外官亦不能不剥削军民者，势也。（今之所谓"陋规"，无一非由剥削军民而来。然二百余年，但有减收陋规之理学名臣，从无不收陋规之理学名臣。）

白人东来，闻官恃陋规，深致鄙薄，此未考禄制之故也。假使英、美禄制一旦忽改同赤县，则英、美之官亦必人人恃陋规为生矣。不议重禄，空言责廉，犹不议改律，空言安良也。律不改，良何由安！禄不重，廉何由责！禄重然后可责官廉；官不收陋规，然后可办民政、军政。

今宜大加官禄，自五倍至百倍以上；（如大学士岁禄竟须加至百倍以上，盖百倍原数尚止为银一万八千两也。督抚原数量丰，然亦须加至五倍。）胥役之旧有工食而极微者，酌加；旧并极微而无之者，酌给；无论官禄、军饷、胥役工食，一体永绝摊捐、欠发、减成之举。（今局差薪银虽各处不同，然其数总远过于职俸。故局员中洁身自好，薪银之外不收陋规者颇多。通商各埠，西官所设之巡捕多赤县人，其人皆本与署役同类，一充巡捕，则品行优于署役几若天壤，此岂非一则并极微之工食而无之，一则得甚丰之工食以为生之故耶！彼巡捕工食，丰者几三倍我大学士之岁俸，微者犹四倍我翰林院编修之岁俸。相形之下，诚可叹矣！）

·停捐章第二十·

今日本及德、美等国，几无不识字之军民；而赤县乃多不识字之官：其官而号为武者，固十之九不识字矣；乃至号为文者，亦复十之三不识字焉。此其故虽不尽由捐例之开，而捐例要为一大病源。

今宜永停大小职至贡监生捐例，其不识字之现官，概行罢任，别制爵名二十等以奖民之有孝弟诸至行、及富而乐善好施者。

·泉币章第二十一·

金、银、铜，三品一也。铸铜圆而不铸金、银圆，吏之阻力大也。银块不如银圆之便，夫谁不知？然用银块，则所不便者民也；若改用银圆，则所不便者吏也。吏权之世与民权之世，事事冰炭，泉币特其一端。

今宜听民股开金类、非金类等矿，并立泉币公司，多铸金、银、铜圆，流通便民；吏税之，护之，察之；赋入禄出，悉改三品圆，朝市齐直，不复收发银块，以绝平折积弊。（赤县宋以前铜圆及日本国宽永通宝，背有文字者，书刻皆极精雅，可法。）

·医药章第二十二·

赤县古时，内外医科皆极精；今内科尚多良医，外科则绝少能者；此殆内科可以意会、外科必待师传之故欤！

欧、墨诸国，莫不重医，专学以教，专科以取，故治其术者，日新月异，不可思议。

近日本亦列医大学，设男女医学博士科名；又以制药不精，妨医实大，别设药学士科名；非已得科名者，不许行医、制药；广开医院以治已病，遍置专司以治未病，为民卫生，不遗余力，今宜师之！

·道路章第二十三·

今国内道路与白种诸国道路较，其秽洁颇平，不啻地狱天堂之别。就国内论，北方道路与南方道路较，亦不啻地狱天堂之别。

今宜先于京师开造西式木路或沙路，行东、西人力、马力各式车，以免乘车者倾覆震伤、徒行者泥滑尘迷之苦，以新气象，以鼓精神。续于南北干衢、支衖、大小城邑向无石路者，逐渐酌造木、沙等路；其向有石路者，暂缓改造；腹地并宜开造铁路，以便运米救饥。（前山西大饥，合肥使相议造铁路，以工为赈，群公阻之；天津民以道艰惮运米，米不能达，坐视饿死数百万人，惨矣！）

·水火章第二十四·

外国巨川，其源流或长、或等、或稍短于黄河者以十计，然皆能治之，使不病民；独我国永不能治黄河者，岂真永不能治哉？司河工者永不欲治耳！

今宜尽裁河官，听沿河居民公举总董、分董自治，则不待用西人治水新法，而河患必立减十六七矣，余水亦然；再开水学科造水学士，听应民董聘，以新法治水，则河及余水之患皆可绝而利皆可兴矣。

防火、救火之政，西国亦最详密，宜与水、火保险等政同时仿行。

南漕宜改折色，仓漕官宜尽裁。

·三业章第二十五·

欲振商业，必先振农、工业。俗谓西国专重工商，此野说也。谓中国专重农，此饰说也。

今欲振农业，必自严禁田赋浮勒始（我国田赋，阳轻阴重，重在浮征勒折。彼浮勒者亦非得已，禄太薄，费太繁，咎在法不在人）；欲振工业，必自劝集股购机器始（中国日用之器，细按亦多施机，但沿承旧制，粗而不精耳。同是机器，乃必守粗拒精，是何义欤？机器之学绝于愚民之世；三代以前，圣君贤相皆务造机器以利民用，汉阴丈人之谈，孔子讥之矣）；欲振商业，必自尽裁抽厘局卡始；然欲尽行三始，尤必自尽去丁、幕、胥、役狐假虎威之权始。一始立，三始行，然后法东、西各国开三业学校，造三业学士，渐驱游惰归入三业不难矣！

·著书章第二十六·

美国每年女子著书者多至数千，男子更多，人文之盛，大骇听闻。盖由其国奖劝胜流不遗余力，故秀民莫不奋志撰述，冀蒙政府许可，终身衣食不尽。英、法、日本诸国亦然。

赤县自周衰以后，著书与穷愁久结不解之缘，故著书者落落如晨星。夫至著书与穷愁结不解之缘，此世界尚复成何世界！

今宜令各处议院公举察著总司、分司，掌察民呈阅所著之书：其有独得非剿袭者，批准刊行，给据专利；无刊资者，由官买其书刊行。如此奖劝，人文立兴矣。

·正名章第二十七·

凡部、州、县名，宜切附其境内山川、或古国号、或先哲姓字、或现时物产，方于学者、官者有益。

今切附者甚少，大率非浮泛即讹谬（浮泛如新疆、云南之类，讹谬如直隶、江西之类）；宜令各处议院以山川、古国、先哲、物产四例按核旧名，分别仍、改。

江、河乃二水之名，今于南北诸水及口外、国外诸水悉称某江某河，大谬！宜悉改称某水，双名者悉改单名，以归简晰，如钱塘江宜改称渐水，密西昔比江宜改称密水是也。（古人造江、河等字，原以工、可等字寄土音而加水旁；今宜法此，增造殊字之国及无字之地水名，以便记诵。然此法古非独施于名水，今亦非但名水宜师，其说详恕所著《六书最初谊》及《译书正名论》中。）

·广译章第二十八·

京师及各商口、各名城，均宜开译书大局：除广译白种诸国书及报外，若印度、若波斯皆为亚洲古文明大国，若埃及为非洲古文明大国，亦宜广译其书；朝鲜、日本、越南皆与赤县同文，书无待译；日本所谓和文，乃用赤县字与其国切音字合成，译之甚易，而切用之书及报极多，尤宜广译；此外诸异文小国之书，均宜逐渐择译。

译书愈广，民智愈开，则汉后阳儒阴法之政教自退处于无权矣！

·图书章第二十九·

日本及白种诸国莫不广置大小图书馆，藏古今佳图书，任民男女纵览，其大馆藏数或乃多至四五百万册，故通人之多，与我国不可同年语。

今赤县人文，江浙最盛，然除几处名城外，每求《说文》《史记》等书且不易得，况他书乎！江浙如此，况他方乎！故今赤县之士，不幸而不得居游于几处有书可读之名城，则质虽上智，欲学末由；即幸而得居游于几处有书可读之名城，而无力购书，仍欲学末由，此天下之至悲也。

今宜令各县皆置图书小馆一所或多所，购藏古今佳图书，任县民纵览；京师及各商口、各名城皆置大馆，其图书任国民纵览；则十年以后，通人之多必万倍于今日矣！（洪杨乱前，杭州、镇江、扬州有高宗赐藏《四库全书》三阁，故乾嘉鸿儒十九出江浙，流风至今，此图书馆之成效也。今各处学署非但无学生，并无学舍；各处书院非但无海外书，并无海内书，非但无海内稍难得书，并无海内极易得书；其有书之书院全国不过数处，可叹！）

·服色章第三十·

今公服虽有等差，然等差太简：致清华如修撰，而顶戴与帐下健儿无别，或反较小；尊显如卿尹，而珠补与市中豪贾无别，或反较小；此等差太简之弊，然犹略有等差也。若常服则全无等差矣；昼入广众之场，见丽服者群居群行，不知孰为官？孰为士？孰为工商？孰为兵？孰为仆？孰为吏役？孰为俳优？女者不知孰为命妇？孰非命妇？孰为娼妓？见敝服者群居群行，亦如是不可辨，殆非所以昭荣辱而寓扬抑也。

今宜令通人博考古今中外服制，详定各业男女公服分别之式，务集万国之长，使民易行易辨。（别服宜以色，不宜以质：以色则易行易辨，以质反是。如定何业人方许衣帛，而此业人少，果民尽遵法，必大妨蚕桑，且业贱而富者必不愿布衣，业贵而贫者又不能衣帛，势必不行。又如今顶补之别皆不以色。故极难辨，若一切别以色，则易行且易辨：业贵者虽衣布而不掩其荣，业贱者虽衣帛而不掩其辱矣。白种之民，首服皆有檐，所以隔蔽日光，护目与脑。我民首服无檐，任日光直射，人人伤目脑、损神智，害甚大。按：赤县古时首服亦皆有檐，此宜速改。）

·旌表章第三十一·

无旌表之世界，犹榛也；无议院而有旌表之世界，其旌表万不能实事求是，犹之无旌表也；且今旌表律例多未合三代孔子之法，流弊甚大。

今宜令通人改定旌表律例，务协至公，旌表之权归于议院，庶兽行乱伦之风可断，而鱼目混珠之患可除矣。（赵宋以前，大家妇女不禁再适；名臣名儒如范文正，其媳亦再适；程正叔虽创"饿死事小"、苛刻不情之说，徒快一时口舌，其胞侄女仍由正叔主持再适。自洛闽遗党献媚元、明，假君权以行私说，于是士族妇女始禁再适，而乱伦兽行之风日炽，逼死报烈之惨日闻。夫再适与再娶，均为名正言顺之举，古圣所许，不为失节；失节古谊专指淫乱，今严禁古圣所许之再适，而隐纵古圣所恶之淫乱，再适者不能得封赠，淫乱者反一体得封赠，洛党私说，流殃至此！）

·伦始章第三十二·

夫妇为人伦之始，善男娶恶女，善女嫁恶男，终身受累，而女尤苦；即同为善类，而性情歧别，相处亦不乐。

今宜改定嫁娶礼律：凡有亲父母者，除由亲父母作主外，仍须本男女于文据上亲填愿结，不能书者画押。其无亲父母者，悉听本男女自主。严禁非本生之母及伯叔兄弟等强擅订配。

赵宋以前，夫有出妻之礼，妻有请去之礼，离圣未远，尚余仁俗。元、明以后，禁苟再适，（宋以前，天子立后，亦时择再适之妇，不以为嫌，不以为讳，以再适为失节，创于程正叔，而渐成铁案于专以洛闽私说取士之后。帖括之徒，经史束阁，信末师而背古圣，岂独此一端哉！）于是夫妻、姑媳或难共居，欲出不能，欲去不得，逼成相戕，比比皆是，残忍之风，于斯为极。

今宜定三出、五去礼律。三出者：舅姑不合，出；夫不合，出；前妻妾之男女不合，出；皆由夫作主。欲出妻妾者，无论因何事故，均须用三出中名目礼遣回家，不许伤雅。五去者：其三与三出同；其二，则一为妻妾不合，一为归养父母，皆由妻妾作主。欲去者，无论因何事故，均须用五去中名目，礼辞而去。盖不设五去礼律，则为妻妾者，不幸而遇兽行或盗贼之舅姑与夫，无由拂衣自绝，归洁其身，惟有与之俱兽、与之俱盗；否则必死，死又不得旌表；此世界岂非人世界欤？人世界何乃有此惨也？！至若或遇天刑之夫，断冀嗣续，或遇败产之夫、常啼饥寒者，犹其苦之轻焉者矣！故五去礼律不可不创。设古圣复起，必以为然！然欲行三出、五去礼律，必先使民男女皆通经谊，重复唐虞、三代风俗，使被出者、自去者易于改适，如馆师、署友、肆伙然，适者、娶者毫不蒙诮，（古人实是如此：故孔子三世出妻，而曾子、孟子之妻亦皆以小故被出，缘其易于改适，故不嫌出之之严。若如今不能改适，则出之与杀之无异。夫以小故而杀人女，稍有仁心者所不忍为，而况大圣大贤乎！）然后能实行耳。

·析承章第三十三·

古者一夫授田百亩，余夫二十五亩，为民析产极清，盖不使惰者病勤者、奢者病俭者、恶者病善者、强者病弱者，法至良，意至美也。自汉后陋儒以亲在别籍异财为薄，数世同居为厚，于是家庭之内，大抵恶强者惰且奢而乐，善弱者勤且俭而苦，老父寡母制于子妇，孤侄嫡嫂制于伯叔，弱兄制于强弟，善弟制于恶兄，同居一门，苦乐天壤，率天下之人而趋恶强者，陋儒之罪也。

今宜师三代意，严定勒令各业男女析产律例，以扶勤俭善弱而抑惰奢恶强。又：无子——侄承律例，最滋骨肉争端。每有寡妇孤儿，因颇饶财产，被图承者逼死；其本无子之寡妇，被例承者逼死更不计其数；致妇人以无子为大戚，及早私买异姓之风不能不炽，是律例驱民使多乱姓也。今宜改定承祀律例：凡民无子者，任择同姓五服以外侄辈或侄孙辈、及外甥、内侄、外孙等一人承祀。（汉律，外孙可承祀，今宜推广其例。）禁不许同姓五服以内承祀，则孤寡枉死之苦可绝，而私买乱姓之风亦可清矣。（姓字从女从生，古所谓姓，皆依母立，如姬、姜等字皆从女，其谊显然。炎、黄同父母而异姓，黄帝之子二十五人，其得姓者十四人，以一父四母而别姓十二。曰季"同德同姓"之论，述谊甚古，然尚非最初之谊；最初之谊必同母同姓，秦汉后识字者少，即如姓字之谊，数千年来几无人识，可叹！）

·救惨章第三十四·

赤县极苦之民有四，而乞人不与焉。

一曰童养媳：童养媳，贫户为多，此等舅姑，目不识丁，尤多兽畜人女，大约被舅强污者十之三四，被姑虐死者亦十之三四，虐伤者且十之六七。（闻北方某某等处，为舅者于媳初来时，竟有例作卫宣一月之事。吁！古圣之乡，今乃至此！）

一曰娼：莠民盗人妇女，卖入娼寮，开寮莠民酷刑逼娼，不从者死，复有莠民父及后母、伯叔、兄弟、舅姑及夫，刑逼其女、其侄、其姊妹、其媳、其妻妾卖娼，不从者死。民之无告，于斯为极，而文人乃以宿娼为"雅事"，道学则斥难妇为"淫贱"。（洛闽师徒，本不能目为道学，兹姑便文，从俗称。）夫人沉苦海，见而不恤，则亦已矣，何忍乐人之苦，目为胜境！宿娼为"雅"，何事非雅！且既以为雅，己之妻女何不许作"雅人"？故宿娼未为丧心文人之丧心，在以为"雅事"也。若夫斥为"淫贱"，则道学之丧心也。夫彼身堕莠手，不从，则有炮烙、寸磔之刑，假使正叔、仲晦作妇女身，同彼遭遇，宁死不从，吾未敢必，乃责世间妇女以必尽能为睢阳、常山耶！不设身处地，而动加丑诋，洛闽之责人，鞅、斯之定律也。夫彼文人既阴德诸莠男女，彼道学又阴护诸莠男女，（"阴护"二字，实非刻枉。每见舅姑、本夫逼娼致死之狱，道学家论断，恒曲恕非人之舅姑、本夫，而不肯为守节之烈妇雪恨。故非人之舅姑、本夫有恃无恐，逼娼比比，非阴护而何！噫！吾不解洛闽之所谓"道"者，何道也！）于是盗卖、逼娼诸莠男女之势遂横绝海内，而诸弱妇女之苦永无顾问者矣！）

一曰婢、一曰妾：婢妾，富户为多。夫彼特不幸而为贫女，非与吾母、吾祖母同类者乎，何忍贱等动植之物，辱加买卖之名，且断其父母兄弟天性之恩爱耶！且婢被主人强污者十之六七，被主母虐伤者亦十之六七、虐死者十之三四，其苦亚于童养媳及娼；妾被主人、主母虐伤或死者十之一二，其苦较婢为少，然究不能不列入极苦之民类也。

今宜严禁童养媳，禁后犯者，两家父母，均发囚惩罪所十年；其现有童养媳年未满十六者，悉令交还父母家，或送善堂；查无舅污、姑虐诸弊者，俟及年，给完姻；查有诸弊者，除由官将该女择良改配外，仍追惩该兽行舅姑，则第一极苦除矣。专设巡查逼娼员役，严密查拘盗卖、逼娼诸莠男女，审实，斩立决。改定律例：如舅姑、本夫确有逼娼情事，许本妇格杀无罪，并建坊旌表其节；其妇女自愿为娼及犯淫到案者，由官判令为娼，别其车服以辱之，重其捐税以困之，则第二极苦除矣。严禁买婢，其现有之婢，由官悉数发价代赎，改作雇工，去留听便，则第三极苦除矣。（按：英国曾由官发出银钱数千万，遍给国中奴主代赎黑奴；又会同美国，遣兵船巡海缉奴贩。彼于异种人尚施如是之仁，我于同种或且同乡里人忍永任其沦苦，度量相越，抑何太远！）令民欲娶妾者，须备六礼，与娶妻同，一切与妻敌体，不得立买卖文据——"断母族往来"，无论夫、妻、妾，彼此相害，一体抵死，则第四极苦除矣。（裹足一事，为汉人妇女通苦，致死者十之一二，致伤者十之七八，非但古时所无，且又显背皇朝制度，急宜申明禁令，以救恒沙之惨。）

·节渐章第三十五·

鸦片为止痛圣药，无病而吸之成瘾，此人负鸦片，非鸦片负人。今赤县吸此成瘾者多，若骤下严令，恐妨病者，宜先为之节，渐期禁绝。

至赌博一事，苟世人尚有争利之心，万难禁绝。宜立官博场名目，令民欲开场者，先具父母妻子无阻等情切结到官，查实准开，限其数，征其捐。欲入场者，亦先具父母妻子无阻等情切结到官，查实准入，亦限其数，征其捐。开官博以塞私博，此经济家妙术，亦从《易》之"节"、"渐"二卦悟出者也。（西国售票之法，无损风俗，大裨要需，宜仿行。）

·同仁章第三十六·

今国内深山穷谷之民多种，世目之曰黎、曰苗、曰瑶、曰獠，被以丑名，视若兽类，永不施教，绝其仕进。地方吏役，任意淫虐，偶或聚抗，辄以叛闻，发兵屠掠，妄张劳绩。此多种民，言语不通，文字不识，任屠任掠，沉冤莫诉。

夫此多种民，风俗稍殊，伦常均有，非父死妻其后母之戎狄比，琼州之黎，尤极驯良，何乃待之如此！张广泗以长围饿死数十万，席宝田以湘军焚灭十之八，为彼族大劫，其小劫则几于无岁无之，殊大远乎一视同仁之义矣！

至台湾生番，以人为粮，自当别论。然闻其俗：男不再娶，女不再嫁，则亦必可因其已明而启其未明也。（昔亚洲东南群岛人相食者甚多，数百年来，其入白种管内者，莫不设官严禁，遣师善诱，尽变其俗，则台番食人之俗岂独不可变哉！）

若夫秦陇以西，汉、回杂处，所谓回民，无别汉族，徒以教规略异，官每岐〔歧〕视，与汉民讼，百难一胜，频酿巨案，流血成川，尤可悯恻！

今宜于官书中削除"回"、"黎"、"苗"、"瑶"、"獠"等字样，一律视同汉民；惟待台番，不能不杀以止杀，然亦宜开学校以渐化之。

·礼乐章第三十七·

自叔孙通采秦仪，媚汉主，而三代以前君臣相接之礼遂不得复见，赵宋后更甚；而白种诸国君臣相接，犹存古礼，首宜则效。

赤县雅乐亡久。古者士无故不去琴瑟，今琴瑟之学几绝于世，有议及学校宜复琴瑟者，众大怪之；而日本及白种诸国大小学校，莫不列雅乐于正课，依然唐虞、三代之风，即此一端，岂可胜慨！至演戏、唱曲，人人观听，几于非导淫即诬古，实为赤县民俗极坏、民智极昏之一大病源。

今宜求唐以前雅乐于日本；征海内外乐学士为司乐大夫，定乐列校；令通人按古今中外史籍，多作传奇、曲本及有韵方言，由司乐大夫阅定、刊行，令业戏、业唱者习之；其旧演旧唱曲本，择存近雅者，准民演唱，坏俗昏智者，严禁演唱；除优伶不准应试例，进之士流，严禁狎侮；斯乃易民俗、开民智之一大要务也。（周末贤者或隐于伶人，优伶本有易俗开智之责，岂可贱视！自优伶不齿，而民俗、民智乃江河日下矣！）

基础篇

·更律章第一·

今律除旗人、民人交涉外，多沿明律。明律源出商鞅、萧何，法家惨刻，儒者所嗟，欲复唐虞、三代之治，必自更律始。

今宜开议律局于京师，博征赤县及朝鲜、日本、白种诸国通人，讨论百王律法得失，酌定新律，务合孔、孟之旨。变法家之天下为儒家之天下，其必于更律基之矣。

·帅信章第二·

孔子曰："自古皆有死，民无信不立。"有味哉！有味哉！

夫香港，一极小荒岛耳，上海英、法、美租界，纵横十余里耳，自归英国及作租界以来，百业之盛，得未曾有。各处芜莱、瓦砾之区，一作租界，民居无不顿密；而内地大城荆棘满目，中原景象尤极萧条。外国招工，民趋争先，本国动役，民逃恐后，沿海之民，出洋谋食，稍有积蓄，率惮言旋，依他族如父母，畏本管如虎狼，岂有他哉！赤县官商，鲜克有信，而白种官商，大概有信，故民多愿居西官治下，愿与西商结交耳。

今取士功令，背朱者斥，洛闽之理与孔孟之理固已绝异；入仕办事，必谨遵今律例，今律例之理与洛闽之理又复绝异；官、幕、吏、役，密传心法，律外有律，例外有例，密传律例之理与印行律例之理，又复绝异，将安教民信乎！

今欲使下无不信之民，必先使上无不信之官。若仍是上下交欺，讳深饰巧，则今日之赤县亦永为今日之赤县而已矣！

广白

此书著于光绪十七年，故所论政事，截止十七年为止。现虽稍加改削，而大体仍还原书之旧，故不能增论十七年以后之政事。一

鄙人著此书，非欲借为入仕之媒，亦非欲盗取一时之誉，徒以躬处奇艰，伤心同病，恻隐未绝，不忍无言。明知空言虽切，无补苍生，等诸候虫时鸣自已耳。二

无量劫，无量世界，莫不有物，斯莫不有人；莫不有人，斯莫不有国；莫不有国，斯莫不有政。政之宗旨，不出二途：曰富强，曰治平。若神州之儒教、印度之佛教，宗旨皆在治平，故与法家若婆罗门、若可兰，宗旨在富强者，势必冰炭。运丁其否，则宗旨在治平者必不得执政，此孟子所以困于齐、梁，鹖冠子所以穷于南荆，陆宣公、司马温公之伦所以掣肘于唐、宋者也。此书虽未尝不说富强，然宗旨在治平，与法家富强之说绝异，岩穴高士幸勿臆同宗旨在富强者之谈而不屑披览。三

此书篇章名、数及其中字句，皆鄙人一手所定。自首篇首章首句至末篇末章末句，毫无谬于宗旨、自相矛盾之处，所谓"一家之言"，与道听途说、剽袭影响者绝异。苟海内外通人欲正其失，敢请屈尊先阅《叙言》，再将四

篇六十四章逐字过目，然后赐正！若不屑细阅，偶见一二句或一二章，遽加攻难，则鄙人所弗敢闻命。四

英、美等国，治内之法合于公理者殆十六七，或且十八九，至其外交之法则公理尚止十合三四，其不如英、美等国者无论矣。此书专论内治，故于英、美等国有嘉无贬，非不知其外交之未能尽绝妒忌、阴险之习也，彼中公理家固多讥切政府者矣。五

域外诸国，或近海、或远海，昔魏默深撰《图志》，概指为"海国"，贻笑域外三尺童子。今公私文字皆指外人为"洋人"，指外交之务为"洋务"。夫洋者海也，非不美之名，用之无当于贬外，而徒招不识字谊、不见地图之讥，奚而弗正其名欤！若斯之类，此书皆不敢沿误，诚惧外人之讥笑，辱我神州也。六

"外国"为非臣仆我皇朝者之总名，欧洲为五大洲之一名，今人动辄混言"外国"，若欧洲法良意美，试问东南洋诸食人之国及非洲诸以人祭祖之国非"外国"乎？土耳其非欧洲之国乎？且欧洲中最治之国尚不及墨洲中最治之国，何独慕欧洲乎！此书实事求是，凡言外国之法良意美，必指实某国或某某等国，或白种诸国，惧善恶混也。七

由我帝京向西绕行一周，则俄、英属地为近西，而朝鲜、日本为远西；向东绕行一周，则朝鲜、日本为近东，而俄、英属地为远东。明乎地圆之理，则知域外诸国无不可指为西国，亦无不可指为东国，而奈何专指白种诸国为西国、其人为西人、其法为西法、其学为西学乎？！此书实事求是，凡有所指，概不泛用"西"字。八

八旗禁旅、驻防营制、饷需等旧章，应如何变通之处，非草茅所敢妄议，懔遵国法，概从阙如。九

此书宗旨虽在治平，然所拟之方于治平真际不过得半，故命曰"卑议"，愿通人高士曲鉴区区！十

都十条。

自叙

叙曰：

宋恕生浙部南鄙，家世数百年无仕者；父为诸生，行修于乡，抱怀早逝。

宋恕之生，尊长梦燕，故小字燕生。生而多病，七龄之内，几死者数。八龄入塾，九龄能为古、今体文，谈论经史，即每与宋、元人立异。十龄病目几废。自时以后至于弱冠，无岁无病，病又多危，费暑十七，然其间病余辄事披览。十四龄见王阳明氏遗书，深喜其"反心不安，虽言出孔子，未敢以为是"之说。是时，外舅孙止庵先生与外伯舅逊学先生方以陈君举氏、叶正则氏之学诱勉后起，恕从受业，稍识门径；而内兄中颂先生治训诂学绝精，兼通佛典，同州金遁斋先生治颜习斋氏、顾亭林氏之学，陈蛰庐先生治苏眉山氏、陈龙川氏之学，其兄仲舫先生治易象数学兼禅学，皆曾从问大谊，多所启发。然弱冠以前，既困于病，及至弱冠，体稍强矣，然拂心之境，月异日新，俯仰愁叹，生趣几绝，惟持佛号，不能他学。

丙戌遭戚，手足无措，境益险隘，非人所堪，几死者数。天幸得脱，遂浪迹江海，捐境广心，痛自振奋，所至辄从师友假四部籍及近译白人书，穷闲暇披览之，弗辍舟车中；又所至辄从居者、行者、隐者、名者、官者、幕者、兵者、商者、工者、耕者、蚕者、牧者、渔者、鹿者、医者、祝者、相者、卜者、主者、仆者、歌者、哭者；访求民所患苦、士所竞争、风俗奢俭、钱币绌盈、贩运畅滞、制造窳精、形胜迁存、水利废兴、田野荒辟、户口衰盛、稻麦豆芋、茶果药蔬、棉桑麻葛、松杉竹芦、杂木烟草、油酒盐鱼、牛羊鸡豕、瓦石金珠、大小百物；凡民所须，郡邑豪侠、贤卿大夫、黄冠淄衣、剑客文儒、淑女贞妇、禽舅兽姑、劫窃里残、优娼博徒、赋役税厘、浮勒追呼、倾资荡产、嫁母弃孥、鸷狱蔽罪、刑良承诬、筋骨坏折、血肉模糊，轻则军流、笞杖枷拘，重则斩绞、淫掠焚屠、节寿规上、冰炭敬都。既博学审问，慎思明辨，昏乎若迷，昭乎若觉，乃作而叹曰："悲哉！儒术之亡，极于宋、元之际，神州之祸，极于宋、元之际。苟宋、元阳儒阴法之说一日尚炽，则孔、孟忠恕仁义之教一日尚阻，悲哉悲哉！知此者鲜矣！"于是发愤入芯苎兰若，茹素半载，著书数十篇，极论其所以然，成而藏诸石室，俟求旷劫。

或遇海内通人志士，时共吐抑塞，相与嬉笑怒骂、痛哭流涕。宋恕之友谓宋恕曰："盖佛家多渐引之方，儒氏有据乱之制，子盍为卑议焉？"宋恕不答，久之，著《卑议》四篇六十四章。宋恕之友见之，谓宋恕曰："吾劝子卑，何犹高之甚也？"恕曰："嘻！更卑于此，吾弗能矣！非弗能也，诚弗忍也！夫彼阳儒阴法者流，宁不自知其说之殃民哉！然而苟且图富贵，不恤以笔舌驱其同类于死地千万亿兆乃至恒河沙数者，其恻隐绝也！今恕日食动物，比于佛徒，恻隐微矣；然此勿忍同类之忧，自幼至今，固结莫解，安能绝也！"嗟乎！行年将三十矣；又三十年，则且老死。杂报如家，人天如客，轮转期迮，栗栗危惧。区区恻隐，于仁全量，如一滴水与大海较，夫又安可绝也！夫又安可绝也！"

光绪辛卯冬，六斋居士宋恕自叙于东海之滨。（《六字课斋卑议》）

拟光绪皇帝罪己诏

朕闻《诗》曰："敬之敬之，天惟显思，命不易哉！"朕以凉德，嗣先人基。遭世多难，因循苟安。邦本不固，轻结邻怨。丧师失地，惭奉烝尝。幸借君灵，合成二国，嫌捐侵归，感极涕零，今知罪矣。呜呼！将矢于庙，与民更始，敢告同盟，惟矜海之！

朕闻天生民而树之君，君勤民而设之官。民气之郁，由官邪也。自朕即位，疮痍甫复，尚有老成，未能专任。公卿侍从，罕涉经史，郡守邑令，多不识字。昏傲贪残，何止十九，威尊命贱，欲诉无门。使越鸟寡南枝之恋，秦鹿有共逐之兆，此朕之罪也。

兵以卫民，岂宜反扰。顷旗，绿废弛，召募盛行。驱集莠徒，难言纪律。朕慕汤武仁义之旅，钦西方节制之风。而兵学未开，营章不改，带甲暴横，军兴滋甚，焚屠淫掠，千里萧条，使边氓痛心，报仇引敌，关隘尽破，蹙我祖疆，此又朕之罪也。

四民之业，以士为首。赤县学术，曩冠亚洲。自经政劫，华风渐戎，刘、李贤主，谦让序校。重以五季、金元之乱，益以朱明八比之愚，洙泗真传，不绝如缕，我祖宗征讨鲜暇，礼乐有待。及朕之世，当急修文，而养士之费，教士之区，较诸大国未能百一，使朝野有乏才之嗟，旁观有仍陋之诮，此又朕之罪也。

祖宗重农，厚泽浃髓。然田家疾苦，莫能自达，乐岁无乐，矧值凶荒。自朕即位，频年水旱，老弱转于淘壑，壮者散为盗贼，不计其数，悲孰甚焉！而未求种植之新书，不讲蓄泄之良法，徒恃截漕蠲赋之恤，无救易子析骸之惨，此又朕之罪也。

士农工商，缺一不国。抑末之议，起于法家。汉阴之说，见讥孔子。自朕即位，国工无称，商战愈北，而艺塾未创，市权，税厘重困，捐借刑逼，使财源患竭，十室九空，此又朕之罪也。

呜呼！朕今知罪矣。每忆《春秋》自亡之旨，师"肆于民上"之言，大惧获罪于天，求为匹夫而不可得。盖昔晋、楚争郑，邲之役，晋违随会而败，鄢陵之役，楚违叔时而败。今朝鲜，郑也，东邻，邲之楚也，所谓德，刑、政事、典礼不易而不可敌者也。朕误信先縠，以有兹悔。虽然，朕今诚知罪矣！朕昔如梦，朕今如觉，朕昔如醉，朕今如醒。即与民约：一切更始！惟愿大（君主民主）矜其未尝学问，诲以治平长策，则岂惟朕之幸，其我祖宗之灵实式凭之！其我满、蒙、汉、回、苗、藏、黎、僚诸族之民实仰企之！

《诗》曰："战战兢兢，如临深渊，如履薄冰。"朕今之谓矣！（《宋恕集》上册）

致夏曾佑书

己丑之冬，穷经荒寺，辱临访，未深谈，别后飘零无状，望云惭泥，不通问五祀矣！客秋今春，累闻王（浣生）钟（鹤笙）康（长素）梁（卓如）诸子扬颂学业，或云"梨洲嫡派"，或云"定庵化身"，诸子非妄语者，始恨知执事晚。

顷又承胡仲巽（仲巽志识甚卓，惟读书尚少。）示书数简，崇论闳议，奴刘婢赵，睹凤片羽，钦慕益切！然与鄙见有小异者：执事判长夜神州之狱归重兰陵，岭南康子判斯狱也归重新师，下走判斯狱也归重叔、董、韩、程，敢布区区；惟执事诲之！

下走以为家宇之弊，极于姬周，发、旦抑民，殆甚殷夏。民因抑愚，困不悟故，乃有仁智之士皇、田、孔、墨、列、料、宋、庄、鹖冠（鹖冠纯乎民主之家，昌黎谓"杂黄老、刑名"，大谬！）之伦，立说著书，期伸公理。虽所立之说或含或露，所著之书或亡或存，要其宗旨，悉归扶民，教不胜世，（神州教不胜世，泰西教胜世，其天乎！）虽有同慨，然师徒授受，源洁流清，世法自世法（法不得列为周末诸子之一家），教宗自教宗，固截然也。

自叔孙通以老博士曲学媚盗，荣贵震世，而孔教始为世法所乱，然余子之教犹无恙也。及至江都，认法作儒，请禁余子，余子之徒惧于法网，渐多改削师说，而周末诸子之教始尽为世法所乱。然贤者避世，死守口传，由汉迄唐，高隐遗文，往往急怨怪怒，情殷扶民。世虽远之，不敢不敬，则诸子大义虽亡于庠校，微言尚存于山林也。及至昌黎，借儒张词，排斥高隐，而山林之名始渐夺于华士，然其俗迹太显，未能遽绝山林之教种也。（世人论文习称韩、柳，论学莫不内韩外柳，实则柳学高韩万倍！惟其高，故见外也。）及至伊川，以纯法之学，阳托儒家，因轲死之谬谈，建直接之标榜，舞儒合法，力攻高隐，党盛势强，邪说持世。世主初疑其怪。既而察其说之便己，遂私喜而独尊之。民贼忍人，盘据道统，丑诋孤识，威抑公理，而山林教种无地自容，一线微言，从此遂绝！文明古族，蠢若野蛮，甘仆金、元，任屠张、李，饿死恒沙，相食泛常，劫窃公行，丞报盈耳，《诗》《礼》发冢，粉粪蝇璧，虎狼称仁，鹿豕号智，风俗议论，如夜方中，等彼印度属蒙、希腊属土之世，悲哉悲哉！叔始之，董、韩继之，程终之，四氏之祸同族，所谓烈于洪水猛兽者欤！

下走太息痛恨，积郁难宣，思著《子通》《续〈史通〉》《续〈论衡〉》三书，理周末之教绪，排长夜之邪说，藏诸名山，俟诸其人，人事多阻，未能急就，就正有道，尚需年时，先质宗旨，以验离合。

执事倡议改教，甚负盛意。然下走窃以为图拯神州，不必改教也，复教而已！海东之所以臻此文明者，由有山鹿义矩、物茂卿诸子倡排洛闽之伪教以复洙泗之真教也。海西之所以臻此文明者，由有昧格力弗、路得、束盈黎、菲立麦兰敦诸子倡排教皇之伪教以复基督之真教也，东西之事，复教之明效也。神州复教之业，天其或者责吾曹欤！然下走尝自衡于东西倡议复教诸子，识虽不让，力诚远逊；所见海内可人亦皆力不副识，求如东西诸子之公然倡教、百折不回者，竟未之得，然则此土其无望乎！悲哉悲哉！抑将有待耶？

闻台从即来沪，愿作十日之谈！临素神驰，敬问起居无恙

敬再白者：顷晤上海张经甫，闻执事有创会之议，志在必行，不禁狂

喜！然内外大臣除李合肥外无稍有志识者。合肥以独醒之故，为众醉所排至此，身家且未知如何，况敢与闻斯议！南皮事事门外，事事自居门内，不直真汉学、宋学家一哂，况能窥吾辈之藩篱乎！又安望其能相助为理乎！若无大臣与闻相助，事必不成，奈何奈何！神州长夜数千年，斯议关系之大不可说不可说！成不成固视四百兆黄种之福命矣！摩西能拔以色列人出埃及之水火，何地无摩西，其如今之以色列人甘为埃及牛马何哉！噫！（《六斋无韵文集》）

代陈侍御请广学校折

为痛定思痛，敬陈管见，请急仿行敌国成法，以作人材而挽时局，恭折仰祈圣鉴事。

窃臣来自田间，蒙恩滥竽言职，睹时局之艰危，愧高厚之莫报，中夜太息，思竭愚忠，惧蹈狂妄，欲言屡止。然闻狂夫之言，圣人择焉。臣虽至愚，《传》不云乎"愚者千虑，必有一得"，用敢卒贡其忱，惟我皇上鉴之！

臣闻学校者，议论之本也；议论者，政事之本也。政事之病，莫大于外张内弛，议论之病，莫大于似是而非，似是而非，由于不学。故欲振作政事，必先转移议论，而欲转移议论，必先开广学校，此古今中外之通理也。今圣明在上，德侔覆载，四门洞辟，图治孔殷，而政事积病，未见稍减，其诸学校未广，而士大夫议论尚多似是而非之故欤？臣敢犯众怒而为我皇上陈之：

今之言治者，约分两党：一主守旧，一主师新，然以臣观之：彼主守旧者，不知守唐虞三代之旧，不知守皇朝祖宗之旧，而惟知守帖括之旧，乃守旧议论之似是而非者也。彼主师新者，不知师欧洲诸国之新，不知师东方强邻之新，而惟知师市井之新，乃师新议论之似是而非者也。

彼守旧者之言曰："制义必不可废！刑律必不可改！商必不可扶！工必不可机！大臣之权必不可重！戎狄之法必不可从！"

夫宋前无制义而经学盛，宋后有制义而经学衰；且皇朝初兴，亦无制义；明崇制义，寸土不保，不可废者何也？唐虞三代，莫不轻刑；皇朝初兴，刑亦宽简；及世祖都燕，海内方乱，暂沿明律，以治汉人，明律源出商鞅、萧何，法家惨刻，儒者所嗟，祖宗权时暂用，殆望后嗣修革，不可改者何也？抑商之议，亦出法家，斥机之论，见正孔子，商不可扶、工不可机者何也？自古圣帝，皆有重臣，所以分劳万几，总成庶职。隆礼厚禄，深信专任，乃责其效，无效乃更，即今西国，亦莫不然！皇朝世祖之初，遣摄政王征明，假以便宜，大勋遂集，兹非重臣之显效欤？今枢员疆吏，互相牵掣，将欺上虐下，则权有余，将破格图功，则权不足，权不可重者何也？戎狄之法，诚不可从，然考《六经》，所谓"戎狄"，乃指中国边塞无文字、无礼教、耕作、杀戮仁义，烝、报之诸部落，不及其余。欧洲礼教，自古秩然，以为戎狄，此经学不明、野语盛行之故也。凡此议论，皆所谓守帖括之旧也！

彼师新者之言曰："铁路、矿务必兴！银行、邮局必创！战舰军械必多且精！丝茶纱布之利必保且夺！"

数端者，诚西法也。然行于官民一体、文武京外堂属一体之西国，则诚西法也；行于官民隔绝、文武京外堂属隔绝之我国，则西法依然我法也。我法依然，而数端并举，费如烟海，外漏中饱，疮痍之余，何以堪此？国贫愈甚，剥民愈酷，方今盗贼已遍中原，东南财乡力竭捐借，若再酷剥，大乱必起，神州之祸岂堪设想！每见市井小儿不度人己，家业已落，债负已多，而居室服食惟新是师，生计命脉则不求新，必至一败涂地，不可复振。今之主师新者抑何太不察欤？

守旧之言如彼，师新之言如彼，两党相非，交攻真是。

更有既溺帖括，复醉市井，中干外强，盗窃声誉，自谓酌平新旧、置驿中西，无识群和，尤仇真是。于是真是无毫末之权，似是有充塞之势，一切政事悉为所持。纵使创开议院，而响应者必合污之议；创开报馆，而风驰者必腾虚之报；于是乎外张内弛之病永不可除，小康大同之治永不可几矣！

夫同此地球也，何以似是之议论不能行于西？真是之议论不能行于我？如此其相反也？将非国人智愚悬殊之故欤？

夫我国水土之佳岂不如彼，古圣之教岂不如彼，智愚悬殊者何也？将非识字、读书人数悬殊之故欤？

臣闻西国识字人数：德最多，每男女百，有九十余；俄最少，然亦有十余。我则大较：男每百得一，女每五万得一耳。盖去最少之俄尚远矣。西人勤学成俗，自世爵贵戚、文武将吏、兵农工商、老妪幼妇，公私之暇鲜弗开卷，其学古者，盖莫不兼诵百氏之经，博涉万国之史，文字穷源，礼教究变。其学今者，盖莫不洞势六洲，晓情五族，至于邻敌，尤所熟窥。我则翰、詹、科、道号称学数，求勤学者尚如越雪。本国经史、皇图疆域，求讲讨者尚如晨星，视彼何其悬殊哉！此其性不好者多哉？抑督之、劝之之道有所未尽也！

臣闻西国通例：男女生六七岁必使入学，不则罚其父母。未经本学考取，不得为官、为师及操各业，可谓尽督之之道矣。学校多者乃至为所十七八万、为师二三十万，岁费为银八九千万两，藏书多者乃至为所五百七十余、为册五百四十余万，棋布国中，任众入览，可谓尽劝之之道矣。督之、劝之之道如此其尽也，识字读书者安得不多？国人安得不智？似是而非之议论、外张内弛之政事又安所容于其间欤！

夫西国其远焉者也，日本，东方之国耳，自创于西，君臣危惧，遂乃决然舍去陋见，捐忌讳、轻刑律，改正易服，大开学校，不数年而民智骤进，议论日新，政事随之，国以顿盛。遂乃辟虾夷，并琉球，增外税，收客权，治兵海上，侮我大邦；袭朝鲜，据辽左，破澎湖，割台湾，骎骎乎欲与俄、英争亚洲之牛耳，兹非最近之明验欤！今闻其国学校已满三万，岁费银两八九百万，学师：男六万余，女二千余；学生：男二百余万、女八十余万，莫不实发实销、实授实受。首之以伦常，继之以经史，广之以方言，晓之以时务，引之以算术，启之以化学，壮之以体操，淑之以音乐。而东京大学规模尤阔，至于农工商兵又各别立专学。又有博物之院、博览之会以助读书之课、以鼓学者之兴，其于学校抑亦可谓尽心矣！

今皇图十彼，人数亦十彼，而学校不盈二千，岁费不及十一，又皆无实而徒有名：督学不督，教官不教，栖生无舍，给生无书，乐器尘封，堂阶草长，春秋丁祭，城生暂集而已。藏书之阁，禁外止三，又不易入；市肆有书可购者，通国不过十余处；院长庶几胜任者，同时不过十余人。武科武职固不望其识字，文科文职亦不尚其读书。间有研穷经史或时务者，每反以此被摈于场屋、被忌于同僚、被抑于上官。夫以人之求识字、读书如此其难也，而又不识无碍于仕进、能读反妨于仕进，如此其阳督而阴阻、阳劝而阴戒也，然则识者、读者之少岂足怪哉！

臣按经传百家皆云：古者无地无学、无人不学，盖类今之东西各国，故其时无似是而非之议论，无外张内弛之政事，残篇断简，厓略犹存，稽古之徒，慨慕无已。自秦坑儒士，汉任法家，南北战长，金、元祸烈，阅年数千，学校未复，其间非无仁君贤相，而恒苦未遑，非无达士真儒，而徒深嗟叹。化行俗美，杳杳无期，孔、孟有灵，岂胜隐痛！

皇朝祖宗右文相绍，时会未至，姑引其端，从容竟绪，留俟后圣。皇上智勇天锡，奋欲有为，而乃挫于强邻，丧师失地，意者天将降大任于圣躬而以敌国外患促复数千年之废典欤？

然古制久失其详，西制骤难全用，日本同文同教，章程概可仿行，不揣冒昧，拟请我皇上俯采刍荛，谕饬出使大臣：照会彼国外务省，查取文部省大中小学校缕细章程奏呈御览，发交户、礼二部，咨行各将军、督抚、府尹立依原数筹费仿行，则自强之基于是乎树，一切善政逐渐可兴，十年之后其可以洗今日之耻矣！

臣非不知皇图十彼、人数亦十彼，彼学校三万，我必三十万而后相当，彼拨岁费八九百万，我必拨八九千万而后相当。徒以方今财源未开，国库奇绌，若依乘数拨费，虽竭岁入而犹不足。暂依彼数拨费，则甚绰绰而无难筹。然臣犹有虑焉；费依彼数，固无难筹，而折枝不能，结习罕破，臣知部臣、疆臣鲜乐闻此，必将群以不急为词、无费为解。夫养兵每岁费数千万，而顷者不收一兵之用；买舰累岁费数千万，而顷者不收一舰之用。节彼行此，可疗本病，宜缓宜急，岂不昭然？临以严旨，不准奏格，是在皇上断之而已。

臣为作人材、挽时局起见，是否有当，伏候圣裁。(《砭旧危言——唐才常、宋恕集》)

7. 唐才常的变法思想和主张

引 言

唐才常（1867—1900），字伯平，号佛尘，湖南浏阳人，清末维新派领袖。中日甲午战争后，积极主张变法维新。1897 年，他与谭嗣同在浏阳兴办算学馆，提倡新学，在长沙办时务学堂，编辑《湘学报》，被并称为长沙时务学堂教习中的"浏阳二杰"。次年又创办《湘报》，宣传维新思想。戊戌政变后，去日本、南洋集资，回沪后创"自立会"，旋于汉口密谋发动自立军起义，事泄被捕就义。

学新法须有次第不可太骤说

中国受创以来，深识之士，日望中国之毅然变法，以弱强，以危安，以骨肉，然如学校、邮政、铁路诸大端，当轴迟回审顾，重于一举者。何也？岂阴狃于桎民之习，恐民智开而狂澜沸耶？抑虞一变之后，士民失业，蕙而未发耶？

夫英吉利于百年前欲行新法，臣民无不尼之者，惟坚惟忍，立起沉疴，若俄罗斯之顽犷，日本之悍劲，各国所无，然昔之彼得，今之睦仁，何兴之暴也？中国神圣相传，风俗纯厚，无希利尼、萨摩之强族，多瑞士、日耳曼之秀民。若洗其夸大虚诬之习，薪诸实际；振其疲茶惰旧之气，进以干城，安知不为地球望国？乃犹因循疲茶，坐失事机，诚不能为当世士夫解也。

而新法之行，贵有次第，不可缓亦不可骤。何者？中国之弱，弱于贫，中国之贫弱，贫弱于新学之未兴。欲兴新学，宜特设学部大臣于京师，以纲领大学之事；又于各直省多建中等下等格致书院，聘西师华师，分门课实，即以其递升之差，为科目之的。则始虽借才异地，不十年而吾学校中人，足以肆应天下之求。人才既出，自强始塙有其基，然而铁轨、轮船、矿务、邮政四者，似不能因人才未出，再涉游移。何也？筋脉不通，则手足坐废；衣食将竭，则礼义安施也？

若夫商政宜修，先于农政。盖中国之农，尚称勤作，商则散无友纪，日见消亡。岁输英人五千余万两，未有抵制之术，将为印度者数十年，尚夷然以冠带自居，此开辟以来之奇忧也。非亟立商会维持之，脑存而髓亡，国存而权绝，其若之何！工政宜修，先于军政。土耳其素称能战，惟制造未广，机器未兴，日蹂躏于英、俄而末如何。中国四十年来，枪械船炮，夥于阿僧袛，而国且日弱者，徒恃杀人之器，而忘制器之原也。报馆宜立，先于议院。盖此时风气未齐，人心多惑，骤开议院，必如意、法、奥之叫嚣，不可遏抑。惟先广报馆以启愚顽，以振聋瞶，则遇有大政，不至行之者 ·，泥之者百。公法律例之学宜明，先于议和议战。盖中西棘手之案，固由国威未振，亦由情法不通。如能酌修条例，入公法及弭兵大会，未必无暗然自修之日。界务税务之学宜讲，先于禁烟办教。盖强邻睗睒，四方而至。黑龙江、帕米尔，及夫缅甸、安南之前车，在在寒心。界务不明，蹙国何底？厘政至今，深为民病，愚智皆知。非急研税务，则呰窳滋甚，脂膏滋竭，国不国矣。银行宜设，先于国债。泰西国债多，民心益固，骤难望之疑信参半之华民，必用机器多铸银钱，由三库通行各省，则示信于民而国债可兴。

若夫亲王大臣，出洋学习俄、日，以建维新之治，尤为今日策时第一义。至于中西相接，化其偏私之见，去其鄙夷之心，凡内外臣工，皆宜恪遵此义；而西邻责言，庶不至无故而生。然无论何等学术，皆先以广立学会为宗，则所以公天下之群义，而萃人心之奇策也。此举行新法大概情形，可约略言者。

或曰：今天下病尪瘠矣，非彻底澄清，同时并举，加以雷厉风行，万无成效。虽骤、庸何伤？而不然也。即以病喻：精气铄于内，痿痹见于外，调其荣卫，通其筋络，养其灵魂，或能补救于万一；骤用猛济，必无幸焉。今之积重难挽之势，而欲步武泰西，经纬万端，微论其治丝而棼，即每年赋税所入，不逮英、法三分之一，而洋债累累，何从筹巨款以行新政？其不能太骤一；中国士子，久锢时文诗赋之中，遽废科举，游民滋兴，其不能太骤二；至西例赋税极重，华民赡其身家而不足，安能出余资以维国力，其不能太骤三；中国最重男女之别，非先严缠足之禁，而广设女学堂，必多未便，其不能太骤四。是故深明其不可骤之故，而后转移鼓舞之，微权可得而用也。（《沅湘通艺录》卷三）

尊新

曰中国，曰日本，曰波斯，曰印度，曰埃及，曰希腊，曰罗马，曰巴勒斯坦，曰腓尼基，数千年之旧国也。黄帝子孙，部居震旦；亚当裔族，曼衍欧东，以洎黎、蛮、猓、苗、琉球之毛人，俄国之特狄，澳洲之矮奴，非、美洲之红黑番，数千年之旧种也。中国之尧、舜、周、孔，印度之释迦、婆罗门，耶路撒冷之摩西、耶稣，阿喇伯之谟罕默德，数千年之旧教也。

英、法、德、俄，建国后而兴也浡焉。美人经营仅百年，以文明开化名五洲。故糜大地之国之种之教，更嬗迭代，蕃变纷纭，穷睇俯瞩，靡知究极。然日本蹶然以旧国兴，希腊脱突人轭有年矣，今且曝然智其民，强其学，隐然为亚东日本，而印度、波斯、埃及，望尘弗及焉。异哉新者诚新，旧者亦新，虽曰天命，岂非人事哉！

微欤悲哉！中国之创新政求新法也，费五十年之时日，掷万亿兆之金钱，购恒河沙数之枪械，然而北胁于俄，南挫于法，东困于日者，何也？新其政不新其民，新其法不新其学也。欲新民必新学，欲新学必新心。今者天下之民之心，久病思起，久郁思嚏，新机勃然。其洞观世局者，且人人构一意，法希腊之民之心于胸臆而不可遏。使当轴不乘其句萌之机，骋以康庄之路，而犹欲圈豢之，槛絷之。窃恐扃其身者不能扃其智，忠其国者不必忠其君，而秦皇、明祖之藩一溃而忧且剧也。即令民不智，防不决，而事变奇横，土番缪泉，抵制无策，将伯谁呼，则是举四百兆民，拱手而腾他人以奴隶也。

昔罗马教皇，首仇新学者也。方一千六百八年，意大利人格里略斯精通天文，聚徒讲学，作望远镜，论地球自转之理，教皇綦甚，诬为妖术，下之狱。及意人围其都城，神甫毕集，尚胶其守旧之见，牢不可破，遂底于亡。今之守旧家，动诋西学与西教为缘，而不知其躬罗马而心教皇也。

呜呼！蟪蛄不知春秋，朝菌不知暮夕，汶汶暗暗，伈伈俔俔与此终古，而曰吾言孔、孟而行程、朱，此优孟而施朱黛耳矣。而况泰西之学，胥源希腊；希腊盛时，与埃及、波斯、印度等国，互相观劘。而埃及文字，实与中国同原，又适值吾三代实学未亡之会。（其时精天文者，曰他里斯，当周匡、定一王时；专以格致讲授者，曰苏朗来。当周灵王时；创几何学者，曰欧几利德，当周赧王时。）然则吾周、秦诸子所言，辄与彼中格致之学，不谋而合者，初非无因，而益以见吾尊新之即以复古也。蒙得而破其症结曰：欲开二千年来之民智，必自尊新始；欲新智学以存于鹰瞵虎视之秋，必自融中西隔膜之见始。（《沅湘通艺录》卷三）

尊专

学问之道，不专不成，古今之通病，天地之达忧也。然经史词章，其质性聪颖者，偶涉藩篱，尚能貌袭其华以盗名欺世，而许、郑如鲫，庾、鲍如林矣。惟泰西格致之学，及一切公法律例专科，则断不能剽窃绪余，卤莽灭裂，蕲为世用，故往往攻一艺终其身焉；且师弟相传，子孙世守，靡明靡晦，极巧研机。无他，专故也。

中国数十年来，同文、方言、武备等馆，次第举行，衿缨杂拉，风雨鳞萃。而临变仓卒，不获一器一人之用者，士夫腹非之不已，而目笑之；目笑之不已，而纤掣之。一入其途，为世大诟，尚何专焉？

夫中士非独不专于新学，即其骛为文章之业，辄喜兼营并举，苟且涂饰，终其身鲜翔实者。惟帖帖〔括〕一门，虽穷乡僻壤，视为身心性命之窟，而摇其精而疲其神，骷髅于章句，傀儡于庠序，曰是固宜然。无他，上以是求，下以是应，不得不尔。嗟乎！诚反其道以求之实学，安知必让西人以独步也？

昔普国有尼姑喇赉赐者，愤普师之覆于拿破仑，遂入巴黎受业瑞士人包狸，穷其后膛枪之术，卒归普而多铸新枪以报法。此犹一人之专，尚能辅德为盟主；而况泰西恒合人人之专，以强其国力，保其国权者哉！夫冰洋之阻也，地心之热也，星球之远也，格致家尚欲锤幽涉险，凿地开天，以为环球瞠目咋舌之举，而后慊于心；而况耳目手足，得而经营者哉？

抑西人每诩智力胜古人者，非虚语也。如沟通红海之事，在周匡王时，有埃及国王法老尼谷，兴工十二月，死者十二万人。而近来法人勒塞拍斯（即留瑟）自咸丰十年兴工，至同治八年，卒沟通之。此五洲瞠目咋舌之举，而竟以专得之者也。今之眠而愕者，辄曰西人巧甚，不知其巧非巧，其拙真巧耳。

至其为学之道，不矜捷获，不陵天聪。其扼要在以格致炼记性，而脑气既活，灵魂四通，轮轴机捩，速于光电。古云"思之思之，神明通之"，殆憔悴专一，而灵魂以收其效之谓欤！是故西人之专，本于拙而巧不可阶；华人之不专，恃其智而愚不可药。虽然，上之人固不予以可专之业而尊之，而谁则掷其身于无用哉？（《沅湘通艺录》卷三）

论公私

五洲之国分三等：曰君主，曰民主，曰君民共主。君主邻于私，民主、君民共主邻于公，此自然之理势。而不尽然也。英之君民共主，最称公私交便。美自华盛顿以官天下之心，高唐虞之禅，至今风俗纯厚，洵乎大公。若法民则以其鸥张之焰，遏抑君权，使之必为民主以怙其私，则同是民主而有公私。俄为君主数百年，近来其民颇染法人习气，思抑君主而张私权，其归俄保护之希利尼人为尤甚，而势且岌岌。惟吾华则姒氏以来，共主一尊，不生异议。此五洲之绝大公私，虽公法家不能划归一律者。然泰西大势，孳孳矻矻，思富强其国而顶踵不恤，则无论君权民权、国会私会皆于公，为近公法云。

夫国之赖以立者，有因众以治己之私权，归之于公。即以法人之君民争权，自遭普辱以来，上下奋勉，卒偿和款，而仍为强国，则其私犹不失为公。若夫各国之银行林立，国债纷如，立一公司，股资亿兆；兴一大众，军饷骈罗，则所以相维相系者，实有公私两益之处。故其富商大贾，积资千百万，死后或入教堂，或捐建大书院，善举之宏，各国相师，而美尤以勇义闻，洵哉其有华盛顿之心哉！至其君民各项公私之权，有国会以维持之，有议院以是非之，有公法以衡酌之，有律师以审断之，故能民气舒而国基固。无他，有爱力以绵之也。人人出其爱力以保国权，而国不富强者，未之有也。

中国惩于贫弱之患，屡思振作以策富强。然上下不通，官民睽隔。如铁路轮船等事，商办未尝无人，而官必从而挠之曰："利权不可下移。"其情似公而实私。又如获有佳矿，西人听民开采，华官则辄思攘利，卒之同归折阅。官既市民以私，又何怪奸商从而乘便。如丝、茶等项，作伪市巧，一蹶不可收拾，尚不思同力合作，以振兴之、整齐之，其他可知矣。是故今日之天下，官私其权，民私其力，商私其利，士私其学，而四万万其人，且四万万其心焉。爱力散，国权散，忧时者不在群雄之眈眈伺隙，不可终日，而在私意之横梗抑塞，自残种教也。

呜呼！公理之不明，群学之失宗，仁道之绝统，虽无西人，奇忧枑矣；而况以其政教人心相抵逐者之实逼处此哉！（《沅湘通艺录》卷三）

孟子言三宝为当今治国要务说

孟子谓诸侯之宝：土地、人民、政事，乃浑括《周官》之精意以言，其条目则散在六官。使后世循序求之，自可收富强之策。但自秦、汉讫今，孔、孟真源，销亡歇寂，三者几任其自为消长而莫为之所，若之何不穷且尽也！

世之蚁穴自封者，曰吾土地、人民、政事，无一非吾中国古来神圣之遗，何必鳃鳃为变法计？不知三者如故，所以治三者之法，荡焉无存。反使海外诸国，禊合古人精意者日夥，而我支那四百余兆之生灵，将有一旦继轵奴隶之忧。素王坠地，日月重霾，此有心人所为痛哭流涕者哉！

西人言中国数十年来有三大失：西北与俄毗连之地，勘界时茫无把握，致失地数千里而不知；前四十年即有人民四百兆，以西法核之，今当多至六百余兆，今仍止四百余兆，则此外百余兆之民，不知消归何地；至每年通商利权，全为外人所持，则失财尚难以亿万计。中国有此三大失，犹梦梦守秦、汉以来愚民锢习，不思参西法以骤《周官》，譬彼舟流，不知所届。窃恐吾土地、人民、政事之俱为各国扼其吭，绝其髓，而犹庞然以躯壳之存，自谓不尪也。

西人之治土地者，以垦荒、开矿为大纲，而又有测算以核其实，动植以广其利，则其国无废地。若英之经营印度、澳大利亚及南洋群岛、非洲隙地，尤皇皇焉。其治民则士、农、工、商，无分男女，各立学堂以课其成，即至喑聋跛躃，悉予以自存之途，则其国无闲民。其政事或君主或民主，大氐上下相维，官民一体。凡学校、兵制、商务之日起有功者，类无不出其爱力、公心以相护持，则其国无私政。无他，保其地斯保其国，保其民斯保其种，保其政斯保其教耳。

至其机牙百出，纵横五洲，莫可端倪，又有公法以维系之。虽微至瑞士、比利时等国，尚可修其国与种与教，峙于鹰瞵虎视之秋。然则我中国可以惺然矣。于土地则垦荒、治河、开矿，宜设农务、河务、矿务各大臣总其成，择其可用机器者用之，以省人力而开地产；其边境紧连英、俄、法、日之处，亟宜设险屯田，练兵治道，为固吾疆圉之计，而界务尤所宜明。于人民，则今春日报所述《原强》数篇，曰“急自存、遗宜种”者，皆切实可行之事，总当如泰西讲求教养诸政，而吾民庶免为印度之续，英、俄之伥。于政事则练兵通商，宜以英、德为法，而汰绿营，废漕运，创银行，行国债，修铁路，设民厂，立邮政，广商轮，及凡织造枪械，百端并举，乃能抵制于无形，又必斟酌中西而设律科，力昭信义而列公法，毋徒夜郎自大，孤立五洲之间，要之，必先废时文帖括之业，广立天文、算学、武备、舆地、格致诸科，以奔走天下士，民智乃能骤开，人才乃能崛起，国权乃能抵距，而不蹈北洋前此有名无实之弊。呜呼！此救时之良法，保国、保教、保种之苦心，克符孟子三宝之指者也。

不然，土地广矣，无铁路以通其血脉、矿学以撷其精华，必成麻木不仁之病；人民众矣，男困于鸦片，女困于缠足，四民无一可存之业，必沦黄种于红毛土蕃不已；政事繁矣，文武分途，官商隔绝，贿赂公行，万事惰窳，其势儳焉不可终日。奈之何不鉴土耳其、波斯之孱弱，而忘日本自强之速也！呜呼晞矣！（《沅湘通艺录》卷四）

上欧阳中鹄书（两封）

受业唐才常谨禀夫子大人钧座：

久违慈训，如婴孩之失父母，靡所凭依。伏维道大能容，有教无类，勿以不肖而屏之门墙之外，则幸甚。

昨于七丈处恭读手书，忧愤之衷，一字一泪，循环反复，泣下沾襟。时局如此破坏，虽武乡复生，无可下手处。夫子如能决然归隐，不与斯世同其混浊，船山而后，有替人矣，甚善甚善。否则遵养时晦，徐以待夫人心天命之何如，而后以其所蕴蓄者，出而济时。但得偏隅之地，择其如钱武肃者而佐之，以安一方之民，亦未必非儒者事。

要之，开辟以来，夷狄之祸，无代无之，未有如今日之四邻环伺，门闼洞开，毫无准备者。法人占据安南胥江及南天省，以逼广西、云、贵，英人尽有五印度，以逼滇、蜀，无论已。俄人西扼于地中海，改而东趋，其势非尽得新疆及东三省不止。今日本又崛起东方，蚕食朝鲜、琉球、台湾及我奉天之半，骎骎有席卷燕、云之势。推原其所以强盛之本，亦非漫然而致者。如俄之彼得罗，身游英、法、荷兰诸国，习其技艺而归，遂开诸武备、艺学各学堂，化狂榛为礼义，易贫瘠而富强。由是举钦察、阿速之邦，积受陵侮于鞑靼者，一旦而雄视五洲。日本，一岛国耳，维新以来，力矫其数千年相沿之弊政，一扫而空之。故其地则只中国二十五分之一，其民亦只中国十二分之一，而事事求其精实，人人予以执业，税重而民不怨，事烦而下乐趋。行之二十余年，遂为东方首发难之国，而愕眙莫敢谁何，此其明效大验可立睹，不待智者而知之矣。前此丁日昌谓其阴而有谋，固属可虑，其穷而无赖，则更可忧。老成先见，有如龟卜。朝廷亦非不知之。顾惟因循苟且，偷一日之安，而不顾其后。其以洋务自重者，徒粉饰夤缘以邀厚糈，于制造学术茫无头绪。其以清议自许者，惟痛诋西学，目为异类，以自护其时文试帖之短。湘人虚骄尤甚，辄为大言曰："夷人特深畏我湖南耳！"及问其所以制敌之策，则曰："恃我忠义之气在。"且力斥殚心铁政制造者"用夷变夏"，势欲得而甘心焉。不知形而上者谓之道，形而下者谓之器，器之不存，道将安傅？且西人格致之学，其理多杂见周、秦诸子，其精者不能出吾中国圣贤之道，即朱子《语类》中，如论地动、论空气、论雷电，已多与西士暗合。张自牧《瀛海论》曰："是在正其名而已。"其言最为破的。受业尝观泰西七大政，往往上符《周官》，窃又自疑其比附之过。既而得见黄遵宪所著《日本国志》，几于一官一制，无不出自《周官》精意。乃知圣人之理之长悬宙合。而古人所云"天子失官，守在四夷"

者，洵不诬也。但西人兵法，逼近管子，律法酷类申、韩，其道本驳杂不纯。若能以吾周、孔之道植其根柢，而取其法之综核名实者，以求通变化裁之用，待其著有成效，实可抗雄欧、美各国。使彼国见吾与圣人之道相辅而行者之美利无穷，则吾圣人之道，愈可推广于中外，有如公羊家所云大一统者。如再拘泥故常，因循不振，虚以圣人之道，自欺欺人，异日求为土耳其、暹罗之苟延残喘而不得，乃任彼教之横行中土而无可与抗，则匪惟中原陆沉之忧，而吾千万年周、孔之道，将有不堪设想之日。天地奇变，古今异局，难保其必不至于此也。呜呼！谓非吾辈尊圣人，而适以小圣人阸圣人者贻之咎耶！何则？方今五洲人民一千三百兆，其行西教者九百余兆，行儒教者四百余兆，行回教者百余兆，其余则生番诸夷无教之民，是吾儒已有不敌西教之势。如不谋一自强之策，以抗彼而卫吾，人类几何而不绝也。近惟日本之事事取法西人，而独能禁彼教之不入国，思虑可谓精密。中国则从彼教者甚众，而其良法美意，徒奉以虚文，以相蔽饰。则今日之事，即能侥幸一胜，亦不过长其虚骄之气。如人病痨瘵，外强中干，遇事尚能傲很以相竞；迨血枯气绝，始委顿以死。方今中国之势，何以异是。而况并不能一战以幸胜，其究又将何如耶？

士人不得志于时，无所借手而奏其效。位卑言高，已干咎戾，矧并无位之可言，其亦不可以已乎？但一乡一邑，如能设法稍开风气，或培植一二人材，为将来驰驱之用，即于事不为无补，而可启一省之先声。受业曾具禀敬帅前，请于我邑建立格致书院，先筹二三百金，购齐上海格致书院，翻译诸书，及纪限仪小机器数种，以为士人观摩。先导之以算学，徐进以舆地、兵法、制器诸学。但经费难筹。但于禀中婉请中丞捐廉以为之倡，余或将每年经课改归此处，或将南台膏火，酌拨其半。中丞深韪是言，慨然允许。惟深虑我邑未明事理，或如省城虚骄之气，动起相持，议必至于中废，且董事难得其人，在在俱形棘手。意欲吾夫子起任其责，而恐为贫而仕，不能暂羁马足。七丈一闻此说，更觉怦然不可遏抑，谓吾夫子素以经纶天下为心，艰巨不辞，劳怨不避，况事之发端虽小，而能使吾邑人讲求大局，研究实际，为将来干城腹心之用，夫子必乐于从事，不以是为甇言。至一切草创章程，吾夫子通达事体，了然中外强弱之本，自能斟酌万全，于变法之中，寓救时之策，我辈惟祷祝求之而已。

嗟乎！事已至此，中国犹获幸存，必当变科目以求实在。如再不变法，亦万无复存之理。帖括之运，行之数百年，至此亦可以已矣。

窃尝静观朝政，秽浊之气，充塞天地。和议诸款，亘古未闻。现在南北纷纷撤散，而倭人添兵不已。朝旨云"倭人未必即有他意"，殊不可解。台北已失，唐中丞微服内渡，虎头蛇尾，特恐吴中丞之无偶耳。可笑可恨！现在台事日益危急，虽以刘永福宿将镇之，将奈之何。天下事不问可知。而各督抚中亦无窦融、钱镠其人者，将毋尚在草泽市井间乎？故深恳我夫子不辞劳瘁，小试培练人才之法于一邑，倘有所援手。亦九仞一篑之基。万一天人皆穷，行当从吾夫子啜薇饮水于深山穷谷中矣。

不尽凄凄，惟吾夫子哀其愚而赐垂察焉，幸甚。

受业才常谨禀（乙未）又五月初十日。（《谭复生、唐佛尘先生墨迹》）

公法通义自叙

余览公法所治冠带之伦，北极北冰洋，东南穷澳大利亚，西南折好望角，西偃西半球而矩之。举轮舟、铁路、电线之所通，阿屯姆力之所积，靡勿挟性法、例法二者，为结盟缔好之机牙，何其侈也？

春秋之始，未尝不详内略外，内诸夏，外四裔，未尝不殊会夷狄。及其季也，中国亦新夷狄，夷狄进中国则中国之。子思子发其微曰："凡有血气者，莫不尊亲。"董江都曰："正朝夕者视北辰，正嫌疑者视圣人。夫黜周王鲁，非王春秋也，王万世也。王万世何也？王以经权之学也。"孟子曰："经正则庶民兴，庶民兴，斯无邪慝。"民气堙郁乌乎兴？民智穆窒乌乎正？性法者，开民智之大经也。孔子精权学，于蔡仲存君见之；孟子精权学，于子莫执中衡之。例法者，通民气之微权也。秦以网罗锢经学，宋、元、明以蔽聪塞明锢经权二学，于是，管穴之士，尊于昌平；荒落之儒，艺于朽壤。即无性法、例法之学乘之，盖昆仑绝纽，羲昚不驰久矣。而况彼之儒者，日抱其沟通君民机宜和战之公义，决黑白，评异同，垒涌澜翻，全球就勒。而我萃千万衿缨，笺释虫鱼，批抹风月，中朝之律例弗闻也，遑言罗马；目前之交涉不知也，遑问虎哥。聒而与之言公法，则诧曰异端。洎其得志，坐视国家迫胁欺朦之辱，若秦越人之肥瘠，漠不关心。呜呼！同文馆之立，三十年于兹矣，能精治律例之学者，盖难其人，谓非士大夫之责哉！

今议者曰：公法之言，娓然陈矣，其实仅凭虚理。弱者不能仰而企，强者撊然违之，晻晻眣眣，莫敢谁何！甚且予强者以桎梏弱者之权，而赍盗粮，而借寇兵。况公法家所论，有正法，有便法，本亦游移两可，出奴入主，高下在心，何适之从？其尤可疑者，一千八百五十八年，英、法诸国，许土耳其为自主国，且屡言之曰：土人自今入公法。是年英、法、俄、义四国立约，嗣后不得视中国在公法外，又申明之曰：得共享公法之利益。然其于土耳其偶有交涉，终以异教觝排。于中国，则商务、界务、教务、税务，无一得附平权之义。然则公法直无裨人国，而益之牢阱也。

洴澼子曰：不然。公法者，万国之"春秋"也。《春秋》折狱，仅一二行之西汉之世，其后无闻焉。无他，汉以来治经为禄利之途，士气靡矣。故欲抑民，先抑士；欲抑士，先抑士之抵掌伸眉权衡天下之具。后世并禄利经义之途夺之，别有所谓词章、帖括者，幸其汶暗于政学而末吾绳焉。以视西国之布衣下士，凭空理以争天下事，浸登之日报，浸用之政府，浸推之坛坫，其宅心公私，何不侔哉！是故《春秋》亡，律学晦，种祸亟。以聋遇聪，以盲遇明，以吃遇辩，以局促瓮牖精疲力蕰之余生，遇上下平权抗论五洲之人士，若之何不穷且蹶也！

今夫西国政事，公法家所不许者多。其遇疑难棘手之处，或相持不得尽其公理；容有迁就强弱大小间，画畛域以模棱政府之心者。其实虎哥宗旨，本不尔尔。故公法学之行于西国，不过十之五六，大抵文致太平之时未至耳。夫以西国政府，尚不尽如公法家之用心以剂于平；而谓中西交涉，复无公法家与之相持。彼顾能揭其不乐于本国者输之中国，此理所必无者也。目论之士，不咎彼国不守公法之徒，不咎我国不研公法之失，乃欲并公法而疵之，而废之，不亦愦乎！

丁韪良居中国久，洞悉彼中公法之怡，与吾教同源，其性法乃《春秋》守经之学，其例法乃《春秋》达权之学，遂作《中国古世公法考》，引经传数条证之。其谊例虽未详备，而中国以《春秋》通公法之机芽萌矣。今夫《春秋》，上本天道，为性法出于上帝之源；中用王法，为例法出于条约之源；下理人情，为民权伸于国会之源。故内圣外王之学，不过治国平天下。

平之一义，为亿兆年有国不易之经。即西人之深于公法者，罔弗以平一国权力、平万国权力，为公法登峰造极之境。

呜呼！《春秋》自《孟子》《公羊》嫡派无传后，晦蒙剥蚀，孽障丛生，至胡安国极矣。非恃平之一义，拨昏雾而见苍穹，则不可以平一国，乌能以平五洲？恐将来不平之祸之不止于约章律法也。洴澼子于公法一无窥见，但略知公法根原，所以维此地球者，有日昌之势。因就近译诸书，先举其微言大义，一禀诸《春秋》之律。其例法繁赜，容再分门考订，为吾党资。或言交涉学者不弃而教之欤？（《觉颠冥斋内言》卷二）

通种说

《四国日记》曰：罗马兵官有游历檀香山而返者，述及百年以前，檀香山各岛，尚有土人四十万。自华民及美人、欧人来者日多，今土番人口仅存十分之一。余谓自古以来，地球大势然矣。如日本之虾夷，美利驾之红夷，始未尝不致力死争，以决一旦之胜负；继乃渐渐驱入山谷，终则衰耗不振。将谓专用兵威，斩刈攻击以殄灭其丑类乎？果尔，则上干造物之和，远激异族之愤，岂若是静谧哉？

大抵中国之民，皆神明之胄，最为贵种。而欧洲开辟，不过稍后于中国，亦既英隽迭兴。且溯欧洲人类之始，颇有谓由亚入欧者，故其人之聪明秀拔，足与中国颉颃，外此无能及者。即如南北美洲，开国近二三百年，今其通国士民皆英人种也，否则西班牙诸国种也。即有土番，稍自树立，以列于士商者，必与欧人婚姻数世，稍变其种类矣。

洴澼子曰：甚哉是言！中国之能言种类者，其薛公乎？今试与海内君子平心考验，而知将来之立天国，同宗教，进太平者，惟通种之为善焉。何以证之？凡木之秀良而花实并茂者，其始也必多以异木并而合之，若橘，若梅，若桑，若李，若桃，其显然者，即种学之比例也。至大草大木之世，初无与之似续者，不过粗顽之质，上干云宵，而浩劫乘之，则遂埋为炭质，埋塞终古而已矣。由是而知人之必合种而后善者，乃天然之理也。其证一。

凡百花繁郁之区，蜂蝶必盛。世徒见蜂蝶之蹿而虐也，不知含彼花之气以入此花，而花之神愈足；撷彼花之精以输贯此花，而花之心益灵。于是而有蜂媒蝶媒之说，而种学可得而言矣。其证二。

博物家云：凡各动物如不变其水土、地气、饮食等事，则无论流传几何年之久，终不能易其本性。如狼本野生，天性凶残，无论何国产者，皆山居野处，而有同形，其性情亦无乎不同。若犬生各国，若畜于家，或游于野，殊其饮食，别其形色，或小如鼠，或大如驴，或凶如狼，或驯如狸，皆能有配合改变之法以蕃衍之，聪慧之，教导之，扰服之。由斯以观，据乱之世，人性恶，因囿于方隅，仇视异己，惟抵触争忌之不已也。太平之世，人性善，因环球大通，血气性情合而为一，则良者固良，贱者亦良，驯者固驯，骜者亦驯也。其证三。

古者娶妻不娶同姓，非独远嫌明伦也，盖同姓而婚，则气类孤而生殖不繁，如琴瑟之壹而不能和也。即中律禁中外表为婚，亦是此意。格物公理家曰：同类不爱，异类相爱，故植物必异本接合而结果，动物必异气相交而成种，原质必挤同质引他质而化合，皆通种之比例。不特此也。深山穷谷之中，其民老死不通往来，其通婚姻者，不过左右比邻而已；而其人则终于顽，而子姓亦终无蕃育之一日，且垂垂百十年尽矣。由是而知闻通种之说而骇然者，与于野人之甚者也。其证四。

乾，父也；坤，母也。凡同受乾坤之气者，既不得有中外、夷夏之疑，又乌有并为人类而无可通种之理？且天地间之以太，息息相通；五大洲之政学、艺事、兵商士民，处处相通，而种于何有？其证五。

日本忕欧种之强，闵亚种之弱，乃下令民间与欧人婚姻者不禁。或曰：此策也，伊藤实尸之。其证六。

香港、新嘉坡及南洋群岛，为华洋交涉之冲。其居民或白父黄母，或黄父白母，而聪明材力，回绝等伦；其立志亦多以五洲第一等人自居，而有傲睨全球之势，则知黄白合种之必大聪强无疑也。其证七。

英、俄、法、德虽有国界，有猜嫌，而其实则皆婚姻甥舅之国也。故政术通，情志同；而国力之精强，亦互相观摩，互相抵拒，互相牵掣，而不致为独夫民贼之无与谋。其证八。

佛家之理，虽云一世界有一佛主化，及云众生是佛，佛即是众生；而大灵魂之周布于三千大千者，实不生不灭，不增不减，则俯视九万里之地球，直一滴微尘耳。夫星球恒河，天尚将以灵魂通之，而岂同堕尘球之躯壳，必界中外、严种族，始自怙其骄悍之习矣。其证九。

吾闻华洋种族之通，不独各埠头各租界然也，即凤仪陈季同之妻，皆西妇也。彼西人初不以吾中国之弱、中人之愚而摈之不齿婚姻之列，则吾又何为闻通种之说，而猘猘争，晲晲谇也？其证十。

今夫西国学术。有大派二：一天演家，一生理家。天演家则谓天之于人物也，樊然不欲其并生，惟择其种之良者留之，如马去其害群，禾去其稊稗也；于是而人物之能自竞者，乃有以承其择而终古不敝矣。生理家则谓今之殖于地球者，虽有贱良之殊，善恶之异，而风教既通，大道弗隐，医学昌，则良善其身；公理昌，则良善其心，于是而国则天国，父则天父，民则天民，骎骎乎进于大同之轨矣。由前之说，是荀子性伪之旨也。伪者，为也，言必以人为争天意也；由后之说，是孟子性善之旨也。性善者，太平仁寿之民也，言至于太平，则天人合一也。故荀子主义，孟子主仁；荀子主小康，孟子主大同。荀子之学，由今日以前权力压制之天下之宪法也；孟子之学，由今日以后平等平权渐渍菎萌之天下之宪法也。

夫至平万国等，平万国权，则国通而政通，政通而学通，学通而教通，教通而性通，而又何疑于种族之通乎？而又能以一隅拘迂之见，堙天塞地，强遏其通之机乎？吾故谓能速通黄白之种，则黄人之强也可立待也。如通之辽缓，则强之机将百十年后也。如我则执不通之说，而甘心非美土人；西人则守天演家之言，侪我于非美土人而通之弗屑，则黄种之存亡未可知，而疲弱不振之患，十且七八也。故夫通种者，进种之权舆也；进种者，孔、孟大同之微旨也。

今夫地球之运，日新一日，则种族之繁，亦日通一日，有断然矣。西国格致家之言曰：极古之时，先有太阳，盘旋空中，继而抛展，热气一团，沸荡天空，绕日而转，是即地球初生之始，其时不过气水连合，重浊混沌而已。久之热气渐缩，成为浑团。久之外层凝结，火汁进入内心，成为硬壳，而地始为球形矣。然方其球形未成之时，转动极速，离心力过大，遂于中腰处复分一团，散离地外，成为月体。故月生于地，地生于日，而日为地母，月为地子也。于此见日与地与月，极古之时，为一种物质所分也。地之硬壳既成，则全球皆水，水中之突起者皆石，花刚石成形最先，阶形石次之，火结石次之，水成石次之。久之空气侵蚀，寒热感变，水流冲激，火力发动，则渐疏松分碎，糜为屑粒，或掩覆地面，或流冲海中，因而海底渐平，陆地渐削，积世累年，沧桑泡幻，靡可究诘。此地运之日变一日，日新一日也。

至又于石中考究生物之迹，则有一种小虫，结成窝巢，如今海蚓海蛆之类。又有草形虫，如海绒、海草、珊瑚、螺蛤之类。格致家以为地球生物之原，首推此种焉。又于此层石之上，考究生物之迹，则有陆地草木与有脊骨之动物，而知昆虫、鱼鳖之生，稍后于海绒、海草矣。又上则为产煤层，煤为太古之植物变成，其纹层极厚者，多盘结于低湿处；则古时洼地甚多，空气甚湿而热，使草木生长极速极畅，以有此煤层之厚者，诚非偶然。格致家以此时为大草大木世界，信而有征。夫草木既茂，禽兽必繁，乃自然之理。故格致家又于石层中考验大鸟大兽之迹，而目为鸟兽世界。孟子言洪水未平之先，草木畅茂，禽兽繁殖，盖其时去草木鸟兽之世界不远，而洪水之患尚滮漫于九州也。然自兽类迹以下之石层，绝无人迹；惟由兽类迹而上，及于地面之浮沙土石中，始有人迹可考。则知人在万物中，其生最后，而其性又最灵。地学家谓世界生人，至今不过五千年，与孟子所谓尧、舜之时，草木畅茂，禽兽繁殖者吻合。列子曰："三皇之事，若存若亡，五帝之事，若觉若梦；三王之事，若隐若显。"然则伏羲、神农、尧、舜，相去必不甚远，故其时不过野蛮土番世界，战胜于草木鸟兽之中，而为土司雄酋，如西国之摩西、大辟耳。非真如杨朱所称伏羲以来三十余万岁，管夷吾所称古者禅梁父七十有二家也。

夫人世界之有，不过五千余年，而其中之由简而繁，由粗而精，由蛮野而文明者，已若是之纷纭蕃变，不可遏抑，则又安能谓西人之制作度数后于中国，必不足以陵驾中国，而铲吾种类耶？况乃大地之运，先起者蹶，后起者胜，错综参伍，莫知其由，又安能以千万年皇王之国，四百兆轩辕之种，庞然自大，以谓言种学者奚为挈彼犬羊之族类相等伦耶？

今夫世俗之子，荣古而虐今，贵耳而贱目，尊旧而卑新，比比然矣。西人则以新学、新国、新世界相夸耀，而鄙吾支那为旧国，为老国，为天弃之国。吾支那之人，则亦自安于旧，而老而天弃，夷然弗之耻。由是以言，则不大改其政治学术，列于公法之邦，会盟之国，欲求通种，且不可得，况乃以通种为谬说而从而诋之耶？

洴澼子曰：余既历考各国种类，以见洪水初平，人种皆由亚细亚辗转分徙，则各种本出同源，确然无疑。前者既由合而分，后者复由分而合，天人交通，理平道实，奚有所谓非常异义，管乱天下之耳目，不可思议乎哉？迂儒小夫，闶识大义，必有以余言为不当，而滋诟詈者，则非历兵霜浩劫天日昏霾之后，而余言不验也。悲夫！（《觉颠冥斋内言》卷三）

湖南设保卫局议

保卫局何为而设也？所以去民害，卫民生，检非违，索罪犯，而官绅士商种种利益，罄简难书也。或者不体陈大中丞、黄廉访慈祥恺悌之心，而依违其间，横生异议，其未闻中西政治之本原，无责耳矣。岂吾湘地痞之充斥，会匪之潜滋，差役之讹诈，强丐之横暴，夜窃之窝藏，道路之秽塞致疾，商店之谣风倒闭，俱一无闻见，而以扫荡廓清之保卫局为不然耶？夫天下之事，两利相形取其重，两害相形取其轻，犹为得多失少；况明明有利无害，有得无失，菽麦能辨，黑白昭然，而訾之而虑之，诚不解其何心也？

人之言曰：中国向来有保甲团练之法，何必于西人是师？曰：不然。《周官》：司救掌万民之邪恶过失而诛让之；司市掌司市之治教刑政量度禁令；司虣掌宪市之禁令，禁其斗嚣与暴乱，出入相陵犯者，以及匡人、撢人、禁暴氏、野卢氏、修闾氏，凡以警察市政，保国卫民，故纪纲肃穆，盗贼远迹，和亲康乐，同我太平。窃尝怪孔子为司寇三月，夜不闭户，道不拾遗，何以神化若此，今乃知之矣。今西国有警察部，无不与《周官》暗合。《传》曰："天子失官，守在四夷。"《记》曰："礼失求野。"吾能取其法，还之中国，斯可以上对古人，下慰民心。且凡事但求有益而已，不必问其中与西也。

人之言曰：处今之世，大祸伏眉睫，疮痏溃皮肉，救时君子，当从练兵下手，若斯之举，无乃枝叶乎？曰：不然。西人之觇国势者，入其疆，土地辟，市政修，万民和乐，令行禁止，即为有文化之国，而根本实原警部。不特此也，保卫局不立，则户口不清；户口不清，则匪徒不靖。处藏垢纳污之所，不独兵不可练，无论如何新政，皆形窒碍，是此举为一切政法之根原也。吾闻日本警部，有事则授以军械，御灾捍患，即为常备兵之一种。省垣诚推此意行之，渐至各府州县，循章办理，是为一省增无数常备兵，而保甲团练之精意，不过如此，安得以枝叶目之？

人之言曰：省垣行之，匪徒无所匿迹固已，其如驱之各乡镇何？曰：不然。此局另设迁善所五处，所有犯人，令其学习工艺，充当苦役，则从前无业游民，必当稍易行径。即令一时他遁，而由省垣推之各府州县、各乡镇，悉以此意行之，则奸人无所施其技，而勉图执业者必多。此西人改贱为良之说，而先王转移执事之深心也。

人之言曰：此意诚善，然汉时有游徼之职而无禆司隶。北魏设置候官数千人，职司伺察，名曰白鹭，皆微服厕居府寺，行之数十年，以受贿舞法罢之。若使今之巡丁，蹈北魏覆辙，则反行滋扰，流弊无穷。曰：不然。凡事未行，而逆料其生弊者，此最不通之论，而因循苟安之人所借口也。夫北魏之白鹭伺察，不过如今州县衙门差役，动至千余人，日日摩牙厉爪，以吸民间膏血，并非为救疾苦扶颠危起见，亦并无互相管束之制。若此举，则每小分局巡查十四名，即有巡查长一名、巡吏二名管束之，乌有三人不能管束十数人之理？又凡巡查非奉有局票，不能擅入人家，乌有无故滋扰之理？而况每地巡查若干名，即由该地户口公举，不称其职则易之，乌有该地不举妥人充当之理？夫汉、唐而降，岂无明君贤相曲体民情者，然君相责之郡县，郡县责之胥吏差役，其权力至胥吏差役而止，以下更无从过问。今则别巡查于差役，公权力于绅民，而谓上下不相通者，决无是事。且天下事必待行之未当，而随时变通，俾臻妥善，乃汤盘日新之义，而泰西、日本勇于改制，精益求精之理。如未行而遽以流弊之说沮之，则虽尧、舜、汤、文，无一举万全者矣。

人之言曰：章程精密，吾无间然，惟巨款难筹，徒为房捐铺捐之说者，必拂人心。曰：不然。凡民难与虑始，故目下由抚宪拨款试办。办之诚善，则稍取商民之锱铢，以供局用，决无不乐将伯之理。吾闻省垣户籍约三万有奇，商户居其大半，局费每年亦不过数万金。即尽取之三万户中，尚不敌迎神赛会、地棍滋扰、衙役勒索三分之一，而况并无尽取民间之说。吾见此局一行，则地痞之充斥，会匪之潜滋，差役之讹诈，强丐之横暴，夜窃之窝藏，道路之秽塞，商店之谣风，一概廓清，直为各商户斩却无数葛藤。凡有天良，能无感激，稍取赢余，岂为悖理？且试即三万户约略计之，除一万户极贫不抽费外，以二万户牵算，但于每户每月取钱二三百文，已大致足敷保卫之用。则试问商斯土者，与其供地棍衙役之诛求无厌，何如出无多之费，而收无尽之益？孰得孰失，必有能辨之者。尝见泰西赋敛极繁，户税极重，而民不怨者，以为民事而取之，旋为民事而散之也。今兹之举，何以异是？彼栋宇连云，厚资坐拥者，恐议及房捐而滋狐疑，而沮大计，其亦大愚不灵，而甘为地痞差役出死力而争此污垢留遗之旧世界而已矣。

今夫泰西、日本之有警察部也，长官主之，与凡议院章程不同。平心而论，此事本官权可了。而中丞、廉访必处处公之绅民者，盖恐后来官长视为具文，遂参以绅权，立吾湘永远不拔之基。此尤大公无我，至诚至信之心，可以质鬼神，开金石，格豚鱼。凡我湘人，当如何感激涕零，襄兹盛举；而犹有未慊于中者，诚吾所大惑不解者矣。嗟夫！自私自利之谓利，公利美利之谓义。人生不勘破此层，则无论旧法新法、中法西法，俱可以多事喜事尼之，其不流为乡愿之天下，以自戕其种类者几希，可不谓大哀乎！（《觉颠冥斋内言》卷四）

时文流毒中国论

海内深识之士，怵心浩劫，倡大义于林林之众曰：今策中国，宜开民智，伸民权，一民心，诚哉言矣！虽然，树木者不培其土性，竺其本根，而掘而徙之；治河者不浚其源流，汰其泥沙，而堤而束之，而欲朽坏自腴，奔湍若性，必无幸焉矣。

唐才常椎心泣血，大索塞智摧权腐心之鸩毒于国中而不得，遂反而求之吾身。因忆吾未冠以前，低首摧眉，钻研故纸，瞑坐枯索，抗为孤诣秘理，沾沾自足，绝不知人世间复有天日，复有诟耻之事。乃瞿然而兴曰：吾之辗转桎梏十余年，幸奋身而脱焉，其沉冥惨酷已若斯之烈，则其他之营营帖括，沁入肝脾，终其身不知反者，其如何晦盲埋圮，更无言以状之。悲夫！吾中国之塞智摧权腐心亡种亡教以有今日者，其在斯乎！其在斯乎！

余往者读《校邠庐抗议》，见其摹绘明祖愚民狡计，以谓言之过当。既而历验吾身受病之源，周见切著，讳之无可讳，饰之无可饰。语曰："三折肱，知为良医。"余之挟五寸秃管，批抹至庸猥至无理之时文，亦既堆垛等身，弥历年岁，不可谓非三折肱之良医。而由今观之，则斫精亡灵，奄然死气，欲掬前此之心肝而尽涤之而不能，则益以太息，痛憾于明祖愚民之术，而使吾四万万人宛转圈牢，徐供刀俎，靡可解脱。盖诚滔天之罪，擢发难数者矣！

今夫时文之毒，不可一二谈，吾亦不忍究言之。惟其极可痛息而无人理之尤，则约有数端：其柔者，戢戢抱兔园册子，私相授受，夜半无人，一灯如豆，引吭长鸣，悲声四壁，井蛙寒蛩，啾啾应和。或语以汉祖、唐宗，不知何代人；叩以四史十三经，不知何等物。贸然以生，则亦贸然以死。而是悠悠者，盈天下也。民欲智，得乎？其悍者，则篡取圣经一二门面语，以文其野僿芜陋之胸，有若十六字薪传，五百年道统，及纲常名教，忠孝节廉，尊中国，攘夷狄，与夫尧、舜、禹、汤、文、武、周、孔之道脉，填胸溢臆，摇笔即来。且嚣嚣然曰：圣人之道不外乎是。昔吕留良广刊制科文以致富厚，又多为高头讲章，惑世诬民，乡曲之士，靡然向风，则益狂悖谬戾，以孔、孟自居。而曾静、张熙等，于坊间得其讲义，倾倒追摹，至以本朝为夷狄，上书蜀督岳钟琪，大张其叛逆之焰，则皆时文僭诞之说有以启之。而世俗悠谬之言，猥曰端趋向，正人心，微论优孟尼山之大不敬也，即其言出自王孙贾、阳货之流，必益穷形尽相，曲摹宵人腑脏，以售其奸，而后目之曰佳文，则所为端趋向，正人心者安在？

况乃枯窘截搭，割裂经文，及夫连章半句，偏全斡补，掉弄虚机，钩巨险诈，非圣侮经，乱常蔑理，尤为伐性之斧，腐肠之药者乎！陕人路德，以一字不识、一理不通、蛮野阴很之夫，造为绳墨，立为谬条乱旨，汩人性灵，聋瞽人耳目，偃然自跻于宋匠之列。甚乃取有明诸家制艺，支解脯磔，怙其窃据坛坫之私谋，而经史子家、庄雅典重之字，俱以险僻苟之，使天下芃芒壅塞、高阁诗书、晦蒙日月者垂数十年。悲夫！悲夫！

僭妄则如吕留良，阴贼则如路德，而丐其绪余，煽其虐焰，以毒我黄种，颠倒我神明之胄者，何可胜道！才常尝遇一至亡赖之庸师，斥近人辄用《史记》游侠、儒林、河渠等语为谬妄，因反诘之曰："若书时艺，真乎？草乎？"则曰："小楷。"乃斥之曰："若奈何以孔子时未有之字体，代圣贤缮写乎？"（今人力争时文代圣贤立言。动曰清真雅正，皆不值一晒矣。）

又闻西国博物院，罗列各国珍品，至用玻璃瓶笼时文策折其中，以为笑谑。其化学家虚心考求，谓中国宰相词林，胥由此出，其中必含美质，乃以八股试卷，广配药料，悉心化验，卒无他异。而税务司赫德，且忍于舍其子使肄时文，务穷幽奥，其瑰宝所在，究无以名之。由是西人窥破吾华握椠怀铅，如醉如痴之陋习，诋为无教，斥为野蛮，骎骎丛诟，集矢于吾孔子矣。夫耶稣变教，乃有普人路德之徒，日昌大义于天下。而孔子改制，则董氏以来，无一人阐发宗风者，今且以时文贼之，而吾教大为五洲诟病。岂不痛哉！岂不冤哉！

或曰：时文诚陋，然自有明至今，名臣理学，代不乏人，子言毋乃太甚？曰：此非时文之能得人，乃一二豪杰无他途可见，偶然幸获耳。今以全球大势比校之，学堂万亿数，人才恒河沙数，徒恃此一二幸获之豪杰，相为抵拒，则乌可以为国矣？

或曰：西国习尚，或偶用希利尼、罗马名人语言，或称引旧典以炫渊博，其于身心毫无裨益，而时人重之，则与中国之时文何以异？然彼特镜古以知新耳，时文则自数墨寻行外，无古无今，无新无旧，如坐荆榛，如抛沙砾，暗智千年，遂成长夜。故时文不废，孔教万无可存之理；孔教既亡，黄种万无可存之理。西国天演家专以择种留良为宗旨，余谓中国之种无待于择，但择其腐种瘠种之时文，捽而去之，斯良矣。如先不自择而待西人之入而择之，则浸淫百十年后，必如巫来由棕黑诸番之陵夷渐灭无疑也。子不见越南、台湾之事乎？越人愚柔，为法人有，而仍以科甲时文毒之。其获科甲如中国所谓修撰、编检者，上则擢为买办，次则或司阍，或巡市，营营牛马走，弗之怪。台湾隶日，日人广设学堂，教其英俊，而放其老师俗儒于穷荒槁饿之乡。今中国俗士言亡国，尚夷然安之，言废时文，则色然惊骇。且闻俄人改中国衣冠，习中国言语文字之无根游谈，即隐隐有生计尚存之喜。丧心病狂，无耻已极。呜呼！以越南则若彼，以台湾则若此，然则盍当兹一线之存，及时自废，而免于是二者之为乎！况我圣祖仁皇帝聪明天亶，曾深抱不安，罢黜九年者乎？然而枢要诸臣，与夫封疆大吏，则无有抉其弊，危其词？为我皇上言之者。且武科既设，悉从新章，而独于时文，似犹有所靳惜留恋，而恐吾子若孙，不为巫来由棕黑诸番之续，是诚何心，百思不解。此有志之士所为摽膺哀泣、仰首长号者也！日薄崦嵫，鲁阳未返；丝成染泪，墨子安归？当今之世，而竟无怵心浩劫其人者乎？则吾将奚适也矣？（《湘报》第四十七号，1898 年 4 月 29 日）

辨惑（上）

沉沉者蛤利邪，抟抟者坤灵邪？自开辟以来，胎生湿生化生卵生于其中者，不知其几万亿种，而莫灵于人。人之躯魄而轮回，虽不生不灭，不增不减，而道与时为变迁，则人之智识权力，亦随时而增长。《春秋》言据乱、升平、太平，西人言石刀、铜刀、铁刀，释氏言铁轮、铜轮、银轮、金轮，其明证也。

今怵世变之亟者，则莫不骇于心，瞀于目，炫于脑，以谓运会之穷，将靡所底。不知此天之所以错综参伍，摩激鼓宕，而启大同之运者。吾于此时正宜扩充心力，开拓眼光，承天而行，顺天而动，一以至平至常至实之理处之，斯大《易》所谓先天弗违，后天奉时者矣。

然才常尝刺刺语天下曰：今之大病二，有全聋瞽，有半聋瞽。全聋瞽者，束缚于老师宿儒之说，神明其咫尺之见闻，嚣然而自大；半聋瞽者，袭西政之枝叶一二端，怙其权力压制之私，缘饰夸张，历试而败，益予全聋瞽以謷訾曰，变法之效，不过尔尔。呜呼！此胥天下之人而出于狐疑狼顾之途也。才常日夜苦思，以谓一日之扞格未融，则世界迟一日之文明；一人之症结未化，则世界少一人揩拄，用举当世群疑之大者正告焉。

今夫泰西政术，自会盟、征伐、爵赏、刑律，下逮闾巷纤悉之事，无不与国人谋之，而大旨趋重于全民生，去民害，保民权。中国则辗转秦、汉二千余年之桎梏，近日始有倡为民政民权之说者，而二三庸夫，骤闻斯旨，惧然惊愕；其略睹西史者，则援法、奥之事，动色相戒；其次则并不知民权为何物，只疑其弗便于官权，而诧之曰：此西法也，誷言也，吾步趋之何为也？其实任举《孟子》《公羊》及六经中一言一例，无弗重民、贵民、公权于民者，（《韩诗外传》管仲曰：王者以百姓为天，百姓与之则安，辅之则强，非之则危，倍之则亡。管仲霸佐，犹斤斤持此义，盖秦、汉以前之人之说，任举一端，靡不如是。）而乃诧为西法，诋为瞆言，不亦慎乎？其惑一。

夫国者非一人之国，君者非一人之君。吾能使吾君公权于国，公国于天，赫然如俄之大彼得、日本之睦仁，尽变祖宗之成法，与天下更始，则吾虽犯天下之不韪，负天下之恶名，粉骨齑身，所忻慕焉。若徒奉吾君以尧、舜之美名，而实蹈吾君于不测之奇险，冀幸身后易名之典，若忠壮、节愍等字，以光简素，则私之甚也。邹君沅帆常太息言之曰："诸君子毋为此妄想，我辈不习西文，不通西语，仓卒与彼遇，欲效颜杲卿、段秀实故事，彼方茫然不解所骂，而谈笑置之，而欲其刃我烹我而享荣名也，将不可得。"其言虽雅谑，可谓痛切心肝者矣。夫吾方以宋、明以来谈忠谈愤之小气节，孤注国家，嚣嚣然鼓动天下虚憍之气，以为尊中而抑外。《传》曰："皮之不存，毛将安傅？"种族且垂垂尽矣，名谥奚有焉？昔欧洲名种，曰亚利安，大半由亚洲正中葱岭以西之巴米耳徙来。其先有土番旧种，屡怀忠愤，与亚利安族衅争不已，然卒不胜，而遁于遐荒穷壤，奄然以尽。则知不自修其政教，而辄欲壅遏新旧种之通，哓哓号于众曰：忠愤忠愤，其亦误于李耳老死不相往来之说，而甘心非美土人之自戕种族而已矣。又况流俗之是非毁誉，则诚有如《列子》所云："见美以为丑，指白以为黑，飨香以为臭"者，虽欲徇之，乌从而徇之？其惑二。

夫求新者既洞悉十九周以后之地球，必文明大启，又灼知孔教杀身成仁，佛氏大雄大无畏之旨，与夫意大里、奥斯玛加、日本之变法，俱一二奇人侠士为之，遂决然毅然，舍身度世，以捍天下之危难，无所于荼。而彼守旧以尼之者，不过师老杨之柔静为我，如臧武仲所议齐侯故智，从而阴掣之，抵排之；而又以身家性命，横梗胸臆，樊然交战于其中，此其愚亦可笑，而其巧为牵制，以待西人之刀俎圈牢，尤可骇而可闵！其惑三。

词章呫哗之儒，雕刻虫鱼，批抹风月，靡明靡晦，亡精丧神，其骤语以新学，而脑筋无可容之地，无怪其然。若既于孔孟之微言大义，皭然不疑，则一转移间，而万事万物之理因之。尝谓能通旧学，未有不能通新学者，岂其诬乎？然亦有钻研异义，脱然庸师俗儒之上，而语以平等、平权、改制、翼教之大经，则舌拍不下，目眴不定者。彼非不知沟通新旧之界也，以为吾向者以旧学名天下，今奈何俯而徇之也？今夫颜子、子路、蘧伯玉以能知其过而贤，而毕士马克且以善变霸欧洲。诚于此时汲汲发明孔、孟仁民爱物、以元统天、以天统君莘莘诸大端，而为吾教中救世复元之路德，以还尼山真面。则与彼教不迎之迎，不距之距，而其精者且轶而过之，徐而范之，而吾教庶有绵延亿劫，横绝冰洋之日。不此之务，而徒敝帚千金，负隅旦夕，吾见天轰地矚，必无有坛席皋比、位置经师之处，则其自为谋亦私而拙矣！其惑四。

地球之生，由流质而定质，由定质而凹者海、凸者陆，由凹凸而大草大木大鸟大兽，由大草大木大鸟大兽而猕猴，由猕猴而野番部落，而打牲游牧，而人世界，而多君，而一君。西国地学家以沙石层次考之，谓自有人世界，不过五千余年。而万物之蓄变，陵谷沧桑之泡幻，帝王卿相士民之淆杂纷纭，乃至恒河沙数，不可思议。而一言以蔽之曰：日新而不已。故西人自无事不推尊教主外，一切政学格致，皆谓今胜于古。如当中国周匡王时，有埃及王法老尼古者，曾驱十二万人沟红海，不成而死。而近来法人勒塞拍斯，自咸丰十年至同治八年，卒沟通之，此其远胜古人之一端。其他百年来揭地掀天之举动，尤指不胜偻。况乃造物日新之理，显储一电化无穷之学，供他日大同之取用。然则生兹世界，虽不能穷原竟委，亦宜稍引端绪，为后人遵循之的。然而搢绅先生，号称古学者，则往往以师人为耻，甚乃有恫喝其子弟，以谈新学为戒者。夫其子弟果皆愚蠢而贸贸然从之，是自铲其种也；其子弟果悟其非，而斐然而向新，是贻以菲薄先人之具也。天时人事，相迫而来。吾见近来世家巨族，其英俊少年，多有捐弃陈言，力辟町畦者。而父若兄，尚不自虑其为后人所羞，而务阻遏天地自然之气数，子姓将强之新机，可谓不自惜羽毛者矣！其惑五。

中国、夷狄，乃《春秋》之记号，乌在民而圈之、地而界之乎？温城董君曰："《春秋》常辞，不予夷狄，而予中国为礼，至邲之战，偏然反之，何也？曰：《春秋》无通辞，由变而移。今晋变而夷狄，楚变而君子，故移其辞以从其事。"（见《繁露》。）由斯以谈，厥类不一，故晋代鲜虞而狄之，卫伐凡伯而狄之，郑伐许而狄之，鲁城邾娄葭及殊钟离之会而亦狄之。若夫潞子躬仁义，则中国潞矣，吴于伯莒黄池，变而及道，则中国吴矣。故夷狄者，野蛮土番之记号；中国者，礼义文明之记号。麟经具在，炳若日星。虽召陵之役，《传》命之曰"攘夷狄"，然邵公注云："攘，却也。"齐伐山戎，《传》曰"驱之尔"，邵公曰："戎亦天地之所生，而乃迫杀之，甚痛，盖以其有夷狄之行，而驱而却之，否则进而中国之。"斯义甚精，非独唐、宋以来斤斤夷夏之界者不及知，即彼公法家不以公法待野蛮者，或犹愧此。今之沟犹瞀儒，不明圣经之大义，妄守迂儒之臆说，遇有中西交涉，辄攘臂曰：夷耳夷耳。庸讵知我夷彼，而彼已三等土番我也。其惑六。

通商传教，乃天地自然之公理。彼通商于我，我亦可通商于彼；彼传教于我，我亦可传教于彼。不自充拓通商传教之抵力涨力，相为应付；而徒咎人之通商传教为阴谋，为外道，为瘠种噬脐之鸩毒，此知二五而不知一十者也。昔罗马之以一统自尊也，禁人通商，禁人传教，公法家斥为野蛮之法律。日本明治以前，其大将军家定、家茂等，且以开港通和，撄众怒而启忿争，今乃大开禁例，而国以富强。然则今之自命有心人者，见教上则惊疑，闻开商埠则哗骇，至倡为英以商亡人国，法以教亡人国之说，簧鼓天下，不知我自不讲商务，不研教旨，即无外人乘之，已疲老销蚀，与沛根人伍，（西人所谓无教化之人也。）乌睹所谓自存者乎？其惑七。

前有千古，后有万古，纵有东西，横有南北，必酌而定之曰：若者公是非，若者公好恶，谁则尸之，而谁则信之？虽然，一时之是非好恶，有其从同，莫能强也。譬如人皆重裘，而我独绤绤，匪惟自苦，亦且难支。故心力眼光，必远注千万年五大洲之全局，决定从违，而不得以一隅陋俗与目前乡愿之论，为是非好恶之公，然而迂狭乖迁者则不之知、不之耻也。其惑八。

今夫中国兴一役，议一政，创一会，设一局，有衡酌中西而为之者，则必哗然骇之。假而其事果出西人，则又万马齐喑，群蝉寒噤，徘徊太息，莫之谁何。故内河不许通轮，西人通之，则帖然矣；内地不许开埠，西人开之，则帖然矣；关税盐厘，稍议变通，则必万议沸腾，群矢争注，西人夺而掌握之，则帖然矣。痛乎甲午受创以来，凡二三豪杰，不辞绵力，出而倾肝沥胆，论列是非，冀哲王之一寤，忘谗啄之交加者，则目之曰妄树党援，曰诋毁朝政，曰少年意气，曰无病呻吟，曰用夷变夏。邹阳有言："女无美恶，入门见妒；士无贤不肖，入朝见嫉。"今不问其人果乃心君国与否，但一言新政新学，务必旁掣阴沮，鄙夷非笑，以售其钳束网罗之术。夫至钳束网罗天下豪杰以为快，而腹心既披，适为西人犁庭捣穴之先声。此里克所以忠夷吾，宁喜所以忠卫衎，贾似道、张濡所以忠金、元，而拥彗驱尘，仍不免横身于西市也。其惑九。

《佐治刍言》曰：世有与人相绝，僻处山林，自谓千古高人，究之枯槁终身，悠悠没世，矫情背理，何补于己！佛家亦于枯禅自了汉，诋为顽空，别为小乘。今世士夫痛世局之奇殃，则愤然曰：吾宁茧足荒山，置理乱不闻，终余世而徜徉焉尔。虽然，不于此时出而图之，而全球鼎沸，揭竿斩木之徒，因利乘便，箕山颖水，行为喋血涂肝脑之场，庸有幸乎？即不然，而一切巡捕、议院、国会、学堂、保民、治地方之大权，先事毫无措置，一旦西人迓而有之，则一动一言，一纤悉之事，彼皆耳而目之，圈而絷之，其视深山穷谷之人，不以为隐逸，而以为野蛮，必多方辟荒芜，务抵挤，与南洋巫来由、非美土人、台湾生番等。欲求一薇一蕨，以高首阳之节，焉可得哉？然则膜视君民，孤身遁世，进退失所，首鼠两穷，其与存者几何？其惑十。

凡此诸惑，更仆难终，中兴道销，丁于阳九，鬼难曹社之谋，人乏秦庭之泣。将摽之叶，无所假悲风；已陨之泪，不足烦哀响。后之人俯仰悲忧，追原祸始，则能不归狱于畛域横生、肝胆楚越、至死不悟之士夫也哉！夫人即至愚，即至不肖，无有甘为棕黑诸奴者，无有戕其子孙种族，不恻然动念者。夫人而果忍弃子孙，土苴生命，蝉蜕衣冠，则吾亦不能起槁木死灰而炭养之，呼吸之。如其不然，则何如当一息尚存之际，大出其心思才力，与当世豪杰之士，任侠之夫，朝夕皇皇，剖心泣血，求万有一当之策，以弭内乱，而存遗种，广智学而公民权，虽海口丧尽，税务丧尽，军械窳尽，犹能如瑞士之研求公法，政艺精强，屹然存于群雄睒睒之间。万一各国有变，因时崛起，则华盛顿之兴于一成一旅，与意大利、普鲁士、日本之席危而安，宅弱而强者，尚将勉图于后日，而奋兴之气不衰。虽然，言之匪艰，行之为艰。凡百君子，不欲图存则已，如欲图存，则易独而群，易私而公，易倾轧排忌之心而守望扶持，光明浩落，如揩镜然，去其垢而磨其光；如治河然，浚其源而疏其流，则必自祛惑始矣。（《湘报》第五十、五十一号，1898 年 5 月 3 日、4 日）

辨惑（下）

今放孤舟于大江巨湖之中，突遇礁石，穴其底而狂风暴至，惊涛蔽天。

舟之中止三人，一人急以败絮堙其穴，一人操楫左右顾，一人手舵、兼持帆缏，俾勿飏。此三人者，生死同之，其耳目手足心思，直并为一人之用，而随波下上，呼吸相通，或庶逃于蛟龙之窟，河伯之宫，尚有命焉，未可知也。苟此三人者，前后不相顾，声息不相通，且反唇相稽，怀私牵掣以为快，驯至维断舟覆，犹忿争于奔湍骇浪中，懵然不知其所以致死之由，其愚而忮，忮而悍，悍而亡，可谓索天下而无其偶者矣。

唐才常喟然叹曰：今之中国之危亡，颠簸一孤舟涉大风涛之象也。二三豪杰不辞灭顶濡尾之凶，出而操楫持帆焉，一生死并命之秋也。其幸而获济，天也；即不幸而不济，天也，非人也，吾抑瞑目而终古也。嗟乎！尘尘地球，茫茫苦海，日暮途远，人间何世。其有毅然舍身命、度众生者，伊何人矣？其有坦然披肝胆、剖肺肠，而爱力缠绵者，伊何人矣？吾遍索之悠悠九州而不得，乃还而求之吾湘。且夫道、咸之间，中原云扰，大盗移国，民物菹醢，山川沸腾。于是曾、左诸公，率湖湘子弟，转战诸行省十余年，戡定大难，旋转坤乾，遂乃谋臣如雨，勇将如云，钟鼎旂常，彪炳万禩〔祀〕。语战绩则曰湘军，语忠义则曰湘士，语以民权而参官权，则亦曰湘人。古所谓燕赵慷慨悲歌之地，今所谓日本萨摩坚忍悍劲之风，其庶几焉。

虽然，弦太急则折，鼓太厉则裂。狃于弓矢枪炮之技，血战肉薄之常，蜩螗鸒鸠之见，而谓英、俄、德之伦皆穷寇，路德、保罗之类皆仇雠，则奇祸横生，匪徒构煽，将遂恃前日湘军之焰，燏乱支那，被天下首恶之名，未可知也。然自吴中丞狼狈牛庄而后，介胄之夫，稍稍知旧法之不能用，而向之读书谈忠愤，攘臂诟詈，弋乡愿名者，则亦开通其耳目，充浚其智识，幡然求之中西图籍，一洗其从前迂骄之气，雍雍彬彬，怀瑾握瑜，庠序之士，靡然向风矣。故自抚部陈公创办新政以来，百度修明，厘然就绪，若官若绅若士，至日日翘首湘门，冀稍纾豆剖瓜分之祸，则吾虽不幸而丁兹新旧交讧、忌嫉横兴之世界，儦焉不能终日；而犹幸生兹一滴动宕之微尘，得见吾湘之官绅士庶，捐私起信，勉济时艰也。则有以吾湘人士，各怀旁掣阴沮鄙夷非笑之私告者，吾方斥以妄言，诋其构衅，蹶然而起曰：今江海之权，尽予敌人；教主之乡，沦为犹太；各国公使，讧诟于政府；祖宗陵寝，鼾睡于他人。而金州又见告矣，台湾、胶州、旅顺、大连湾、广州湾之事，骎骎将及吾湘矣。哀哀黄种，支解脄磔；胡官胡士，玉石同焚，不此之惧，而犹如子所云者，吾湘宁有是耶？吾湘宁有是耶？

今夫宁乡周汉，以疯言获罪，抚部系之狱，以示保全，待其事平，或可释放。而士民犹有冤之者，特亦漠无见闻之乡曲小民，憛不加察耳。若能洞识义理，深知大体，乃心君父之人，则断断不持此说。

今夫保卫局之设，为一切政法之起点，黑白犁然，官商士庶欣欣如也。而无业痞徒，乃造为尽彻更栅及专保护洋人及重抽房租、铺租诸说，煽构人心，冀其中止者。余谓此吾湘好腾蜚语之故习，移时天日光明，冰消雾豁，奚有如是！况一时搢绅先生，方悼世路之多艰，憛匪徒之充斥，而思所以拯之，宁为此幸灾乐祸之言哉！

今夫学堂学会之立，开民智，通民情，存湘之本，强华之机，无过此者。而亦往往腹非而目笑之，则何也？才常怃然为间曰：是直坐视人才之销蚀、种教之垂亡而幸之者而后为此说也。吾意稍有人心者，必不如是之大愚不灵也。且即令果如其意，而吾湘一事无成，国何有焉？己何利焉？

虽然，吾之殷拳肫挚于诸君子者，则宁为是祛其旁掣殷沮鄙夷非笑之私也哉？吾且祝吾志士仁人，日怀心肝以相见，日怀血诚以相与，令此四万万呼号宛转之余生，庶几秦谍重苏，劫灰复火，不尽歼于亚当之种族，而后慊于余心。夫鸷鸟累百，不如一鹗，此守旧家言，而非所望于吾群者矣。嗟乎！举二十三行省俯首帖耳、并身牛马、无复他望之时，惟吾湘志士仁人，五情震悼，慨然奋兴，并日而谋，同心而济，图一发千钧之系；而国之存否，君父之安否，身家之全否，尚未可知。矧此号为志士仁人者，仍不免吾向者所云三人同舟之险，而私忮生焉，否则观望周章，而利害若不切于身也者，必亡无疑也，必亡无疑也。才常耳无闻，目无见，漆室悲吟，奇忧无始，终而电激于脑，天动于魂，弗能忍也，妄与当道诸君子，垂涕泣而道之曰：遇事而意见争歧者，自伐之斧也；入世而痛痒无关者，已僵之魄也；刲腹及肠而酣歌未已者，自鸩之媒也。《诗》曰："邦人诸友，莫肯念乱。"今之君子，其念之哉！其念之哉！（《湘报》第五十二号，1898 年 5月 5 日）

8. 汪康年的变法思想和主张

引 言

汪康年（1860—1911），初名灏年，字梁卿；后改名康年，字穰卿。中年号毅伯，晚年号恢伯、醒醉生。浙江钱塘（今杭州）人，光绪十八年进士。中国近代资产阶级改良派报刊出版家、政论家。官内阁中书。甲午战争后，在沪入强学会，办《时务报》，后改办《昌言报》，自任主编。又先后办《中外日报》《京报》《刍言报》。其著作身后由其弟汪诒年编为《汪穰卿遗著》、《汪穰卿先生遗文》（民国间铅印本，附汪诒年编《汪穰卿先生传记》），有《汪穰卿遗著》《汪穰卿笔记》。今有《汪康年文集》，收录汪氏各体文章凡489 篇，集中而完整地展现了汪康年的生平经历、办报论政活动和思想变迁，可谓近代中国探索者的一份珍贵记录。

中国自强策上

事至今日，危迫极矣！挫于倭，迫于俄，侮辱于英，教案蜂起，回匪蠢动，兵变、民变之事，不一而足。而瓜分中国之说，西报屡载之，西人屡言之，虽至愚之人，亦知其殆。然而庙堂无定策，中外无定议，旧弊未一除，新猷未一布，则非安于不为，即以为无策也。夫安于不为，则无论矣，以为无策，则未然也。夫中国在今日，犹以一羊处群虎之交，曾不足以累其牙爪，然而不遽动者，群雄角立，未有所归，故艰于发难。又无端戕人命，败商务，又西人所不欲为。故犹迟回以待之。我苟能自振，则西人之于我，亦犹其于日本耳。惟我永不自振，则彼惟恐为人所得，必将争先以取之。然则，我国振兴之政，不于今日，则无及矣。夫中国利之宜兴，弊之宜除，谁不知之？而卒为定论者，盖食于弊者太多，则必多为之说以乱之，多出其途以挠之。盖非不明不强之患，而由于权无所归，则无人焉，为发光与力之地也。夫国朝承明之后，惩于擅权朋党之祸，故执政之臣，名曰军机大臣，人多而权不一，但能唯诺于上前，而不能坚持其意也；但能恭拟谕旨，而不能自杀号令也。然则，苟欲聚其权以办庶务，舍立相莫由矣。顾今日而骤然立相，窃恐但有牵掣阻碍之苦，而无行权决策之效，则非先立议院不可矣。或曰：立相则不免擅权之虑，开议院则权在下，且散而不合，徒滋论议，于事非便。不知有议院以与相相持，则相不能擅权。议院之人多矣，且有议事举人之权，而无行事之权，虽在下何病？又议院论虽不一，西例必择其多者从之，何嚣杂之患？且凡事初行，必多漏略，要在随时审正耳。若其成规，则西人之议院章程，可择而行也。至于开办维新之政，则有三大端焉：一曰齐天下之论。今天下之论，至不一矣，政府不择而用之，或朝暮更易，或南北互异，必当论定一格，以便施行。二曰慰天下及各国之望。维新之政，中国望之，不应则离，西国望之，不应则侮。宜明诏天下，以舍旧从新之故，而与各国立力保太平之约，并方便予以权利，且聘其贤豪，与之参定法制，则中外始有更新之望矣。三曰安天下官吏士兵之心。维新政行，则宗室旗丁，冗员士人，胥吏军士，皆有失所之虑。始而以言语相煽惑，继而以全力相阻挠。宜预筹安插之法。宗室旗丁除作当官兵外，或予以利益，或弛其禁防，新改立之官，除总理之人，必拔用能者，其余仍以旧官依班叙补。学校新设，必十年方能选用。则从前士人在十年之内，仍可补官。胥吏、军士、汰剩者可补充诸役。如此即各人无失业之忧，即新政无阻挠之患矣。然此但言开办之大要，而未及其所行之事也。（《时务报》第四册，1896 年 9 月 7 日）

中国自强策中

中国自古独立于亚洲之中，而其外皆蛮夷视之。素以君权为主，务以保世滋大为宗旨。故其治多禁防遏抑之制，而少开拓扩充之意。君恐臣之侵其权，故不使之有纤毫之权；恐臣下之结党，故务散其党，牵掣之使不得行其志，锢蔽之使不得极其聪，以天命怵之，以鬼神惧之。臣下承之，以讳饰为能，以敷衍为工，以趋避透卸为巧。其于民也，但以压制欺吓为事，无复有诚意以相孚。故吏习于弊混，民安于刁玩，士成于陋劣，兵贯于哗溃，其齐民皆以闭户不与外事为秘策，以积财遗子孙为得计。故上下之大弊不出四事：曰徇私，曰恶直，曰崇虚，曰耽逸。循习至久，全国之民皆失自主之权，无相为之心。上下隔绝，彼此相离，民视君父如陌路，视同国若途人。夫民之弱与离，君所欲也，积至今数千年，乃受其大祸。然则，至今日而欲力反数千年之积弊，以求与西人相角，亦惟曰复民权、崇公理而已。其于官也，汰冗职，删仪官，使官各有事。其教人也，必使为有用之学，毋误用其聪明。其选人也，必使以所学为其官，毋使用非所学。其升补也，必依其本职，毋使朝此而夕彼。其用人也，厚其禄，过则责，故则斥，勤奋则升迁，而递加其俸，终世无失业之虞。其定律也，依罪为断，必求可行，无虚设之律，无难行之例。其罪人也，访缉密而治之宽。其谳罪也，稽罪而尽其辞。其取于民也，各以其资占税，毋倒置，毋苛索。其理财也，使财归实用，毋縻于虚文，毋漏于中饱。昔之重文而轻武者，今必使文武并重。昔之优文士而轻吏治者，今必以吏事为急。汰繁重以求其速捷，去虚文以责其实效，删矫诬不实之谈，斥虚伪无理之事。尚创作而贱安闲，尚改变而贱守常，以能开利源为能，以能创新学为优。民性必求其宣达，士气必求其振奋。昔之不使民与国事者，今必与之共治；昔之使民安于愚弱者，今必使之极其明强。务使内之权力，在在足与外人相抵。夫如是，或可侥幸与各国相持。然此但言其治道宗旨所在，而未言办法之实也。(《时务报》第四册，1896 年 9 月 7 日)

中国自强策下

请实言办理之法。今使上赫然下明诏告天下，以力图自振之故，而使士民之明秀者互相举为议员，使至京入议院，而使中外大员，自三品以上俱入上议院。议院既立，则立相以总内外之务；立户部以掌财用之出入；立刑部以掌天下之狱讼，及巡捕之事；立商部以兴商贾，并掌税则，及考察工作物产之事；立农部以教种植；立外部以理交涉之事；立兵部以掌兵事；立工部以掌营造之事；立邮政部以理道路、河渠、轮车、轮船、邮递之事；立民部以掌各处地方之事；立海部以掌海军之事；立教部以掌学校之事。俟议员举定相臣，则由相臣自择用诸部大臣，及各省之长。大臣及长，又各举其属，而皆决于议院。十年之后，则议员及各官，皆取于学校。如西国之法，设吏治局于京师，征天下贤能之吏，使学习治法，而分派之于各省，以教诸地方官。十年以后亦皆取之学校。各省提镇选于兵部，而提镇又递选其属，十年之后，始取之水陆武备学堂。外部及出使大臣，必取精西文、通西事者，十年之后，始取之使才学堂。京师立各种学校，精选中西之能者教之，以递及于各府州县，十年之后，始取之师范学堂。宰相与各大臣既举定，则遣使与各国立力保亚洲太平之约，而大改上下内外之体制，务从简易，悉去趋跄拜跪之节。复立宪报馆，凡新政改革之意及中外交涉之故，悉载之。各种振兴之政，乘时并举，且捐纳停，冗员裁，调济安插之途废，资格班次之说止，既无无事之官，复无无官之事，局中之人可因官以展其才，局外之才可因事以责其效，则职无不举矣。一事一官，既无旁贷之方；一官一事，又无丛脞之虑，则人勤于职矣。在事之人有治事之权，事外之人有监察之权，而又有议员以钳制之，有日报以举发之，则官邪息矣。厚俸禄而革陋规，入官之日，予以装钱，辞官之日，予以恩俸，或给终身，或逮子孙。办公有费，登程有资，则人兴于廉矣。改衙署之制，速咨禀之法，汰酬应之烦，删迎送之礼，则官敏于事，勤于察矣。省府州县各设议员，以与官相抵，官不能专其事，则民困苏矣。因其事以设之官，因其官以为之学，因其学以定所取。入官之后，非罪不斥，心不枉耗，才不虚糜，人无失所，官不易方，则人知专所学矣。取士多途，学堂遍设，由都会以及州县，由州县以逮乡间，人无废才，才无滞用，则人劝于学矣。厘定文字，使归浅近。多撰教化之书，使人易晓。而遍设义塾、教堂，以教齐民，则寻常之人，皆可读书明理矣。凡刊刻书籍，由官准驳其便用者，准其专利，则要用之书，不日可得矣。严户口之册，定乡里之制，产业、生死，婚姻必注，零户必禁，城镇无杂处之虞，乡里无散居之虑，而又遍设巡捕，并设包探，则逋逃清，邪民无所匿矣。律法从平，无有偏颇，重则绞杀，轻则禁罚，则罪易办而情易得矣。刑官治狱，不兼他事，复有会审以察其虚诬，有律师以伸其辨说，无刑求之苦，无拖累之患，则枉滥息矣。吏皆有禄，役皆受缗，既无借口之资，即无婪贿之弊，如此则狱讼易矣。有不率教者，辄禁锢终身，动其羞耻，严其禁防，则人耻于为非矣。平道路，浚江河，开铁轨，通电报，招商以成之，借债以足之，且路灯、自来水在在设立，使往来便捷，消息灵通，则用兵、赈灾、经商、行旅便矣。矿务开，银行设，然后铸金、银、铜三等之币，齐其轻重。又制钞票，而禁兑换银钱之店，以便行使。税饷出入，一律行用，三年之后，度新币已足，则悉禁旧钱，则钱法行，而人便于用矣。制钞币，立银行，正税则，严中饱，则国用可足矣。立商部，定商制，严赔偿之法，定诈骗之条，除厘税之苛，捷水陆之途，考求各国之物产，察勘各地之工作，内江外海，准行轮舶，能纠合公司者奖之，商之成本重者，许其专利，则商劝矣。能效法泰西制造各物者赏之，并许专利，能以新法制器者，给以功牌，则工劝矣。税以资算，富重而贫轻，税以息计，商多而农少。蓄泄有资，种植有法，则民劝于田亩矣。停无用之武试，开水陆学堂，令凡能武事者，不与齐民齿，则人竞于武矣。精选而厚其饷，严教而重其防，老休则廪以终身，战死则恤其子孙，则兵皆能战，而平时不敢滋事矣。防兵周于水陆，兵将悉由考试。定平时调遣之法，定临事招募之方，炮械必精，雷舰必备，医药必赡，兵法既娴，军律尤峻，则武备严矣。厘定祀典，公私无名之祀，悉行停止。一切虚诬术数之说，皆不得行，则邪说息而正务举矣。设报馆以达民隐，凡中外交涉、选举、狱讼、报销，悉由官登之报。新理、新法及一切民间之事，及其冤抑，无不可登报，则上下之情通矣。定齐民之等级，以有能者为上，有业者次之，游惰为下，则民勤于所事矣。而又设舆图局以测全国之形势，设翻译馆以收各国之书籍，设制造军火局以给军用，如此行之十年，国以富，兵以强，始可收回已失之权利。除租界之法，改进口之税，定管辖异邦人之制，而与泰西各国相抗衡。若夫施治之宜，叙次之方，新旧交替之法，则当俟办理之时议之，非一时所能决也。(《时务报》第四册，1986 年 9 月 7 日)

论中国参用民权之利益

中国之言治者，曰以君治民而己，至泰西而有民主之国，又有君民共主之国，中国之儒者，莫不骇且怪之。虽然，何足怪哉？古之言治者，莫不下及于民，是以《尚书·洪范》曰："谋及庶人。"《吕刑》曰："皇帝清问下民。"《周礼·小司寇》："掌外朝之政，以致万民而询焉。"《朝士》："左九棘，孤、卿、大夫位焉，群吏在其后；右九棘，公、侯、伯、子、男位焉，州长、众庶在其后。"《孟子》曰："国人皆曰贤，然后用之。国人皆曰不可，然后去之。国人皆曰可杀，然后杀之。"其他见于经典者，不可偻指数。是古之为国，未尝不欲与民共治也。顾或患权之下移，不知君民共主之国，凡国有大事，下诸议院，议院议之，断之君而行之官，君有不同，可使复议，议不能定，可更置议员，是大权仍操之君。或曰：用民权则桀黠得志，豪强横行，乱且未已，不知民但能举俊秀以入议院，而不能肆行己志。议员但能议其事，而不能必其行，何肆横之有？或曰：权在上则聚，在下则散，散不可以为国。不知议员人虽多，必精其选；议虽杂，必择其多。选精则少谬误之论，择多则愿行者众。是三者，皆非足置虑者也。且夫居今日而参用民权，有三大善焉。盖从前泰西君权过重，故民权伸而君权稍替。中国君权渐失，必民权复而君权始能行。何则？中国虽法制禁令号出于君，顾前代为君者，深恐后世子孙不知事体，或有恣肆暴横之事，故再三申之，凡事必以先代为法，毋得专擅改易，故举措一断之例，大臣皆奉行文书，百官有司，咸依故事为断。而熟谙则例之吏，乃得阴持其短长，故国之大柄，上不在君，中不在宫，下不在民，而独操之吏。吏志在得财传子孙，初无大志。故觊利营私，丛弊如毛，良法美意，泯焉渐灭。且不特此也，君独立于百官兆民之上，则聪察不能下逮，而力亦有所不及，是以会计隐没，上勿知也；刑狱过差，上勿察也；工作窳敝，上勿闻也。屡戒徇私，而下之用情如故；屡饬洁己，而下之贪贿如故；屡饬守法，而下之作弊如故。诏书严切，官吏貌若悚惶，而卒之无纤毫之悛改，犹得谓之君有权乎？惟参用民权，则千耳万目，无可蒙蔽，千夫所指，无可趋避，令行禁止，惟上之从。虽曰参用民权，而君权之行，莫此若矣。且夫民无权，则不知国为民所共有，而与上相睽；民有权，则民知以国为事，而与上相亲。盖人所以相亲者，事相谋，情相接，志相通也。若夫君隆然若天人，民蠢然如草芥，民以为天下四海皆君之物，我辈但为君之奴仆而已。平日政事举措，漠不相闻，一旦变故起，相率委而去之。但知咎君之不能保护己，而不知纤毫尽心力于君。惟与民共治之国，民之与君，声气相接，亲爱之心，油然自生。故西国之民，见君则免冠为礼，每饮酒，必为君祝福。国有大事，则群起而谋其故。盖必使民共乐，民然后乐其乐，使民共忧，民然后忧其忧，必然之理也。若夫处今日之国势，则民权之行，尤有宜亟者。

盖以君权与外人相敌，力单则易为所挟；以民权与外人相持，力厚则易于措辞。西人与中国互市，动辄挟我国君之权力，以制我之民，中国欲拒之，则我之权不足，欲以民为辞，则中国久无民权之说，无可措语。是以增订条约，不谋之民而辄许之，索租界，索赔款，亦不谋之民，而辄与之。其他一切有损于国，有损于民之事，皆惟西人所欲，应之如响。有司奉令承教，为之惟恐不速，于是民仇视西人之余，转而仇视有司。夫天下之权势，出于一则弱，出于亿兆人则强，此理之断断然者。且夫群各行省之人，而使谋事，则气聚，否则散。使士商氓庶，皆得虑国之危难，则民智，否则愚。然则反散为聚，反愚为智，非用民权不可，夫岂有妨害哉！吾见古制复，则主权尊，国势固也。(《时务报》第九册，1896 年 10 月 26 日)

论中国求富强宜筹易行之法

今必欲筹全局乎？则必官同心，士同志，工商同法，此徒滋论议，而积久不能成一事矣。今必欲正本源乎？则必设议院，定官制，尽改政法，此又徒滋论议，而积久不能成一事矣。小水之相会也，非欲成大川也，然而成大川之道在此矣。众声之相和也，非欲成大响也。然而相和已多，则成大响矣。治水者自流，伐木者披枝，事故有由散而后得整，由流而后及源者，今天下虽未能一旦更变，然内之部院，外之督抚、监司，固有就其职所能及，幡然以图更变者。其郎曹守令，及其居乡搢绅，亦有就其力之所堪，而毅然以成事为己责者。今且无言高远也，但就各人愿力之所及，随其事之大小、难易，而合力以图之，则安知数年之后，维新之盛业，不于此基之哉！

今日振兴之策，首在育人才，育人才则必新学术，新学术则必改科举、设学堂、立学会、建藏书楼。然改科举必将官制、政法尽行改革，非旦夕所能期。泰西学堂之制，最为美备，有大学堂、中学堂、小学堂，而武备、水师、医生、律师，又各有专门学堂。别有师范学堂，以教为师者。其学堂规制，大者工费至数十万镑，小者亦数万镑。延师购书之费称是，此必非一时之力所能举办。泰西各种学问，皆有学会，盖以讲学之人多，故学会可遍设也。泰西之藏书楼，藏书至数十百万卷，备各国文字之书。是三者，皆兴国之盛举也，而非今日所能行也。今日之务：

一、在立小学堂，堂中延一教西文师，延一教算学师，延一教中文并各种初学书之师，而成材之愿学者附入焉。

一、开小学会，凡士子欲讲求时务、政法、算学、舆地者，可各联一会，购置会中应用书籍，一月数聚，自三人以上，即可创办，以渐增加。

一、建小藏书楼，各州县应醵资购中西各种学问切要之书，置诸楼中，使人掌其籍，愿学者可就观之，而限以时刻。

一、各处书院，应兼试时务、艺学，不能作或作而不当者，不得居前列。

一、凡秀异之才，无资读书者，可以公中之财资之学，学成，则行之海外，以博其学识。

一、宜多撰问答体之各种启蒙书，附以图说，使观者易晓。

一、宜多译西人专门学问政法之书，由浅而深。又多译章程之书，以便仿行。

一、宜用西人灯影法，讲各种学问，使人乐观而易晓。

凡此数者，自匹士以上，即有可为之事，而官绅亦可各以其权力所及而为之，此不待巨款，不劳聚论，而即可行者。

振兴之要又在阜财用，阜财用则必兴商务，兴商务则必定商政、改税则、立公司、铸金币、设银行、开铁路。然定商政必由朝廷采取西法，设立商部大臣，无论变更成法，非一时所能行，且或立法未善，或不得其人，则益滋流弊。西人税则，出口轻而进口重，此非今日国势所能行。仿西法铸金币，诚今日提挈商务之要举，然事既创举，且国家赋入赋出之法，将因之尽变，亦难猝办。设银行，则可握利权、阜商本，而事亦浩大。铁路既开，则中原之物产可尽出，程途轻捷，转运便利，而非刻期可待之事。立公司，则资本殷实，布置周遍，可与西商相角，然华人自为者多，罕能共济。凡兹数者，皆繁重而难举，非可必之于今日者也。今日之务，宜筹商人能自行之法，各业能自振之方：

一、宜立商会，凡通商大埠，为商务聚会之区者，宜立总商会，专考求商务盈亏之故，而筹更变之策。而各业又自立会，凡美善之法必宜师之，其疵病弊端必尽去之，庶物易销售，而西人不能抑勒矣。

一、宜仿泰西制造各物，本国销售，使财不外溢，并可渐行之各国。

一、宜择中国之物，为西人所乐用者，精其制造，以便行销。

一、宜定专利之法，使创造者不致有徒费之虞。

一、凡新造之物，宜减轻其厘税。

一、应由商会派人，考求各处物产。

一、应设商务报，专报以上各款之事。

然商贾，阜通货贿者也，而货贿非造于人，则出于地。然则不讲求农工，而但求诸商务，岂非务末而忘本乎？故宜设验工会，凡通商大埠，应立验工会，凡制作精工，过于他肆，及能自创新物者，奖之，或许专利。又设务农会，凡农蚕种畜之事，悉心考求，辨物土之宜，求孳乳之法。以上二事，可随地设之，有所得，则附登商务报，各州县行之，各省行之，不数年而物产丰饶，利源推广矣。凡此数事，人人可行，事事可行，无多待于上，并不见掣于外，苟行之数年，未有不见富庶之效者也。

至若御外侮，尊国权，则必讲武备。然整顿水师、陆军，延西将，练洋操，购船炮，此皆国家之事，非常人所当与闻。若夫改武试，则变更旧制，难期准行，绘舆图，则繁费不易行。常人所可讲求者：

一、宜立兵学会，凡夙负材勇之士，宜入此会，会中应购备各式枪炮，及武备书籍，以资考求。

一、宜多译书籍。

一、宜选士之精细者，专考求修造枪炮之法，或竟入西国名厂中肄习。

一、宜选士之有谋略者，专考求西人行军步伍行阵之法，及其号令击刺。

一、宜考求中国沿海、内地攻守险要之所在，及敌人进兵之路。

凡若此者，苟以精心毅力行之，大固可备将帅之才，小亦足备一方之患，此则在下位者，皆可勉力为之者也。

抑是三者，固非烦劳难行之事，然旧习不除，则虽有良法美意，亦必阻格不行，中国旧习，好矜己事，而罕察外情。一则以为中国之旧法已善矣，一则以为我之行事已善矣，如此，则忠告不至，无从取正，一也；好听谀言，而恶逆耳，不知得谀多者，受蔽亦愈甚，二也；怠于作事，而妒人成功，见他人有所造作，辄以私意排诋之，甚至甲作则乙斥之，乙作则甲又斥之，终于无成，三也；意见各执，抗不相下，宁败成功，不肯迁就，四也；退后之谈，非无正论，及见当局，则心中所不然，及于理不合者，皆置不言，而专用揣测迎合之说，五也；见他人之得，则思排挤，见他人之失，则思推避，不相扶救，六也；祛是六失，宜崇五善：一宜虚心听受；二宜广采直言；三宜互相扶救；四宜论列以实，不得以私意非毁；五宜作事必要其成，不得有所畏惮；而又必立简法，以免纡回，求速捷以惩迁缓，勤事为以防废弛；限时刻以定作息，则庶乎诸务克举，而功效可睹矣。（《时务报》第十三册，1896 年 12 月 5 日）

覆友人论变法书

辱承惠书，辨论变法各节，深究利病。康等不揣愚陋，妄有论列，极欲同志互相疑难，庶益得详尽。谨辨论如左，其有未同，希更教正。

来书谓：外以机巧胜，中以愚拙成；外以简便行，中以繁琐得，以为实。情势域之，似也，然所谓机巧、简便者，此近年之外国，非百年前之外国。即如此也，愚拙、繁琐者，此二千年以来，政法积渐至此，非三代之中国必欲如此也。若谓改从西法，则将剥贫民以奉豪富，不知必如此而后贫富可互相资济否？否则，专以兼并为事，其剥民不更甚乎？

来书谓：延西人教中人，中必出西下，固也，然不学，并此无之矣。况朝廷果善激劝，安见无突出西人上者？至谓制造炮械卒归无用，此自谋之不臧，安得委过于器？

来书谓：学西法应归到中国，庶得实用，其说极是。惟新法开并举，用人必多，从前船户、车夫，正不虑无安置，若必预筹安插，方始开办，恐转致迁滞耳。又谓：必安顿妇女，方开缫织局；必用信局走丁，始办邮政，弊亦同此。又铁路初开，经过险要自不甚多。即如西国铁路，虽遍于全境，亦不至失险要，盖险要本不以铁路而失也。又西人于中国形势，久已洞悉，若谓开险要之地，恐启揖盗之门，更不然矣。至开矿本难尽善，惟借公肥己者，当严惩耳。倘办无成效，即令赔偿，则办事之人裹足矣。

来书谓：六部命名，本已包括，如海军、军器可列兵部之类，不知中国官制，本嫌并合太多，致难尽职，安可更行添入耶？

来书谓：西人重商务，中人多士林，不知西人全国皆读书，安能云专重商务？至选议员，必择有才识者，议事必从其多者，《德国议院章程》详言之，必无论多难行之弊。又议员议事，有司行之，不相搀越，更无侵各大臣事权之虑。

总之，今日事势极急，速择善法行之，犹虑不济，若必存中西之意见，虑纤微之弊病，恐议论未毕，而大局愈难问矣。（《时务报》第十三册，1896 年 12 月 5 日）

商战论

国立于地球之上，咸以战争自存者也。以战自惕罔不兴，以不战自逸罔不亡。战之具有三：教以夺其民，兵以夺其地，商以夺其财，是故未通商之前，商与商自为战；既通商之后，则合一国之商以与他国之商相战。然则，商之持筹握算，以与他国较锱铢，犹其被甲执戈，而为国家效力于疆场也。其货物则其兵刃也，其资本则其糇粮也。国家之待将卒，必厚其粮糈，而予以利器，岂偏爱此将卒哉？以为是一国存亡所系，百姓生命所关，不敢不致谨也。今夫农尽力田亩，或植材木，以出地中之所产，然非商则不能运而致之远。工取五行之精，而制为器用，非商则不能衒于肆以得他人之资。且商之为事常，兵之为事暂；商之为事繁，兵之为事寡；商所赴之地多，兵所赴之地少。兵者，备而不必用者也，商者，无日不用者也。然则，国家之当加意于商，岂不甚重矣哉！

商之所利，货物美，资本轻，程途捷，行销广，四者而已。顾四者非国家加力助之，则不为功。不行激劝之法，不定专利之条，不严冒牌之禁，则货物不能美。银行不设，税则不减，假货之法不定，则资本不能轻。铁路不开，轮船不广，内地不通，盗贼不戢，则程途不能捷。不遍设公使、领事于各国，及其通商之埠，不能以轮船载货，而致之他洲，不能以兵船卫之，不能以全国之权力保护之，则行销不能广。如是则全国之商不过持其旧法，行迂曲之途，而待销于本境之内，欲求商务远驾于他国之上，得乎？

西国商务之极盛也，以其保护之甚力也。保护之道维何？曰：使之便利，使之有权而已。是以定钱式及金、银、铜三品之价，开官私银行，定汇票使用票。轻出口之税，凡税不与物价相比者，得随时改定。开铁路，行轮船，凡至他国者，得载以己国之船，而护之以兵轮。又定开设公司之例，定专利之条，严冒牌之禁，凡以使之便利也。许商人设市馆，为议论贸易及定价值之所。又许立商会，使得商禁约他国货物之法。他国之币，不得流入内地。或恐碍本国货之销路，则重进口之税。恐碍本国之工作，则轻出口之税。凡以使之有权也。故西商之至各国，求必得而谋必遂，职是故也。

夫使商人便利，使商人有权，所以保商也。即严治商之禁令，厘剔商人之弊病，亦所以保商也。西国之治商也，凡商家册籍，及存货底单，及进出款之簿，皆有一定程序，岁呈之官，以便稽核。凡商之章程，必请于官，官允其行，必力保护之。其行使银行之票，及保险之法，皆有定章。至若不得已而倒闭，则官稽其存数，而使之摊还，不得有所偏倚。又定报穷之令，凡报穷者，不得齿于其类，若有意诓骗，或经商不合法度，而致倒他人之财，则官得按法严治之。店之伙友，侵没主人之财者，皆严治其罪。夫如是，故商人皆慎重不敢为非，而彼此得相信相保也。

今吾中国与西国交通以来，兵则屡战而不一胜，条约则屡定而权利愈失。西国之货销行者，岁亿万计，而有损无益之物，虽阑入，而莫之能禁，财货日失，利源日涸。然犹幸商人能忍受艰苦，节啬勤力，以与西人相搏相持，虽不能相抵，然尚十得五六。而闽粤之工商，于南洋及美澳诸洲者，每岁寄回之银，又十得二三。故中国虽困乏，尚得支持，而国家关税，亦赖以取盈。而且振饥则捐之商，御敌则捐之商，有大工大役又捐之商，而报效之款，尚不在此列，然则商固无负于国家也。

呜呼！中国商人之困，至今日而已极矣：一、不铸金币，又不定用银币之制，致受西国镑价之亏；二、银钱价低昂不定，致商人有受暗亏之虑；三、各省平色万殊，致受钱庄抑克之亏；四、假贷抵押及存银，均无定法，使商人运掉不灵；五、不明许商人立会，致商人无自主之权；六、不设市馆，以定随时公平之价；七、各业所立行规，不与官相通，官可任意废去；八、不立专利之条，致商人不敢出重资创办新业；九、不严禁冒牌，使美劣得以混淆，出重资者不必能得利；十、无专治倒帐之章程，致被倒者无可控诉；十一、有意亏倒及设计诓骗者，不能尽治以法，致市面大败，而奸猾之徒，仍得公然出入官商之间；十二、凡伙友亏倒主人之资，官不能严治，致有资财者不敢放手营运；十三、无保水火险之行，使商人得保其资财；十四、不能重进口而轻出口税，使中国货物，得畅销于各国；十五、不开铁路，不广设内河轮船，使行程迂绕；十六、无径达欧美洲之轮船，使得载货以之他国；十七、各国不设领事，无兵轮驶行外洋，使经商各国者得有保护，权则内外倒置，便利则中西互易，困危己国之商，而便利西国之商，未有若今日者也。

然犹曰：力不足，不能行也；财不给，不能办也，国权不足，不能得之于西国也。自秦汉以后，政尚疏略，若必使纤悉皆治之官，恐转丛弊也，固也。顾何以出口之货不能减轻其税乎？厘局约俟军务告竣停止，今已逾约矣，独不可裁减之乎？然犹曰：偿款方迫，兴作方繁，国用方匮，非轻徭薄赋之时也。顾独不能厘革其法制，裁厂并征，使商人得行轻捷之途乎？今厘卡如织，一水之地，而抽厘十余次，验票又十余次。一货之税，而征之于未成材料之时，又征之于已成器物之时。物价之低昂不一也，而税则一成不变。有始仅值百抽五者，继至十抽三四，各局之衰旺不定也。而税额则有增无减，致有强税就额之弊。尤可异者，一国之中，而各省之章程不一；一省之中，而各局之章程又不一；一局而前后之章程又不一。至于以若干起税，及何物免税，皆无一定之章程。故尺布斗粟，未尝获免，日用之物，未尝见蠲，甚至司厘卡之员，溢额则得奖，亏额则见责，岁增则留差，岁减则撤差，如此，有不腹削脂膏，例外取盈，以求称上之意乎？夫以各省督抚之明察，岂不知此，而因循不变者，一则苦无安置冗员之地，一则外销之款无可开支。呜呼！国家得一二，而使民间失千万，不许明销，而俾暗取，诚非计之得也。

顾此犹制之自上，以备国家之用，商民不敢怨也。假使承办员役，能体朝廷不得已之意，一秉至公，绝无留难，则商民犹不甚困也。然而莅其事者，大率负债积资，百计求说，而后得此，将于是清负，将于是起家，何暇他顾？故其扼制商民之法，至不忍言，有得钱卖放之弊，有大头小尾之弊，有得钱减货之弊，此犹病国而不病民也。若夫银则补水，钱则补串，罚无限制，稍不遂意，则蹴坏其物以吓之。新鲜果物，则故欲翻动以挟制之。甚至故裁伪洋，而迫其掉换，且又商人守卡，而故与晏开，商船乘潮，而故与停留，疾风甚雨，而故与稽滞，商人之资财不顾也，商人之身命不问也。是以厘税之人，上得其一，而下得其九。此九成中，官才二三耳，司事颇得其三四，而巡丁则得其五六。夫纵千百虎狼以逐羊兔，几何不相将俱尽者，而欲其能致胜，得乎？

顾中国前则以官剥商，而商困，今则以官侵商，而商愈困。《庄子》曰："牧马者，去其害马而已矣！"《孟子》曰："所欲与之聚之，所恶弗施尔也。"夫商之择利，不待教于官也，今之经商，宜以新法求利，商人亦稔知也，道在正商法，保商权，捷商途而已矣。今之言治者，动曰宜通官商之气，宜合官商之情，于是有曰官督商办者，有曰官商合股者，有竟夺商人之事，而畀之官者。夫以官之积威，商人安能与较论？于是豪猾之徒，以中国之官权，行西国之商法，官本则昂物价以抵除，而莫或过问也。商本则暂以微利羁縻，而莫敢与闻也。遂以倾诈阴险之才，行笼络捭阖之术，尽取天下之利权，而归之一己，而商人愈困矣。

缚勇士之手足，而使与人斗，得乎？桎梏勇将，絷维健卒，而使与人战，可乎？今置商人于牵掣拘挛之地，抑郁之乡，欲其能与各国之商争胜，是犹南行而北辕也。夫以中国之商，受中国之法，以理论之，固当尽行折阅，无可牟利矣。顾环观华商，亦颇有积日月之力，以获资者。盖华商性能俭约刻苦，无多求利，不敢效西人之奢阔，故拾遗掇剩，稍能步西人之后尘，且又有意外之幸焉。盖法不准情，于是所司有行法外意，而潜减货值者；又有因比较严切，两卡争厘，因减厘以招致商贾者；又有船户与司役通同，或减名数，或常年包贿若干，以漏厘者；又有托官船、试船夹带，以邀免者；又有挂洋旗，托洋人报关，以免苛政者。呜呼！使商人失利于彼，而得策于此，此岂谋国者所忍闻乎？然则今日欲振商务，必自设商部始，必自裁厘并征始。（《时务报》第十三册，1896 年 12 月 15 日）

趋新官员的变法思想与守旧派对维新思想的反对

导　论

在戊戌维新思潮兴起与戊戌维新运动发展期间，有一些对维新变法表示一定同情或支持态度的趋新官员，他们也提出了变革官制、编练新军、改革科举、变通书院、设立学校、发展资本主义工商业等思想主张，并对维新变法从思潮到运动的发展起了重要推动作用。如：淮系官僚胡燏棻凤以谈洋务著称，他在甲午战争已告失败后上万言书论变法自强十事，其第八事即"创练陆兵以资控驭"，对清末编练新军有重要影响；被誉为中国近代教育之父的李端棻在 1896 年第一个疏请设立京师大学堂（今北京大学前身），后又举荐康有为、梁启超并支持戊戌变法；孙家鼐时任吏部尚书、协办大学士，受命为京师大学堂首任管理学务大臣，在《议覆开办京师大学堂折》中提出了"以中学为主，西学为辅；中学为体，西学为用"的主张；曾任出洋肄业局副委员的容闳通过各种渠道向清政府提出了设立国家银行、修筑全国铁路等富国兴国建议，唐才常发动自立军起义后还把他推举为"中国国会"会长；时任湖南按察使的黄遵宪在维新运动兴起后协助巡抚陈宝箴推行新政，进行政治、经济、文化、教育各方面的改革，提出邀请梁启超来湖南担任时务学堂总教习，推动了维新运动在湖南的开展。趋新官员中不乏张之洞、陈宝箴、文廷式这样有重要影响力的高官，他们对维新派变法的支持，对维新思潮、维新运动的发展产生了重要影响。趋新官员的思想主张与维新派变法主张有重要区别，在维新运动发展到高潮尤其是戊戌政变后，张之洞、孙家鼐等人也加入了攻击维新思想的行列。维新思潮、维新运动的兴起与开展，特别是维新派主张还在体制内获得了一定支持，引起了守旧势力的极大恐慌，他们从思想上对维新派展开了激烈批判。叶德辉思想极为保守，著书立说批驳康有为，攻击梁启超创办时务学堂，编述《觉迷要录》以为"康梁逆案之定谳"。王先谦则联合数十人联名向陈宝箴呈递《湘绅公呈》，以维护纲常名教为名，要求整顿时务学堂。曾学于王先谦之门的苏舆编辑了《翼教丛编》，辑录朱一新、洪良品、安维峻、许应骙、文悌、孙家鼐、张之洞、王仁俊、屠仁守、叶德辉、梁鼎芬、王先谦等人反对变法维新的文章，其中有张之洞《劝学篇》中《教忠》《明纲》《知类》《正权》诸篇，安维峻的《请毁禁〈新学伪经考〉折》，叶德辉的《輶轩今语评》《〈长兴学记〉驳义》，朱一新的《答康有为书》，王先谦等人的《湘绅公呈》等，这些文章猛烈攻击康梁变法主张，特别是民权思想，竭力维护封建纲常名教思想，以维护封建统治。从趋新官员的变法言论与守旧势力的反变言论中，我们可以看出洋务官员与维新派既有相似又有区别的思想关系，看出维新派与顽固派、新学与旧学在政治、学术方面的激烈斗争情况。

1. 趋新官员的变法思想和主张

引 言

这里收录的主要是趋新官员的变法思想。之所以强调趋新官员的变法思想，是因为如果没有他们的支持，戊戌维新是很难从思想变为实践的。而这些趋新官员之所以能够在维新初起之时，支持变法，又与甲午战败及马关割地的创痛密不可分。在对甲午战败原因的反思与讨论中，胡燏棻等官员与康有为等人都提出了变法自强的主张。尽管双方的变法内容并不全然相同，但他们的变法呼声无疑为维新派的变法提供了绝佳的环境。而且，这些趋新官员所倡导的变法，其内容也比洋务时期更进一步，这正是趋新官员能够支持维新派变法的思想前提。可以说，甲午战后，变法成为趋新官员与维新派之间的共识，在此共识之下，维新运动逐步兴起。开学堂、兴学会、办报刊，维新派倡导的这些变法措施在诸多趋新官员的支持或默许下，在很多地方付诸实践。这其中，我们可以清楚地看到，各地维新派对趋新官员的游说，以及各地趋新官员对维新派的援引。双方的合作在湖南维新运动中体现得最为清晰。湖南巡抚陈宝箴、前学政江标及盐法道黄遵宪等人均以思想开明、趋新著称，在他们的支持下，湖南变法运动开展得有声有色，一大批维新志士聚集在湖南，办报刊，开学会，办学堂，将湖南维新运动推向高潮。此外，湖广总督张之洞、浙江巡抚廖寿丰、两江总督刘坤一等人也都对维新运动给予过支持，他们也都是维新派的变法活动所依靠的对象。明白这一点就不难理解，何以维新变法能够在各地迅速开展，并在湖南等地推向高潮。但是，同样不能否认的是，趋新官员的变法思想毕竟与维新派的变法思想有着不小的差距，正是这种差距最终导致了趋新官员与维新派的分道扬镳。可以说，随着变法活动的推进与深入，曾经援引维新志士推行变法的趋新官员，遂成为维新思想的批判者。

胡燏棻

变法自强疏

奏为因时变法，力图自强，谨条陈善后事宜，恭折仰祈圣鉴事。臣闻五帝殊时，不相沿乐，三王异世，不相袭礼，盖穷变通久，因时制宜之道不同也。上年倭人肇衅，陆师屡挫，海军继失，寇焰猖狂，神人共愤。我皇上不忍两国生灵久罹锋镝，以大字小，舍战言和，虽两害从轻，计不能不出于此。然自古驭外之策，断无一意主和，可以久安之理，唐于吐蕃，宋于金人，是其明鉴。今辽河以东，失地千里，虽由俄，法、德三国合起而争，许还故土，但倭人仍有从容商议之理，恐不免枝节横生。台湾交地，近复激成变端，倭人能否不起责言，固难预料，然此风一开，事变一日亟一日，及今而不思改计，窃恐数年之后，大局更不堪设想。

目前之急，首在筹饷，次在练兵，而筹饷练兵之本源，尤在敦劝工商，广兴学校。伏查国家赋税所入，岁有常经，今忽添此二万万两之兵费，非借洋债，从何措置？以最轻利息六厘计算，每年需息银一千二百万两，而陆续偿还本银，尚不在此数。且自上年用兵以来，关内外各路添兵购械，所借华洋商款，应偿本息，已属不少。此外奉、直两省善后事宜，仍须节节增修，次第兴举，北洋海军，亦不能不从新创办，以图补苴，约计购船置械，非数千万金不能成军，此后水陆所需，每岁又不下千余万金，入者只有此数，出者骤然加增，虽日责司农以筹画度支，亦恐无从应付。窃观泰西各国，无论军饷工程，千万之需，咄嗟立办，何者？藏富于民，多取之而不为虐，而民亦乐输以奉其公，彼其器械日制而日精，商务日开而日盛，水陆之兵日练而日强。盖董劝之始，国家设各项学校以培植之，艺术既成，分各项官守以任使之，故民有人人自奋之思，治有蒸蒸日上之势。今中国土地之广，人民之众，物产之饶，为泰西各国所未有。办理洋务以来，于今五十年矣，如同文方言馆，船政制造局，水师武备学堂，凡富强之基，何尝不一一仿行？而迁地弗良，每有淮橘为枳之叹，固由仅袭绪余，未窥精奥，亦因朝廷所以号召人才者，在于科目，天下豪杰所注重者，仍不外乎制艺试帖楷法之属，而于西学，不过视作别途，虽其所造已深，学有成就，亦第等诸保举议叙之流，不得厕于正途出身之列，操术疏斯收效寡也。

日本一弹丸岛国耳，自明治维新以来，力行西法，亦仅三十余年，而其工作之巧，出产之多，矿政、邮政、商政之兴旺，国家岁入租赋共约八千余万元，此以西法致富之明效也。其征兵宪兵预备后备之军，尽计不过十数万人，快船雷艇总计不过二十余号，而水陆各军，皆能同心齐力，晓畅戎机，此又以西法致富强之明效也。反镜以观，得失利钝之故，亦可知矣。今士大夫莫不以割地赔费，种种要挟为可耻，然今时势所逼无可如何，则惟有急谋雪耻之方，以坐致自强之效耳。昔普法之战，法之名城残破几尽，电线铁路，处处毁裂，赔偿兵费计五千兆佛兰克，其数且十倍今日之二万万两。然法人自定约后，上下一心，孜孜以治。从前弊政，一体蠲除，乃不及十年，又致富强，仍为欧洲雄大之国，论者谓较盛于拿破仑之时。今中国以二十二行省之地，四百余兆之民，所失陷者不过六七州县，而谓不能复仇洗耻，建我声威，必无是理。但求皇上一心振作，破除成例，改弦更张，咸与维新，事苟有益，虽朝野之所惊疑，臣工之所执难，亦毅然而行之；事苟无益，虽成法之所在，耳目之所习，亦决然而更之。实心实力，行之十年，将见雄长海上，方驾欧洲，旧邦新命之基，自此而益巩，岂徒一雪割地赔费之耻而已。

臣之愚昧，何敢挟其刍荛之见，轻言变法。但纵观世运，抚念时艰，痛定思痛，诚恐朝野上下，高谈理学者，狃于清议，鄙功利为不足言；习于便安者，又以为和局已定，泄沓相仍。设或敌国外患，猝然再举，更虑抵御无方，然则卧薪尝胆，求艾疗疴，其尚可稍缓须臾耶？微臣早夜焦思，今日即孔孟复生，舍富强外，亦无立国之道，而舍仿行西法一途，更无致富强之术。用敢不揣冒昧，就管见所及，举筹饷练兵、重工商、兴学校数大事，敬为我皇上缕析陈之。

一、开铁路以利转输也。中国铁路之议，屡举屡废，自经此次军事利钝之故，昭然共见。应请援照前两广督臣张之洞原议，自汉口至京开办干路，顾办法次第，必当先定大纲，第一在劝立公司，准民间自招股本，而一切窒碍之处，如买地勘界等类，必须官为保护。第二在勘明道里，从前原议，北自芦沟桥至正定，南自汉口至信阳州，分头举办。查汉口自信阳，山路崎岖，工费较巨，不若取道襄阳，地势平坦。其铁轨渡河之路，尤宜在郑州之西，荥阳以东，以出山险，经流不改之处；既渡河则东循淇卫，西倚太行，北行而达保定，地高路平，较为稳固。第三在多开支路，自汉口至京，迤长三千里，若仅有干无支，则贸易必不旺，商旅必不多，其事亦难持久。窃谓支路宜分三段：南路由光山、固始出六安以载茶叶，由应城、京山、安陆出荆门、当阳以运煤铁；西路由怀庆出轵关，经蒲、解以达关陇，东路由开封、归德过宿、泗以抵清江，如此则天下大局，若网在纲，商务、工务、漕务、军务，莫不四通八达。第四在议定规制，自高脚铁轨之制出，而火车一变，自电气传力之机出，而火车又一变，今俄人自加斯滨海达晖春一路，即系用高脚轨电气车之法。今创办之初，宜择其至便至捷者为之，以免他日纷纷改造，又有我钝彼利之叹，迨办成后，每年除公司费用修理经费外，所余利银，官收其什一之税，诚能各省一律举行，则公家岁可得数百万金，而且东西南北，节节流通，土物日出，商务日旺，厘金关税亦日饶，是每岁所增入者，又不下数百万金，一旦疆场有事，运饷运兵，朝呼夕至，今日寓强于富之道，计无有切于此者矣。

一、筹钞币银币以裕财源也。昔元明以钞票为虐政者，则以一纸空券，欲抵巨万现银，情同诳骗耳。西国以钞币便民者，则以有一万之银，始发一万之票，无丝毫虚浮也。中国不自设银行，自印钞票，自铸银币，遂使西人以数寸花纹之券，抵盈千累万之金，如汇丰、德华、有利等洋行之钞票是也，以低潮九成之银，易库纹十成之价，如墨西哥、吕宋、日本等国之洋钱是也。今诚能于各省通商口岸，一律设局自铸，金银铜三品之钱，颁定相准之价，垂为令甲，一面于京城设立官家银行，归户部督理，省会分行，归藩司经理，通商码头，则归关道总核。购极精之器，造极细之纸，印行钞票，而存其现银于银行，妥定章程，明颁谕旨，俾明得以钞币两项，完纳租赋税厘。至各省旗兵绿营防营之饷，京外文武百官之廉俸，亦即以钞币两项，分搭匀拨，而尤必各处银行，于出入授受之间，随时查核，不至钞溢于银，并绝无毫厘短折，方能取信于人，持之久远。惟用人必须按照西法，用商务之章程，杜官场之习气，慎选精明廉洁之人，综计出入，其余亦须摒绝情面，皆由公举，不得私荐，方免弊窦。至于放息，责成殷实保人，一有亏折，惟保人代偿押款，则值十押七，一经逾期，拍卖偿抵，不足仍向欠户追还。果能照此认真办理，实力奉行，其收回利权，孳生息款，计每岁盈余之数，至少当在千万以上，此诚今日至要之务不可忽视者也。

一、开民厂以造机器也。中国各省设立制造船政枪炮子药等局，不下十余处，向外洋购买机器物体，不下千百万金，而于制造本源，并未领略。不闻某厂新创一枪，自造一炮，能突过泰西；不闻某局自制一机器，能创垂民用。一旦有事，件件仍须购自外洋，岂真华人之智，不及西人哉？推其病源，厥有三故：各厂之设也，类依洋人成事，而中国所延洋匠，未必通材，往往仅晓粗工，不知精诣，袭迹象而遗神明，其病一。厂系官办，一切工料资本，每岁均有定额，即有自出心裁，思创一器者，而所需成本，苦于无从报销。且外洋一器之成，如别色麻之钢，克鹿卜之炮，或法经数易，或事更数手，成本费数十万金，然后享无穷之利，垂久大之业。今中国之工匠，既无此坚忍之力，国家又别无鼓舞之途，遂事事依样葫芦，一成不变，其病二。外洋各厂之工头匠目，均系学堂出身，学有本源，而其监督总理之人，无不晓畅工艺，深明化重光电算数之学，故能守法创法，精益求精。今中国各局总办提调人员，或且九九之数未谙，授以矿质而不能辨，叩以机梏而不能名，但求不至偷工减料，已属难得，器械利钝，悉听工匠指挥，茫无分晓，其病三。窃谓中国欲借官厂制器，虽百年亦终无起色，必须准各省，广开民厂，令民间自为讲求。如国家欲购枪炮船械机器，均托民厂包办包用，其试不如式者，虽定造亦必剔退，则人人有争利之心，亏本之惧，自然专心致志，实力讲求，以期驾夫西制之上。如此，则漏卮既塞，一有兵事，取求易给，不至为洋商垄断居奇，受重价之累，且不至为敌人沮港揽舟，冒行海之险矣。

一、开矿产以资利用也。中国煤铁五金，遍地皆是，从前业经各处招商开办，乃卒至股本耗折，成效毫无者，非矿之不可开，实办之不得法耳。夫办矿之要，又有四：第一在重聘矿师。西洋实有学问之矿师，其国中且延至不及，故往往不愿来华，其愿来者，不过外托行家，阴图渔利，迨一悟其欺妄，而全局已隳。故欲开矿，当先求师，欲求师，当先重聘。第二在慎选矿地。夫贵州铁质非不佳也，乃转运至千里以外，则成本重而其价昂矣。漠河金苗非不旺也，乃地处极边，百货腾贵，则工作难而出数少矣。

故开矿之地，必须择其水陆交通转运便利之处，则人工往来，易于招集，物件辐辏，易于求取。第三在细考矿质。同一矿也，而质有良楛，即价分贵贱，故往往资本同而获利不等。即使当日者以开平矿物之规模资本，而开齐鲁淄潍之佳矿，则今日获利当倍蓰于此矣。第四在厚集矿本。夫资本出于富家，则原有置产业贻子孙之心，资本出于市侩，则无非借股票低昂，为买办空盘之计，收效稍迟，即弃如敝蓰〔屣〕。从前公司为股票牵掣，一倾百倒，皆由于此。故招散股不如招大股，招商股不如招官股，而其大要尤在办理之得人，必须正大光明，赤心为国，绝无一毫私见，否则矿不成则害在公家，矿既成则利归私室。初次选择，断不可瞻徇情面，果能于此四者，讲求尽善，而谓矿务不能办，矿利不可求，必无是理。况将来欲广造铁路，则处处需铁需煤，欲自铸钱币，则各局需金需银需铜，欲自开民厂，铸枪炮机器，则各需五金及硝磺铅汞等质，是招股开矿，实今日之最大利源也。

一、折南漕以节经费也。查京师支用，以甲米为大宗，官俸仅十之一，八旗兵丁，不惯食米，往往由牛录章京领米易钱，折给兵丁，买食杂粮，约南米一石，仅合银一两有奇，官俸亦然。四品以上尚多亲领，其余领米票以转卖米铺，每石亦一两有奇。夫南漕自催科征调，督运验收，经时五六月，行路数千里，竭百姓无数之脂膏，聚吏胥无数之蟊贼，耗国家无数之开销，运至京仓，至每石之值，通扯或十两或五六两不等，而及其归宿，乃为易银一两之用，此实绝大漏卮。徒以冗官蠹吏，中饱所在，积习不改，此真可谓长太息者也。推原其故，朝廷深思远虑，以为岁无南漕二百万石流通市中，则一切杂粮必牵掣而骤贵，兵民有受其饥者，故不惜繁费而为此。然自轮船畅行以后，商米北来，源源不绝，利之所在，人争趋之，市中有米，与官中有米同，则少米之患，在今时可以无虑，谓宜通行各省，改征折色，其耗费一概带征，并归藩库起解。至旗丁京官应领俸米，或援照成案，则每石折银一两四钱，或按照市价，则每石折银亦不过二两有奇，而一切漕河之工程，海运之经费，漕督粮道以下之员弁兵丁，仓场侍郎，监督粮厅以下之胥吏差役，皆可一律裁汰蠲除，是国家岁省数百万开销，反多数百万盈羡，而官兵两项所领实银，且较增于从前领票转买之值，公私两途，一举而均得大利。有益于国，无损于民，亦何惮而不为哉？即使虑及岁饥乏食，则每年提出盈余银数十万两，在津兑买南米，存储通仓，新陈互易，以为有备无患之计，其事亦轻而易举。如虑海疆有事，运道或至梗阻，恐将来官商两病，则更不然。盖名为官米，则敌船可以捕拿，名为商米，虽仇国亦不能阻截，公法具在，有例可援，是可不必顾虑也。

一、减兵额以归实际也。粤捻事平以后，绿营之无功效，已可显见，而老成持重，动以不裁为言，于是有减兵增饷之议。各省或变绿营而为练军，今倭事敉平，则练军之有无功效，又可显见，乃犹坐养此数十万无用之民，耗此数千万有用之饷，一旦有事，各省仍纷纷募勇，是兵外加兵，饷外加饷，国用安得而不绌？夫绿营之所以不能遽裁者，徒以水有汛，陆有铺，缉捕防守有专责耳。殊不知近年绿营兵饷，藩库入不敷出，往往饷有按照七八成或五成核放者。每兵每月，仅领银数钱，平日不敷养赡，多以小卖营生，巡缉俱属虚文，况各省水陆聚会之区，如闽浙之渔商，则雇船出洋自护矣，是汛兵亦无用。直省之会城，则另谋保甲守望等局以巡缉矣，是铺兵亦无用。为今之计，莫如酌地方之繁简，裁其老弱，按年先裁二成，五年裁竣，国家岁可省千万余金，即以此款责成直省，按照西法，先挑老兵子弟，择其年力精壮，粗识之无者，另行创练新军。现任实缺提镇参游，如尚可造就者，即充统领营官之任，否则一概裁去。如此一转移间，化无用为有用，国无坐食之费，兵有精练之实。尚虑水陆各汛铺务，一无专责，或将保甲守望等局，仿照西国巡捕之制，城乡市镇，人物辐辏之区，所设巡捕由官督率，而分稽查之职于绅董，事更可得实际，但求朝廷排斥群疑，破除成例，毅然行之，未有不立见功效者也。

一、创邮政以删驿递也。中国各省皆设驿站铺递，每年支销钱粮计三百余万金，其实各省之奏牍公文，所递有限，而仕宦往来之所扰滋多，至督抚等则更有提塘职差，每一职差抵京，费以百十两计。民间所开信馆，索资既巨，又多遗失，此公私两困也。查泰西各国，莫不由国家设立邮政局，往来函牍，公私一体，权其分量之轻重，定给递费之多寡，由邮政部刊刻信票印花出售。凡寄信者，预先购买，用时取黏信角，投入信箱，有人按时收取，此法不断省驿站之费，而且岁获盈余，为泰西各国进项之一大宗，亟应仿照办理。

其第一办法：则先借招商局为发轫之始，每船各派专司文报一人，通商十九口岸，均设分局，管理公私信件，则纠合民间各信局而为之。内地各码头，各市镇，令信局一家承包。其第二办法：则借电报局为推广之路，凡有电报分局地方，亦派一人在局专司文报，代为递送。至未设电报各处，亦照前法，令信局一家承包。其第三办法：则俟火车畅行，再借铁路公司，为往来之总汇，凡干路支路火车停卸之处，各派一人，在局专司其事。至将来欲遍行内地，各镇各埠，尽可广设分局，派人经理，如此则若网在纲，无远弗届。

现在地球各国，其邮政章程，通为一例，到处流行，公私递费，并无多寡之殊，即日本亦在其列。就英国而论，每年邮部除用费外，计赢英金一百数十万镑，独吾中国未尝仿行，急宜参考西制，从速举办，庶每岁可省驿站三百万之耗费，而收邮部数百万之盈余。如以为京外各官，因公来往京师，例须乘驿，恐一旦删去驿站，致多窒碍，则更为掩耳盗铃之谈。今东南十余省，凡官员来往无不雇坐轮船，独山东、山西、河南、陕甘五省，尚有官站耳。若计其道里远近，人数多寡，由户兵二部酌给路费，沿途听其自雇车马，在应差各官，实所深愿，更无庸多虑。

一、创练陆兵以资控驭也。此次东征，兵非不多，而一无足恃，则非兵之不任战，实由统将太多，每遇战事，往往心志不齐，互相掣肘，动如唐朝九节度之师。夫东召宿将，西起老臣，此募十营，彼募万人，譬之治疾，一人有病，延医满室，寒热杂投，断无不毙之理，而尤有积习之应行痛改者，厥有四端：昔年淮楚诸将，起自田间，志在杀贼，人皆朴诚，弊端尚少。承平以后，统兵大将，骄奢淫佚，濡染已深，军需日增，勇额日缺，上浮开，下克扣，百弊丛生，兵之口粮，尚未能养赡一身，谁肯效命疆场，以致万众离心，遇贼纷纷溃散，此一病也。

从前粤捻之乱，军火未精，将领只需勇气百倍，易于取胜。今则泰西官兵之选，必先由各营学馆出身，其所考各学，有本国文、腊丁文、法文、地理学、几何学、代数学、古今史学、三角法、信手绘图法，国家平日重视此选，民间亦以得选为荣。其千把总之职，略如中国词林之清望，故能学余于事，人余于学。今中国先事一无培植，一闻招募，各营员皆以钻谋为能事，不以韬钤为实政，是兵官先不知战，安望教兵以战，此又一病也。

西国之讲求武备者，凡枪炮新器一出，试而能佳，即通饬各营改用一律。今中国本地无著名之厂，件件购自外洋，承平之日，部臣以款绌为难，先事未能预备，及变起仓猝，疆臣各办乃事，但以购得军火为贵，未能详求，以致同属一军，而此营与彼营之器不同，前膛后膛，但期备数，德制奥制，并作一家，所由一旦临阵，号令不能画一，施放不能取准，此又一病也。

考西国每经一战，则列阵之体一改，每创一器，则行阵之式一更。今中国一切攻守之法，又沿旧习，湘楚各军，尚有以大旗刀矛为战具者，并有持新器而茫然不知用法者，犹得师心自用，以为昔年曾经战阵，即无不能御之敌，承讹袭谬，沿而不改，此又一病也。今欲创练新军，宜通饬各省，一律改练近年新出之西法，而其大要，先在直省设立武备学堂，行取各州县武生武举，考其汉文通顺年力精壮者，选令入塾，给以养赡，即聘洋员为之教习，三年后由洋教习考给文凭，然后由堂分派入营充当哨官。其学问尤杰出者，充当营官，从此或将武科乡试，亦以枪炮命中为去取，则将才辈出，不患有兵而无官。现在都守以下候补各员，其有汉文通顺，情愿投入学堂充当学生者，亦一体办理，此训官之法也。至募兵不可太杂，今各处所招之勇，急于成军，不暇选择，乞丐无赖，混杂其中，艺未练成，驱以赴敌，一经临阵，望风而逃，反以利器资敌，沿途更肆焚劫，日后又投别军，仍蹈前辙，以致屡战屡败。欲救其弊，必先由本籍地方官，查取住址亲族，年在十六以上二十以下者，方许入营当勇，以杜将吏逃亡之弊。到营时先验身材，不入格者，当即剔退，既成阵伍，先练步法手法，次练打准并练行军操法。年满四十者，给以一年饷银，令归乡里。在营之年，三年给假准其回籍，但一闻征调，虽在假内，即须立至，此练兵之法也。

其统领营哨各官之薪水，欲杜其克扣之弊，必须从丰。兵勇之饷项，亦宜分别加增，由各省督抚设立粮台，按月由粮台点名发给，设粮台短发，准统领官申详告诉，以杜侵扣。成军之始，应发号褂棉袄皮衣等件，均不扣钱，恤其饥寒，方能得其死力，此放饷之法也。新练各军，取用机器，宜因时制宜，改归一律。就近年新制而论，步枪以曼里夏毛瑟小口者为佳，马枪以可尔脱为佳，轻炮以克虏伯格鲁森为佳，快炮以拿登飞尔哈乞开师为佳，此简器之法也。至兵数多寡，统计北洋宜练兵五万人为一大枝，南洋宜练兵三万人，广东，湖北宜练二万人，其余各省，每省有万人，已敷调遣，务需扫除积弊，习练操法统归一律，庶几征调乃能得力也。

一、重振海军以图恢复也。中国创设海军之初，原议沿海七省，后先举办，只因经费不充，故以北洋为发轫之始。春间威海继陷，舟师全没，虽由诸军之不力，抑亦援师之莫继也。夫泰西各国，皆以铁甲快船之坚利，雄长五洲，故就今日之情事以观，凡地球近海之邦，苟非海军强盛，万无立国之理。查中国从前办法，与西制多有不同，其受病亦即在此。西国之制，海军可以节制陆路，而陆路不能节制海军。盖洋面辽阔，军情瞬息百变，必非陆路所能知也。今中国则海军提督须听疆臣之指挥矣，其不同者一。

西国海军提督，必由水师学堂出身，积累而升，其于重、化、汽、算、天文、地理各学，无一不通，无项不熟，为各船兵官所服，故志趋合而号令行。今就北洋而论，如已革提督丁汝昌，本系淮军陆将，水师学问，毫无根柢，平日各兵官，本轻视之，一旦临敌，无论其不知水战之法，即曰知之，亦安能号令各船，其不同者二。

各国兵船岁岁考求新理，精益求精，凡旧械之不合式者，必更易之，新器之可致用者，必训练之。今中国如橹雷之裙网，甫经购置，尚不知法，上年大东沟之战，以攻铁甲所用之尖弹，击倭人钢皮之快船，故倭船难受创而无大损，是用器简器之不审也，其不同者三。

今欲重振海军，宜于购械而外，改定章程，选求将帅，仿照泰西成规，海军提督，但听枢府之号令，不受疆臣之节制。两国既下战书，即许便宜行事，尤应沿海各省一律举办，无事则分道巡游，有事则联为一气，不得稍分畛域。今春威海告急，南洋兵轮，坐视而不之救，重为泰西诸邦所姗笑，急宜统筹全局，俟办理稍有端绪，应合沿海七省，特简总统大员，庶使筋节灵通，声气联络，一方告警，全军立至矣。目前办法，应先向英国延聘水师宿将，如昔年琅威理其人者，并多设水师学堂以储人材，然后派学成各生，或出洋游历，或代备资斧，分寄各国兵船以资习练，天下无不可办之事，但求实心实力以行之耳。

一、设立学堂以储人材也。泰西各邦，人材辈出，其大本大源，全在广设学堂。商有学堂，则操奇计赢之术日娴。工有学堂，则创造利用之智日辟。农桑有学堂，则树艺饲畜之利日溥。矿务有学堂，则宝藏之富日兴。医有学堂，则生养之道日进。声光化电各项格致有学堂，则新理新物日出而不穷。水师陆师各项武备有学堂，则战守攻取日习而益熟。乃至女子亦有塾政。聋哑亦有教法，以故国无弃民，地无废材，富强之基，由斯而立。至其学堂之制，不必尽由官设，民间绅富，亦共集资举办，但国家设大书院以考取之。今中国各省书院义塾，制亦大备，乃于八股试帖诗赋经义而外，一无讲求，又明知其无用，而徒以法令所在，相沿不改，人材消耗，实由于此。

拟请特旨通饬各直省督抚，务必破除成见，设法变更，弃章句小儒之习，求经济匡世之材。应先举省会书院，归并裁改，创立各项学堂，将现在京师总署上海制造局已译各种西学之书，分印颁发；一面仍广译格致新闻，及近年新出西史，延积学之西士，及中国久于西学有成之人，为之教习。尤必朝廷妥定考取章程，垂为令典，务使民间有一种之学，国家即有一途之用，数年以后，民智渐开，然后由省而府而县，递为推广，将大小各书院，一律裁改，开设各项学堂。即民间亦必有自行集资设立者，将见海内人士，喁喁向风，而谓一切工商制造之法，货财之利，水陆之军，不能媲美欧洲，臣不信也。

日本自维新以来，不过一二十年，而国富民强，为泰西所推服，是广兴学校，力行西法之明验。今日中国关键，全系乎此，益人材为国家根本，盛衰之机，互相倚伏，正不得谓功效之迂远也。以上各条或变通旧制，或创行新法，臣愚亦何敢谓言尽属可行，第变通尽利，力求富强之道，舍此不图，更无长策。自来殷忧起圣，多难兴邦，时局转移之机，正在今日，伏愿皇上法五帝三王制作之遗意，敕下部臣疆臣通筹合议，断自宸衷，俯采而施行之，上以固亿万年有道之基，下以慰薄海臣民之望，臣不胜战栗迫切之至，谨恭折具陈，伏乞皇上圣鉴训示施行，谨奏。(《中国近代史资料丛刊·戊戌变法》第二册）

李端棻

请推广学校折

奏为时事多艰，需材孔亟，请推广学校，以励人才而资御侮，恭折仰祈圣鉴事。窃臣闻国于天地，必有与立言，人才之多寡，系国势之强弱也。去岁军事既定，皇上顺穷变通久之议，将新庶政以图自强，恐办理无人，百废莫举，特降明诏，求通达中外能周时用之士，所在咸令表荐，以备擢用。纶綍一下，海内想望，以为豪杰云集，富强立致。然数月以来，应者寥寥；即有一二，或仅束身自好之辈，罕有济难瑰玮之才，于侧席盛杯，未能尽副。夫以中国民众数万万，其为士者十数万，而人才乏绝至于如是，非天之不生才也，教之之道未尽也。

夫二十年来，都中设同文馆，各省立实学馆，广方言馆，水师武备学、自强学堂，皆合中外学术相与讲习，所在皆有，而臣顾谓教之之道未尽，何也？诸馆皆徒习西语西文，而于治国之道，富强之原，一切要书，多未肄及，其未尽一也。格致制造诸学，非终身执业，聚众讲求，不能致精。今除湖北学堂外，其余诸馆，学业不分斋院，生徒不重专门，其未尽二也。诸学或非试验测绘不能精，或非游历察勘不能确，今之诸馆未备图器，未遣游历，则日求之于故纸堆中，终成空谈，无自致用，其未尽三也。利禄之路，不出斯途，俊慧子弟，率从事帖括以取富贵，及既得科第，遂与学绝，终为弃材。今诸馆所教，率自成童以下，苟逾弱冠，即已通籍；虽或向学，欲从末由，其未尽四也。巨厦非一木所能支，横流非独柱所能砥，天下之大，事变之亟，必求多士，始济艰难。今十八行省，只有数馆，每馆生徒只有数十，士之欲学者或以地僻而不能达，或以额外而不能容，即使在馆学徒一人有一人之用，尚于治天下之才万不足一，况于功课不精，成就无几，其未尽五也。

此诸馆所以设立二十余年，而国家不一收奇才异能之用者，惟此之故。曰：然则岩穴之间，好学之士，岂无能自绩学以待驱策者？曰："格致、制造、农商、兵矿诸学，非若考据词章帖括之可以闭户獭祭而得也。书必待翻译而后得读，一人之学能翻群籍乎？业必待测验而后致精，一人之力能购群器乎？学必待游历而后征实，一人之身能履群地乎？此所以虽有一二倜傥有志之士，或学焉而不能成，或成焉而不能大也。

乃者钦奉明诏，设官书局于都畿，领以大臣，以重其事，伏读之下，仰见圣神措虑，洞见本原。臣于局中一切章程，虽未具悉，然知必有良法美意，以宣达圣意、阐扬风化者也。他日奇才异能，由斯而出，不可胜数也。惟育才之法，匪限于一途，作人之风，当遍于率土。臣请推广此意，自京师以及各省府州县皆设学堂；府州县学，选民间俊秀子弟，年十二至二十者入学，其诸生以上欲学者听之。学中课程，通《四书》《通鉴》《小学》等书，而辅之以各国语言文字及算学、天文、地理之粗浅者，万国古史近事之简明者，格致理之平易者，以三年为期。省学选诸生年二十五以下者入学，其举人以上欲学者听之。学中课程诵经史了及国朝掌故诸书，而辅之以天文、舆地、算学、格致、制造、农商、兵矿、时事、交涉等学，以三年为期。京师大学选举贡监年三十以下者入学，其京官愿学者听之。学中课程一如省学，惟益加专精，各执一门，不迁其业，以三年为期。其省学大学所课，门目繁多，可仿宋胡瑗经义治事之例，分斋讲习，等其荣途，一归科第，予以出身，一如常官。如此则人争濯磨，士知向往，风气自开，技能自成，才不可胜用矣。

或疑似此兴作，所费必多，今国家正值患贫，何处筹此巨款？臣查各省及府州县，率有书院，岁调生徒入院肄业，聘师讲授，意美法良，惟奉行既久，积习日深，多课帖括，难育异才。今可令每省每县各改其一院，增广功课，变通章程，以为学堂书院。旧有公款，其有不足，始拨官款补之。因旧增广，则事顺而易行；就近分筹，则需少而易集。惟京师为首善之区，不宜因陋就简，示天下以朴，似当酌动帑藏，以崇体制，每岁得十余万，规模已可大成。中国之大，岂以此十余万为贫富哉？或又疑所立学堂既多，所需教习亦众，窃恐乏人，堪任此职。臣以为事属创始，学者当起于浅近，教者亦无取精深，今宜令中外大吏，各举才任教习之士，悉以名闻，或就地聘延，或考试选补，海内之大，必有可以充其任者。学堂既立，远之得三代庠序之意，近之采西人厂院之长，兴贤教能之道，思过半矣。然勤其记诵而不廓其见闻，非所以造异才也。就学者有日进之功，其不能就学者无讲习之助，非所以广风气也。今推而广之，厥有与学校之益相须而成者，盖数端焉。

一曰设藏书楼也。好学之士，半属寒畯，购书既苦无力，借书又难，其人坐此孤陋寡闻无所成就者不知凡几。高宗纯皇帝知其然也，特于江南设文宗文汇文澜三阁，备庋秘籍，恣人借观。嘉庆间，大学士阮元推广此意，在焦山、灵隐起立书藏，津逮后学，自此以往，江浙文风甲于天下，作人之盛，成效可睹也。泰西诸国颇得此道，都会之地皆有藏书，其尤富者至千万卷，许人入观，成学之众，亦由于此。今请依乾隆故事，更加增广，自京师及十八行省省会，咸设大书楼，调殿板及各官书局所刻书籍，暨同文馆制造局所译西书，按部分送各省以实之。其或有切用之书为民间刻本官局所无者，开列清单，访书价值，徐行购补。其西学书陆续译出者，译局随时咨送。妥定章程，许人入楼看读，由地方公择好学解事之人，经理其事。如此，则向之无书可读者，皆得以自勉于学，无为弃才矣。古今中外有用之书，官书局有刻本者居十之七八，每局酌提部数，分送各省，其费至省，其事至顺，一奉明诏，事即立办，而饷遗学者，增益人才，其益盖非浅鲜也。

二曰创仪器院也。格致实学，咸借试验。无远视之镜，不足言天学，无测绘之仪，不足言地学；不多见矿质，不足言矿学；不习睹汽机，不足言工程之学。其余诸学，率皆类是。然此等新器，所费不资，家即素封，亦难备购，学何从进，业焉能成？今请于所立诸学堂，咸别设一院，购藏仪器，令诸学徒皆就试习，则实事求是，自易专精；各器择要而购，每省拨万金以上，已可粗备，此后陆续添置，渐成大观，则其费尚易措筹，而学徒所成，视昔日纸上空谈，相去远矣。

三曰开译书局也。兵法曰：知己知彼，百战百胜。今与西人交涉，而不能尽知其情伪，此见弱之道也。欲求知彼，首在译书。近年以来，制造局同文馆等处译出、刻成已百余种，可谓知所务也。然所译之书，详于术艺而略于政事，于彼中治国之本末，时局之变迁，言之未尽。至于学校、农政、商务、铁路、邮政诸事，今日所亟宜讲求者，一切章程条理，彼国咸有专书详哉言之。今此等书，悉无译本。又泰西格致新学制造新法，月异岁殊，后来居上。今所已译出者，率十年以前之书，且数亦甚少，未能尽其所长。今请于京师设大译书馆，广集西书之言政治者，论时局者，言学校农商工矿者，及新法新学近年所增者，分类译出，不厌详博，随时刻布，廉值发售，则可以增益见闻，开广才智矣。

四曰广立报馆也。知今而不知古，则为俗士；知古而不知今，则为腐儒。欲博古者，莫若读书，欲通今者。莫若阅报，二者相须而成，缺一不可。泰西每国报馆，多至数百所，每馆每日出报多至数百万张，凡时局政要，商务兵机，新艺奇技，五洲所有事故，靡所不言。阅报之人，上自君后，下自妇孺，皆足不出户而于天下事了然也。故在上者能措办庶务而无壅蔽，在下者能通达政体以待上之用，富强之原，厥由于是。今中国邸钞之外，其报馆仅有上海、汉口、广州、香港十余所，主笔之人，不学无术，所言率皆浅陋，不足省览。总署海关近译西报，然所译甚少，又未经印行，外间末由得见。今请于京师及各省会，并通商口岸，繁盛镇埠，咸立大报馆，择购西报之尤善者分而译之。译成除恭缮进呈御览，并咨送京外大小衙门之外，即广印廉售，布之海内。其各省政俗土宜，亦由各馆派人查验，随时报闻，则识时之俊日多，干国之才日出矣。

五曰选派游历也。学徒既受学数年，考试及格者，当选高才以充游历。游历之道有二：一游历各国，肄业于彼之学校，纵览乎彼之工厂，精益求精，以期大成。一游历各省，察验矿质，钩核商务，测绘舆地，查阅物宜，皆限以年期，厚给薪俸，随时著书，归呈有司，察其切实有用者，为之刊布，优加奖励。其游惰而无状者，官则立予降黜，士则夺其出身。数年之后，则辎轩绝域之士，斐然成章，郡国利病之书，备哉灿烂矣。或疑近年两次所派游历学生，未收大效。不知前者所派游历，乃职官而非学童，在中国既未经讲求，至外洋亦未尝受学，故事涉空衍，寡有所成。其所派学生，又血气未定，读中国书太少，遽游历绝域，易染洋风，虽薄有技能，亦不适于用，今若由学堂选充，两弊俱免，其所成就，必非前此之所能例也。

夫既有官书局大学堂以为之经，复有此五者以为之纬，则中人以上，比可自励于学，而奇才异能之士，其所成就益远且大。十年以后，贤俊盈廷，不可胜用矣。以修内政，何政不举？以雪旧耻，何耻不除？上以恢列圣之远猷，下以慑强邻之狡启，道未有急于是者。若仰蒙采择，乞饬下中外大臣妥议章程，遵旨施行。臣愚一得之见，是否有当？伏乞皇上圣鉴训示。谨奏。(《中国近代史资料丛刊·戊戌变法》第二册)

胡聘之、钱骏祥

请变通书院章程折

奏为时事多艰，需才孔亟，拟请变通书院章程，并课天算格致等学，以裨实用，恭折仰祈圣鉴事。伏查上年钦奉谕旨："自来求治之道，必当因时制宜，况当国事艰难，尤宜上下一心，图自强而弭隐患。朕宵旰忧勤，惩前毖后，惟以蠲除痼习，力行实政为先，叠据中外臣工，条陈时务，详加披览，采择施行，着各直省将军督抚各就本省悉心筹画，酌度办法。"等因钦此。

遵查升任顺天府府尹胡燏棻等条奏内，如练兵筹饷诸大端，皆为当今急务，应由臣酌核情形，次第奏明办理。惟裁改书院一事，关系人才之消长，学术之纯疵，不可不熟筹审议。夫国家书院之设，固欲多方造就，广育人才，以备任使。自教失其道，名存实亡，合天下书院，养士无虑数万人，而朝廷不免乏才之叹，从而议裁议改，畴曰不宜。然苟不探其本，眩于新法，标以西学之名，督以西士之教，势必举中国圣人数千年递传之道术而尽弃之，变本加厉。流弊何所底止。

臣观西学所以擅长者，特精于天算、格致，其学固中国所自有也。考《周礼》宾兴贤教习国子，皆于德行而外，次以六艺。孔门七十二子，史特以身通六艺表之。数者，六艺之一也。汉魏以降，代有专家，至宋胡瑗教士，其治事一斋，亦以算数分科，是中土教法，本自赅备无遗。且凡西士递创新法，动谓中土所未闻者，如地圆、地行、地转之说，《大戴礼》《尚书》《考灵曜》，及《张子正蒙》，皆言之凿凿。光学、重学，《墨子》"经上"、"经下"篇，奥旨可寻，并在西人未悟其理以前。即就算术言，西法之借根，远逊中法之天元，后乃变为代数。若宋秦九韶正员开方，元朱世杰《四元玉鉴》，西法终莫能逾。对数为法绝诣，然推算极繁，自李善兰著《对数探源》，省算不啻百倍，突过西人。可见同此一理，只在善用其心，不必尽弃所学。

方今外患迭起，创巨痛深，固宜有穷变通久之方，以因时而立政，但能不悖于正道，无妨兼取乎新法。顾深诋新学者，既滞于通今，未能一发其扃钥；过尊西学者，又轻于蔑古，不惮自决其藩篱，欲救二者之偏失，则惟有善变书院之法而已。

查近日书院之弊，或空谈讲学，或溺志词章，既皆无裨实用，其下者专摹帖括，注意膏奖，志趣卑陋，安望有所成就。宜将原设之额，大加裁汰，每月诗文等课，酌量并减，然后综核经费，更定章程，延硕学通儒，为之教授。研究经义，以穷其理，博综史事，以观其变。由是参考时务，兼习算学，凡天文、地舆、农务、兵事，与夫一切有用之学，统归格致之中，分门探讨，务臻其奥。此外水师、武备、船炮、器械，及工技制造等类，尽可另立学堂，交资互益，以儒学书院会众理以挈其纲维，而以各项学堂操众事以效其职业，必贯通有所宰属，然后本末不嫌于倒置，体用不至于乖违。

臣前在藩司署巡抚任内，察看士风朴质，类能好学深思，曾就省城令德书院，勖其专治实学，兼习算数。因院长已革，御史屠仁守尝受学于同文馆总教习李善兰，于天算、格致颇能通晓，爰属其并教诸生，俾识途径。臣此次到任后，调阅算学课卷，所有三角、测量、代数、几何诸题，多能精核，相继来学者，人数亦增。惟未尝议定章程，另筹膏火经费，博收广厉，其道无由。

今幸明奉谕旨，颁发条陈，整顿书院，诚为陶铸人才之大机。臣等与学臣钱骏祥再四筹商，拟就令德书院，另订条规，添设算学等课，择院生能学者，按名注籍，优给膏奖，省外各府属，如有可造之士，由臣与学臣随同甄录调院。并于天津、上海，广购译刻天算格致诸书，俾资讲求，其一切费用，即于各书院汰额减课项下，量为挹注，或有不敷，由臣等设法捐筹，不另开销公帑，庶经费省而事易集，课程立而人知奋。遇有材能超越、新法明通、兼达时务者，不拘年限，由臣咨送总理衙门考试，以备器使。

此外学者有心得、算法通晓者，准令分教外府属各书院，递相传习，借资鼓舞，如此变通办理，自可收实效而祛流弊。拟请旨饬下各省督抚，于现在所有书院，详议推行，不惟其名惟其实，不务其侈务其精，收礼失求野之近效，峻用夷变夏之大防，学术愈纯，人才日众，庶几自强之道，无在外求矣。臣愚昧之见，是否有当，谨会同山西学政臣钱骏祥，恭折具陈，伏乞皇上圣鉴训示，谨奏。（《中国近代史资料丛刊·戊戌变法》第二册）

严　修

奏请设经济专科折

奏为时政维新，需才日亟，请破常格，迅设专科，以表会归而收实用，恭折仰祈圣鉴事。窃近日内外臣工，屡以变通书院添设学堂为请，均已上邀俞允，次第施行，钦仰圣明，天纲行健，本育才兴学之意，为穷变通久之谋，此诚更化之始基，自强之要义也。而臣窃反复推详，犹以为道未有尽，何义？书院学堂，所以教之者至矣，然以二十余行省之大，四百兆人民之众，其在书院学堂内者，未必所教皆属异才，其在书院学堂外者，未必散居遂无英俊，既多方以成就后学，尤必使有志之士，翕然奋兴，此非迅设专科，布告海内，恐终无以整齐鼓舞而妙裁成也。

前岁军事甫定，皇上诏中外举人材矣。两年以来，保荐几人，录用几人，臣固无从悬揣，但既无期限，又无责成，设稍存观望之心，即难免遗贤之虑，而且擢用者未及遍晓，则风气仍多未开也；去取者未一章程，则才俊不免沦散也。为今之计，非有旷出非常之特举，不能奔走乎群才，非有家喻户晓之新章，不能作兴乎士气。伏查康熙乾隆年间，两举鸿词，一举经学，得人之盛，旷代所希，恩遇之隆，亦从来未有。彼时晏安无事，犹能破常格以搜才，岂今日求治方殷，不能设新科以劝士？臣愚以为仿词科之例而变通之，而益推广之，谨就管见所及，敬陈数端，以备圣明采择：

一、新科宜设专名也。词科之目，稽古为荣，而目前所需，则尤以变今为切要。或周知天下郡国利病，或熟谙中外交涉事件，或算学律学，擅绝专门，或格致制造，能创新法，或堪游历之选，或工测绘之长，统立经济之专名，以别旧时之科举。标准一立，趋向自专，庶几百才绝艺，咸入彀中，得一人即获一人之用。

一、去取无限额数也。以今要政，在在需人。若果与试多才，虽十拔其五，亦不为过，即或中程者少，亦请十拔其一，以树风声。前者特达，则后者兴起。至于考试年限，或以一二年为期，参酌春秋闱之例，昭示大信，永定章程，庶几天下争自濯磨，而人才将不可胜用矣。

一、考试仍凭保送也。不立科目，人终以非正途为嫌。然使但凭考试，不由荐举，恐滥竽幸进，复蹈前辙，前此科举之弊。词科之例，所为法良意美也，应请饬下京官四品以上，外官三品以上，与夫各省学臣，各举所知。无限人数，无限疆域，凡所保送，悉填注姓名籍贯，已仕未仕，并其人何所专长，按照道里远近，酌定期限，咨送总理衙门，请旨定期考试。本爵人与共之义，兼考言询事之谋。如是则人无幸心，而真才可以立见。

一、保送宜严责成也。天下之大，何时无才，若非膜视时难，自必留心搜访。凡应保送之大员，或以无才可荐为词，即非蔽贤，亦属尸位，应请严旨惩处，以戒泄沓。如有保着拔十得五，或人数虽少，而实系出类拔萃者，则荐贤上赏，自有明征，应请恩旨优予奖叙，以励其余。庶内外诸臣，皆知留意人才，不敢因循诿谢。

一、录用无拘资格也。词科之例，不以已仕未仕而拘，故布衣而授检讨，知县而擢编修，道员而迁翰林院侍读，其后典试衡文，概与进士出身者同例，有非常之才，即有不次之擢，理固然也。今请参考成案，而略为变通，凡京官自五品以下，外官自四品以下，与夫举贡生监布衣，均准保送与试。试取优等，已仕者授翰林院侍读至编修，未仕者授检讨庶吉士；次之授部属同通，或充出使参赞随员，或充总署章京，或发往海疆省分差遣；又次之给以五六品顶戴，令赴各省充当教习，或充各学堂领班学生，数年学如有成，仍归下届考试；其最下者黜之。凡录用由于此科，皆比于正途出身，不得畸轻畸重，如是则人无歧虑，而才自蔚然而兴矣。

一、赴试宜筹公费也。寒士或艰于资斧，边省或惮于跋涉，体恤不至，则难免向隅。应请酌分道里，参仿举人入京会试之例，量给公车之费；如在遥远省份，可否仰恳天恩，俯准给予火牌，驰驿北上，出自逾格鸿慈。以上数端，微臣一得之愚，不敢自谓详备。如蒙俞允，请饬下部臣，逐加核议，请旨施行，似于大局不无裨益。

抑臣更有请者，本年安徽抚臣邓华熙，筹议添设学堂折内，请四年后，取若干名作为生员，部议以为有妨学额，然则如臣此议，岂不更妨科举？而臣以为是虑之过也，以为无益，则不如其已，以为有益，岂其处今时势，犹患才多！方今庠序如林，甲科相望，士如是其众也，然而中外大臣，犹朝夕议储才者，岂非已知其不足恃，将欲更张，尚无善法乎？今不以为旧日之士习，无补时用，转虑夫新学之位置，有妨旧额，似于目前求材之本意，未能符合。且臣请比类而证之。往者粤逆之乱，绿营兵额遍天下也，以为不可用，则从事于招募。湘淮江楚之问，其自名一军者，至不可胜纪。彼时固无暇裁改绿营，亦不闻阻止招募，谓其有妨者，势处其穷，不得不变而出此也。今人材雕乏，患伏无形，而科举既未能骤变，学额中额，又未能遽裁，暂为并行不悖之谋，徐思整齐画一之法，以为权宜则有之矣，臣愚诚不见其犹有妨也。伏冀皇上奋独断之明，早定宸谟，以宏大业，天下幸甚！微臣愚昧之见，是否有当？伏乞皇上圣鉴训示。谨奏。（《中国近代史资料丛刊·戊戌变法》第二册）

张之洞

妥议科举新章折

窃臣前准部咨，光绪二十四年正月二十六日钦奉上谕，开经济特科，令中外大臣荐举考试。近日恭读邸钞，四月二十三日钦奉上谕，殷殷以变法自强，京外设立学堂为急。又读邸钞，五月初五日钦奉上谕："于下科为始，乡会岁科各试向用四书文字者，一律改试策论，一切详细章程，该部即妥议具奏等因。钦此。"际此时事艰危，人才匮乏，屡颁明诏，破除成格，力惩谫陋空疏之习，思得体用兼备、通达时务之士而任之，海内士民见我皇上处事之明决如此，求才之急切如此，孰不钦仰奋感。

窃惟救时必自求人才始，求才必自变科举始。四书五经，道大义精，炳如日月，讲明五伦，范围万世，圣教之所以为圣，中华之所以为中，实在于此。历代帝王经天纬地之大政，宅中驭外之远略，莫不由之。国家之以四书文五经文取士，大中至正，无可议者也。乃流失相沿，主司不善奉行，士林习为庸陋，不能佐国家经时济变之用，于是八股文字遂为人所诟病。今圣上断然罢去八股不用，固已足振动天下之耳目，激发天下之才智。特是科举一事，天下学术所系，即为国家治本所关，若一切考试节目未能详酌妥善，则恐未必能遽收实效，而流弊亦不可不防。

尝考北宋初创为经义取士之法，体裁只如讲义文笔，亦尚近雅，明成化时始定为八股之式，行之已五百年，文徇俗而愈卑，流积久而愈敝，虽设有二场经文、三场策问，而主司简率自便，惟重头场时文，二、三场字句无疵，即已中式，遂有三场实止一场之弊。今改用策论，诚足以破拘挛陈腐之习矣。然文章之体不正，命题之例不严，则国家垂教之旨不显，取士之格不一，多士之趋向不定。今废时文者，恶八股之纤巧苛琐浮滥，不能阐发圣贤之义理也，非废四书五经也。若不为定式，恐策论发题或杂采群经字句，或兼采经史他书，界限过宽则为文者必至漫无遵守，徒骋词华，行之日久，必至不读四书五经原文，背道忘本。此则圣教兴废、中华安危之关，非细故也。

　　窃以为今日当详议者约有数端：一曰正名。正其名曰四书义、五经义，以示复古，其格大略如讲义经论经说；二曰定题。四书义出四书原文，五经义出五经原文，或全章、或数章、或全节、或数节、或一句、或数句均可，不得删改增减一字，亦不得用其意而改其词；三曰正体。以朴实说理明白晓畅为贵，不得涂泽浮艳作骈俪体，亦不得钩章棘句作怪涩体；四曰征实。准其引征史事，博考群书，但非违悖经旨之言，皆可引用。凡时文向来无谓禁忌悉予蠲除；五曰闲邪。若周秦诸子之谬论，释老二氏之妄谈，异域之方言，报馆之琐语，凡一切离经叛道之言，严加屏黜，不准阑入。则八股之格式虽变，而衡文之宗旨仍与清真雅正之圣训相符。

　　顾犹有虑者。文士之能讲实学、治古文者不多。改章之始，恐仅能稍变八股面目，不免以时文陈言滥调敷衍成篇。若主司仍以头场为重，则二、三场虽有博通之士，仍然见遗，与变法之本意尚未相符。若主司厌其空疏陈腐，趋重二、三场，则首场又同虚设，其诡诞浮薄骛趋风气者，或又将邪诐之说解释四书五经，附会圣道，必致离经叛道，心术不端之士杂然并进，四书五经本意全失，圣道既微，世运愈否，其始则为惑世诬民之谈，其终必有犯上作乱之事，其流弊尤多，为祸尤烈。且明旨开特科、立学堂，而学堂肄业有成之士，未尝示以进身之阶，经济虽并入乡会场，而未议及六科如何分考之法。若非合科举、经济、学堂为一事，则以科目升者偏重于词章，仍无以救迂陋无用之弊；以他途进者，自外于圣道，适足以为邪说暴行之阶。今宜筹一体用一贯之法，求才不厌其多门，而学术仍归于一是，方为中正而无弊。

昔朱子当南宋国势微弱之际，愤神州之多难，惧救世之无才，屡欲改变科举，尝考《语类》中力诋时文之弊者，不一而足，而究其救科举积弊之法，则曰更须兼他科目取人。欧阳修知谏院时，恶当时举人鄙恶剽盗、全不晓事之弊，尝疏请改为三场分试、随场而去之法，每场皆有去留，头场策合式者试二场，二场论合式者试三场，其大要曰鄙恶乖诞以渐先去，少而易考不至劳昏，全不晓事之人无由而进。其说颇切于今日之情事。朱子之拟兼他科目，犹今之特科经济六门也；欧阳修之欲以策论救诗赋，犹今之欲以中西经济救时文也。

又查今日定例，武科乡会小试、骑射、步射、硬弓、刀石，分为三场，皆有去取，人数递删而递少，技艺递考而递精，而磨勘之例，尤以末场弓力为重。窃谓宜远师朱、欧之论，近仿武科之制，拟为先博后约、随场去取之法，将三场先后之序互易之，而又层递取之，大率如府县考覆试之法，第一场试以中国史事、国朝政治论五道，此为中学经济，假如一省中额八十名者，头场取八百名；额四十名者，头场取四百名，大率十倍中额，即先发榜一次，不取者罢归，取者始准试第二场。二场试以时务策五道，专问五洲各国之政、专门之艺。政如各国地理、学校、财赋、兵制、商务、刑律等类；艺如格致、制造、声光化电等类。分门发题考试，此为西学经济，其虽解西法而支离狂悖、显背圣教者斥不取。中额八十名者，二场取二百四十名；额四十名者，取一百二十名，大率三倍中额。再发榜一次，不取者罢归，取者始准试。第三场试四书义两篇，五经义一篇，取其学通而不杂、理纯而不腐者。合校三场均优者始中式，发榜如额。磨勘之日，于三场尤须从严，如有四书义、五经义理解谬妄、离经叛道者，士子、考官均行黜革。如是，则取入二场者必其博涉古今、明习内政者也，然恐其明于治内而暗于治外，于是更以西政、西艺考之。其取入三场者必其通达时务、研求新学者也，然又恐其学虽博、才虽通，而理解未纯，趋向未正，于是更以四书义、五经义考之。其三场可观而中式者，必其宗法圣贤、见理纯正者也。

大抵首场先取博学，二场于博学中求通才，三场于通才中求纯正，先博后约，先粗后精，既无迂暗庸陋之才，亦无偏驳狂妄之弊，三场各有取义，以前两场中西经济补益之，而以终场四书义、五经义范围之，较之或偏重首场，或偏重二、三场，所得多矣。且分场发榜，则下第者先归，二、三场卷数愈少，校阅亦易，寒士无候榜久羁之苦，誊录无卷多错误之弊，主司无竭蹶草率之虞：一举三善，人才必多，而着重尤在末场，犹之府、县试皆凭末覆以定去取，不愈见四书五经之重哉！

其学政岁科两考生童，均可以例推之。岁科考例先试经古一场，即专以史论、时务策两门发题，生员岁考正场，原系一四书文、一经文，即改为四书义、经义各一。生员科考、童生考试一切均同。其童试孝经论性理论应仍其旧。难者或曰：主司罕通新学，将如之何？不知应试则难，试官则易。近年上海译编中外政学，艺学之书不下数十种，切实者亦尚不少，闱中例准调书，据书考校，似不足以窘考官，且房官中通晓时务者尚多，总裁主考惟司覆阅，尤非难事。至外省主考学政年力多强，谕旨既下，以三年之功讲求实务，岂不足以为衡文量才之资乎？惟是变法之初，兼习未久，其研求时务者岂能遽造深通？是宜于甄录之时，稍宽其格，以示骏骨招贤之意，两科以后，通才硕学自必蔚然可观。且登科入仕者渐多，则京外考官、房官自不可胜用矣。

抑臣等之愚，更有请者。百年以来，试场兼重诗赋小楷，京官之用小楷者尤多。士人多逾中年始成进士，甫脱八股之厄，又受小楷之困，以至通籍二十年之侍从、年逾六旬之京堂，各种考试仍然不免。其所谓小楷者，亦不合古人书法，姿媚俗书，贻讥算子，挑剔破体，察及秋毫。且同一红格大卷，而殿试、散馆、优拔贡、朝考字体之大小不同；同一白折，而朝考、大考、考差御史各项字格之疏密不同。纷歧烦扰，各有短长，诏令并无明文，而朝野沿为痼习，故大学士曾国藩奏疏尝剀切言之。夫八股犹可觇理解之浅深，诗赋则多文而少理；诗赋犹可以见文词之雅俗，小楷则有艺而无文，其损志气、耗目力、废学问，较之八股、诗赋殆有甚焉。由是士气消磨，光阴虚掷，举天下登科入仕之人才归于疏陋软熟，以至今日遂无以纾国家之急。今既罢去时文，则京官考试诗赋小楷举之，亦望圣明奋然厘定，一并扫除。

查乡、会试之外，惟殿试一场典礼至重，自不可废。然临轩发策，登进贤良，自宜求得正谊明道如董仲舒、直言极谏如刘蕡者而用之，断不宜以小楷为去取。一经殿试，即可据为授职之等差，以昭郑重。朝考似可从省。

及通籍以后，无论翰苑、部堂，一应职官，皆以讲求实学实政为主，凡考试文艺小楷之事，断断必宜停免，惟当考其职业以为进退，则已仕之人才，不致以雕虫小技困之于老死，俾得汲汲讲求强国御侮之方，此则尤切于任官修政之急务者也。至于词章书法润色鸿业，乃馆阁撰述应奉文字所必需，自亦不可尽废。如朝廷需用此项人员之时，特颁谕旨，偶一行之，不为常例，略如考试南书房、考试中书故事，严则止及翰、詹，宽则无论翰、詹、部署、小京官皆可与考，视其原有阶品，分别授官，应侯请旨裁定，与三年会试、殿试取士之通例各不相涉，庶几文学、政事两不相妨矣。

难者又曰：本朝名臣出于科举翰林者多矣，安见时文、诗赋、小楷之无益？不知登进贵显限于一途，固不能使贤才必出其中，抑岂能使贤才必不出其中？此乃偶然相值，非时文、诗赋、小楷之果足以得人也，且诸名臣之学识、阅历，率皆自通籍任事以后始能大进，然则中年以前，神智精力消磨于考试者不少矣。假使主文者不专以时文、诗赋、小楷为去取，所得名臣不更多乎？窃谓如此办法，博之以经济，约之以道德，学堂有登进之路，科目无无用之人，时务无悖道之患，似此切实易行，流弊亦少。此举为造就人才之枢纽，而即为维持人心世道之本原。臣等忧虑所及。不敢不效其一得之愚。事体重大，伏望饬下廷臣会议施行，不胜惶悚激切之至。

上谕："张之洞、陈宝箴奏请饬《妥议科举新章并酌改考试诗赋小楷之法》一折，乡、会试改试策论，前据礼部详拟分场命题各章程，已依议行。兹据该督等奏称：'宜合科举、经济、学堂为一事，求才不厌多门，而学术仍归一是，拟为先博后约、随场去取之法，将三场先后之序互易。'等语。朕详加披阅，所奏各节剀切周详，颇中肯綮，着照所拟，乡、会试仍定为三场，第一场试中国史事、国朝政治论五道，第二场试时务策五道，专问五洲各国之政、专门之艺，第三场试四书义两篇、五经义一篇。首场按中额十倍录取，二场三倍录取，取者始准试次场，每场发榜一次，三场完毕，如额取中。其学政岁科两考生童亦以此例推之，先试经古一场，专以史论、时务策命题，正场试以四书义、经义各一篇，礼部即通行各省一体遵照。朝廷于科举一事斟酌至再，不厌求详，典试诸臣务当仰体此意，精心衡校，以期遴选真才。至词章、楷法，虽馆阁撰拟应奉文字，未可尽废，如需用此项人员，自当先期特降谕旨考试，偶一举行，不为常例。嗣后一切考试，均以讲求实学、实政为主，不得凭楷法之优劣为高下，以励硕学而黜浮华。其未尽事宜，仍着该部随时妥酌具奏。钦此。"（《张文襄公全集》奏议卷四十八）

陈宝箴

设立时务、武备学堂请拨常年经费折（光绪二十三年十二月十八日）

头品顶戴湖南巡抚臣陈宝箴跪奏，为遵旨设立学堂，请拨常年经费，以资办理而培实学，恭折仰祈圣鉴事：

窃臣于光绪二十二年准礼部咨山西抚臣胡聘之《奏请变通书院章程》一折，承准总理衙门咨《议复刑部左侍郎李端棻奏请推广学校》一折，本年三月又承准总理衙门咨《议复安徽巡抚邓华熙奏筹议添设学堂请拨常年经费》一折，均奉旨依议，咨饬通行。仰见我皇上奖励实学、培养人才之至意，钦感莫名。

自咸丰以来，削平寇乱，名臣儒将，多出于湘。其民气之勇、士节之盛，实甲于天下，而恃其忠肝义胆，敌王所忾，不愿师他人之长、与异族为伍，其义愤激烈之气、鄙夷不屑之心，亦以湘人为最。近年闻见渐拓，风气日开，颇以讲求实学为当务之急。臣自到任，迭与湘省绅士互商提倡振兴之法，电信渐次安设，小轮亦已举行，而绅士中复有联合公司以机器制造者，士民习见，不以为非。臣以为因势利导，宜及此时因材而造就之，当于本年秋冬之间，与绅士筹商，在省会设立时务学堂，讲授经史、掌故、公法，有格致、测算等实学。额设学生一百二十人，分次考选，而延聘学兼中西品端识卓之举人梁启超、候选州判李维格，为中学、西学总教习，另设分教习四人。现已开学数月，一切规模均已粗具。省城旧有求贤书院，现拟改为武备学堂，略仿天津、湖北新设规制，以备将才而肄武事。

伏查邓华熙原奏，请于各省正款内，每年拨银一万两，以充费用。湖北武备学堂，亦经奏准动用公款。今湘省设立时务学堂、武备学堂，事同一律，拟请援照每年于正款项下拨银一万二千两，酌充两处常年经费。自光绪二十四年为始，由臣在藩库、粮库、厘金局三处筹措分拨。其京、协饷及一切应解各款，仍照解不误。总计两处学堂，每岁经费约需二万数千金，除指拨正款外，所有不敷之项及建造学堂房舍之资，即由臣督率绅士，另行设法筹措，就地支给，以期有成。

所有遵旨设立学堂，请拨常年经费各缘由，理合会同湖广总督臣张之洞恭折具陈，伏乞皇上圣鉴训示。谨奏。

朱批："户部知道。"（《知新报》第五十二册，1898 年 5 月 11 日）

黄遵宪

南学会第一、二次讲义（光绪二十四年二月十九日）

诸君，诸君！何以谓之人？人飞不如禽，走不如兽，而世界以人为贵，则以禽兽不能群，而人能合人之力以为力，以制伏禽兽也。故人必能群，而后能为人。何以谓之国？分之为一省一郡，又分之为一邑一乡，而世界之国只以数十计，则以郡邑不足以集事，必合众郡邑以为国，故国以合而后能为国。

自周以前，国不一国，要之可名为封建之世。封建之世，世爵，世禄，世官，即至愚不道，如所谓生于深宫之中，长于妇人之手，骄淫昏昧，至于不辨菽麦，亦靦然肆于民上，而举国受治焉。此宜其倾覆矣。而或传祀六百，传年八百，其大夫、士之与国同休戚者，无论矣；而农以耕稼世其官，工执艺事以谏其上，一商人耳，亦与国盟约，强邻出师，犒以乘韦而伐其谋。大国之卿，求一玉环而吝弗与。其上下亲爱，相维相系乃如此，此其故何也？盖国有大政，必谋及卿士谋及庶人，而国人曰贤，国人曰杀，一刑一赏，亦与众共之也。故封建之世，其传国极私，而政体乃极公也。

自秦以后，国不一国，要之，可名为郡县之世。郡县之世，设官以治民。虑其不学也，先之以学校；虑其不才也，继之以科举；虑其不能也，于是有选法；虑其不法与不肖也，于是有处分之法，有大计之法。求官以治民，亦可谓至周至密，至纤至悉矣。然而，彼入坐堂皇、出则呵道者，吾民之疾病祸难、困苦颠连，问其所以，瞠目不能答也。即官之昏明贤否、勤惰清浊，询之于民，民亦不能知也。沟而分之，界而判之，曰此官事，此民事，积日既久，官与民无一相信，浸假而相怨相谤，相疑相诽，遂使离心离德，壅蔽否塞，泛泛然若不系之舟，听民之自生自杀，自教自养，官若不相与者。而不贤者复舞文以弄法，乘权以肆虐，以民为鱼肉，以己为刀砧。至于晚明，有破家县令之称，民反以官为扰，而乐于无官。此其故何也？官之权独揽，官之势独尊也。凡上下相交之政，如所谓亭长、三老、啬夫、里老、粮长，近于乡官者，皆无有也。举一府一县数十万人之命委之于二三官长之手，曰是则是，曰非则非；而此二三官长又委之幕友、书吏、家丁、差役之手而卧治焉，而画诺坐啸焉，国乌得而治！故郡县之世，其设官甚公，而政体则甚私也。

诸君，诸君！诸君多有读《二十四史》者，名相良将，能吏功臣，可谓繁夥矣。惟读至《循吏传》，则不过半卷耳，数十篇耳，二三十人耳。无地无官，无时无官。汉、唐、宋、明，每朝数百年，所谓循吏者只有此数。岂人性殊哉？抑人材不古若欤？尝考其故，一则不相习也。本地之人不得为本地之官，自汉既有三互之法，如今之回避，至明而有南北互选之法，赴任之官，动数千里，土风不谙，山川不习，一切俗禁，茫然昧然。余尝见一广东粮道，询其惯否，彼谓饮食衣服均不相同，嗜欲不通，言语不达，出都以后，天地异色，妻奴僮仆日夕怨叹，惟愿北归。以如此之人而求其治民能乎不能？此不相习之弊也。一则不久任之弊也。今制以三年为一任，道府以下不离本省。是朝廷固知不久任之弊矣。然而州县各官员多缺少，朝令附郭，夕治边地，或升或迁，或调或降，或调剂，或署理，或代理，或兼摄，甫知其利，甫知其弊，尚欲有所作为而舍此而他去矣。而贤长官，量其时之无几，力之所不能，亦遂敛手退缩而不敢动；又况筑台者一篑而九仞，移山者由子而逮孙，凡大政事、大兴革，均非一朝一夕之所能为，虑其半途而废也，中道而止也，前功之尽弃也，则亦惟置之度外，弃之不顾耳。明之循吏，首推况钟，其治苏州凡十九年，闻辕门鼓乐嫁女，乃曰："吾来此时，此女甫乳哺耳。"惟久于其任，乃以循吏称。今安得有十九年之知府耶！诸君诚思之，不相习，与宴会时之生客何异？不久任，与逆旅中之过客何异？然而皆尊之为官矣！

嗟夫，嗟夫！余粤人也，粤处边地，谚有之曰：天高帝远，皆不知有朝廷，只知有官长耳；亦不知官长为谁何？何名字？但见入座堂皇、出则呵道者，则骇而避之，曰："官！官！"举吾民之身家性命，田园庐墓尽交给于其手，而受治焉。譬之家有家长，子孙数十人，家长能食我，衣我，妻室我，田宅我，为子弟者，将一切惰废，万事不治，尽仰给于家长耶？抑将进德修业以自期成立耶？诸君，诸君！此不烦言而决，不如子弟之自期成立明矣。委之于家长犹且不可，乃举吾之身家性命、田园庐墓委之于宴会之生客、逆旅之过客而名之为官者，则乌乎其可哉！然则如之何而后可？所求于诸君者，自治其身、自治其乡而已矣。某利当兴，某弊当革，学校当变，水利当筹，商务当兴，农事当修，工业当劝，捕盗当讲求，以闹教滋祸者为家难，以会匪结盟者为己忧，先事而经画，临事而绸缪，此皆诸君之事。孟子有言："匹夫匹妇，不被其泽。若己推而纳之沟中。"况吾同乡共井之人，而不思援手耶？范文正做秀才时，便以天下为己任，况一乡一邑之事，而可诿其责耶？顾亭林言：风教之事，匹夫与有责焉。曾文正公论才，亦以风俗为士夫之责。愿与诸君子共勉之而已。

诸君，诸君！能任此事，则官民上下，同心同德，以联合之力，收群谋之益。生于其乡，无不相习，不久任之患，得封建世家之利，而去郡县专政之弊，由一府一县推之一省，由一省推之天下，可以追共和之郅治，臻大同之盛轨。

余之言略尽于此，而尚有极切要之语为诸君告者：余今日讲义，誉之者曰："启民智"；毁之者曰："侵官权"，欲断其得失，一言以蔽之曰：公与私而已。诸君能以公理求公益，则余此言不为无功；若以私心求私利，彼擅权恃势之官，必且以余为口实，责余为罪魁。乞诸君共鉴之，愿诸共勉之而已。诸君，诸君！听者，听者！（《湘报》第五号，1898 年 3 月 11 日）

薛福成

日本国志序

东方诸国，足以自立、足以有为者，惟中国与日本而已。日本创国周秦之间，通使于汉，修贡于魏，而宾服于唐最久亦最亲。当唐盛时，日本虽自帝其国，然事大之礼益虔，喁喁向风，常选子弟入学，观摩取法，用能沾濡中国前圣人之化；人才文物，盖彬彬焉，与高丽、新罗、百济诸国殊矣。唐季衰乱，日本聘使始绝，内变既作。驯至判为南北，裂为群侯，豪俊麇沸云扰，其迭起而执魁柄者，则有平氏、源氏、北条氏、足利氏、织田氏、丰臣氏、德川氏。七八百年之间，国主高拱于上，强臣擅命于下，凡所谓国政民风、邦制朝章，往往与时变迁，纷纭糅杂，莫可究诘。中国自元祖误用降将，；黩武丧师。有明中叶，内政不修，奸民冒倭人旗帜，群起为寇，遂使日本益藐视中国，颉颃独居东海中，芒不知华夏广远。一二袅桀者流，辄欲凭陵我藩服，崎嵚我疆圉，憪然自大，甚骜无道。中国拒之，亦务如坊制水，如垣御风，勿使稍有侵漏。由是两国虽同在一洲，情谊乖违，音问隔绝。近世作者如松龛徐氏、默深魏氏，于西洋绝远之国，尚能志其崖略，独于日本，考证阙如。或稍述之，而恍惚疏阔，竟不能稽其世系疆域，犹似古之所谓三神山者之可望不可至也。

咸丰、同治以来，日本迫于外患，廓然更张，废群侯，尊一主，斥霸府，联邦交，百务并修，气象一新，慕效西法，罔遗余力。虽其改正朔、易服色，不免为天下讥笑；然富强之机，转移颇捷，循是不辍，当具可与西国争衡之势。其创制立法，亦颇炳焉可观。且与中国缔交遣使，睦谊渐敦，旧嫌尽释矣。自今以后，或因同壤而世为仇雠，有吴越相倾之势；或因同盟而互为唇齿，有吴蜀相援之形。时变递嬗，迁流靡定，惟势所适，未敢悬揣。然使稽其制而阙焉弗详，觇其政而瞢然罔省，此究心时务阅览劬学之士所深耻也。

嘉应黄遵宪公度，以著作才，屡佐东西洋使职。光绪初年为出使日本参赞，始创《日本国志》一书，未卒业，适他调；旋谢事，闭门赓续成之。

采书至二百余种，费日力至八九年，为类十二，为卷四十，都五十余万言。

岁甲午，余葳英法使事，将东归，公度邮致其稿巴黎，属为之序，且曰：“方今研使力而又谙外国情势者，无逾先生，愿得一言以自壮。”余浏览一周，喟曰：此奇作也，数百年来鲜有为之者。自古史才难而作志尤难，盖贯穿始末，鉴别去取，非可率尔为也。而况中东睽隔已久，纂辑于通使方始之际乎？公度可谓闳览劬学之士矣。速竣剞劂，以饷同志，不亦盛乎？他日者家置一编，验日本之兴衰，以卜公度之言之当否可也。

光绪二十年春三月

钦差大臣出使英法义比四国二品顶戴都察院左副都御史薛福成（《日本国志》）

日本国志叙

《周礼》小行人之职，使适四方，以其万民之利害为一书，礼俗政事教治刑禁之顺逆为一书，以反命于王。其《春官》之外史氏，则掌四方之志。郑氏曰：“谓若晋之《乘》、楚之《梼杌》是也。”古昔盛时，已遣辀轩使者于四方，采其歌谣，询其风俗。又命小行人编之为书，俾外史氏掌之，所以重邦交、考国俗者，若此其周详郑重也。自封建废而为郡县，中国归于一统，不复修遣使列邦之礼，若汉之匈奴，唐之回纥，国有大事，间一遣使；若南北朝，若辽、宋、金、元，虽岁时通好，亦不过一聘问，一宴飨而已。

道咸以来，海禁大开，举从古绝域不通之国，皆鳞集麇聚，重译而至。泰西通例，各遣国使互驻都会，以固邻好，而觇国政。内外大臣迭援是以为请，朝廷因遣使巡视诸国，至今上光绪元、二年间，遂有遣使驻扎之举。丙子之秋，翰林侍讲何公实膺出使日本大臣之任，奏以遵宪充参赞官。窃伏自念今之参赞官即古之小行人、外史氏之职也。使者捧龙节，乘驷马，驰驱靰掌，王事靡盬，盖有所不暇于文字之末。若为之寮属者，又不从事于采风问俗，何以副朝廷咨诹询谋之意。既居东二年，稍稍习其文，读其书，与其士大夫交游，遂发凡起例，创为《日本国志》一书。朝夕编辑，甫创稿本，复奉命充美国总领事官。政务靡密，无暇卒业，盖几几乎中辍矣。

乙酉之秋，由美回华，星使郑公既解任，继之者张公，仍促余往，而两广制府张公又命遵宪为巡察南洋诸岛之行。遵宪念是书弃置可惜，均谢不往。家居有暇，乃闭门发箧，重事编纂，又几阅两载，而后书成。凡为类十二，为卷四十。

昔契丹主有言：我于宋国之事，纤悉皆知；而宋人视我国事，如隔十重云雾。以余观日本士夫，类能读中国之书，考中国之事；而中国士夫，好谈古义，足己自封，于外事不屑措意。无论泰西，即日本与我，仅隔一衣带水，击柝相闻，朝发可以夕至，亦视之若海外三神山，可望而不可即。若邹衍之谈九州，一似六合之外荒诞不足论议也者，可不谓狭隘欤？虽然，士大夫足迹不至其地，历世纪载又不详其事，安所凭借以为考证之资，其狭隘也亦无足怪也。窃不自揆，勒为　书，以其体近于史志，辄自称为外史氏，亦以外史氏职在收掌，不敢居述作之名也。抑考外史氏掌五帝三王之书，掌四方之志。今之士夫亦思古人学问，考古即所以通今，两不偏废如此乎？书既成，谨志其缘起，并以质之当世士夫之留心时务者。（《日本国志》）

洪汝冲

呈请代奏变法自强当求原本大计条陈三策疏

窃职恭读邸钞，见本月十五日上谕，饬令各部院司员条陈事件，即至士民亦准上书言事，毋得拘牵忌讳，稍有阻格。仰见我皇上宵旰勤劳，孜孜求治，迩言必察，在远不遗，率土臣民，无不感激涕零，愿效愚忠，冀补万一。职虽在末秩，然值圣主达聪明目，兼容并包之时，何敢拘泥故常，自安含默。

窃朝廷数月以来，凡诸变法新政，若科举，若学校，若农桑，若商务，若矿产，若铁路，皇上独伸明断，亦既次第举行，若者补偏，若者救弊，若者损过，若者酌中，中外臣工，亦既后先条议，海内喁喁，拭目以观厥成有日矣。而职犹有言者，以改弦之际，棼若治丝，阻力之多，坚同攻石。

提裘者必挈其领，削株者必掘其根，愚者怵旦暮之害，不知举国大害之所存；黠者徇身家之利，而不知天下大利之所在。于是则新者虽布，而旧者难除，旧者不除，则新者亦敝，私党相轧，将酿内忧，公理不明，益招外侮。盖中国变法之难，有甚于欧西万倍者，则人心风俗之殊也。如医治疾，必攻其邪，而后乃可徐施补剂，若惮于攻，而谓辅正即以去邪，则补剂适足为邪之助，而疾以不瘳，反使一二庸医，得咎补剂之无益，岂不冤哉？今日之事，何以异此，谨拟三策，为我皇上陈之。

一曰迁都。我朝沿明旧制，建都顺天，昔舆地家建议宜迁者屡矣。然近今时势，更非前日之比，顺天负山面海，居高临下，东有辽沈根本之固，西有太行藩篱之险，以之驭内，未尝不沛然有余。然自日本一战之后，德据胶澳，俄据旅大，英据威海，辽渤洋面，战舰蜂屯，堂奥已危，门户尽失。况俄人西伯利亚铁路，直接东陲，我虽有芦汉一道，尚未竣工，亦不过商旅通衢，无关兵要，而所许德人济南一道，与英俄三晋运煤一道，皆接我干路，横贯中枢，要遮尤易。近闻俄人出所储九千万卢布整顿海运，其在本国及他国制造未成之船，计一等战舰一艘，巡洋大舰一艘，小舰四艘，海防铁甲一艘，炮舰二艘，雷船猎艇共三十余艘，其旧有之百余舰，尚不在内。又闻俄人拟开浚大连湾港口十六尺，估需英金一百六十万镑。其新闻纸倡言欲将黑海波罗的海舰队全数移华，以与西伯利亚水陆相辅，计斯时英德舰队，亦必力求抵制，日益增多，则我津沪海道，势将中梗，全畿震动，南北不通，一旦有警计将安出？

由陆则他人已遏芦汉之冲，由海则尽成敌国，长江一带，英将入保，仓皇四顾，怅怅何之？虽欲求南渡之临安，恐亦不可得矣。夫都建业，都汴梁，都关中，前代已然之迹也。今改都建业，则长江为各国通商要道，无险可凭，都汴梁则铁路一通，难绝德人窥伺，都关中，则回纥近为肘腋之患，而新疆西藏，又启英俄戎心，不独河运维艰，转粟输漕，难寻故道已也。且都东南则西北有鞭长莫及之患，都西北则东南有尾大不掉之虞。为今之计，则莫如徙都荆襄，扼南北咽喉，四面不致临敌，左宜右有，控驭无难，桑土绸缪，计无过此，且非徒地利然也。

以变法论，亦莫不以迁都为便。俄人变法，由莫斯科建都彼得堡，日本变法，由西京徙都东京，即商鞅变法，亦由雍筑冀阙以徙咸阳。诚以移步换形，耳目一新，则阻挠者无成法之可沿，创造者有新机之可借，而旧法不变自变，新法不行自行矣。若虑室庐辎重，兴造转徙，徭役繁多，则勾践有卧薪尝胆之仇，项羽有破釜沉舟之战；即羽之入咸阳，燔秦宫室，与俄人之燔莫斯科积聚，皆杜他人觊觎之念，而绝其民留恋之心，前事可证，意至深远。语曰，为天下者不顾家，不可不察也。此迁都之不宜缓者一也。

一曰借才。夫古之人君将以图治，无不重用客卿，楚材晋用，具有明训。吴用伍员而威强楚，秦用百里奚由余而霸西戎，燕用乐毅而下齐城，历观史册，往往羌胡异种，敌国俘余，卒为名将名臣，阀阅照于汗青，勋名垂于来世者，指难偻计。况变法之始，尤当借才异地，昔俄彼得师傅乃英人美伊秀阿斯，其学士则荷人和斯德曼，其初造巨舰，则荷人排纳德而，法人雷富卜德，英人哥登，至握重权，为之监国，即今得儿斯得意伯爵，其先亦德人，为彼得宰相，前外相义儿斯亦非俄产。日本痛改旧制，初亦用英法荷人居多，二十年来，不但船厂器械，争长欧西，即内治亦蒸蒸丕变，此其尤大彰明较著者也。

我朝康熙时，曾用南怀仁、汤若望改修时宪。同治时曾用英将戈登等助克苏州，而美将华尔德、法将勒伯勒东达尔等，尤以死绥报国。近则船政制造之厂，两洋海陆之军，同文方言之馆，海关税务之司，无不延聘远人，聿昭成效。然此乃迫于外交，或资教练，不得不然。至如内政重臣，则外人从无干预，职以为不仿行西法则已，苟仿行西法，则一切内政尤当广聘东西各国名士，畀以事权，俾资赞助，收效必宏。如虑卖国为奸，则以各国之强，似亦无借此一人之力。况日本变法未久，新造之材，尤多杰出，甲午之役，则伊藤陆奥，名震寰区。近日伊藤罢相，将欲来游，借觇国是，皇上如能縻以好爵，使近在耳目，博访周咨，则新政立行，而中日之邦交益固。否则无论中国人材，万难收效旦夕，即有一二新进有志之士，亦未必不见嫉老成，事多掣肘，及至身败名裂，而国事已无可挽回。伊藤以敌国旧相，成绩昭然，信任既专，威望自重，无所惮于变革，无所用其挤排，即与欧西交涉，亦当刮目相看，庶阴谋借以稍戢，中国转贫为富，转弱为强，转危为安之机，实系乎此，此借才之不可缓者一也。

一曰联邦。中国论治，主闭主分，欧西论治，主通主合，盖闭则智屈，通则智伸，分则力散，合则力聚。故士有学堂之合，农工商有公司之合，欧西所以强盛无他，亦在通与合二者而已。故论地形则同洲者先通先合，论种族则同种者宜通宜合，论文教则同文者可通可合。今欧美各国，与我洲异种异文，天之所限，势难联成一气，易启杀机。惟日本则不然，虽以岛夷，国势骤盛，进步之速，欧美惮之，顾急于自见，发难于我，受制俄人，致有唇亡齿寒之惧。虽与英交好，借以制俄，识者料其后必出于战，他日此胜彼负，则东半球平权之国，必且大变，况英徒以俄故亲日，非我族类，其心必异。不幸英与俄和，则日本之势孤，而国殆矣。

为日本者，所亲宜无过中国，以我幅员之广，人民之众，物产之饶，诚得与之联合，借彼新法，资我贤才，交换智识，互相援系，不难约束俄人，俾如君士但丁故事，则东西太平之局，可以长保，而祖宗缔造之业，亦巩如磐石矣。此事若在欧西，即合为一国，亦不为怪，挪威以合于瑞典而得自存，匈牙利以合于奥地利而以不灭，他如意德以众国合成而称帝制，既无碍自主之权利，而有关两国之存亡，故坦然行之，并无猜忌。况俄以未得志于土耳其阿富汗，始注意亚东，事系全球，志不在小，解纷排难，惟在中国之自强。中国之自强，惟在日本之相助，英人保泰持盈，其所要求，亦对待于俄而不得已耳，其实商务之外，无志他图，此举若成，则俄人不敢出太平洋，必将修弭兵之会，而与各国长以玉帛相见，则岂独中日之愿，当亦环球之大愿，数千万万黄白种之生灵所祷祀而求者也，此联邦之不可缓者一也。

以上三策，皆本原大计，及时为之，可操全算，失时不务，则强邻四逼，南北华离。根本动摇，中原鼎沸，绕树三匝，枝无可依，市骏千金，骨将何用？四百兆孝孙顺子，尽皆奴虏之才，二万里沃壤神皋，无复黄炎之裔；义士则肝脑涂地，抱赵璧以难完，忠臣则血泪交枯，哭秦庭而无路。得鹿者势成一统，失鹿者殃及五洲，苍苍者天，胎此奇祸，不其恫欤？

若谓描摹西法，损益成规，略示斡旋，稍加通变；是则武灵胡服，尚难袭貌遗神，安石周官，行将变本加厉。希腊埃及，孰非西法而日以败亡，西班牙孰非西法，而亦大腆于美；况我海军未能恢复，岂敢遽言强兵，而泉货外流，脂膏日竭，如人病瘵，又患瘫疽，势且不支，苟延何补。职窃意皇上如欲变法自强，则统筹全局当务之急，舍此末由。冒死上言，恭应明诏，未忍袭雷同之说，何敢辞斧钺之诛，伏愿皇上计虑万全，折衷一是，早从曲突徙薪之策，俾尽挥戈回日之诚。诗曰："畏天之威，于时保之。"又曰："心之忧矣，疢如疾首。"蝼蚁微忱，惟垂睿察。职不胜惶迫屏营之至，伏乞代奏皇上圣鉴。谨呈。(《中国近代史资料丛刊·戊戌变法》第二册)

孙家鼐

议覆开办京师大学堂折

奏为遵筹京师建立学堂大概情形，恳恩拨款开办，恭折复陈，仰祈圣鉴事：本年七月十三日，准总理各国事务衙门咨开，议复刑部左侍郎李端棻奏，请推广学校以励人才折内，京师建立大学堂一节，系为扩充官书局起见，请饬下管理书局大臣，察度情形，妥筹办理等因，奉旨依议，钦此，钦遵咨行到局。臣查本年正月总署原奏，请立官书局，本有建设学舍之说，臣奉命管理书局，所奏开办章程，亦拟设立学堂，延请教习，是学堂一议，本总署原奏所已言，译即官书局分内应办之事。刻开办书局，时近半年，各处咨取书籍，译印报章，草创规模，粗有眉目。惟苦于经费不足，只能略添仪器，订购铅机，搜求有用之图书，采撷各邦之邮电，俾都人士，耳目见闻，稍加开拓而已。

若云作育人才，储异日国家之大用，则非添筹经费，分科立学不为功。独是中国京师建立学堂，为各国通商以来仅有之创举，苟仅援前此官学义学之例，师徒授受以经义帖括，猎取科名，亦复何裨大局？即如总署同文馆各省广方言馆之式，斤斤于文字语言，充其量不过得数十翻译人才而止。福建之船政学堂，江南制造局学堂，及南北洋水师武备各学堂，皆囿于一才一艺，即稍有成就，多不明大体，先厌华风，故办理垂数十年，欲求一缓急可恃之才，而竟不可得者，所以教之之道，固有未尽也。此中国旧设之学堂，不能仿照办理也。

泰西各国，近今数十载，人才辈出，国势骤兴，学校遍于国中，威力行于海外，其都城之所设之大学堂，规模阔整，经费充盈，教习以数百计，生徒以数万计。其学有分四科者，五科者，六科者，仍广立中学小学，以次递升，暗与中国论秀书升之古制相合，遂以争雄竞长，凌抗中朝，莘莘群才，取之宫中而皆备，非仅恃船坚炮利为也。

当兹事变日多，需才孔亟，以蓄艾卧薪之意，为惩前毖后之方，亟应参仿各国大学堂章程，变通办理，以切时用。第各国分科立学，规制井然，而细绎其用心致力之端，终觉道器分形，略于体而详于用，故虽励精图治，日进富强，而杂霸规为，未能进于三代圣王之盛治者，亦其学限之耳。况外国学校经费充盈，千狐集腋，非一日所成，骤欲一蹴而几，安得有此财力，此外国大学堂之法，亦有不能全行彷办者也。臣与在局诸臣，悉心筹议，深知此事定制之难，创始之不易。且中国堂堂大国，立学京师，尤四海观瞻之所系，一或不慎，则徒招讥议，无补时艰，反不如不办之为愈矣。刻仍内外函商，周咨博访，务求悉臻美善，以期仰副圣明，谨先将现在筹办大概情形，胪为六事，缕析为我皇上陈之：

一曰宗旨宜先定也。中国五千年来，圣神相继，政教昌明，决不能如日本之舍己芸人，尽弃其学而学西法。今中国京师创立大学堂，自应以中学为主，西学为辅；中学为体，西学为用；中学有未备者，以西学补之，中学有失传者，以西学还之。以中学包罗西学，不能以西学凌驾中学，此是立学宗旨。日后分科设教，及推广各省，一切均应抱定此意，千变万化，语不离宗，至办理章程，有必应变通尽利者，亦不得拘泥迹象，局守成规，致失因时制宜之妙。

二曰学堂宜造也。书局初开，为节省经费起见，暂赁民房，一切已多不便。今学堂将建，则讲堂斋舍；必须爽垲宜人，仪器图书，亦必庋藏合度。泰西各国，使署密迩，闻中国创立学校，亦将相率来游，若湫溢不堪，适贻外人笑柄，拟于京师适中之地，择觅旷地，或购民房，创建学堂，以崇体制。先建大学堂一区，容大学生百人，四围分建小学堂四所，每学容小学生三十人，堂之四周，仍多留隙地，种树栽花，以备日后扩充，建设藏书楼、博物院之用。

三曰学问宜分科也。京外同文方言各馆，西学所教亦有算学格致诸端，徒以志趣太卑，浅尝辄止，历年既久，成就甚稀，不立专门，终无心得也。今拟分立十科：一曰天学科，算学附焉；二曰地学科，矿学附焉；三曰道学科，各教源流附焉；四曰政学科，西国政治及律例附焉；五曰文学科，各国语言文字附焉；六曰武学科，水师附焉；七曰农学科，种植水利附焉；八曰工学科，制造格致各学附焉；九曰商学科，轮舟铁路电报附焉；十曰医学科，地产植物各化学附焉。总古今，包中外，该体用，贯精粗，理索于虚，事征诸实，立格以待奇杰，分院以度图书。风会既开，英才自出，所谓含宏光大，振天纲以赅之也。虽草创规模，未能开拓，而目张纲举，已为万国所无，他日并包六合之机，权舆于是矣。

四曰教习宜访求也。大学堂内应延聘中西总教习各二人，中国教习，应取品行纯正，学问渊深，通达中外大势者，虽不通西文可也。外国教习，须深通西学，兼识华文，方无扞格，如实难其选，则拟先聘一人，脩脯必丰，礼敬必备，中西教习，　律从同，此燕昭筑黄金台，以待天下贤士之意也。四小学堂，每堂延中西教习各一人，亦须学正品端，足为师表者，乃膺其选。西师所教，先以英法方言，如能兼习德俄，尤便翻译书籍，应俟届时察酌办理。

五曰生徒宜慎选也。大学堂学生，年以二十五岁为度，以中学西学一律赅通者为上等，中学通而略通西学者次之，西文通而粗通中学者又次之，仍分三班，给发薪水，头班月八金，二班六金，三班四金，由同文方言各馆，调取内外各衙门咨送及举贡生监，曾学西文者，自行取给投考。惟中西各学，均须切实考验，第其优劣，分别去留，仍须性行温纯，身家清白，方能入选。四小学之学生，年以十五岁为度，便于学习语言，创办时额数无多，暂由满汉各官员子弟中报名投考，亦须中文粗通，识字稍多者，方能入选，不足再出示招考，由乡邻具结，确系读书世家，乃准与考，考取入学，自备薪水，不出束脩，数年后中西各学俱通，升入大学堂，始给薪水，以示鼓励。

六曰出身宜推广也。学而不用，养士何为，用违其才，不如不用。中国素重科目，不宽予以出身之路，终不能鼓舞人才，拟参酌中西，特辟三途，以资激励：一曰立科，光绪甲申，礼部议覆潘衍桐折请立算学一科，以二十名取中一名，然屡届人数，均不满额，拟援此例，立时务一科，包算学在内，乡会试由大学堂咨送与考，中式名数，定额宜宽，应俟学堂规模大定之时，请旨办理。一曰派差，学生应试不中者，由学堂考验，仿西例奖给金牌文凭，量其所长，咨总署派往中国使馆，充当翻译随员，或分布南北洋海军、陆军、船政、制造各局，帮办一切，以资阅历。三曰分教，泰西各国，有所谓师范学堂者，专学为师，大学堂学生，如不能应举为官者，考验后，仿泰西例奖给牌凭，任为教习。各省立学之始，皆先向大学堂咨取充当，则师资有用，俯仰无忧，京外各学堂，亦可联为一气矣。

此六事者，准今酌古，原始要终，实已兼包中外，以后详细办法，或应行推广，一切未尽事宜，容当博采群言，随时奏明请旨。惟是开办之始，筹款为先。泰西各国学校，岁需几与官俸兵饷相等，有多至华银八千余万两者。英京大学堂岁支九百万镑，故尔规模闳整，俊彦云兴，中国总署同文馆岁费二十余万两，天津医学堂岁费十万两，各省同文方言各馆，水师武备各堂，岁费十余万两数万两不等，大抵草率狭隘，日久因循，卒未闻成就一人，足以上济国家之急，固缘办理之未善，亦苦于经费之不敷耳。

今京师创立大学堂，款太多则筹措维艰，款太少则开销不足，思维再四昕夕旁皇。伏念学堂一事，屡经臣工条奏明旨饬行，良以时局多艰，亡羊补牢，非有人才，不能自立。今设学堂于辇毂之地，耳目近接，稽察易周，臣等仍当慎选真才，力求核实，以上副圣主寤寐求贤之至意。

内外诸臣，受恩深重，以人事君之素志，具有同心，岂宜惜此区区，致挠盛举！应请旨饬下户部飞饬南北洋大臣，无论何款，按月各拨银五千两，解交户部，作为京师学堂专款。自奉旨之日为始，由臣饬派局员，按月领取，俾得从容布置，刻期一载，当可告成。此款比之泰西，固属泰山之毫末，即较之各省学堂同文各馆，亦尚系酌中之数，得半之间，而不敢斤斤于体制所存，率请多拨者，实以无征不信，创始维艰，俟他日成效已彰，人才渐出，续行奏请，添拨款项，广置生徒，以渐推行于各省。庶循名责实，慎始图终，海宇倾风，贤才辈出，师师济济，为国干城，内治外交，永不必借材异地，此则皇上之洪福臣等之素心，抑亦宗庙社稷之神灵所默为呵护者已。所有筹议学堂大概情形，及请拨款开办缘由，谨缮折上陈，优乞皇上圣鉴训示。谨奏。（《中国近代史资料丛刊·戊戌变法》第二册）

奏筹办大学堂大概情形折

孙家鼐奏：本月十七日臣议复建立小学堂中学堂一折。奉旨着五城御史设法劝办，与大学堂相辅而行，用副培养人才之至意。其大学堂章程，仍着孙家鼐条分缕析，迅速妥议具奏，钦此。臣维学堂创办之初，千端万绪，其章程原难仓猝定议，遽臻美备。即日本初设学堂，至今二三十年，章程几经变易，不厌精益求精，况我国家政令更新之始，京师首善之区，草昧经纶，动关久远，尤须规模宏阔，条理详备，始足开风气而收实效。臣每日会集办事各员，公同核议，虽不在学堂办事之人，臣亦多方咨访，广益集思，总期受以虚心，任以实事，持以公心，矢以诚意，博取众长，折衷一是，以仰副皇上作育人才，振兴国势之至意。兹将现拟筹办大概情形，分条开列，恭呈钦定：

一、进士举人出身之京官，拟立仕学院也。由科甲出身，中学当已通晓，其入学者，专为习西学而来，宜听其习西学之专门。至于中学，仍可精益求精，任其各占一门，派定功课，认真研究，每月考课，朋友讲习，日久月长，其学问之浅深，造诣之进退，同堂自有定论。臣亦随时考验其人品学术，分别办理，仕优则学，以期经济博通。

一、出路宜筹也。凡学堂肄业之人，其已经授职者，由管学大臣出具考语，各就所长，请旨优奖。其作为进士之学生，亦由管学大臣，严核品学，请旨录用。拟采湖北巡抚谭继洵之议，学政治者，归吏部；学商务矿务者，归户部；学法律者，归刑部；学兵制者，归兵部及水陆军营；学制造者，归工部及各制造局，学语言文字公法者，归总理衙门及使馆参随；终身迁转不出原衙门，俾所学与所用相符，冀收实效。

一、中西学分门宜变通也。查原奏普通学凡十门，按日分课，然门类太多，中才以下，断难兼顾。拟每门各立子目，仿专经之例多寡，听人自认。至理学可并入经学为一门，诸子文学皆不必专立一门，子书有关政治经学者，附入专门，听其择读。又专门学内有兵学一门，查西国兵学，别为一事，大率专隶于武备学堂；又阅日本使臣问答，亦云兵学与文学不同，须另立学堂，不应入大学堂内，拟将此门裁去，将来或另设武备学堂，应由总理衙门酌核请旨办理。

一、学成出身名器宜慎也。查原奏小学中学大学堂肄业人员，卒业领凭，递升作为生员举人进士。在国家鼓励人才，原不惜破格之奖，然冒滥情弊，亦不可不防，似宜于鼓励之中，仍示限制。应如何严定额数，与认真考核之处，应照原奏，会同总理衙门礼部详拟请旨。

一、译书宜慎也。查原奏开一编译局，取各种溥通学尽人所当习者，悉编为功课书，分小学中学大学三级，量中人之才所能肄习者，每日定为一课。谨按先圣先贤著书垂教，精粗大小，无所不包，学者各随其天资之高下，以为造诣之浅深，万难强而同之。若以一人之私见，任意删节、割裂经文，士论必多不服。盖学问乃天下万世之公理，必不可以一家之学，而范围天下。昔宋王安石变法创为三经新义，颁行学官，卒以祸宋，南渡后，旋即废斥，至今学者，犹诟病其书，可为殷鉴。臣愚以为经书断不可编辑，仍以列圣所钦定者为定本，即未经钦定而旧列学官者，亦概不准妄行增减一字，以示尊经之意。此外史学诸书，前人编辑颇多善本，可以择用，无庸急于编纂。惟有西学各书，应令编译局迅速编译。

一、西学拟设总教习也。查原奏有中总教习，无西总教习，立法之意，原欲以中学统西学，惟是聘用西人，其学问太浅者，于人才无所裨益，其学问较深者，又不甘小就。即如丁韪良曾在总理衙门充总教习多年，今若任为分教习，则彼不愿，臣拟用丁韪良为总教习，总理西学，仍与订明权限，其非所应办之事，概不与闻。

一、专门西教习，薪水宜从优也。阅日本使臣问答，谓聘用上等西教习，须每月六百金，然后肯来，丁韪良听言亦同。今丁韪良自以在中国日久，亟望中国振兴，情愿照从前同文馆每月五百金之数，充大学堂西总教习。至西人分教习薪水，亦拟照原奏之数酌加。

一、膏火宜酌量变通也。臣访询西教习丁韪良，据云：泰西大学堂来学者，皆出脩脯，极贫者始给纸墨，从无月给膏火办法。盖以图膏火而来学者，必非诚心向学，出资来学，乃真心有志于学者也。臣又观总理衙门章京与日本使臣论学堂事宜，与丁韪良所言，大略相同。今者国家专筹立之，不令学生出资，已属格外之仁，似不必更糜巨费，拟仿西国学堂之例，不给膏火，但给奖赏。其如何发给之处，应俟开办后详细斟酌办理。

以上八条，分晰肺陈，恭候训示。此外未尽事宜，当查取东西洋各国学校制度，暨各省现办学校章程体察情形，详慎斟酌，一俟拟议就绪，即当奏陈。至暂假房舍，是否由承修王大臣查勘修理，抑由内务府修理，应候钦定。惟房舍一日不交，即学堂一日不能开办，拟请饬催赶办，以期早日竣工，学务得以速举，仰慰宸廑。(《中国近代史资料丛刊·戊戌变法》第二册)

盛宣怀

条陈自强大计折

奏为自强大计，当举其要，谨就管见胪陈梗概，恭折仰祈圣鉴事：窃自海防事起，中外上下，竞言自强，谠论嘉谟，日有献纳，上年经日朝之衅，荩臣志士，益慨然于强弱利钝之故，欲尽取欧洲之新法，变易华夏之旧习，朝廷深惟至计，举其大者远者，于是有创办南北铁路之役。顾臣以为铁路者，所以速征调，通利源为自强一端，非干路既成，即可坐而俟其强也。

泰西诸邦，用举国之才智，以兴农商工艺之利，即借举国之商力，以养水陆之兵，保农工之业。盖国非兵不强，必有精兵，然后可以应征调，则宜练兵；兵非饷曷练，必兴商务，然后可以扩利源，则宜理财；兵与财不得其人，虽日言练，日言理，而终无可用之兵，可恃之财，则宜育才。臣顷蒙召对，略陈愚虑，嗣军机大臣复奉旨传询，俾罄蠡管窥测之微，仰见圣人兼听并观，迩言是察。不揣愚昧，谨以三事为我皇上条析陈之：

一曰练兵之要。中国三代，寓兵于农，唐宋以降，专用召募，兵民久分，各国皆然。近年东西诸国兵制，皆由募兵而复为征兵，世变所趋，中国岂能独异？顾今日既糜饷千余万，以养无用之绿兵，复糜饷千余万，以养有用之练勇，发捻平定二三十年，所谓有用之勇，一旦临敌，其偾事与绿兵等。方事之棘，各路添募，仓猝成军，臣所目睹，多有不能持枪施放者。盖募兵一事，无赖亡命，兼收并蓄，来无所考，其弊一；少壮从军，衰老除汰，去无所归，其弊二；闻警增募，类驱市人，不教谓弃，其弊三；事定遣散，多为盗贼，遂贻民害，其弊四。

　　近者议裁绿营，而减兵不能汰官，议建洋操，而饷重不能多练，况勇饷与兵饷不同，新勇与旧勇饷复不同，饷厚者不免相矜，饷薄者自甘废弛，军制愈纷，饷力愈绌，兵气愈弱。现除京营外，各省实存绿兵，练勇八十余万人，更新而不去旧，无此财力，制兵而不划一，非善治军。宜将天下划分十镇，海疆边疆为重，腹地僻地为轻，坚强朴实之地多征，膏沃柔脆之区少选，参酌西法，简练新兵三十万人，就各镇形势轻重差等兵数多寡，征选户籍可稽，未经罪犯，年在二十以上二十五以下，体质身干合格者，录为常备兵入营教练，期以三年，退以预备兵，亦期三年，退为后备兵，亦期三年，退为民兵，期以五年，除其兵籍，自预备兵以下，平时在家服农，有事以次征集。

　　预备兵每年一次召集，屯营与常备兵合操，后备兵每年一次召集，便宜地方使之演习，皆视道里远近，给路费，民兵不集操，在籍者皆免本户徭役。每岁十月，由各镇拣派选兵官分赴各属会同州县验选合格者，注于籍，随时征充常备，壮者入营，而老者退籍，老者退而壮者又复入营，历三年而一兵之饷得二兵之用，历六年而一兵之饷，得三兵之用，九年以后岁额三十万人之饷，常得一百二十万人之用。

　　兵皆土著，游惰不录，其利一；更递进退，室家可归，其利二；事至征召，人皆练习，其利三；事毕归农，不流为匪，其利四。各镇营制饷章，统归一律，各营枪炮器械，统归一式，举绿营勇营悉去之，以其岁饷三千余万两，练常备兵三十万人，重订饷章，只期核实，不必过优。岁约不逾二千万两，其余以备洋教习薪水，预备后备兵调操路费，及酌留绿营之饷，计无不足。

　　此事为强弱关键，虽加筹款项，亦所应为，况就饷练兵，尤难濡缓。但持之贵坚，行之宜渐，或每镇先练三分之一，练成后再行添练，以足额为止，裁革绿兵营勇亦如之。至绿营向有城守防汛之责，护饷解犯等差，或酌留若干，属于州县，略如各国警察巡捕之意，而责成整饬之，自无偏废之虞。应请特简知兵重臣，会同兵部户部查明兵数饷数，并采取英、德、俄、法、美、日诸国练兵之法，抉择参酌，厘订章程，奏准施行，永为定制。

　　一曰理财之要。理财有二义，开源，节流尽之矣。今之广制造，兴矿政以开源也；纱布各厂成本之重，不足敌洋产，五金各矿收效之远不足济急需，今之并局卡、裁冗费以节流也。减并者百一，无裨国计之大节，裁者锱铢，何当中饱之巨？言常用则岁出岁入不相抵，言通商则输出输入不相抵，言洋债则竭内外之力，而更无以相抵，欲求足国，先无病民，欲收商利，在挽外溢。加税之议，事未就绪，闻西人以厘金为词，盖窥我国用之绌，必不能停收厘金也。应机决策，莫若径免天下中途厘金，加关税为值百抽十，令彼无所借口。厘金既免，即仿行西国印税之法，办理得宜，计加收之关税，新收之印税，合之当倍于厘金，而免厘则出口土货，易于流通。加税则进口洋货或渐减少。取益防损利在无形，所谓足国而不病民，且阴以挽外溢之利者此也。

西人聚举国之财，为通商惠工之本，综其枢纽，皆在银行。中国亟宜仿办，毋任洋人银行，专我大利。中国银行既立，使大信孚于商民，泉、府因通而不穷，仿借国债，可代洋债，不受重息之挟制，不吃镑价之亏折，所谓挽外溢以足国者，此其一也。

墨西哥国以九成之银，铸钱运行中国，易我十成之银，岁耗以亿万计。近来中外臣工，多议自铸银元，广东、湖北、北洋、南洋先后铸造，分两轻重，悉准墨银。臣愚以为国家圜法，自古及今，皆自为制度，随人趋步，各国所无，既不能废两为元，各库出入，仍需元宝，必致无银可铸。查光绪十二年十月海军衙门奏，请将应放南北洋经费及东三省饷项，均按二两平核发，是饷需改用京平，已有成案。今宜在京师特设银元总局，以广东、湖北、天津、上海为分局，开铸银币，每元重京平九成银一两，再酌铸金钱及小银钱，使子母相权而行。凡出款俱用官铸银币，各省关收纳地丁钱粮盐课关税厘金，俱收官铸银币，元宝小锭概不准用。惟收款仍照库平十成银计算，库平较京平定以每百两加平六两，十成银较九成银每百两应加色十两，除各库上兑津贴银一两，定以每百两加色九两，如应交库平足银一百两者，实收银币一百十五元，无轻重高下之别，无减平扣色之弊，易简理得，妇孺难欺，每年度支八千余万两，户部约可盈余平色银一千二百万两，较向来各省拨解平余多收，当不下千万，所谓挽外溢以足国者，又其一也。

此外商务巨细万端，施设有序，应请特简通达中外商务之大臣，专司商政，会同户部取法邻国，实见施行，兴起商学、鼓舞工艺，利源无外溢，藏富于商民，君孰与不足，国何患不强。

一曰育才之要。西国人才之盛，皆出于学堂，然考其所为学堂之等，入学之年课程之序，与夫农工商兵之莫不有学，往往与曲台之礼，周官之书，左氏公羊之传，管墨诸子之说相符。盖无人不学，无事不教，本三代学校之制，特中国去古既远，浸成具文，而泰西学堂，暗合道妙，立致富强，益以见古圣人之道，大用大效，小用小效，文轨虽殊，而莫能外也。

近日刑部侍郎李端棻推广学校一折，洞见本原，当蒙采择。窃谓各府州县骤难遍设学堂，宜令各省先设省学堂一所，教以天算、舆地、格致、制造、汽机、矿冶诸学，而以法律、政治、商税为要。先设武备学堂一所，教以筑垒测地，枪炮制造，弹丸发送，队伍分合，马骑控御诸学，而以兵律戎机，有勇知方为要。在下之趋向，全视在上之用舍。同文馆，广方言馆出洋学生糜费不少，而得人不多，文科之八股试帖，武科之弓矢刀石，不待督责而莫不致力，其明证也。

今不能尽改科举之制，似宜专设一科，裁天下之广额，为新学之进阶，明定功令，使文武学堂卒业者，皆有出身之正途齐仕，进于科第，则闻风兴起，学校如林，人才自不可胜用。应请特简通知时务学行俱懋之大臣，专司学政，会同礼兵二部，提挈纲领，一新海内之观听，有志之士，不自奋于有用之学者，未之有也。

以上三端，参酌欧美致富致强之术，实不外圣经，足食足兵之谟，举而措之，要在知人用人而已。所虑拘牵旧制，难以变通，又或慨然于物穷则变，意在振兴，而尤虑天下督抚，心志不齐，难以统筹全局，恐年复一年，外人耽耽，视我一无足恃，肆彼要求，得步进步，无兵则不能保守利权，无饷则不能充养兵力，二者互为掣肘，甚至洋债不能再借，边土不能自保，至其时始悔七年之病，不蓄三年之艾，殆已晚矣。自古国家政事之振弛，强弱之机括，皆系于君臣之谋虑，一转移间，其效立见。臣惟国耻不可忘，邦交不可恃，伏愿皇上鉴覆辙之在前，审宇宙之大势，发愤自强，毅然定断，勿敷衍而畏难，勿回惑于疑议，王大臣等皆公忠体国，卧薪尝胆，同赞圣谟，国富兵强，远人自服，此薄海臣庶所延颈企踵以俟之者也。臣管见所及，谨冒昧渎陈，伏乞皇上圣鉴训示，谨奏。（《中国近代史资料

丛刊·戊戌变法》第二册）

筹办中国通商银行次第开设情形折

奏为遵旨筹办中国通商银行次第开设情形，恭折仰祈圣鉴事：窃臣奉命招商倡办中国银行，节经招集绅商备足股本，参照西国银行成法，议拟章程，商请总理衙门王大臣逐款复核，折衷一是。并会同北洋大臣直隶总督臣王文韶、湖广总督臣张之洞，议复银行利弊情形，并由南北洋稽查以保利权，奏奉谕旨，钦遵于光绪二十三年四月二十六日开办上海总行。自夏徂冬，天津、汉口、广州、汕头、烟台、镇江等处分行陆续开设，京城银行本年亦已开办，此后自王畿以迄各通商码头、泉府机括，血脉贯通，或不至尽为洋商所把持。

至各行省都会地方，亦当逐渐分设。近年金镑翔贵，银币低压，百物腾踊，输转窒滞，如上海通商总汇之区，而银根空匮，商情岌岌，皆有不可终日之危。幸通商银行主持市面，银息虽昂，犹稍有限制，得以勉为支柱。中国银行、大辂椎轮，规模草创，故裨补于商务，收效于桑榆者，必须由渐而来。盖由仿办于各国银行在华开设之后，如汇丰之设已三十余年，气势既盛，根柢已深，不特洋商款项，往来网罗于尽，中行决不能分其杯羹；即如华商大宗贸易，亦与西行相交日久，信之素深。中国银行新造之局，势力未充，非可粉饰铺张，骤与西人争胜，故臣原议以慎始图终，积小成大为宗旨。今者创办一年，始基已立，自此扩充，中土之商力，收回自有之利权，其枢机必视京外拨解官款是否皆归通商银行为旋转。若各省关存解官款，仍循旧辙，转交私家之银号，绝不与奉旨设立之银行相涉，则商政之体全失，西人腾笑，华人增疑，海内商情，孰有信向，所关于商务大局非小也。

臣惟今日之事，凡有兴举，期利国家。查银行于国家有无形之利，有有形之利，气脉流通，商民交便，利在无形；余利愈厚，归公愈多，利在有形。征臣原奏言之已详，非特国家主持于上，公忠宏达之督抚藩司各关监督维持于下，无以徐收两利，宏此远谟。合无仰恳敕下户部通行各省关，此后凡存解官款，但系设有中国通商银行之处，务须统交银行收存汇解，以符事体，而树风声。及其成效大著，则如昭信股票以及造路开矿，凡有招股之事，皆可仿照西国，归于银行代办，较之官力号召，自无扞格猜疑之弊。是以泰西及日本国家莫不重视银行，力为扶翼。

夫欲富国，必兴商务，欲兴商务，首重银行，但兹事繁难，断非微臣之心力所能及也。所有筹办中国通商银行次第开设缘由，谨恭折具陈，伏乞皇上圣鉴训示，谨奏。（《中国近代史资料丛刊·戊戌变法》第二册）

文廷式

上条陈养民事宜折

日讲起居注官翰林院侍读学士臣文廷式跪奏，为条陈养民事宜，恭折仰祈圣鉴事：

窃维国家之设官，以为民也。然数千年来，于理财之道，但谋所以取民，而不谋所以养民，使各尽其一手一足之烈，而国家从而征之、税之，于是乎大利不兴，众力不集，民几不能自养，而国家亦因而患贫。时至今日，筹款之法已穷；邮政、银行诸端，未易一时措办。有以开源之说进者，或疑其迂阔而远于事情。臣以为为民兴利，计其效，远者三年，近者一年，亦可谓神速矣。中国地大物博，万里膏腴，西人推为天下第一大富之国。而国用匮乏、民情困苦如此，则养民之道失其传也。

五十年来所言西法，皆仅枝叶，其本在富国养民而已矣。此乃中国三代圣人之古法，礼失而求诸野可也。法国百年以前，上下贫窘；后乃兴种树之利，严伐树之禁，立劝民栽树之官，遂富甲欧洲、纵横四海。故英、美擅工商之利，而法、德、奥、意诸国，其大利皆在于农。中国从古重农，自应以农事为急。而农政之要，则以开渠种树为先。应请旨明谕天下，各就本省可开之水道、固有之利源，董劝民间，妥筹兴办；民力不足，官助其成；不得故事奉行，亦不得借端苛扰。唐人讲水利，元代重农政，史书具在，成效昭然。至中国现有四大利，可以立致富强者，臣请为皇上详晰言之：

一曰蚕桑之利。《禹贡》九州，桑土居其七。今蚕桑之利，仅存江、浙，则昔多今少可知矣。意大利种桑育蚕，垂百余年，而其丝之柔韧洁白，终逊中国。西人考求既久，始知中国蚕丝冠于各国，皆因太湖之水百倍肥腴；距湖稍远者，则否。故大湖大泊，皆宜蚕桑。即太湖一隅，每岁之利将及万万；使推之洪泽、巢湖、鄱阳、洞庭及滇池、昆明等湖，皆种桑育蚕，如太湖之侧，则数万万金之大利已在掌中矣。

二曰棉花纺织之利。近年洋纱洋布销售中国者，岁值六千余万金。土布之利，全为所夺。向日西人织布皆用木棉，产于美国、印度两处。近中国自立纺织，各厂始知华棉丝长色白不及洋棉，而温暖坚厚过之。然洋棉每石需洋三十余元，华棉则每石十余元耳。故近年洋船回国，出口棉花骤增，至二千余万。而江西、安徽、湖、广、江、浙各省所出棉花，尤称上品。西人考求全地球人数，衣布者十人中止得三人，衣绸者十人中不及一人；此两项利源，有加无已。应请旨饬下江、浙、安徽、江西、湖南北、云南各督抚，先筹款购买桑秧，沿洪泽、巢湖、鄱阳、洞庭、滇池、昆明等湖，广行栽种，劝谕民间大兴蚕利：高燥之地，遍植棉花。责成本地绅耆，详细开导，提款设局，官为维持，然后集款招商，广立缫丝织布各厂。使所出之蚕丝、纱布，媲美洋工。比及三年，其收利何止万万。大利所在，人所必趋。惟须实力实心，不得假手吏胥，徒增扰累。此大利之在南方者，其事至顺而易也。

三曰葡萄酿酒之利。北方数省，每岁销洋布四千万金。除羊毛、草帽边值银五百万金外，余无一物可以相抵。是岁耗三千五百万金矣。民安得不贫？法国有人游历北省，谓自黄河以北，无地不宜葡萄。即奉天一省，如能广种葡萄，其利已可敌法兰西一国。因葡萄性喜天寒，最宜沙土故也。查法国葡萄制酒之利，岁合中国银数九万万两：酒值一两，税亦如之，法国岁需，全资酒税。近日洋酒华人亦喜饮之，每岁入口已千万元。中国开此利源，无此重税，则物美而价必廉，即不能尽夺法国之利，而已可杜洋酒之源，是为北省之民岁增数千万金之进款矣。惟制酒葡萄其种与中国异，枝多、实繁、本大，略如吴越人之种桑。应请旨饬下出使法国大臣密派专员考求此事，购觅佳种，雇募西人，选购制酒机器来华。于直隶、山东先行试办，逐渐推行，则其事不劳而集矣。

四曰畜牧之利。畜牧为北方大利，古有明征，非止牛羊供食、驼骡负重也。西人剪羊毛以织呢羽；收驼毳以制毡绒；牛乳马湩，饮食必需。美国之北方，遂以此擅无穷之利。中国如东三省、热河、口外七厅、锡金河套及甘肃、新疆等处，地广人稀，最宜畜牧。小民愚昧，创始维难；边帅疆臣，又多习故安常，不知通变。应请旨饬下出使美国大臣访订精于畜牧及织造呢绒毡毯之人，至沿边相度，然后购买机器，开辟围场，提款派员，管理牧政。数年以后，美利大兴矣。此二事者，为北方绝大利源。创办之时，应先令使臣延订妥人，博求良法，以立中国富强之基。不得敷衍因循，贻误大局。俟试办有效，然后将其法行之内地，各督抚及边疆大臣董劝商民，一律兴办。此利之在北方者，其事稍逆而亦非难也。

以上四事，本皆中国旧法；虽参用机器，兼资人工。可养无数贫民，即可销无穷隐患；既为闾阎广生计，更为国家增税厘。所谓因利而利，百姓足而君足者。较之搜骨剔髓，剜肉补创，害中于民，而国终受其祸者，其优绌、劳逸、迟速，相去何如也！惟中国可兴之利甚多，亦甚易，略举数事，以例其余；而大要仍在疆吏得人，先集巨资，力除积弊，刻刻以养民为念，则富国丰财之本计，已隐寓其中矣。

愚昧之见，是否有当，谨恭折具陈，伏乞皇上圣鉴。谨奏。（《文芸阁先生全集》）

寿　富

与八旗诸君子陈说时局大势启

呜呼！天下大势岌岌哉，外人知之，中国不尽知，四方或多知之，我八旗则知者三四，不知者六七也。我八旗世禄世官，休戚与共，苟非婚姻，即是骨肉，乃记全盛之隆规，忽当前之大势，燃眉不知急，剥肤不知痛，酣然以嬉，涣然以处，危哉痛乎其坐以待毙也。

仆家贫力微，学识浅陋，窃观天下纷然，思匡王室，我八旗若不自励，不惟负咎君父，将必启侮四方，消息甚微，所关极大。每愿我兄弟察盛衰之所由，谋富强之攸在，通力合作，各奋其才，厚培本根，力开盘错，终日呶呶，逢人强聒，取笑于自守之士，见病于持重之儒，不敢灰心，惟自隐痛。念我八旗之大，人才至多，世受国恩，天良未泯，苟知时局危急，必不忍坐而旁观，用敢不避讥弹，略陈大势，愿我兄弟思祖宗立功之勤，闵君父当局之苦，哀身家之莫保，念子孙之流离，雪涕奋兴，起谋王室，气运不难强挽，安危可望转圜，若惊为病狂，笑其说梦，一旦祸至，死无以对祖父，生无以保妻孥，蒙耻捐生，相胥及溺，然后始叹填海之苦衷，谅忧天之先见，岂不晚哉！岂不痛哉！

大地之上诸国林立，我中国居亚西亚四分之二，地之如亚西亚者，尚有五洲，西人比较诸国强弱，中国人居第一，地居第三，兵船商轮殿居人后，愿我兄弟，勿恃广上，侈然以自太也。

中国戎祸，始于道光，一败于英，再败于英、法，三败于法，四败于日本，失缅甸、越南、琉球、高丽属国凡四，割香港、台湾、澎湖北徼属地凡四，无役不败，无败不失地，愿我兄弟知中国为至弱之国，兵力不足恃也。

自和约以来，入口洋税，岁有增加，无穷漏卮，届六十年，赔兵费者凡四，我货财之输于外者，何可胜计，愿我兄弟知中国为至贫之国，生机将日蹙也。

同治时，德宰相毕西麻克，尝建分中国之议，诸国因中国地大民众，莫敢先发，自我败于日本，此说复起，近日诸国议论，半是此事，愿我兄弟知外人日日谋我，我中国将有瓜分之机也。

中国北枕俄，南接英、法属地，皆以兼并为国者也，东邻日本，远交近攻，思食我以自肥者也，不入于此，则入于彼，愿我兄弟知介居强大，中国有必分之势也。

中国贫弱，无论何国，覆之有余，所以相持而莫先者，以英、俄之强弱未定也，强弱未定，以土耳其未灭也。土势岌岌，危在旦夕，土亡将及我矣，愿我兄弟思分阴可惜，为时甚迫，无苟安以自误也。

今日百物腾贵，由加税也，俸饷减成，由库乏也，税重民贫，贼盗将起，富者贫，贫者死，推其源，皆由于日本之赔款也。国家贫弱，人人受其祸，愿我兄弟无身受其害，而犹以此为国家之事也。

俄之灭波兰也，杀人数百万，英之灭印度也，杀人亦数百万，夺其财，据其土，奴其男，淫其女，日本之于台湾也亦然，愿我兄弟知人人家家，将被此害，而早图自救也。

土国之弱也，由于国人偷惰苟安；波兰之灭也，由于国人自私自利；印度之亡也，由于人心参差不齐；德之兴也，人人有自强之心；美之兴也，人人无自利之心；人人自强国始强，人不自利乃有利，愿我兄弟人人怀自强之心，无自利以自害也。

中国存，诗书乃可进身，本朝兴，八旗乃为贵族，国家安，富家乃保货财，愿我兄弟思家国之相关，先谋王室之安危，姑置一己之得失也。

天心向顺，缅甸、高丽、琉球、越南亡矣；天不佐暴，英、俄、法、日兴矣，则亦强者存，弱者亡耳。德小国，人人自奋而崛起；日本弱国，惧亡图存而忽强；意亡国，百折不回而中兴；人定安在不可胜天，愿我兄弟毋恃天命以苟安，毋委气运以自废也。

子也才，父母无冻馁。臣也良，君后无危亡。我中国士果用命，何至求和，人果向学，何至才乏，今日之祸，举国酿之，君父受之，愿我兄弟思君臣之义，无卸责于君，而自矜局外之智也。

得赍赐，铜匠也。思强其国，德意志之霸图兴焉；歌沦波，舟师也，思周大地，泰西之商务成焉；匹夫有志，国家赖之，愚者苟安，懦者观望，无志者委责于人，无耻者享成于人，愿我兄弟之贫贱者，先自励也。

法之乱，世家大族，糊口于四方，波之亡，世家大族，放流于荒徼。自我败于日本，外国日日讲兼并，自我割台湾，外省处处求自强，民权起，大族之祸烈，戎祸深，大族之祸更烈，愿我兄弟之富贵者，先自危也。

章句破碎，大义乖，于是乎士鲜明理，华藻涂饰，真意少，于是乎士鲜实用，经有大义，五伦五常，史有大义，治乱兴亡，文有实用，明理纪事，愿我兄弟之为学者，先求其大，而归诸有用也。

地不一国，国不一人，人各有心，心各有智，不察列国大势，不知其邦强弱，不察列国论议，不知其意美恶，不察列国学术，不知其技巧拙，是谓聋瞽，聋瞽者，侮之媒也，愿我兄弟廓其耳目，而周知外事也。（《中国近代史资料丛刊·戊戌变法》第三册）

2. 守旧派对维新变法的反对

引　言

反对者对维新思想的批判，分为政变前和政变后两个阶段。

政变前，由于维新思想的兴起有一个由隐到显的过程，故而反对派对维新思想的反对呈现出一个由微到著的过程。当朱一新与康有为论学之时，变法运动尚未开始，学术与政治的关系尚不明显，故朱一新对康有为《新学伪经考》的批评主要集中在学术领域。而后，随着康、朱论学的深入，朱一新对康有为学术与政治的关系有了深入认识，其对康学的批评也不再拘囿于学术。尽管《新学伪经考》因余联沅的奏请，遭遇了毁板的命运，但实际上在戊戌变法之前，反对派对《新学伪经考》的攻击并不激烈，而且大多是从学术的角度进行批评的。随着变法运动的展开，维新派宣传民权、平等、议院及素王改制的思想在各大报刊风行，封建纲常名教受到威胁，这引起了反对派的瞩目与反对，甚至那些趋新官员也因此走向维新派变法的对立面。他们依据封建纲常名教，一方面对维新派的民权、平等、议院等思想主张大张挞伐，认为"民权之说，乃召乱之言"，"无一益而有百害"；另一方面对康门师徒所倡导的"孔子改制"理论竭力抨击，这不仅表现在湖南维新运动中叶德辉等人对康门师徒公羊学理论的排斥、诋拒与攻击，而且表现在戊戌年《孔子改制考》的命运中。此时的反对派反观《新学伪经考》，便发现其与《孔子改制考》是一样的异端与叛逆。于是，康门师徒依据"公羊学"构建起来的变法理论遂成为反对派攻击的重中之重。而以张之洞为代表的趋新官员，其对维新派与维新思想的态度尤为微妙。一方面，鉴于甲午战败、《马关条约》割地赔款的创痛，他们主张变法，且其变法主张已经突破了洋务运动时期的"器物"变革，主张学习"西政"。因此当维新初起之时，他们成为变法运动的重要参与者。但随着维新派的变法思想、主张触动了纲常名教，他们便转而批评维新思想、进而反对变法了。

政变后，"康党"的学术、政术、心术都成为各反对者用心揭发的对象。

戊戌政变后，"康党"被清政府定为"逆党"，成为钦命通缉的要犯。于是，那些揣测希荣之御史言官便通过揭发"康党"的心术、政术，以迎合太后的旨意。与此同时，那些曾经倡导变法的官绅，也被他们冠以"康党"的帽子一网打尽。透过这些揭发奏章，我们可以感受到戊戌政变后康党、新党官绅的艰难处境。

朱一新

朱蓉生侍御答康有为第一书

顷辱手教，累数千言，见爱之意深矣。其中有足启发鄙心者，亦多有不敢附和者，未暇一一详复。大要足下卑宋儒之论，而欲扬之使高，凿之使深。足下以是疑宋儒而虑其同于佛、老，仆则窃以是为足下危也。宋儒之言虽未必一无可疑，但疑之者不当更求高出乎其上。佛、老之所以异于吾道者，为其高也。高者可心知其意，而不可笔之于书。足下以董生正宋儒，而并欲推及董生所不敢言者，仆窃以为过矣。曩示大著皆录存，敬佩无已，君之热血仆所深知，不待读其书而始见之。然古来惟极热者一变乃为极冷，此阴阳消长之机，贞下起元之理。纯实者甘于淡泊，遂成石隐；高明者率其胸臆，遂为异端。此中转换，只在几希。故持论不可过高，择术不可不慎也。君伏阙上书，仆盖心敬其言，而不能不心疑其事。孔子之赞艮卦，孟子之论蚳鼃，其义可深长思耳。庄生之书，足下所见至确，而其言汪洋恣肆，究足误人。凡事不可打通后壁，老庄、释氏皆打通后壁之书也。愚者既不解，智者则易溺其心志，势不至败弃五常不止，岂老庄、释氏初意之所及哉？然吾夫子则固计及之矣，以故有不语，有罕言，有不可得而闻凡所以为后世计者至深且远。今君所云云，毋亦有当罕言者乎？读书穷理，足以自娱，乐行忧违，贞不绝俗，愿勿以有用之身而逐于无涯之知也。西人之说至谬，其国必不能久存，仆与诸生言论亦间及之，暇当录呈就正。承索观拙著，仆学无所得，性懒又不肯著书，愧无以应足下之命耳。（《翼教丛编》卷一）

朱侍御答康有为第二书

曩奉教言，属有他事，未遑即复，甚歉甚歉。足下深识独断，扶植孔氏之遗经，摘发嘉新之伪制，以是自任，成一家言。仆方钻研之不尽，奚敢复有异同？顾私心不无过计者。窃以为伪《周官》《左传》可也，伪《毛诗》不可也；伪《左传》之羼乱者可也，伪其书不可也。辞惄繁多，非仓卒所能究，约举一二以当寸莛之扣，可乎？足下不信壁中古文，谓秦法藏书者罪止城旦，又《史记·河间》《鲁共王传》无壁经之说。夫谓秦未焚书者，特博士所藏未焚耳，《始皇本纪》所载甚明。其黥为城旦者以令下三十日为限，限甚迫矣，偶语《诗》《书》，罪且弃市，则设有抗令弗焚者，罪恐不止城旦，史文弗具，未可以是而疑秦法之宽也。当史公时，儒术始兴，其言阔略，《河间传》不言献书，《鲁共传》不言坏壁，正与《楚元传》不言受《诗》浮丘伯一例。若《史记》言古文者，皆为刘歆所窜，则此二传乃作伪之本，歆当弥缝之不暇，岂肯留此罅隙，以待后人之攻？足下谓歆伪《周官》，伪《左传》，伪《毛诗》《尔雅》，互相证明，并点窜《史记》以就己说，则歆之于古文，为计固甚密矣，何于此独疏之甚乎？史公自叙年十岁则诵古文，《儒林传》有古文《尚书》，其他涉古文者尚夥，足下悉以为歆之窜乱。夫同一书也，合己说者则取之，不合者则伪之，此宋、元儒者开其端，而近时汉学家为尤甚。虽未尝无精深之言，要非仆之所敢言也。班史谓：迁书载《尧典》《禹贡》《洪范》《微子》《金縢》诸篇多古文说，今案之诚然。足下将以此亦歆所窜乱乎？歆果窜此，曷不并窜河间、鲁共二传以泯其迹乎？古文《尚书》之可疑以出自东晋，其辞缓弱，与今文不类，经阎、惠诸家考之而愈明。《左传》之可疑以论断多不中理，分析附益，自必歆辈所为，故汉儒及朱子皆疑之。然汉儒断断争辨者，但谓左氏不传经，非谓其书之伪也。（"处者为刘"及"上天降灾"四十七字，孔疏明言其伪；班叔皮《王命论》刘承尧祚，著于《春秋》，叔皮与刘歆时代相接，此为歆辈附益之显证，"上天降灾"诸语尤出于晋以后耳。）左氏与《国语》，一记言，一记事，义例不同，其事又多复见。若改《国语》为之，则《左传》中细碎之事将何所附丽？且《国语》见采于史公，非人间绝不经见之书，歆如离合其文以求胜，适启诸儒之争，授人口实，愚者不为，而谓歆之谲为之乎？《史记》

多采《左传》，不容不见其书，或史公称《左传》为《国语》则有之，谓歆改《国语》为《左传》，殆不然也。（《仪礼》《左传》《国语》《战国策》皆后人标题，故无定名，诸子书亦多如是。犹《史记》非史迁本名。即称《太史公书》者，亦杨恽所题，史迁当时初不立名也。）《左传》《毛诗》传授不明，班史虽言之凿凿，实有可疑，然左氏之可疑者，仅在张苍、贾谊以上耳。谊为《左氏训故》，其书不见于《艺文志》，太傅《新书》亦经后人羼杂，可据者惟《汉书》本传。本传虽引白公胜之事，其出于左氏与否不可知。孟坚作《张苍传》甚详，而并无一言与左氏相涉。书之晚出自不待辨，但张禹以言左氏为萧望之所荐，其事实不能伪造。尹更始翟方进、贾护、陈钦之传授，鲁国桓公、赵国贯公、胶东庸生之讲习，耳目相接，不能凿空，歆是时虽贵，幸名位未盛，安能使朝野靡然从风，群诵习其私书耶？（《春秋序》疏：“《严氏春秋》引《观周》篇，孔子修《春秋》，丘明作传，共为表里。”刘申受斥为非严彭祖之言。夫左氏不传《春秋》之义耳，曷尝不传《春秋》之事乎？其义则为歆所窜乱，本传固有转相发明之语为可证也。）穀梁始立学时，亦多纷纭之论。然穀梁传经，左氏不传经；穀梁有师法，左氏无师法；穀梁靡所窜乱，左氏多所附益。加以移书责让，怙宠逞私，诸儒之愤争，固其所也，而可以是断为伪乎？左氏不传《春秋》，此汉儒至当之言。刘申受作考证据以分别真伪，仆犹病其多专辄之词，深文周内，窃所不取。“六经”大旨，皎若日星，师说异同，虽今文亦有可疑。丘盖不言，固圣门阙疑之旨，必锻炼之以伸己意，安用此司空城旦书乎？《毛诗》晚出，与三家互有得失。三家之说，班史谓：“如不得已，鲁为最近。”而《鲁诗》久佚，近儒缀辑，百无一存。郢书燕说，盖犹不免就其存者，慎择焉以订毛之失则可矣，欲废毛而远述三家，无是理也。足下谓今文与今文，古文与古文皆同条共贯，大著未获卒业，不知其说云何？以仆言之，则《毛诗》不尽同于古文也。十五国风之次与季札观乐不同；《昊天有成命》郊祀天地，与《周官》南北郊分祀不同；《我将》祀文王于明堂，且与今文《孝经》同；《文王》受命作周，则与今、古文《尚书》皆同。其他礼制同于戴《记》者尤多，故康成以《礼》笺《诗》，虽或迁曲，要非尽古文之学也。（《行露》传“昏礼纯帛不过五两”，与地官媒氏文同；《天保》传“春祠、夏礿、秋尝、冬烝”，与春官大宗伯文同；《白华》传“王乘车履石”，与夏官隶仆文同；《駉》传"诸侯六闲"与夏官校人文同；夏官有挈壶氏，《东方未明》传亦有之；秋官司圜有圜土，《正月》传亦有之，此类皆似为古文同条共贯之征。然安知非刘歆窜乱《周官》时剽窃毛传，如梅氏古文《尚书》之比耶？《皇皇者华》传"访问于善为咨"，《皇矣》传，"心能制义曰度"，皆同于左氏，此经师相传遗说，不妨互见。犹穆姜论"元亨利贞"与孔子《文言》同，可谓《周易》亦伪作耶？歆《移太常》不及《毛诗》，彼固自有分别，可知《毛诗》不当与三家并斥也。）陈恭甫疏证《五经异义》，所采有今文与今文、古文与古文各异者，亦间有今文与古文相同者。就其所采已如此，况许、郑之辨，不尽传于今者乎？圣人微言大义，莫备于《易》与《春秋》，二传尤微言所萃。穀梁自范注行，汉儒家法不可得见矣，可见者犹有《公羊解诂》一书。后人不明托王之义，凡所为非常可怪之论，悉归咎于邵公，邵公不任咎也。然六经各有大义，亦各有微言，故十四博士各有家法。通三统者《春秋》之旨，非所论于《诗》《书》《易》《礼》《论语》《孝经》也。孔子作《春秋》，变周文，从殷质，为百王大法。素王改制，言各有当，七十子口耳相传，不敢著于竹帛。圣贤之慎盖如此。《诗》《书》《礼》《乐》，先王遗典，使皆以一家私说羼于其中，则孔子亦一刘歆耳，岂独失为下不倍之义，抑亦违敏求好古之心。必若所言，圣人但作一经足矣，曷为而有六欤？《王制》一篇，汉儒后得，为殷为周，本无定论。康成于其说之难通者，乃归之于殷，今更欲附会《春秋》改制之义，恐穿凿在所不免。《论语》二十篇可附会者，惟"夏时殷辂"、"文王既没"数言，然既通三统，则韶乐、郑声，何为而类及之？《春秋》改制，犹托王于鲁，不敢径居素王之名。素王者弟子尊之之词，非夫子自称也。匡人之围，俨以素王自居，圣人果若是之僭乎？《尧曰》篇，历叙帝王相承之统绪，而次以子张问从政，固有微旨，但此为门人所次第，孔子之告子张，曷尝有一言及于改制？近儒为公羊学者，前则庄方耕，后则陈卓人。方耕间有未纯，大体已具，卓人以《繁露》《白虎通》说《公羊》，乃真公羊家法也，非常可怪之论，至于董子、邵公可以止矣。刘申受于邵公所不敢言者，毅然言之，卮辞日出，流弊甚大。《公羊》与《论语》，初不相涉，而作《论语述》，何以疏通之？戴子高复推衍之，其说精深，剧可寻绎。然谓《论语》当如是解也，然乎？否乎？足下曩言，西汉儒者乃公羊之学，宋儒者乃四子书之学，仆常心折是言。足下既知四子书与《公羊》各有大义矣，奚为必欲合之？汉、宋诸儒，大端固无不合，其节目不同者亦多。必若汉学家界画鸿沟，是狭僻迷谬之见也。然苟于诸儒所毕力讲明者，无端而羼杂焉以晦之，谅非足下任道之心所宜出也。汉学家治训诂而忘义理，常患其太浅。近儒知训诂不足尽义理矣，而或任智以凿经，则又患其太深。夫浅者之所失，支离破碎而已，其失易见，通儒不为所惑也。若其用心甚锐，持论甚高，而兼济之以博学，势将鼓一世聪颖之士，颠倒于新奇可喜之论，而惑经之风于是乎炽。战国诸子孰不欲明道术哉？好高之患中之也。夫食肉不食马肝，未为不知味也。今学、古学行之几二千年，未有大失也，若《周官》，若《左氏传》，若《古文尚书》，疑之者代不乏人，然其书卒莫能废也。毋亦曰先王之大经大法，借是存什一于千百焉，吾儒心知其意可矣。礼失求诸野，古文不犹愈于野乎？彼其窜乱之迹，歆固自言之，后人辨斥千万言，不若彼无心流露之一二语，为足定其谳也。仆尝盱衡近代学术，而窃有治经不如治史之谬论。方当多事之秋，吾党所当讲求者何限，而暇耗日力于两造不备之谳辞哉？（《公羊》多有切于人事者，宜讲明之。通三统之义，尤非后世所能行，辨之极精亦仍无益。汉时近古，犹有欲行其说者，故诸儒不惮详求。今治《公羊》不明是义，则全经多所窒阁，不足为专家之学，若遍通，于六经殊无谓也。凡学以济时为要，六经皆切当世之用，夫子不以空言说经也。后世学术纷歧，功利卑鄙，故必折衷"六艺"以正之，明大义尤亟于绍微言者以此。宋儒之所为优于汉儒者亦以此。质文递嬗，儒者通其大旨可耳。周制已不可行于今，况夏殷之制为孔子所不能征者乎？穿凿附会之辞，吾知其不能免也。曾是说经而可穿凿附会乎？）若夫新周故宋、黜周王鲁，惟圣人能言之。圣人且不敢明言之，汉儒言之，亦未闻疏通"六经"以言之。仆诚固陋，且姝姝于一先生之说，以期寡吾过焉。不揣狂戆，无任主臣，幸辱教之。敬承起居，词不宣意。（《翼教丛编》卷一）

朱侍御答康有为第三书

贵门人复洪给事书一通，读讫敬缴。秦政焚书千载唾骂，贤师弟独力为昭雪，何幸得此知己耶！虽然，足下不鄙仆之庸愚，虚怀下逮，仆敢不以正对。自顷道术衰息，邪说朋兴，圣学既微，异教遂乘间而入，气机之感召固有由来。忧世者亟当明理义以正人心，岂可倡为奇邪，启后生以毁经之渐？《乐经》先亡，已无如何，幸而存者仅有此数。自伪古文之说行，其毒中于人心，人心中有一六经不可尽信之意，好奇而寡识者遂欲黜孔学而专立今文。夫人心何厌之有？六经更二千年，忽以古文为不足信，更历千百年，又能必今文之可信耶？欲加之罪，何患无辞。秦政即未焚书，能焚书者岂独秦政？此势所必至之事，他日自有仇视圣教者为之。吾辈读圣贤书，何忍甘为戎首？东坡谓："其父杀人，其子行劫。"不可不加之意也。近世言《尚书》者坐枚赜以伪造古文之罪，既知其不足以与此，乃进而坐诸皇甫谧；既又知其不足与此，乃进而坐诸王肃，肃遂足以与此哉？治经所以明理，"莫须有"三字固不足以定爰书。即使爰书确凿，亦不过争今、古文之真伪已耳，曾何益于义理？近儒谓古文虽伪，而作伪者皆有来历，其书仍不可废，然则枉费笔墨何为乎？此事本两言可决，而诸老先生哓哓不已，仆方怪许子之不惮烦，乃足下知伪《尚书》之说数见不鲜，无以鼓动一世，遂推而遍及于"六经"，嘻！其甚已。足下谓今文之与今文，古文之与古文皆同条共贯，因疑古文为刘歆所伪造。夫古文东汉始行，本皆孔氏一家之说，岂有不同条共贯之理？若今文固不尽同，西汉立十四博士，正以其说之有歧互也。立《鲁诗》，复立齐、韩；立欧阳《尚书》，复立大、小夏侯。一师之所传且如此，况今古文之学岂能尽同？今文家言传者无多，自东汉时师法已乱，其仅存者乃始觉其同条共贯耳，岂西汉诸儒之说果如斯而已乎？（如《鲁诗》说《关雎》与齐、韩异，此类今犹可考，由此推之，今文必不能同条共贯也，乃执所见以概所不见，未免轻于立说矣。）西汉之有家法，以经始萌芽，师读各异。至东汉而集长舍短，家法遂亡，由分而合势，盖不能不如此。儒者治经但当问义理之孰优，何暇问今、古文之殊别？近儒别今、古文，特欲明汉人专家之学，非以古文为不可从，必澌灭之而后快也。古文果不可从，马、郑曷为从之？马、郑而愚者则可，苟非甚愚，岂其一无所知，甘受人愚而不悟？刘歆之才识视马融等耳，足下何视歆过重，至使与尼山争席，视马、郑过轻，乃村夫子不若乎？且足下不用《史记》则已，用《史记》，而忽引之为证，忽斥之为伪，意为进退，初无确据。是则足下之《史记》，非古来相传之《史记》矣。凡古今学术偏驳者莫不持之有故，言之成理，不然，聪明之士安肯湛溺乎？其中，愈聪明则愈湛溺？差之毫厘，缪以千里，故君子慎微。夫学术在平淡，不在新奇，宋儒之所以不可及者，以其平淡也。世之才士莫不喜新奇而厌平淡，导之者复不以平淡而以新奇。学术一差，杀人如草，古来治日少而乱日多，率由于此。世亟需才，才者有几？幸而得之，乃不范诸准绳规矩之中，以储斯世之用，而徒导以浮夸。窃恐诋讦古人之不已，进而疑经；疑经之不已，进而疑圣；至于疑圣，则其效可睹矣。势有相因，事有必至，明隆、万间之已事可为寒心。夫今之学者，义利之不明，廉隅之不立，身心之不治，时务之不知。聪颖者以放言高论为事，谓宋、明无读书之人；卑陋者以趋时速化为工，谓富强有立致之术。人心日伪，士习日嚣，是则可忧耳。不此之忧而忧今、古文之不辨，吾未闻东汉兴古文以来，世遂有乱而无治也。夫学以匡时为急，士以立志为先，四郊多垒，而不思卧薪尝胆，以雪国耻者，卿大夫之辱也；邪说诬民而不思正谊明道以挽颓流者，士君子之辱也。古之儒者非有意于著书，其或著书，则凡有关乎学术之邪正，人心之厚薄，世运之盛衰，乃不得不辨别之以端后生之趋向。若二千余载，群焉相安之事忽欲纷更，明学术而学术转歧，正人心而人心转惑，无事自扰，诚何乐而取于斯。充足下之意欲废《毛诗》，然《毛诗》废矣，鲁、韩之简篇残佚，可使学者诵习乎？欲废《左传》，然《左传》废矣，《公》《穀》之事实不详，可使学者悬揣乎？足下之说果行，其利亦不过如斯。若不可行，又何为俛焉？日有孳孳，费精神于无用之地也。伊古以来，未有不范诸准绳规矩之中而能陶冶人才、转移风气者，足下之高明，其遂无意于是乎？极知言之僭越，然过承知爱，不敢不贡其愚。若其言之有关考订者，前书已略陈之，无烦赘及。信而好古，多闻阙疑。仆虽不敏，亦尝受孔子戒矣，敬以持赠，何如？（《翼教丛编》卷一）

朱侍御答康有为第四书

曩贡一笺，谬自托于他山攻错之义，规讽深切，既发而辄悔，惴惴焉，惟见绝于大君子之门是惧，乃复书冲挹，不以为凿枘，而奖借之，且惭且感。世俗喜谀恶直，其不以规为瑱者几希矣，何幸昔贤雅度，犹得并吾世而亲见之耶？虽然，足下好善之忱则笃矣，而其所建以为名者，仆虽固陋，诚期期知其不可。来书谓仆不察足下之意，疑类于乾嘉学者之所为，仆乌敢以是轻量足下哉？使足下仅猎琐文单义，日事谀闻，则仆当宛舌固声之不遑，岂敢复以逆耳之言进。其谬托于他山攻错之义者，正以足下自处甚高，凡所论撰皆为一世人心风俗计，仆故不敢不罄其愚，冀足下铲去高论，置之康庄大道中，使坐言可以起行，毋徒凿空武断，使古人衔冤地下，而吾仍不得六经之用也。

道也者如饮醴尊然，无智愚贤不肖，人人各如其量，挹之而不穷。世之人以其平淡无奇也，往往喜为新论，以求驾乎其上，遂为贤智之过而不之悟。足下自视其愚乎，其智乎？毋亦有当损过以就中者乎？《周官》《左传》言不中理者，昔人未尝不疑之而辨之，辨之可也，因是而遂遍及六经，于其理之灼然不疑者，亦以为刘歆所赝造。歆何人，斯顾能为此？足下徒以一疑似之《周官》，而殃及无辜之群籍，是何异武帝之沉命法、文皇之瓜蔓抄也，谓非贤智之过乎？汉时续《史记》者甚多，后人不察，往往混为史迁之作，竹汀、瓯北诸家皆辨之，辨之是也，因是而遂割裂其全书，强欲坐刘歆以窜乱之罪。歆如窜乱，自当弥缝完好，求免后人之攻，何以彼此纷歧，前后抵牾，罅漏百出，奚取于斯？足下为此无征不信之言，傅合文致以成其罪，歆不足惜，如六经何？是奚翅宋人之三字狱、周室之罗织经也，谓非贤知之过乎？从古无不敝之法，有王者作，小敝则小修之，大敝则大改之，法可改而立法之意不可改。故曰其人存则其政举，其人亡则其政息，政之敝坏乃行法者之失，非立法者之失也。今托于素王改制之文，以便其推行新法之实，无论改制出于纬书，未可尽信，即圣人果有是言，亦欲质文递嬗，复三代圣王之旧制耳，而岂用夷变夏之谓哉？当今之时，岂犹患新法之不尽行，而重烦吾辈喋喋为之先导。足下其无意于斯道也，诚有意于斯道，则凡圣经贤传之幸而仅存者，一字一言当护持珍惜之不暇，而反教猱升木，入室操戈，窃恐大集流传，适为毁弃六经张本耳。足下兀兀穷年，何屑倒持太阿而授人以柄，始则因噎废食，终且舐糠及米，其殆未之思乎？原足下之所以为此者无他焉，盖闻见杂博为之害耳。其汪洋自恣也取诸庄，其兼爱无等也取诸墨，其权实互用也取诸释，而又炫于外夷一日之富强，谓有合吾中国管、商之术，可以旋至而立效也。故于圣人之言，灿著六经者悉见为平淡无奇，而必扬之使高，凿之使深，恶近儒之言训诂破碎害道也，则荡涤而扫除之，以训诂之学归之刘歆，使人无以自坚其说，而凡古书之与吾说相戾者，一皆诋为伪造，夫然后可以惟吾欲为，虽圣人不得不俯首而听吾驱策。噫！足下之用意则勤矣，然其所以为说者亦已甚矣。古人著一书，必有一书之精神面目，治经者当以经治经，不当以己之意见治经。六经各有指归，无端比而同之，是削趾以适屦，屦未必合而趾已受伤矣。刘申受，宋于庭之徒援《公羊》以释四子书，恣其胸臆，穿凿无理。仆尝谓近儒若西河、东原，记丑而博，言伪而辨，申受、于庭析言破律，乱名改作，圣人复起，恐皆不免于两观之诛。乃以足下之精识，而亦为所惑溺，岂不异哉！圣门教人《诗》《书》执礼，性与天道不可得闻。《易》《春秋》皆言性道之书，游，夏且不能赞一辞，而欲以公羊家之偏论，变易《诗》《书》礼乐，将使后人何所取信，学者何所持循？如足下言，《尚书》当读者仅有二十八篇，余自《周易》《仪礼》《公》《穀》《论》《孟》而外，皆当废弃。五经去其四，而《论语》犹在疑信之间，学者几无可读之书，势不得不问途于百家诸子。百家诸子之言，其果优于古文哉？来书言时各有宜，学各有主，而必以求仁为归。大哉言乎！微足下仆不闻此言也。然求仁之说将主孔孟而以立达为仁乎，抑主墨氏而以兼爱为仁乎？且今之时何时乎？疾之可以猛攻者，必其少年坚实，偶感疵疠者也，若羸疾而攻以猛剂，不自速其毙者几希。今之疾其实乎，羸乎？而谓参苓为不足用乎？乌喙、钩吻非常用之物，以之攻毒，毒尽而身亦随之，况欲以之养生乎？足下以历代秕政归狱古文，其言尤近于诬。当西汉时古文未兴，何以有孝武之穷兵、元成之失道？此非事实，仆以为不足辨也。六经、四子之书日用所共由，如水火菽粟之不可阙，无论今文、古文，皆以大中至正为归，古今止此义理，何所庸其新奇。闻日新其德矣，未闻日新其义理也。乾嘉诸儒以义理为大禁，今欲挽其流失，乃不求复义理之常，而徒备言义理之变。彼戎翟者，无君臣，无父子，无兄弟，无夫妇，是乃义理之变也。将以我圣经贤传为平淡不足法，而必以其变者为新奇乎？有义理而后有制度，戎翟之制度，戎翟之义理所由寓也，义理殊斯风俗殊，风俗殊斯制度殊。今不揣其本而漫云改制，制则改矣，将毋义理亦与之俱改乎？

　　百工制器是艺也，非理也。人心日伪，机巧日出，风气既开，有莫之为而为者，夫何忧其艺之不精？今以艺之未极其精，而欲变吾制度以徇之，且变吾义理以徇之，何异救刖而牵其足，拯溺而入于渊，是亦不可以已乎。人心陷溺于功利，行法者借吾法以遂其私，而立一法适增一弊，故治国之道必以正人心、厚风俗为先，法制之明备抑其次也。况法制本自明备，初无俟借资于异俗，讵可以末流之失归咎其初祖，而遂以功利之说导之哉？世之揣影听声，愚而可悯者，既不足以语此。一二贤智之士矫枉过正，又以为圣圣相传之《诗》《书》礼乐果不足以应变也，而姑从事于其新奇可喜者，以为富强之道在是。彼族之所以富强，其在是乎，其不在是乎？抑亦有其本原之道在乎，抑彼之所谓本原者，道其所道而非吾中土所能行，且为天下后世所断断不可行者乎？以足下之精识而亦惑溺于是，则斯道其奚望也。足下服膺孟、荀，荀子之言曰："君子行不贵苟难，说不贵苟察，名不贵苟传，惟其当之为贵。"孟子之言曰："君子反经而已矣，经正则庶民兴，庶民兴斯无邪慝。"历观往古治乱之原，未有不由乎此者也。足下不语经而语权，不贵当理而贵苟察，是则近世为公羊家言者误之也。仆不肖，屡辱知己之言，其敢默而息哉？贵门人日记十二册，穷日之力读之，高明沉潜，各极其胜。足下因材善诱，所标举者尤多诣微之言，河汾江汉，成就殆未可量，而惜乎其以伪经改制之说羼之也。怀不能已，再布区区，惟足下裁择焉。（《翼教丛编》卷一）

朱侍御答康有为第五书

曩剧谈彻夜，深幸固陋之见，有契高明，而论性则终以不合，此古来聚讼之事，非独今为然也。窃意夫子之言性，明著于《系辞》《论语》，与《诗》《书》《中庸》《乐记》所言若合符节，自告子、荀子之论出，乃始与老庄、释氏相混。其说甚长，曾于答诸生问目中及之，他日当录以就正。今君论性，以荀、董为归，仆姑举二家之失而折衷于圣人，可乎？

《系辞》："一阴一阳之谓道。"阴阳者气也，道者兼理与气之名也，舍阴阳无以见道，舍气无以见理，而理则实宰乎气。人得是理以生，愚者可以与知能，智者可以赞化育。气有昏明厚薄之不同，斯理之随气以赋者，亦因之为差等。苟无是理以宰是气，则人、物之生浑然一致，而人之性真同于犬牛之性矣。人之所以异于禽兽者，以其有此五常之全理。五常本于阴阳，阴阳本于太极，物物一太极，故禽兽亦间有具五常之一体者，特见偏不见全，蜂蚁之君臣、雎鸠之夫妇，岂可与人相提而并论？盖太极者，道之未形也。道既形，则善之名以立，性之类以分。惟人也得天地之中气，故有物必有则，有气必有理。继之者善，纯以理言；成之者性，则兼理与气言。理、气合而成质，故恒言曰气质，理在气中，言气不必复言理也。理无形象、无方体，因气以著，要不得谓有气而无理。譬之木焉，其受规矩准绳者质，其生是木者气，其生是木而必使之中规矩准绳者理。无是理，则木之生，何以不中陶冶而中匠石；人之生，何以不为禽兽而为圣贤也？成性者物所同，继善者人所独。人惟得此本然之善，乃能穷理以尽性，尽性以至命，物则乌乎能？穷理者，穷此继善成性之理，求复乎天命之本然，而一切气拘物蔽，皆有以辨其惑而祛其累，故曰："天命之谓性，率性之谓道，修道之谓教。"若人性本恶，则亦何理之可穷，何道之可修，何性之可率？而天之所以与我者，惟是凶恶顽嚚之物，吾当蔑性之不遑，怨天之不暇，仲尼何必复知天命，文王何必纯亦不已，而与此专生恶物之天合德也。且《系辞》所谓穷理者，将穷极凶恶而后可以尽性至命乎，有是理乎？（率之训循，经典达诂，王充《论衡》独训为勉，于古无征。谓率勉于学则可，谓率勉于性则不可。王充乃云："教告率勉，使之为善。"是则修道谓教之事，而岂率性谓道之事耶？充于《中庸》文义尚未尽明，其言乌足依据。）《召诰》曰节性，祖伊曰虞性，《卷阿》曰弥性，惟气有昏明厚薄之不同，故性当节，惟气有理以为之宰，故性可节，虞性、弥性云者，合乎当然之则，以充乎本然之量，即穷理尽性至命之谓也。夫性何以节？恃有礼而已。礼也者，理之不可易者也，本于太一，淆于万殊，皆所以范其血气心知，以渐复乎天命之本然，而初非有所矫揉造作。义以为质，礼以文之，是故措诸天下而咸宜，俟诸百世而不惑。若人性本恶，则当毁冠裂冕，弃礼易乐，喻焉而莫能从也，威焉而莫能遏也。吾未闻枭獍在前，犬羊在后，而儒生可持一卷之书以格之，圣王可持五礼之制以化之也。此无他，其性与人殊也。惟人则不然，有物必有则，有气质必有义理，有父子必有慈爱，有君臣必有等威，放诸东海而准，放诸西海而准。瑶僮之悍族、貉貐之野人，其俗与人异，其君臣父子未尝不与人同。其同焉者性也，其异焉者习也，其失本心而至于几希禽兽者，习也，非性也。故四端贵乎扩充，夜气在乎存养。《孟子》七篇多言审端致力之事，曷尝任性而废学哉？《系辞》之穷理尽性，《论语》之性近习远，与孟子之言性善一也。惟性善故相近，惟性善故可学，若人性本恶，则不待习而已远，纵欲学而不能，又何相近之有？后儒不达孟子之意，并不达古书之义例，动以越椒、商臣相诘难。夫春秋二百四十年，如越椒、商臣者有几？圣贤但道其常，岂可以一二人之偶异，而昧亿兆人之大同。犬马恋主，禽鸟报德，传记所载，间亦有之。然论性者终不以一二物之偶类乎人，遂谓犬之性犹人之性，独于越椒、商臣疑之，抑何不充其类也。天下未必无枭獍，而吾目之所接，日见六畜而未一见枭獍，则亦何必举所不见以为说，而转昧乎同然之理哉？是以先工之制礼也，有顺而致焉，有逆而致焉。其顺而致也，以人性之本善，恻隐羞恶，是非辞让，理固具于生初，知皆扩而充之，可以赞天地之化育也；其逆而制也，以理寓乎气，性发为情，气有昏明厚薄之不同，其发之也亦异，苟失其养，则旦昼牿亡，人欲肆而天理灭，人欲肆而天理灭，则其违禽兽不远矣，非礼无以防之也。圣人不授权于气质，而必以善归诸性，故质有善有恶，情有善有恶，欲有善有恶，惟性也有善而无恶。彼荀卿者盖以情为性，昧乎性之本原，而又好为立异，不自知其言之过当者也。信如所言，是圣王制礼，但为苦人之具，而并非顺乎性之自然，无惑乎老庄、释氏之徒，皆欲逃出乎礼法之外，昌言弃礼而不之恤矣。且荀卿以学为起性化伪，夫三代后士多以《诗》《书》为文饰之具，其能变化气质者，千不获一焉。何以天理民彝之正不绝于终古，毋亦人心之所同然，皆得于赋界之初而不容自昧者乎？谓学以扩充四端则可，谓学以起性化伪乌乎可。荀子尊学而绌性，沿流而昧原，悍然斥之曰性恶。夫尊学者是也，绌性者非也。假有人焉，谓吾之性已恶矣，虽力学何所用之？吾闻甘受和，白受采，未闻苦而可以受和，缁而可以受采也。夫既命吾以恶，吾宁顺天而行恣睢暴戾，以快吾一日之欲已耳，是尊学适以废学。荀子其何说之辞，借曰有激而云然也，恶有大儒垂训，而可以立言矫激者乎，而况其为论性之大乎？董子长于言阴阳五行而短于言性，知性禾善米，亦知禾之中固有米而无粮莠乎？知性如茧、如卵，亦知丝在茧中，苟无丝何有茧；雏在卵中，苟无雏何有卵乎？卵之不能为丝，茧之不能为雏，理也；惟性之不能为恶，亦理也。谓性与善各有主名，不容以性为善，然则性与恶亦各有主名，独可以性为恶乎？有物必有则，犹之有茧必有丝，有卵必有雏也。继之者善，成之者性，人性之善犹水之就下，圣贤所斤斤致辨者，曷尝混性与善而为一？如欲深察名号，则水自就下，不可即以水为下，容得谓水之不就下乎？性自皆善，不可即以性为善，容得谓性之非本善乎？譬诸茧自出丝，卵自出雏，不可即以茧为丝，以卵为雏，容得谓茧非始于丝，卵非始于雏乎？有雏种而后成卵，有丝种而后成茧，有继善而后成性，是董子之言反若与孔、孟相发明，而又何疑焉？且董子明阴阳五行，既知身有性情，犹天之有阴阳矣，盍亦思阴助阳以生物，阳之德固主生而不主杀乎？谓性不皆善，是必天地不以生物为心而后可也。天道无不善，则禀乎天以为性者，安有不善？董子但知善出于性，而不知性实出于善，已显与《系辞》相悖，乃漫援善人有恒以为喻，其说益复支离。善人者成德之称，岂性善之谓乎？近人好攻宋儒，见有与宋儒异趣者，无论理之是非，必称述之以为快。夫宋儒岂必一无可攻？要非矜心躁气者所能哗以求胜。今舍《诗》《书》之微言、《系辞》之明训，徒取诸子驳杂无当之说，以与圣贤相枝柱，而适流为异端之归，何取乎尔。《荀子》之书，大醇小疵，三十二篇中，惟《解蔽》篇为最精，然自"圣人知心术之患"以下，多杂道家宗旨，其醇者已为周子《太极图说》所取，近人尊荀而诋周，知二五而不知十，名为尊荀，实未知所以尊也。足下高识，岂不知之？特牵于董子之言，祖《公羊》，遂祖《繁露》，而因祖及荀子耳。仆于董、荀之学皆有笃嗜，而其悖于圣言者未敢一例附和。董子有言："正朝夕者视北辰，正嫌疑者视圣人。"请以圣人手著之《系辞》，一正董、荀，可乎？（《翼教丛编》卷一）

叶德辉

明教

泰西之教，魏源《海国图志》考之未详，又不见其《旧约书》，亦为未备。近人宋育仁《采风记》，合《旧约》《新约》二书辟之，可谓有功名教矣。

但其所载《旧约书》与余所见者又别一译本。盖中西文字既异，教旨又屡有变更，或一书而译者不同，是未可定。至尊奉十字，则新、旧固无异词，而其说之两歧，亦始终不能合辙。予尝反复推求，而知其教之不能自立也。

夫中土教之最古者为巫，迨黄帝正名百物，进草昧而文明，于是尧、舜继之，以无为为治，道教始萌芽于此矣。老子著书上下篇，言道德之意，道家宗之。故后世称道教者，必曰黄老。老氏之学，一变而为儒，再变而为法。其入夷狄而为浮屠也，又变而为释。释教盛于身毒，即今之印度也。今西域海西诸教，若回回，若天方，若天主，若耶稣，又本释氏之支流余裔，各以其一鳞一爪，纵横于五大洲之间。盖天下古今之教，未有大于道教者。孔子问礼于老聃，见于马迁《史记》（《庄子》亦屡言之）。汉人如王符《潜夫论》、应劭《风俗通》亦云孔子师老聃，武梁祠石刻画像有孔子见老子图，是孔子之学出于老氏，言本有征。昌黎《原道》辟之，乃干城吾道之言，非不见汉人书者也。不思青出于蓝，冰寒于水，问官郯子，窃比老彭，惟其学无常师，愈以见孔子之大，此亦何必为孔子讳哉？当孔子之世，而隐与之若敌者，则有墨子。墨学亦出于道家。周之太史史角，因鲁惠公问郊庙之礼，天子命之往，而其学传焉，《吕览·当染》篇纪其事。史角与老聃同时，又同典礼，渊源授受可得而言。至其末流水火，墨则非儒，孟亦辟墨，卒之理胜者立，理绌者微，此孟子之书，所以进而同于六艺也。孔教为天理人心之至公，将来必大行于东西文明之国，而其精意所构，则有以辉光而日新。伦理为中西所同，血气尊亲，施及蛮貊，好生恶杀，人心之本然。孔子志在《春秋》，以救一世之乱逆，行在《孝经》，以立万世之纪纲。复有《论语》一书，综百王之大法，传其教者，如曾子、如子夏、如孟子，皆身通六艺之学，心究万变之情。凡人心所欲言者，莫不于数千百年以前言之，殆彼苍默知有今日之时局，而先以战国造其端。人之持异教也愈坚，则人之护圣教也愈力。西人之言曰争自存，理固然也。泰西之教之盛，无如天主、耶稣，其教蔓延于五洲，又浸淫及于亚洲之内。先识之士，谓孔子之教将寝息百年而再兴，再兴之日，则诸教皆为所混一。余则以为不然。夫观孔教之废兴，当观乎人心之利害，彼教之消长，名义之虚实，推行之难易，而后百年内外之局，得于今日断之。今五洲民户，中国号有四百兆众矣，此四百兆者，男女老幼，人人意中有一孔子，虽有刀兵水旱之劫，以去其三百兆之众，而所遗之百兆，非以无形之孔教治之，则篡弑相寻，天下且成为虚器，何有于君主、民主、君民共主也者？况今日西教之中，有所谓卜斯迭尼教者，其人多世家贵胄，以忠孝节义为宗，以尚俭弭杀为戒。又有剖而司登教者，倡君为民首之说，以纠平等之非。天主、耶稣之教，西国未之从者十之二三，自卜斯迭尼教兴，而人心靡然向风，实为通孔教之渐。剖而司登教，虽未盛行，而言之成理，至今亦与诸教会并立。至其国之言格致学者，又往往与两教相抵牾，此实彼教之隐忧，而孔氏之先路矣，此利害之说也。

天主立教，本于《摩西》，《摩西十诫》尚不悖于大道。天主离其宗而益之以虚幻，《旧约书》中所载无稽之言，不一而足。其传于中土，最早者，如《天学初函》中之西学，凡《天主实义》《七克》《畸人十篇》等书，皆经中人润色，而其旨总不逾于释氏。《西学凡》及南怀仁《坤舆图说》，后皆附景教碑，是彼族亦自知其学之所自来，亟思借以自重。今乃诋释氏为偶像，毋亦数典而忘祖耶？考景教碑文，一则曰三一妙身，一则曰匠成万物，一则曰判十字以定四方，一则曰印持十字，一则曰七时礼赞，一则曰七日追荐，一则曰不畜臧获，一则曰不聚货财，皆确为天主教之宗旨。其碑额刻十字，以云绕之。又教士有出家不娶之例，亦沙门之遗。及耶稣之徒，变其说以为耶稣钉死于十字架，死而复生，此欲神怪其词，以新一时之耳目，愈久而愈失其宗，竟不知十字为何义。（《马太福音》言耶稣使其徒背负十字架以行，此即十字军之缘起。而又云耶稣钉死于此，可谓请公入瓮矣。）余见彼教所佩之椭圆铜牌，最初者图圣若瑟像。若瑟即约瑟之转音，是为彼族迁埃及之祖，其父雅各则受神传言者也。又有图玛利亚母，手抱耶稣太子，母子各持念珠，珠下缀十字架者。又有面图耶稣受洗，背图三矢交格者。又有面图耶稣，背图十字架，若今之地球架者。至今日兵士所佩，则一铜十字架，上图耶稣被钉之状。饮水而不知源，变本而又加厉，则其教之鄙陋，在西士亦明知其非，而思所以易一颠扑不破之义，以固其说。宋育仁谓其旧书文多俚野，不欲异教人见之，亦未必尽然，特以新教盛则旧教衰，故《旧约》亦因之而废耳，此消长之说也。

溯其初，十字之义，亦如中文之一画开天已耳，一者数之始，十者数之终。《说文解字》曰："十，数之具也。一为东西，丨为南北，则中央四方备矣。"造字之圣人岂预为彼教说法哉？盖地之全体，古人亦已前知，地球之交线即十字之理，《大戴礼·易本命》所谓"凡地东西为纬，南北为经"是也。神农十言之教曰乾坤、震巽、坎离、兑艮、消息，八卦之位居四方，消息所以立体，则中央也。黄帝之臣大桡造甲子，先造十干，甲乙位东方，丙丁位南方，庚辛位西方，壬癸位北方，戊己位中宫。孔子之说士也，曰推十合一；《元命苞》之释土也，曰立十加一。中国立教造字之先，无不因四方中央起义，亦无不准十字起义。牟子《理惑论》云："老子手握十文，足蹈二五。"释氏袭其文以为宝相，《大宝积经》言佛身有卍字文，慧琳《一切经音义》云："梵云'室哩末瑳'二合，唐云吉祥相也。有云万字者，谬说也。"《华严经·花藏世界品之一》慧琳《音义》𤮍下云："梵书万字卍下云室利靺瑳，此云古祥海云。夫所谓室利靺瑳，即前经之室哩末瑳，梵之本音也。所谓吉祥海云，唐之译义也。"《景教碑》额之十字，旁绕五云，即卍字之变体，以中文画之则成十矣。西教窃释氏之单文，释氏又窃中土之单文，乃彼于其义则日变日非，徒托于鬼神以行其术，而中国则自立教之君、造字之臣，未尝断断于一字之义，儒柔其民，此虚实之说也。

自来中国之士，攻彼教者失之诬，尊彼教者失之媚。故谓西人无伦理者浅儒也，谓西教胜孔教者缪种也，果其有伦理，则必有孔教。观于中人不读孔氏之书而知有孔子，视彼以鬼神役其民者，功效又何如耶？凡天下之教不立于中正，则不能久且大。道教至今微矣，三宝乃其至精之言，施之今日，真同刍狗。彼其教能治民简之世，不能治民繁之世，能治民愚之世，不能治民智之世。其实用在礼，儒家得之，所以宰六合而有余；其流弊在柔，释氏得之，所以卫一教而不足。西人自言一切政教源于印度，而反柔为刚，遂能雄视宇宙。然以最尊之十字立教，而前后屡变其词，以最强之兵力行教，而不能胁西国以尽从其教，孔教行之三千年，未尝以兵力从事，此难易之说也。

知斯四者，则孔不必悲，教不必保，忠信笃敬可以达于殊方，魑魅罔两可以消于白昼，汉制虽改而不改，民权不伸而得伸，由乱世而升平、而太平。托于悲悯者，夫亦可以息喙矣。（《翼教丛编》卷三）

《长兴学记》驳义

迩者宛平徐学使督学湘中，以所撰《輶轩今语》颁发学官，分给士子，其中专辄毁经、纰缪无根之语，不一而足。如以训诂为无用，以考古为大谬，以《毛诗》《周礼》为伪经，以《春秋》《公羊》为公法，以《中庸》为孔子行状，以诸子与六经并立，以汉以后无子书阴排宋儒，以四方各有圣人推崇异教，创亘古未有之新闻，翻孔子尊攘之成案。一时横舍之子，相与挢舌屏息，懵然不知其学之所自来。余从坊肆得《中西学门径》七书，中有康有为《长兴学记》、梁启超《读西学书法》等书，而后知学使之书即本原于此，袭谬沿讹，无足怪矣。夫康有为乱民也，梁启超诐士也，考据训诂之不明，乃以训诂当破碎之考据，以微言大义统之口说，不知口说，只有微言，斯皆逞一己之私心，侮圣人之制作，其为学术人心之害，何可胜言。今举《学记》之尤谬者，分条摘驳，以明是非，而以《〈读西学书法〉书后》一篇附于卷末，俾知康、梁之说不中不西，学使之书非今非古，庶二千年之正学，不得淆乱于异端。世有闻风兴起者乎，斯固湘人所馨香祷祝者已。大清光绪二十四年秋七月。

在昔有汉学、宋学之争，于今有中学、西学之辨，究其终始，折中孔子而已。孔子创制法后，翻经演纬，俟圣不惑在大义，因时变通在微言，二宗既畅，条附弥天。虽七十邈矣，孟、荀润色于齐、楚；城旦苛政，图书不沦于烧薪。然东京训诂代兴，经籍道息；宋世老杨夺统，仁爱义乖。陵夷至今，大患愈迫，南海先生忧之，讲学长兴里，著为学记，昭示来兹，爱同类以及异类，推孔教以仁万国。启超幸以爝火之明，得日月之照耀，迩者讲学长沙，仁智兹愧，惧大道之统或坠于眇躬，乃敬将此书上石，以馈天下焉。弟子梁启超敬志。

驳曰：康、梁之书，所以煽动一时之耳目者，其立法至简，其卒业至易，其居心至巧，外假大同之说，内溃名教之防。而其推行之速也，则以上有奥援，下有党众，海内不学之士可以文其固陋，不轨之徒可以行其党会。其始倡言变法以乱政，其继阴乘变法而行教。粤人黄遵宪主之，湘人谭嗣同和之，康门邪说渐有其端绪。迨徐学使导之以禄利之途，其徒日繁，乃相率而鸣于众曰"康学"。嗟乎！紫色蛙声，余分闰位，假素王之名号，行张角之秘谋，尼山有灵，岂能听其流毒宇内哉？吾终见其灭亡已矣。

鄙人戆愚，文质无底，虽尝钻砺，粗知记诵，非能知学也。二三子以蹞踔之志，斐然之资，荡涤污泽，噬肯来游，鄙人无以告焉。然尝侍九江之末席，闻大贤之余论，谨诵所闻，为二三子言之。二三子之来游，非为学耶？学者效也，有所不知，效人之所知；有所不能，效人之所能。若己知己能，共知共能，则不必学。不知不能而欲知欲能，故当勉强也。董子曰："勉强学问，则闻见博而知益明；勉强行道，则行日起而有功也。"

驳曰：《中庸》云："或安而行之，或利而行之，或勉强而行之，及其成功一也。"然则勉强为学问之一途，非学问尽出于勉强矣。作者之言，多害道乱真，行踪尤为诡秘。梁启超效之，乃以民主之说倡乱天下，其《幼学通议》至谓一文一字皆述师训，又谓长游康门得此记，孜孜从事，始知天地间有所谓学问。宜乎缪种流传，诐词散布，宇内如此，而云日起有功也，人心、学术之害，尚可言乎！

夫性者，受天命之自然至顺者也，不独人有之，禽兽有之，草木亦有之，附子性热、大黄性凉是也。若名之曰人性，必不远，故孔子曰"性相近"也。（孟子性善之说，有为而言；荀子性恶之说，有激而发。告子"生之谓性"自是确论，与孔子说合，但发之未透，使告子书存，当有可观。王充、荀悦、韩愈即发挥其说。程子、张子、朱子分性为二，有气质，有义理，研辨较精，仍分为二者，盖附会孟子。实则性全是气质，所谓义理，自气质出，不得强分也。余别有《论性篇》。）夫相近，则平等之谓，故有性无学，人人相等，同是食味别声被色，无所谓小人，无所谓大人也。有性无学，则人与禽兽相等，同是视听运动，无人禽之别也。

驳曰：《论语》"性相近也，习相远也"，自来注疏家及诸家之书，说之累千万言而不能尽，惟《中庸》"天命之谓性，率性之谓道，修道之谓教"数语，为得孔氏真传。盖天命为性，所以相近；不能率性，则习而相远。顾氏炎武以"人之生也直，罔之生也幸而免"解之，其义至为精确。今日说经之书汗牛充栋，诚有如古人所讥博而寡要者，然未有以平等为相近，以人与禽兽为无别者也。（陈白沙集中有《禽兽说略》云："人具七尺之躯，除了此心此理，便无可贵，浑是一包脓血裹一块大骨头，饥能食，渴能饮，能着衣服，能行淫欲，贫贱而思富贵，富贵而贪权势，忿而争，忧而

悲，穷则滥，乐则淫。凡百所为，一信血气，老死而后已，则命之曰禽兽
而已。"按：此说即此记所本，作者无论何学，皆从旁门入，盖其性然也。）
夫平等之说，出于《四十二章》佛经、西人《旧约》诸书，乃演为万物平
等之义。作者非空桑之子，何以俯首帖耳，甘为异氏之前驱。嗟嗟！附子
性热，大黄性凉，如作者之无性，是草木之不若也，又奚足与禽兽为伍哉。

学也者，由人为之，勉强至逆者也，不独土石不能，草木不能，禽兽
之灵者亦不能也。鹦鹉能言，舞马能舞，不能传授扩充，故无师友之相长，
无灵思之相触，故安于其愚，而为人贱弱也。犀象至庞大，人能御之，虎
豹鸷猛，人能伏之，惟其任智而知学也。顺而率性者愚，逆而强学者智。
故学者惟人能之，所以戴天履地而独贵于万物也。之京师者能为燕语，入
吴越者能作吴言，游于贵人之门者其舆服甚都矣，其外有以灌输之也。终
身不出乡，老于山居谷汲者，虽饶衍朴鄙可笑，蔽其所见而无所学也。况
以天地为之居，以万物为之舆，以圣人为之师者乎？

驳曰：《孟子》言犬牛之性与人不同，是人禽之异，不因学不学也。《中
庸》言"率性之谓道"，率性即顺性也，何至于愚。郑氏注《礼·中庸》"勉
强"为耻不若人，朱注以困知勉行为勇，知耻近勇，郑、朱义同，此亦非
至逆之事。作者论学则强人以难，居心则导人以逆，乃独借讲学以文其奸，
殆亦鹦鹉能言之类耶。

同是物也，人能学则贵，异于万物矣。同是人也，能学则异于常人矣。
同是学人也，博学则胜于陋学矣。同是博学，通于宙合则胜于一方矣，通
于百业则胜于一隅矣。通天人之故，极阴阳之变，则胜于循常蹈故、拘文
牵义者矣。故人所以异于人者，在勉强学问而已。夫勉强为学，务在逆乎
常纬。顺人之常，有耳目身体，则有声色起居之欲，非逆不能制也；顺人
之常，有心思识想，则有私利隘近之患，非逆不能扩也。人之常俗自贵相
贱，人之常境自善相高，造作论说，制成事业，与接为构，而目惑荧，而
心洽就。其为是俗，非一人也，积千万人，积亿兆人，积京陔秭壤沟人，
于是党类立矣；其为是俗，非一时也，积日月年，积百十年，积千万年，
于是积习深矣。欲矫然易之，非至逆安能哉？故其逆弥甚者，其学愈至，
其远于人愈甚，故所贵勉强行道也。《大戴·保傅》篇曰："胡越之人，生
而同声，嗜欲不异，及其长而成俗也，累数译而不能通。"故孔子曰"习相

远"，习即学也。惟其学相远，故人与禽兽相远，人与人相远，学人与学人相远。其相远之道里，不啻百十里也，不啻千万里也，不啻亿兆里，至于无可计议，无可知识里也。今譬若尧、舜之与秦政，隋炀、周孔之与张献忠、李自成，相去之远，巧历岂能算之哉？吾党嚣然操简毕、被章缝而为士人，其得天厚矣，亦勉于学思以异于常人而已。

驳曰：此因申人禽无别之说，故谓人之远于禽兽，由于学耳。夫秦政、隋炀、张献忠、李自成，诚有禽兽之行，诚为不学之人，然其知觉运动，非禽兽之知觉运动也。作者居光天之下，而无父无君，与周、孔为仇敌，苟非秉禽兽之性，何以狂悖如此。

然学也者，浩然而博，矫然而异，务逆于常，将何所归乎？夫所以能学者，人也；人之所以为人者，仁也。孟子曰："人者，仁也。"荀子曰："人主仁心设焉，知其役也。"董子曰："仁者，人也。义者，我也。"自黄帝、尧、舜开物成务，以厚生民，周公、孔子垂学立教，以迪来士，皆以为仁也。旁及异教佛氏之普度，皆为仁也。故天下未有去仁而能为人者。虎狼鹰鹯，号称不仁，而未尝食其类，亦仁也。人莫不爱其身，则知爱父母，其本也，推之天下，其流也，有远近之别耳，其为仁一也。是故其仁小者则为小人，其仁大者则为大人。故孝弟于家者，仁之本也；睦姻于族者，仁之充也；任恤于乡者，仁之广也。若能流惠于邑，则仁大矣；能推恩于国，则仁益远矣；能锡类于天下，仁已至矣。《记》曰："凡有血气之物，莫不有知；有知之物，莫不知爱其类。"圣人至仁，亦仅能自爱其类，不能及物，为人亦为我也，所谓仁至义尽也。夫即能仁及天下，亦仅能自爱其类，尽乎人道耳。吾仁亦有所限，方自慊然，岂为高远哉？孔子曰："我欲仁，斯仁至矣。"先师朱先生曰："伯夷之清易，伊尹之任难。"故学者学为仁而已。若不行仁，则不为人，且不得为知爱同类之鸟兽，可不耸哉。

驳曰：作者欲平人禽之等，而以虎狼鹰鹯之不食其类，谓之合于仁，此千古讲学之奇谈也。夫虎狼鹰鹯之不食其类，残暴之性相敌耳，如以为仁，则枭鸟何以食母？破獍何以食父？岂天之生虎狼鹰鹯，不如其生枭獍哉？且凤凰，仁禽也，与飞鸟为类；麒麟，仁兽也，与走兽为类。孟子之言，不闻引与圣人为类也。作者禽兽之性，不惜以其身同鸟兽之群，而附和之者，乃欲以其学祸天下万世也。悲夫！（康云"圣人至仁，仅能自爱其类，不能及物"云云，盖隐讽尼山之教不如救世教之大也。彼教言万物平等，爱仇敌如同类，又皆释氏之绪论。作者以为不传之秘，岂非异事。）

孔子曰："学之不讲，是吾忧也。"陆子曰："学者一人抵当流俗不去。"故曾子谓"以文会友，以友辅仁"，朋友讲习，磨励激发，不可寡矣。顾亭林鉴晚明讲学之弊，乃曰："今日只当著书，不当讲学。"于是后进沿流，以讲学为大戒。江藩谓刘台拱，言义理而不讲学，所以可取，其悖谬如此。近世著书猎奇炫博，于人心世道绝无所关。戴震死时，乃曰："至此平日所读之书皆不能记，方知义理之学可以养心。"段玉裁曰："今日气节坏，政事芜，皆由不讲学之过。"此与王衍之悔清谈无异。故国朝读书之博，风俗之坏，亭林为功之首，亦罪之魁也。今与二三子剪除棘荆，变易陋习，昌言追孔子讲学之旧，若其求仁之方、为学之门，当以次告也。

驳曰：《论语》以讲学修德并论，则非空谈讲学可知，否则坐论一堂，又何忧之有哉？然自汉、宋以来，由讲学而门户，由门户而水火，至于明季，几、复之祸烈矣。亭林鉴于前车之覆辙，遂以聚徒讲学为炯戒，纪河间修《四库全书》诸书提要，尤斥之不遗余力。盖两公防祸未然之心，用意至深且远。作者之徒梁启超著《学会末议》一篇，痛诋顾、纪，因不得遂其结党之私耳。数年以来，康、梁倡为伪经改制、平等民权之说，于是六经去其大半，而学不必一年而成，民无论智愚，人人得申其权，可以犯上作乱。谁为功首，谁为罪魁，天下自有公论。独怪徐学使拾人牙慧，渎乱宗风，而谭嗣同、唐才常之流乃敢多口丧心，以仇视君父之词宣讲于学会，吾恐戴、段有知，九原且为之齿冷。而谓博学于文、行己有耻之亭林，有不闻而疾首蹙额者耶。

天下道术至众，以孔子为折衷；孔子言论至多，以《论语》为可尊；《论语》之义理至广，以"志于道，据于德，依于仁，游于艺"四言为至该。今举四言为纲，分注条目，以示入德焉。志于道：一曰格物，二曰厉节，三曰辨惑，四曰慎独。据于德：一曰主静出倪，二曰养心不动，三曰变化气质，四曰检摄威仪。依于仁：一曰敦〔行〕孝弟，二曰宗〔崇〕尚任恤，三曰广宣教惠，四曰同体饥溺。游于艺：一曰义理之学，二曰经世之学，三曰考据之学，四曰词章之学。

驳曰：志道、据德、依仁、游艺，朱子集中有此四斋铭。原朱子立斋之意，不过据一时一事之所处，如进德、广业、居仁、求义之类，岂得谓此四语即足尽《论语》之义哉？此盖托朱子之门户，而杂以颜习斋、李刚主"三物"、"六艺"之说。其东涂西抹，本不足辨其是非，顾以其生平行事考之，实有不可教人者。夫结党营私，不得谓之格物。（康云格物为捍欲，另辩于后。）奔走权门，不得谓之厉节。其学出入于释、耶，为离经畔道之尤，不得谓之辨惑。热中富贵，终日栖皇，不得谓之慎独。此其不可教人者一也。自公车上书至于通籍以后，借端滋扰，未尝一日安居，不得谓之主静出倪。《伪经考》之狱起，以急电求援京师而事得寝，及游桂林，聚徒风洞，以避粤人之攻，不得谓之养心不动。迹其少时以无赖为害乡里，乡举后，其势益横，粤中言人人同，不得谓之变化气质。乙未在上海倡自强学会，因狎邪之游，为某妓所窜匿于轮舟之小舟，当时画报有《圣迹图》之作（并缀一诗，又有一联语，载《游戏报》），不得谓之检摄威仪。此其不可教人者二也。《伪经》案发，忘身及亲，不得谓之敦孝弟。控其乡人某通盗影照其手书信札，周内成讼，案逾年而结，株连钩党，乡里无不切齿，不得谓之崇尚任恤。游学桂林，其徒信其邪说，至今有亲死欲短丧者，此外粤人如梁启超、韩文举、叶觉迈、欧榘甲之徒，本其非圣无法之言，流毒湘省，不得谓之广宣教惠。居乡蚕食同类，足迹所至，专以立会敛费为名，阴肥囊橐，不得谓之同体饥溺。此其不可教人者三也。平日著书，诬孔子以惊世骇俗，不得谓之义理。辨言乱政，撝拾西书之皮毛，不得谓之经世。不知经义之宏深，仅据刘申受、龚定庵、魏默深诸家之书，抹杀二千年先贤先儒之传注，不得谓之考据。自梁启超、徐勤、欧榘甲主持《时务报》《知新报》，而异学之诐词、西文之俚语，与夫支那、震旦、热力、压力、阻力、爱力、抵力、涨力等字，触目鳞比，而东南数省之文风，日趋于诡僻，不得谓之词章。此其不可教人者四也。凡若此者，稽之于报章，著之于奏牍，考之于粤中之乡评，国人皆曰可杀，行路得知其心，彼无识之夫，犹且曰南海先生昌明正学，精探道奥，岂非丧心病狂之甚乎！

　　志于道。道之说至歧矣，谨按孔子系《易》曰："立天之道曰阴与阳，立地之道曰柔与刚，立人之道曰仁与义。"然则道者仁义而已，志者志于为仁义之道。孟子曰："居恶在仁是也，路恶在义是也。"指点最为直捷，所以志之，凡有四目。

驳曰：圣人之书，言各有当，此章道字不该仁义而言，观于下文有仁无义，则与立人之道，其义不同可知矣。盖此之所谓道者，天下之达道，朱注所云"日用伦常之道"也。自作者之徒出，吐弃一切传注，以自行其私，于是汉、宋儒先之书，举不足以关其口而夺其气，承学之士相与怪叹骇异，以诩其学之新奇，其实不过袭龚定庵、魏默深诸人之绪余，而行之以颜习斋、李刚主之坚悍。其嘐嘐然自云得七十子之真传，倡二千年之绝学，前后一辙，举世莫撄其锋，故欲破其术，非以经证经，不足以正其学之诞妄。余作是书，即本斯意。所谓群言淆乱衷诸圣，亦何畏其小言破道哉。

一曰格物。格，扞格也；物，外物也。言为学之始，其首在扞格外物也。《乐记》曰："人生而静，天之性也。感于物而动，性之欲也。"物至知至，而后好恶形焉。好恶无节于内，知诱于外，不能反中，天理灭矣。夫物之感人无穷，而人之好恶无节，则是物至而人化物也。人化物也者，灭天理而穷人欲也。（《学记》《乐记》与《大学》同在《小戴》中，精粹如出一手，当为确诂。）孟子曰："耳目之官不思而蔽于物。物交物，则引之而已。""先立其大者，则其小者不能夺也，斯为大人而已。"大学为大人之学，大人在，不为物所引夺，非扞格外物而何？朱子述程子之学，主涵养用敬。又《中庸章句》云"非存心无以致知"，即扞格外物而后能致知也。大旨已合，不过一时误解耳。夫学者如牛毛，成者如麟角，成学之难，由于外物所引也。高科美官、货贿什器，举目皆是，习之数十年，荧之千万人，非有勇猛之力、精进之功，摧陷廓清，比于武事，岂能格之哉？学者当视之如毒蛇猛虎，大火怨贼，念念在兹，芟除洗伐而后能成金刚不坏身也。（用佛氏说儒书，朱子有之。）此是学者入门第一功夫。道者修元，佛氏炼魂，皆有坚定之力而后能入道，岂吾儒可以从容得之乎？若大端有立，则清明在躬，志气如神，其于为学思过半矣。若稍游移，则终身无入道之日，尚其勖哉！（《大学》以格物为入门，郑说固谬，朱子亦不得其解。岂有新学入门之始，而令穷极天下之物理哉？且物理亦无穷尽之日，宜来阳明格竹之疑也。且格至也，物犹事也，训至事为，穷理展转乃能相通。教学首条，无此深强，故今用司马公之说。）

驳曰：《乐记》"人生而静"以下所云，即《论语》"习相远"之义，《论语》皇侃疏引范宁说本之。盖《中庸》率性之反也。朱子《或问》引黎氏立武之言曰："格物之物，即物有本末之物。致知之知，即知所先后之知。"以本节证本经，庶可以息诸家之喙矣。郑注云："格来也，物犹事也。其知于善深则来善物，其知于恶深则来恶物，言事缘人所好来也。此'致'或为'至'。"孔疏云："物既来则知其善恶所至。善事来则知其至于善，若恶事来则知其至于恶。既能知至，则行善不行恶也。"今按：孔疏语意，即温公说之蘖萌。《或问》载温公之言曰："格犹捍也、御也。能捍御外物而后至道。"王阳明兼取诸儒之说，一则曰事事物物皆得其理者，格物也（《答顾璘书》）；一则曰知善知恶是良知，为善去恶是格物（《年谱》载钱德洪、张元冲论先生为学宗旨）；一则曰意所在之事，谓之物格者正也，正其不正以归于正之谓也，正其不正者去恶之谓也，归于正者为善之谓也，夫是之谓格。（《大学问》）而其答黄以方则曰格物即慎独、即戒慎（《传习录》），又与白沙之旨相合。白沙弟子湛若水论学书，以慎独、格物为一事。作者窃其乡人之余唾，嚣然特标为宗旨，又不思其析格物、慎独为二，且与陈学相抵牾。其胸无所主，于此可知。乃彼反以为朱子误解，亦何其不自量耶！且作者讥阳明格竹之非，其于王学尤未深究。考《年谱》载阳明格竹病卧为二十一岁时事，其时王氏始为宋儒格物之学，何足以定是非？作者平日惑于异教之书，持其乡曲之见，大旨本以尊陆、王者尊白沙，而又矫同立异，出之以歧路，此实陈门之外道，抑亦粤学之蛊虱，徐、梁挟之，贼我湘士，甚矣人之不学也。

二曰厉节。节者，假借于竹，有所节止之谓。天道尚圆，人道尚方，圆首以为智，方足以为行，不圆则不能备物理，不方则不能立人道。《记》称"行有格"，又称"砥砺廉隅"，《论语》称"临大节而不夺"，传称"圣达节，次守节，下失节"。宋广平曰："名节至重。"陈白沙曰："名节者，道之藩篱。"顾泾凡〔阳〕曰："学者宜从狂狷起脚，从中行歇脚。"后汉、晚明之儒皆以气节自厉，深可慕尚，劲挺有立。刚毅近仁，勇者强矫，务在任道，若卑污柔懦，终难振起，顾与二三子厉之。

驳曰：明刘三吾称刘印山之言曰："先辈有言，名节一变而至道。"印山早厉名节，烈烈不挫，死生靡惑，宜其变而至道无难也。考印山初学于甘泉，复从阳明受学，后以忤巨奄逮狱，其人大节懔然，实不愧王门之巨擘。后来东林诸贤如顾氏兄弟者，以清议名节振励明末之士气，而党祸亦因之而起。作者主张白沙，乃以其空谈废经与彼教相合，其主张东林则以其朋党骤兴可以遥制国事。犹之张制军攻黄老，攻其清静无为，作者攻黄老，攻其安逸不乱，持论则同，居心则异。余愿天下之人，勿为此似是而非之浮言所动。

三曰：辨惑。外内清肃，于是冰雪聪明矣。然大道以多歧而亡，学术以小辨而惑。凡近似于道而实非道者，积学既久，最易惑人，学者当严辨之。孔子曰："恶紫之夺朱，恶郑声之乱雅乐，恶乡原之乱德。"夫嘤嘤然曰古之人、古之人，夷考其行而不掩，孟子取之；居之似忠信，行之似廉洁，非之无非，刺之无刺，自以为是，而孔子、孟子深恶而痛绝之，以其同乎流俗，合乎污世也。吾党辨之哉。《庄子》曰："鱼相忘于江湖，人相忘于道术。"人性易缘，有所先入则终身惑之。且虽小道，持之有故，立之有党，新学胸无所主，鲜不蔽之，及其用力既深，不忍舍去，此所以陷溺灭顶而无悔也。近世声音训诂之学，则所谓小言破道，足收小学之益，决不能冒大道之传，则辨之不足辨也。

驳曰：大道以多歧而亡，学术以小辨而惑，此作者自定供状也。夫大道之系在六经，何以目之为伪？小辨足以惑世，何以不知民权、平等之非？至于声音训诂，乃圣经之舌人。乾健坤顺见于《易大传》，作者以为刘歆伪撰也，则且证之于彼所信之《孟子》《公羊》，可乎？《孟子》曰："庠者养也，校者效也，序者射也。"此三代之学制名义即在声音训诂之中。《公羊》隐元年传云："元者何？君之始年也。"开宗明义即以训诂解经。定元年传云："主人习其读而问其传。"何注云："读谓经，传谓训诂。"《公羊》为微言大义之所托，其重训诂，尤有明征。若夫登来为得，辨口授之缓急；主伐客伐，见发声之短长。六经一日不亡，则声音训诂一日不废，虽不能冒大道之传，断不在焚书之例。作者请辨此惑而后教人。

四曰慎独。克己修慝，学之要也。然克修于已发之后，不若戒慎于未发之前。不费搜捕，自能惺惺。《中庸》首陈天性之本，极位育之能，而下手专在慎独。《大学》同之。此子思独传之心法，圣学无单传秘诀，如此发明，真是单传密旨。子思十字打开，以告万世，功莫大焉。若能用此，过则有之，吾信其必不为恶矣。刘蕺山标为宗旨，以救王学末流，美哉！吾党得子思传授，欣喜顺受，当何如耶！

驳曰：刘蕺山语录以慎独为格物，亦王学也，而其源实出于白沙。而乃自诩"吾党得子思传授"，岂并其平日所影附之乡贤而亦忘之耶？圣学无单传秘诀，自是雅言。朱子文集载《答汪叔耕书》云："所论周、程传授次第，恐亦有未易言者。而以太极图为有单传密付之三昧，则又近世学者背形逐影，指妄为真之弊也。夫道在目前，初无隐蔽，而众人沉溺胶扰，不自知觉，是以圣人因其所见道体之实而发之。其言丁宁反复，明白切至，惟恐人之不能了也，岂有故为不尽之言，以愚天下之耳目，必俟其单传密付，而后可以得之哉？"据此，则圣人之道本无所谓单传，亦无所谓秘诀，朱子早已辨之。作者摭拾三数字新义，以愚弄学人，已欲冒大道之传，而顾以之讥人耶？

据于德。《皋陶》称九德，《洪范》称三德，《周官》称六德。紬循其义，如《尧典》"钦明文思安安"之类，于文直心为德，则德者心之美也。韩昌黎曰："足于己，无待于外之谓德。"则德者得也，即《大学》"定静安虑而后能得"也。得一善则拳拳服膺，可谓据矣。所以据之，其目有四。

驳曰：据德自以朱注"行道有得于心"之义为善。《语类》《或问》论之甚详。九德、六德、三德可以言日用，而不可以该伦常，此朱子自谓其注如称等也。作者以下四目，于九德、六德、三德并不能有所贯通，其学术之虚诞，何足信哉！

一曰主静出倪。学者既能慎独，则清虚中平，德性渐融，但苦强制力索之功，无优游泮奂之趣。夫行道当用勉强，而入德宜阶自然。吕东莱曰："非全放下，不能凑泊。"周子以主静立人极，陈白沙于静中养出端倪，故云得此把柄入手，则天地我立，万化我出，而宇宙在我矣，尚何暇泥涂轩冕而锱尘金玉哉？盖自得之功全在养出端倪，即孟子所谓逢原也。若能保守，则浩浩万化，卷舒自在矣。

驳曰：主静源于周子，朱子恐其近禅，因以主敬救之。一变而为陆象山，再变而为陈白沙、王阳明，至其末流，迷离仿佛，不可究诘矣。白沙教人静中养出端倪，尝语人曰："人所以学者，欲闻道也。求之书籍而勿得，则求之吾心可也。诗文末习著述等路，一齐塞断，一齐扫去，毋令半点芥蒂于胸中，然后善端可养，静可能也。"按白沙此语，实滋王学之流弊，而开颜、李之先河。特颜、李薄训诂，亦薄性道，惟言事功，独与作者相合耳。作者平日宗汉学则阴主刘、魏，宗宋学则阴主陆、王，论事功则阴主颜、李，大旨与《輶轩今语》明离暗合，而其旨则一言以蔽之曰："不读书而言学。"末学新进，闻其说者无不狂惑，其以此乎，其以此乎？

二曰养心不动。《学记》曰："知类通达，强立不反。"《易》曰："君子以独立不惧，遁世无闷。"《孟子》曰："我善养吾浩然之气。"又曰："我四十不动心。"人之生世，称讥苦乐、毁誉得失，释氏谓之八风，八风不动，入三摩地。朱子谓后世做圣人难，缚手缚脚，无不动之学故也。必通天人之故，昭旷无翳，超出万类，故人貌而天心，犹恐血气未能融液，将死生患难体验在身，在有如无，视危如安，至于临深崖足二分垂在外，从容谈笑，其庶几乎？死生不知，则毁誉谤讪如蚊虻之过耳，岂复省识？故行吾心之安，虽天下谤之而不顾，然后可以当大任也。学者有伊尹之志，若学不至此，犹是婥婀唲嚅，阉然媚世，终未能成。

驳曰：此亦假阳明、白沙之说而行其奸者也。《明史·儒林传》云："白沙学以自然为宗，以忘己为大，以无欲为至。"盖其学初本周子主静、程子静坐之说，以立其基，而造道日深，自得之效，则有合于见大心泰之诣，故凡富贵功利、得丧死生，举不足以动其心。《阳明语录》云："只为世上人都把生身命子看得太重，不问当死不当死，定要宛转委曲保全，以此把天理却丢去了。"又曰："毁谤是外来的，虽圣人如何免得？若自己实实落落是个圣贤，纵然人都毁他，也说他不着。"盖陈、王之学与释氏四大皆空、舍身救世之说，间不容发，作者又变其旨，展转沿讹，其徒和之，至以杀身成仁之言，快其睚眦之报，其传日远，其害益烈。甚矣！学术之不可不正也。

三曰变化气质。学既成矣，及其发用，犹有气质之偏，亟当磨砻浸润，底于纯和。昔朱子论谢上蔡、陆子静，谓无欲之上，尚隔气质一层。吕东莱少时气质极粗，及读《论语》"躬自厚而薄责于人"，于是痛自变改。故朱子曰："学如伯恭，始得谓之变化气质。"考后夔教胄，惟以声乐，曰"刚而无虐，简而无傲"。《皋陶》之九德、《洪范》之三德，皆以克其偏也。《大学》正心修身之传，明何瑭以为变化气质之学，诚为确诂。心戒其有所，身戒其有所，可谓直捷指出矣。《中庸》之"发而皆中节谓之和"，亦变化气质也。刘元城之学不妄语，七年不得，谢上蔡三年治一矜字，薛文清二十年治一怒字，皆学者之法也。若气质不和，发用偏颇，害事不少，愿共勉焉。

驳曰：《阳明语录》载《与王纯甫书》云："变化气质为学之要，而为政亦在其中。"此数语为作者所本，而失之甚远。夫王云为学之要，则是学犹未成，安有学成而发用偏颇，至于害事之理？作者气质乖愎，辨言乱政，其害已不可言，读者幸勿为所煽惑。

四曰检摄威仪。威仪为身外事，古人何其重之也。刘康公以威仪为定命之符。《孟子》曰："蹶者，趋者，是气也，而反动其心。"由此观之，其于养心不为无系矣。孔子贵动之以礼，曾子贵动容貌、正颜色，《诗》咏彼都人士，北宫文子称容止可观，进退可度。霍光出入禁闼皆有常处，不失尺寸，遂荷伊、周之任。何晏、邓飏行步顾影，鬼幽鬼躁，不得其死。鉴观先史，为我著龟。诸君子共学，当暑不得袒裼，相见必以长衣，容止尚温文，语言去朴鄙，出入趋翔，尤宜端重。鄙人虽非安定，二三子于元发、仲车岂有让焉。朋友攸摄，仆夫敢告，若城阙佻达之行见刺于《子衿》，床笫媟嬻之言不逾于门阈，蒲博为牧奴之戏，筐箧乃家人之事，至于罂粟尤为妖物。此皆士类所不齿，宜有郊遂之移流，吾党自能远绝，无烦忠告也。

驳曰：检摄威仪，为古者小学之要，而颜、李断断以此垂教，所谓传圣门之绝学者也。作者大旨本出于此，然何晏、邓飏，吾不得而见之矣，至于作者之异言异服，夫人类能言之。曩在京师，有见其白衣冠以从殷制者，其上书有请朝廷易服色如西人者，鬼幽鬼躁，今世殆无二人。梁启超奉此记如神明，徐学使推作者为巨子，惑世诬民，其效已如此矣。

依于仁。依者，如衣之附人。人而无衣，则为倮虫；人而不仁，亦为一倮虫而已。凡所以为学，皆以为仁也，其叙有四。

驳曰：字有形声，此千古不易之理也。《说文》："依，倚也。从人，衣声。"故朱子以不违训之，即具依倚之义、作者谓不仁、不衣为倮虫，即与前此人禽无别之说遥相印证，盖自王安石《新义》以后，久不闻此僻典矣。

一曰敦行孝弟。有子曰："孝弟者，其为人之本。"以人之所自来，仁之所至亲也。属毛离里，具有至性，不待教学。若薄于所亲，是谓悖逆，其有较资财而不为养，纵乖戾而不为权者，其本已谬，不足复与共学也。

驳曰：孝弟为仁之本，在作者实无所用。一切平等，无所谓孝弟。无君之人，更不必言孝弟也。

二曰崇尚任恤。史迁称任侠，然侠尚意气，恩怨太明，任恤则相救相赒、相亲相葬，周公之所尊也。其人能任于朋友，必能忠于其君也；能恤于乡党，必能惠于其国也。若坐视朋友、姻党之患难，甚或深言正色以阴锄之，则亦将卖国而不动其心也。其人不任者必不忠，不恤者必不厚，吾不欲观之矣。

驳曰：近日徐学使按临衡州试题，有"伊尹学派论"，与试者皆茫然。后询应试者以伊尹有何学派，则曰任恤也、任侠也，于是湘中士子无不知有康学矣。岂知任圣、任恤、任侠，三者各不相同。伊尹之任乃任重之"任"，任恤之"任"尤非任侠之"任"。作者袭龚定庵《尊任篇》之文，复杂以佛氏布施、基督散财之说，阳儒阴墨，诬我圣人，六经之道扫地尽矣。《诗》曰："谁生厉阶，至今为梗。"是则龚氏之过也。

三曰广宣教惠。仁为相人偶之义，故贵于能群。羊能群者也，故善、美、义、羡皆从之；犬不群者也，故狱、独等字从之。吾既为人，非斯人之徒与而谁与？曰孤曰独，惟鬼神之道则然，非人道也。岩处奇士之行，寡过独善，其能比于木石乎？故胡文忠曰："今所难得者，是忠肝热血人。"《周官》六行之宾兴，皆忠肝热血人也。即佛氏空寂，亦言若不普度众生，誓不成佛，未有以自了为美者。后世以老、杨之学托于孔氏，于是下者营私，上者独善，出而任事者皆贪狡无耻之人，而生民无所托命，则教之中变也。今上原周、孔之意，推行仁道，期易天下，使风气丕变，先觉之任，人人有之，展转牖人，即为功德，推之既广，是亦为政，则志士仁人讲学之责也。

驳曰：《中庸》："仁者，人也。"郑注："人，读相人偶之人。"唐疏及宋以后说经之书皆不得其义，朱子亦未详言。近日陈东塾本其师阮文达之说，以仁字从二人为相人偶。作者变乱其旨，以为合群，其心非广宣教惠，不过欲私立党会耳。徐学使观风湖湘，以"相人偶释义"命题，试者皆不得其宗旨，及见此书，始知其行康教也。异哉！

四曰同体饥溺。吾与斯人同出于天而亲同，吾与禹、稷、伊尹同其耳目手足而义同，吾之不如伊尹、禹、稷，可耻也，吾之不能仁亲，可愧也。颜子曰："舜何人也，予何人也，有为者亦若是。"然先正之美言，学者将疑其高远而不可几也夫。夫反而求之，我岂无饥溺时乎？我有饥溺，望人拯之，人有饥溺，我坐视之，虽禽兽其忍之哉？故同体饥溺，不过推心稍广而已，学者无河汉之也。

驳曰：尧、舜病博施，禹思天下饥溺，圣与圣不能等量而齐观。作者以为推心稍广，谈何容易。彼盖以佛氏普度众生为宗尚，而阴持基督爱人如己之故，以张救世之旨，其行若虎之有伥，其心如蛾之赴火，自非根器极深之人，其不为所乱者鲜矣。

游于艺。《周官》六艺，为礼、乐、射、御、书、数，《汉志》六艺为《易》《书》《诗》《礼》《乐》《春秋》（小学附焉）。其业不同，古今殊异。要惟艺者，道术之称，后世文业日繁，道术盖博。《孟子》曰："博学而详说之。"事理本末，切于人道，皆学者所不能遗。今总该兼揽，分为学目，备列于下。

驳曰：礼、乐、射、御、书、数之六艺，与《易》《书》《诗》《礼》《乐》《春秋》之六艺，名同而实殊。其礼、乐之目虽同，而一习其器，一究其用，自不得并而为一矣。且所分四目曰义理、曰经世、曰考据、曰辞章，于本义无一而合。夫经世所以致用，此六艺之指归，非六艺之条目，作者言之无伦，奚足与人讲学哉！

一曰义理之学。义者人事之宜，理者天道之条，本于天，成于势，积于人，故有天命之理，有人立之义。天命之理，天下共之，凡人道所不能外者也；人立之义，与时推移，如五行之运，迭相重轻者也。原于孔子，析于宋贤。然宋贤之义理，特义理之一端也，今但推本于孔子。

驳曰：义者事之宜，理者礼之体。汉之董子、宋之朱子皆通天人之奥，发孔、孟之微，此道也，非艺也。作者误以六经、六艺并为一谈，宜乎道、艺之不辨矣。

二曰经世之学。《易》曰："吉凶与民同患。"孔子曰："吾非斯人之徒与而谁与。"既不能不与，则同其患，当经营之。庄生曰："《春秋》经世，先王之志。"故孔子作《春秋》专以经世也，惟庄生知之。今本之孔子，上推三代，列为沿革，至其损益，则自汉至国朝各有得失。荀子欲法后王，故经世之学，令今可行，务通变宜民，虽舜、禹复生，无以易此。

驳曰：经世之学，行之为艰。庄子为子夏再传之门人，故略知《春秋》

之义，以子夏传《春秋》故也。作者于《春秋》推本《公羊》，此何以云《春秋》经世，惟庄子知之，岂以《公羊》为不知《春秋》耶？《荀子·儒效》篇云："略法先王而足乱世术，缪学杂举，不知法后王而一制度，不知隆礼义而杀《诗》《书》。"《非十二子》篇亦以此讥思、孟。《韩诗外传》引虽无思、孟二人，而其法后王之旨，则固明明与孟子相反也。作者平日尊尚孟子，胡又以经世独美荀子，岂以孟子之法先王为不足经世耶？

三曰考据之学。无征不信，则当有据，不知无作，则当有考，百学皆然。经学、史学、掌故之学，其大者也。琐者为之，务碎义逃难，便辞巧说，则博而寡要，劳而鲜功。贤者识其大，是在高识之士。凡义理经世，不关施行，徒辨证者，归考据类。

驳曰：考据之事乃学问之一途。汉人说"若稽古"至三万言，宋人言"格物"连篇累牍，此僻儒之患，至于今日，破碎极矣。然因此并训诂名物而亦废之，则又不知学术之大小本末也。且义理经世，不关施行，徒辨证者，亦何必以立教？作者著书持论，于考据大肆诋諆，不应又以此为标目。岂史学、掌故之考据，异于经学名物训诂之考据耶？此则人所不解者也。

四曰词章之学。孔子曰："言之无文，行之不远。"故四科之列，文与学并。战国以降，辨说蜂起，西京而后，文体浩繁，世既竞尚，不能不通。今厘为二体，曰文、曰笔，有韵者文也，无韵者笔也。笔有二体，曰散、曰骈；文有二体，曰铭赞、曰诗赋。铭赞本异而后同，诗赋古合而今分。骈散之谐协者亦曰文，诗赋之单行者亦为笔。盖韵者非徒句末叠韵之谓，五色相宣，八音协畅是也。

驳曰：《文心雕龙》云："今之常言有文有笔，谓无韵者笔也，有韵者文也。"阮文达有《文笔说》，辨论最详。作者盖袭取其文，讳言所出，非本于心得也。

欲复古制，切于人事，便于经世，周人六艺之学最美矣。但射、御二者于今无用，宜酌易之。今取人事至切，经世通用者，一曰图、一曰枪，补之，庶足为国家之用，不消迂疏也。马端临曰："古者户口少而才智之民多，今户口多而才智之民少。"六艺不兴故也。论此六者以为先驱，俟令甲推行，才民自广，岂特吾党之区区耶？补六艺之学。

驳曰：此本颜、李之陈言，而易御、射为枪、图也。古之君子礼、乐

不可斯须去身，故六经以之立教，六艺以之为学。今虽若存若亡，而大端
未之或废。书、算自汉、唐以来，亦尝设科取士，其工于此者，代不乏人。
乃谓六艺不兴，才智之民日少，以作者之才智，其果出于此六者耶？

一曰礼。古之人士日以习礼为学，故孔子于礼曰执礼。秦汉之后，礼衰
乐坏，刘昆行之，以为异事，盖礼之废久矣。但礼为人用，务从时王。今
学者研钻《礼经》或有深邃，行于今制则瞠目不知，其失容多矣。今择士人
宜行者，与诸子以时习焉。朝廷之礼，大朝引见、召见、立班、宣读是也。
祭祀之礼，陪祭、祭先、祭神、谒告是也。宾客之礼，内外、上下，诸相
见礼是也，奉使附焉。其冠、昏、丧纪、闺门之礼，并以时讲习，以《大
清会典》《大清通札》为据。其时俗通用，不求变俗，则酌从焉。若夫《仪
礼》，可编成《仪注》以习之。

驳曰："子所雅言，《诗》《书》执礼。"郑注："礼不诵，故云执。"朱注
"执，守也"，即本郑义。夫记曰"雅言"，不得云执。盖执礼者，士相见礼
也，执、质古字通。故郑氏《目录》云："士以职位相亲，始承贽相见之礼
也。"知执礼为士礼，则无疑于不可诵矣。近世礼教浸衰，士气浇薄，作者
且乘其时，以行改制、平等之说，朝觐、祭祀、宾客、冠、昏、丧服、闺
门之礼，将一举而尽废焉，何大清之有，更何仪礼之有！

二曰乐。乐学废亡久矣，汉时犹有鼓吹诸生，及《雅歌》八篇，今并
亡之，于是乐学专属之倡优，淫艳凶邪，为庄士所不道。今欲复乐学，古
人遗迹，犹可推求。（番禺陈兰甫京卿《声律通考》，据荀勖笛、开元乐谱
以复古乐，披析甚精。今据之以考《钦定律吕正义续编》。）分乐音、乐器、
乐舞三端，俟大备乐器考定之。然古者礼乐不去身，士无故不撤琴瑟。蔡
邕曰："乐以声为主。"房庶曰："以今之器，采古之声，亦何不可。"今拟先
购钟、磬、鼓、琴、瑟、管数事，以时习之，以宣血气而导和平，庶几不
失古人以乐为教之意，亦安定遗法也。

驳曰：《乐经》已亡，其学失传久矣。作者意不在于复古，盖以泰西学
校以音乐为俗尚，颇欲从而效之，而其徒如梁启超、韩文举，屡于论著发
其端，其非安定遗意，可以其师弟之说互考之。

三曰书。保氏教国子以六书，小史掌达书名于四方。汉制，太史课学
童，讽籀文九千字，得补史；通六体书者，补令史。今上自钟鼎古文，中

为篆隶，下为真草，凡古今沿革、中外通行之书，皆学者所宜兼通也。

驳曰：保氏、小史，本于《周礼》，作者所谓刘歆之伪经也。《伪经考》中《论六书》，有废《说文》行唐石经体之说，此又欲人兼通古义，是与平日持论，大相刺谬矣。

四曰数。数学举目皆是，至切用矣，测天、制器尤不可少，近儒多通之。而学者苦其繁深，其实既解归除，即可学开方、八线、椭圆矣，近用代数、微积分，尤为径捷。阿尔热八达译本东来，不必叱为远夷异学也。

驳曰：西人算学，先习几何；中人算学，通行代数，此各安所习而难易不同者也。测天制器，其法颇繁；积分、微分，其理亦奥。皆非穷年累月所能竟功，谓为捷径，未喻其旨。作者于此事实无所知，而独不顾知者窃笑，亦何孟浪乃尔！

五曰图。图谱之学久亡，不知书求其理，图求其形，用莫切矣。昔人云："登高能赋，可为大夫。"吾谓登高能图，可为士矣。图学从数学入，故从其后。

驳曰：此本郑渔仲之说，而《輶轩今语》所本以诰士者也。今日图谱之学，有应从数学入者，天文、地理诸图是也；有不必从数学入者，植物、动物诸图是也。概以为从数学入，余所不信。

六曰枪。古者男子，生而悬弧，长而习射。盖上则为将帅，下则为卒伍。寓武备于文事，无之非射，故一人有一人之用也。国朝八旗考试皆用骑射，别有火器营。今弓矢已无用，枪即代弓矢者也，士皆宜习之，以备缓急之用。当以春秋佳日，择地习学。《诗》曰："赳赳武夫，公侯干城。"即闳夭、散宜生也。后世人士，方领矩步，徒知讽诵，好仇腹心，岂能任乎？

驳曰：昔项王学剑，以为匹夫之勇，今之持枪，何异于是。西制最重武途，而禁例仍不得私藏火器，盖防祸未然，中外有同情也。作者欲士尽持枪，无论为项王所窃笑，抑亦西学所未有。识时务者，乃亦有此不通之论耶？

讲学。后世学术日繁，总其要归，相与聚讼者，曰汉学、曰宋学而已。若宋学变为心学，汉学变为名物训诂，又歧中之歧也。至于今日，则朱、陆并废，舒、向俱亡，而新歆之伪书为经学，荆舒之经义为理学，于是汉学、宋学皆亡，盖晦盲否塞极矣。先师朱先生曰："古之学术歧于道外，今之学术歧于道中。"董子曰："正天地者视北辰，正嫌疑者视圣人。"尝推本二学，皆出于孔子。孔子之学，有义理，有经世。宋学本于《论语》，而小戴之《大学》《中庸》及《孟子》佐之，朱子为之嫡嗣，凡宋、明以来之学皆其所统，宋、元、明及国朝学案，其众子孙也，多于义理者也。汉学则本于《春秋》之《公羊》《穀梁》，而小戴之《王制》及《荀子》辅之，而以董仲舒为《公羊》嫡嗣，刘向为《穀梁》嫡嗣，凡汉学皆其所统，《史记》、两汉君臣政议，其支派也，近于经世者也。余有《汉儒学案》，别今、古之学，以配《宋明学案》，二派昭昭，以此求之，二学可得其统矣。夫义理即德行也，经世即政事也。（言语、文学亦发明二者。）然孔子之道大，弟子惟颜子得之，（言行藏、论为邦皆是）子贡知之。（智足以知圣）自余皆因其质之所近（昌黎说），各得其一体（孟子说）。孔子曰："吾志在《春秋》，行在《孝经》。"（何邵公《公羊传解诂序》）以《春秋》传商，《孝经》传参，（《孝经纬》）《孝经》义理也，《春秋》经世也，二书皆曾子、子夏得之，（庄三年《公羊传》"鲁子曰"，元郝经以"鲁子"为"曾子"之讹。按：昭十九年《传》又引乐正子春，子春是曾子弟子，又鲁灭于秦时，汉有鲁赐七十弟子，时无鲁氏者鲁子之为"曾子"无可疑。）又最老寿，弟子最众，诸贤皆不及也。二家弟子集为《论语》（《论语谶》、郑康成《论语序》、程子说）。故《论语》者，曾子、子夏之学。叶水心谓曾子将死时，以颜色、容貌、词气三者为道，未为知道。考《大戴·曾子》十篇，皆修身寡过之言，终身战兢，不敢稍失。《论语》中，如以约鲜失、耻言过行之说，与《立事篇》同，必其门人记之。孔子曰："参也鲁。"盖坚毅自守之士，其于孔子思易天下、吾为东周、坚白缁涅之说，盖概乎无所得矣。子夏洒扫进退之教，丧明之哭，盖当孔子没后，境诣尚狭小如此，故孟子谓曾子与子夏皆守约之人，诚笃论也。但长于文学，故《诗》《礼》《春秋》皆以传之。子夏只能传经，故孟子以为未得圣人之全。荀子以为正衣冠，尊瞻视，嗛然终日而不言，亦似得其实也。夫言孔子之道，至可信者莫若《论语》，然实出二子门人之手。其传闻附会，误当不少，观速朽速贫之说、小敛裼袭之宜，传闻已各异矣，此尚谇为《戴记》之言。若子张论交、子游论本，问孝、问仁，则人人异告，或退或进，则由、求殊科。以此推之，诚为孔子之言，皆有为而言也。朱子于程子语录，虽龟山、上蔡所记，犹以为失程子之意，若朱子、阳明语录，以为失其师之意者，后来辨正益繁。故使《论语》出于曾子、子夏之手，其偏失已多，况出于一再传门人之所辑哉？画象经再摹而失真，碑刻经数翻而易貌，以孔子大圣至仁，斯人是与，叹发凤鸟，梦想周公，道长于齐、陈、宋、卫，迹疑于南子、公山，叹荷蒉之已果，追楚狂而与言，及今所记，犹见万一。使颜子、子贡、子张操觚纂录，其精义妙道当何如耶？以伊尹之圣，孟子所记如是，而今《论语》自举伊尹外无一言及，其为佚文无疑。传守约之绪言，掩圣仁之大道，后来虽以孟子之恢廓，犹云"穷则独善其身"，自是儒者守为成法。盖儒者隘其道，黔首薄其泽，自兹矣。今言孔子义理之学，悉推本六经，而《易》为孔子自著之书，尤以为宗。《论语》为后世语录之类，不尽可据，虽采《论语》，亦为别白明之，庶几孔子之仁，益光大昌洋，以发来学。庄生曰："《春秋》经世，先王之志。"故孔子经世之学在于《春秋》，《春秋》改制之义著于《公》《穀》，凡两汉四百年政事、学术皆法焉，非如近时言经学者，仅为士人口耳简毕之用，朝廷之施行概乎不相关也。《礼》学与《春秋》同条共贯，《诗》《书》所述交相发明，盖孔子经世之学略可窥焉。然古今递嬗，事变日新，故《春秋》立三统之法以贻后王，汉儒笃守《春秋》，知所尊矣，然三统之义，亦罕有心知其意。惟《易》明穷变通久之理，求孔子经世之学，亦以《易》为归焉。今与二三子通汉宋之故，而一归于孔子，譬犹道水自江河，则南北条皆可正也，本原既举，则历朝经世之学，自廿四史外，《通鉴》著治乱之统，《通考》详沿革之故，及夫国朝掌故、外夷政俗，皆宜考焉。宋、明义理之学，自朱子书外，陆、王心学为别派，《四朝学案》为荟萃。至于诸子学术、异教学派，亦当审焉。博稽而通其变，务致之用，以求仁为归。若夫小学，则幼仪、书计，《内则》所存原有二派。朱子《小学》，幼仪之裔;《尔雅》《说文》，学书之流。但《尔雅》《说文》皆伪古文之学，《汉志》小学为歆妄立，不足据也，但凭借甚古，略欲识字，未能骤废，余为证讹别白言之。若如近儒白首钻研，非徒圣学所不存，抑为刘歆所欺绐，甚不智也。若朱子《小学》，则做人样子，愿共勉旃。下及文史术艺，并学者所不废，以次论之，庶几本末兼该焉。

驳曰：讲学最为通儒所诟病。遍观宋人语录之书，无一非言心言性，明人则无一非言良知，近日湘省偶一见之，则无一非民权平等，一人倡之，百人和之，此顾亭林所以以讲学为切戒也。作者平日所学所论，非以元统天之《公羊》，即贵民轻君之《孟子》。其徒梁启超在湘主讲学堂，本其师说，煽惑愚民，悖谬之词不可胪举。武陵某君传述其词，以为孔子作《春秋》诛乱臣贼子，孟子言仁义诛暴君污吏。当时余知其有为而言也，盖讲学之败坏风教有如此者。作者此记议论，隐诋《论语》为不可信，意在破纲常名教之大防，而自明其为朱某之说，乃知谬种流传，其所由来者渐矣。至谓《尔雅》《说文》为伪古文之学，近儒皆为刘歆所欺绐，此与《新学伪经考》一书，如形影之相附，而《輶轩今语》亦复沆瀣一气，流毒靡穷。此吾所以大声疾呼，而比之于杨、墨之不息也。

　　说经。《诗》《书》《礼》《乐》《易》《春秋》是为六经，见于《经解》《庄子》《韩非子》《史记·儒林传》，又名"六艺"，史迁曰言六艺者皆折衷于孔子，盖六经皆孔子作也。《诗》《书》《礼》《乐》，孔子借先王之书而删定之，至《易》与《春秋》，则全出孔子之笔。故孔子教人以《诗》《书》《礼》《乐》，而《易》《春秋》身后始大盛也。孔子之为万世师，在于制作六经，其改制之意，著于《春秋》。孔子早而从周，晚莫道不行，思告后王，于是改制，与颜子论四代、子张言十世是也。盖周衰礼废，诸子皆有改作之心，（棘子成之恶文，老、庄之弃礼，墨子之尚俭，皆是。）犹黄梨洲之有《明夷待访录》，顾亭林之有《日知录》，事至平常，不足震诧。必知孔子改制六经，而后知孔子之道，所以集列圣之大成，贤于尧、舜，法于后王也。《淮南子》："夫殷变夏，周变殷，春秋变周，三代之礼不同。"以春秋为继周之一代，先秦、西汉之说皆如此。（余有《孔子改制考》。）二千年来，行三年丧、夏时、选举、同姓不婚之制，皆孔子之法，则春秋实统二千年为一代也。必知《春秋》为改制，而后可通六经也。汉兴，《诗》三百五篇传齐、鲁、韩三家，《书》二十八篇在伏生，《礼经》十七篇在高堂生，其记八十五篇，皆经之记也，《乐》散见于《诗》《礼》，无经，《易》未经焚烧，传于田何，为全书无异论，《春秋》传公羊、穀梁，皆立博士，去圣不远，人无异说。洙泗经学虽不光大，未有失也。至刘歆挟校书之权，伪撰古文，杂乱诸经，于是有《毛诗》《周官》《左氏春秋》，伪经增多，杜林、卫宏传之，二郑、马融扇之，郑康成兼揉今古，尽乱家法，深入歆室，甘效死力，加以硕学高行，徒众最盛，三国、六朝、隋唐尽主郑学，于是伪古文盛行，皆在刘歆笼中。宋儒时多异论而不得其故，亦为歆所丰蔀。国朝经学最盛，顾、阎、惠、戴、段、王盛言汉学，天下风靡，然日盘旋许、郑肘下而不自知，于是二千年皆为歆学，孔子之经虽存而实亡矣。诸儒用力虽勤，入蔀愈深，悖圣愈甚，犹之楚而北辙，缘木而求鱼，可谓之新学，不可谓之汉学，况足与论夫子之学哉？既无学识，思以求胜，则大其言曰，欲知圣人之道，在通圣人之经；欲通圣人之经，在识诸经之字，于是古音古义之学争出竞奏，欲代圣统矣。以此求道，何异磨砖而欲作镜，蒸沙而欲成饭哉。西汉之学，以《禹贡》行河，以三百五篇谏，以《洪范》说灾异，皆实可施行。自歆始尚训诂，以变易博士之学，段、王辈扇之，乃标树汉学，耸动后生，沉溺天下，相率于无用，可为太息也！今扫除歆之伪学，（余有《新学伪经考》。）由〔西〕汉诸博士考、先秦传记子史，以证六经之本义。先通《春秋》，以知孔子之改制，于是《礼》学咸有条理，不至若郑康成之言八禘六天，而《礼》可得而治矣。《礼》学既治，《诗》《书》亦归轨道矣。至于《易》者，义理之宗，变化之极，孔子天人之学在是，精深奥远，经学于是终焉。皆著其大义，明义理之条贯，发经世之实效，开二千年之蔀，庶几孔子之学复明于天下。

驳曰：此与所作《新学伪经考》《孔子改制考》同一宗旨。既有梁启超《春秋界说》《孟子界说》《读西学书法》《时务报》之类为之爪牙，复有徐学使《輶轩今语》为之羽翼，于是康有为之邪说乃大行于湘中，而吠声吠影之徒，竟不知圣教为何物。有世道之责者，其能嘿尔不语乎！

读书。《史》《汉》承三代之变，制度、文章与后世近而文义深，古学人钻仰终无尽期，自六朝、隋唐学者传业，尊与经并，史裁既创，且经说多存焉，尤足为考据之助。蔚宗《后汉》激厉名节，学者讲求，可以入德，若词章所用，骈散毕具，擢其典实，拾其香草，法其气貌，诚艺林之渊海，文苑之泽薮也。故上而经世立身，有所取裁；中而考据词章，有所掇拾；下而科举之学，裁文对策，试帖律赋，亦倚为府囿，足资渔猎，此真学者所宜精熟也。惟见学者读之累年，仅知事迹，余无所得，由不能搴摘英华之故。昔顾亭林先生日课门生四人，登堂读十三经及《史》《汉》、六朝史，人二十篇，周而复始。今用其法与诸子轮日读史，先以四史，如有余日，则以《晋书》《南北史》《隋书》继之。其中制度、文章、经义、史裁之美，俱为摘出发明，学者一举而通掌故、能考据、解词章，三善俱备，于近世之学已为小成矣。又近世学者，自《易》《书》《诗》、《四书》外，余皆束阁；四传、四礼，惟《左传》《礼记》省文诵之，余皆不观。今与学者先读四史，俾其颇知学问门径，然后轮读四礼、四传，随于读时发其旨义，学者一岁之中未能该博，然能通四史、四传、四礼，由董、刘而述《春秋》，因朱、陆而求《论语》，深沉之以四朝学案，博考之以《通鉴》《通考》，经史大义、圣道统绪、为学本末，亦已得其纲领矣。进之大道，庶几有基。

驳曰：作者持论，前后矛盾者甚多，如以考据为无用之学，而此则重言以申明之，若有不可废者，此其矛盾者一。平日高谈经济，以干禄为鄙，此训其门徒，以渔猎范书，取便科举，此其矛盾者二。亭林读书之法，通经以致大用，何得谓之小成，此其矛盾者三。《左传》彼所谓伪经，诋其非丘明之作，此乃在教人轮读之列，与平日之说相背，此其矛盾者四。董仲舒公羊学、刘歆穀梁学，据其徒梁启超时务学堂课程，以《公羊》为主，以《穀梁》为辅，此谓《春秋》传《公羊》《穀梁》，去圣不远，人无异说，《公》《穀》并尊，一传而失其实，此其矛盾者五。陆子心学，作者实阴持之，以倡白沙之传，而前则诋为歧路，此复与朱子同宗，反复无常，莫衷一是，此其矛盾者六。大抵作者之学，杂乱未成，而毁瓦画墁，其志不过求食，会当中原多故，得乘隙以肆其奸。苟非一二豪杰之士，力抵而坚拒之，其祸恐有甚于宋、明讲学者。殷鉴不远，愿同志毋忘斯言。

习礼。朔月月半，行相揖之仪，以鼓为节，考钟磬，吹管抚琴，案开元诗谱而歌《诗》，升歌《诗经》三篇，间歌国朝乐章三篇，笙入汉魏诗三篇，散歌唐宋诗，以管和之。礼毕投壶，论学而散。

驳曰：此颜、李之学也，而作者又不出此。夫礼乐不相沿袭，世儒类能言之。若案开元之诗谱而歌国朝之乐章，是何异服优孟之冠裳而行郊祀之典礼乎？作者挟虚憍之气，行诡秘之谋，习见西国学校章程，以赞扬教主为宗，以鞠蹴、跳舞为乐，以律乐为专门之学，以安息为肆习之期，于是名为复古，实将变夏。盖其学之支离附会，非素知其奸不能辨也，余故揭出之以杜乱真之渐。

日课。子夏日知，曾子日省，学者法也。日课之法，其目有七：曰读书，曰养心，曰治身，曰执事，曰接人，曰时事，曰夷务。读书则有专精、有涉猎二目，求于内可得怂尤，求于外宜有札记，以朔望汇缴，商略得失，缉熙光明，庶几日新。

驳曰：此梁启超《学堂学约》之所本也。其践言与否，学者自能别之。昔洪北江评袁枚诗"如通天神狐，醉时露尾"，余于此记亦云。

四耻。一、耻无志。志于富贵，不志于仁，可耻也。二、耻徇俗。徇于风气，不能卓立，可耻也。三、耻鄙吝。张南轩以鄙吝为大恶，凡鄙吝者，天性必薄，为富不仁，可耻也，宜拔其根。四、耻懦弱。曾子以懦弱为庸人，见义不为，可耻也。

驳曰：作者即无耻之人，其胸中富贵鄙俗之见，时时发露于行止，顾乃以之立教耶？（《翼教丛编》卷四）

非《幼学通议》

新会梁启超著有《幼学通议》一篇，曩从《时务报》见之，后见坊肆所刻之《中西门径书七种》亦有此书，又见宛平徐学使刻之《湘学报》，而《輶轩今语》复谆谆以此劝学焉。夫梁氏自云未游西域，何以知其立法之善与其考课之详尽？则以所见西书语多夸饰，而先有所动于中，于是倡为学究亡天下、时文亡中国之说，又以士人之读四书五经，因试题之所出，其言之成理，亦似重有忧者。虽然，梁氏之为此说也，其果平心出之乎，抑亦违心出之乎？平心出之，则彼之学即足以亡天下；违心出之，则彼之学又乌足以教童子。西人学校之制，诚能一道德而同风俗，则是国无游民，家修礼让，尧舜之治，何以异兹。独不解美洲工党胡为挟制公司？英俄乱民胡为日日思逞？法之党会胡为不畏国宪而得自由？梁氏岂无所闻见耶。自古君临天下之主，莫不懍然于民为邦本，本国〔固〕邦宁之训。为之民者，日被教育，以长养其子孙，亦当知食毛践土，血气尊亲之义，岂有拨弃本根，败坏蒙养，如梁氏之徒之谬妄者？余因览其说而正其非，以冀世之诚求保赤者取而察焉。光绪戊戌初秋，长沙叶德辉。

生民不可一日无教，教不可一日无学，学不可一日无经。周秦以前，风气浑噩，而虞廷选举，犹且敷奏以言，明试以功，二者递相考核，何论三代以下乎？两汉以五经立学，师儒传授，门户纷争，班固讥其"禄利之路使然"，盖深疾夫当时曲学之儒，而特以一言探其隐也。然自宣帝年十八受《诗》《论语》《孝经》，疏广以经学授皇太子，其后如明德马后、孝和邓后，皆通晓经术，以佐内治，此亦岂为考试而习耶？又汉室诸儒，生住于群经未立博士之前，转相授受，沿及后世，儒风大昌，果如梁氏之言，则伏生窜老空山，文中子讲学河汾，明太祖欲废《孟子》，钱唐以死力争，亦复何所希冀。况今日穷乡僻壤，颛愚细民，海滨久旅之商人，与日本士夫之崇汉学者，其童子入塾，亦必以四书五经为先，其非因考试科目起见，不尤彰明较著耶？梁氏谓以佛教取士，则"如是我闻一切佛在"之语，将充斥于塾舍；以耶教取士，则天主造物七日而成之语，将阗溢于黉序。不思六朝浮靡之习，南北犹有儒宗；唐人崇尚词赋，通经之儒亦且项背相望。甚至开元中以《老子》命题取士，卒不能夺尼山之席。梁氏巧言乱听，实不足以鼓惑通人，乃犹有奉其说以为金科玉律者，何其谬也。（以上论《通议·宗旨》之非）

　　《说文》九千余字，经典所载犹或遗之，则以古字多假借，世多不察故也。后世偏旁日益，隶俗杂陈，除徐氏新附及近人逸字考外，其余一切孳生之字，钦定《字典》诸部采录綦详。是故欲通古义必识《说文》，欲通今义必用《字典》。今世三家村儒，市井商贾之子，大率家有《字典》一书，彼其意非尽出于尊王，实以圣人制作之宏，足以通古今而辨然否也。西文以音为主，实西域字母之滥觞，然去形而求声，则周公元圣不过工为洛音，孔子大成无非习为鲁语，即以周、孔之身教，定天下之方音，恐亦有指画不能通其意者，何况佉卢横行之字乎？今日学西文者则曰西简而中繁，学中文者则曰西难而中易，此固各安所习，各尊所闻。譬如饮食之有异同，嗜欲之难强合，儿童辨日安能定其是非？乃彼独谓中国识字人少，由于教法不如西人，则中国许书以后，言字书者何啻千家，《字典》一书，周年坊肆所行，何可胜数。梁氏用夷变夏，多昧本之谈，平日持论，以中国自古相传之《尔雅》《说文》，概目为刘歆伪学，而一意惟泰西之是从，岂知乐操土音，钟仪所贵，鲁人猎较，孔子从同。彼梁氏之祖若父，独非被仓圣之泽者哉？此固别有隐情耳。（《字典》原本廖氏《正字通》，塾师宜兼看王氏《字典考证》。）王菉友小学颇为康、梁师弟所推服，其实王氏之学，菁华皆在《说文释例》一书。若得明师分类以为课程，实有裨于童子。《文字蒙求》，疏略殊多。西人教文义，先实字，次虚字，次活字，曩于花之安《学校教化议》得知其详，其议论是已非人。如以中文为板文，满洲书、西域书为胶漆话之类，大都逞其私见，不究本原。梁氏附和嚚陵，至谓天下同文，惟有字母。（说见梁所撰《沈氏音书序》。）不思中国文字之兴，实多而虚少。就平日习用之"焉"、"哉"、"乎"、"也"、"之"、"而"等字而论，如"焉"为黄鸟，"哉"，为始，"也"为女阴，"屮"像草木之过中，"而"为颊毛之类，皆是。至六经中文之至古者，《易》之卦，《书》之《尧典》《禹贡》，《诗》之《商颂》，其文体质实，不以虚字为工。迨《论语》出，而诸贤坐论一堂，语意各肖其人之气象而出，此中原文明大启之会，非周以前文章所能比例也。学者童而习之，其成学虽有高下，而塾师训释并未十分相离。余观西人所译中文之书，若"学而时习之"，则分译其字曰"学"是读书，"而"是虚字，"时"是时刻，"习"是温习，"之"是虚字，合而读之，岂复成为文理？盖中西文字所尚不同，彼此是非，均属无谓。梁氏信今薄古，智西愚中，其心乃托西学以行其私书，无所谓保民，亦无所谓保教，徒布其说变易天下之学派，亦何谬妄若此哉。

西人《花士卜》《士比林卜》等书，取其事物之至粗至浅者，缀说系图，家弦户诵，此与坊刻所行之《杂字》《增广》何异？当时海禁始开，欲通西文，舍此固无有更浅近者，亦如西文译中书，多读《三国演义》，此岂足为典要耶？吾闻西人先习拉丁文，而后遍及各国之文，其功至顺且易。如《士比林》者，彼方笑其鄙陋无用，我独奉为枕中鸿宝，岂非寡识之甚？且中国自汉以来，此类语言文字之书，载在汉、隋两志者，正复不少，今其存者，如史游《急就篇》之古雅，固不多见，然如《本草图》《尔雅图》《毛诗图》诸书，图说俱存，随取一二册以教学童，亦足为多识之助。即其书不如西人之切近，遇物得以考求，而海西所绘之物之图，大半中土未有之物，西人于中国古书，言龙凤形状者，且以为不可信，则西人所绘之图，于我更何所取证也？夫西文不可不学，持论亦不得如是之偏。梁氏欲挟天下之人，废中学而尚西文，试问明治变政，曾有灭绝和文之事乎？（以上论《通议·识字书》之非）

中国言文法之书，如魏文《典论》、刘勰《文心雕龙》之作，皆独抒己见，自成一家之言，初非为教人而撰也。然自魏文以前，刘勰以后，其间以能文著录者，代有闻人。彼时海西各国文轨不通，既不知文法之书，复不闻梁氏之论，而通才博学，著作等身，此以见中人之智睿聪明，远过于西人者倍蓰什伯，何得云教之无法耶？况八家派别，大开圈点之风，时文道兴，而开合承接之法日益详密，梁氏视中国典制讲章，唾弃不值一钱，其识不可谓不黠，乃独于西人此类书籍馨香而俎豆之，英雄欺人耶，抑真知灼见而以为吾中土无一可学者耶？（以上论《通议·文法书》之非）

梁氏拟撰之歌诀书，自命立学，已为狂悖。至戒烟、缠足，亦欲学童歌诵，则是糟粕鄙俚之叔孙通，胜于天地元黄之周兴嗣矣，岂非士林笑柄乎？今按彼所详列之书，惟《步天歌》《通鉴韵语》《十七史弹词》足备采用，其余近人之作，等之自郐，无讥可耳！夫欲知孔教之源流，则不如读《史记·孔子世家》《仲尼弟子列传》，欲究诸子之派别，则不如读《汉书·艺文志》，欲记古人之典录，则不如读唐、宋人所著之《蒙求》，欲观历代之事略，则不如读沈氏（炳震）《历代世系纪元篇》，（其体仿《急就章》，古雅可诵。）欲通前朝之掌故，则不如读《文献通考纪要诗》。凡若此类，童蒙知其大略，成学致其全功，其于中学亦大可睹矣。梁氏所拟歌诀至三十余种之多，则十龄以前断不能卒业，安有余日涉猎他书耶？（以上论《通议·歌诀书》之非）

书之有问答，由来久矣。《论语》《孟子》已肇其端，汉儒如郑氏之志、记，宋儒如朱子之《或问》，沿波溯源，大旨与《论》《孟》相近。其讨论至精，称引至博，读者靡得而讥焉。西人教童子，凡专家之学之书，多设问以明大略，中国宜无不可仿行者。然其书乃一书之萌芽，或加考证，或习专门，皆非毕生不能卒业。梁氏以通儒之撰述，为幼学之阶梯，躐等之讥，窃所未喻。余见康门弟子有编《伪经考答问》者矣，浅陋空疏，人名时代犹或倒置，使其徒蔓延日众，则康、梁问答书可以充塞黉路，虽欲民之不愚，何可得耶？（以上论《通议·问答书》之非）

说部书为唐人所尚，宋、元以降流为传奇，其为风俗、人心之害，亦已久矣。西人三等学堂，教童子之书，往往取游戏之文，寓规劝之旨，此自俗尚使然，不能行之中土者也。中国言史事而与传奇相类者，余所见惟宋人《宣和遗事》一书，而前无所因，后无所继，则亦无所用之。世俗好事

之士，往往乐刻善书，如惠栋注《太上感应篇》、彭希涑《廿二史感应录》
及《廿四孝图》《地狱变相》（即《多罗尼大威德炽盛经》）之类，何尝不家
有其书，编氓妇女亦何尝不资观感。而风俗之纯薄，人心之善恶，全不恃
此。梁氏持论，动谓泰西人人识字明理，由于说部书之益，彼其意，殆欲
摈去中国初学所诵之《孝经》《论语》，一以说部为课程。然则九百虞初，
果能与十三经、二十四史同立学官，垂之久远耶？（以上论《通议·说部书》
之非）

　　读书必有入门之书，经从《说文》入，史从《纲目》入，《说文》所以
穿穴群经，《纲目》所以提挈全史，皆初学所必有事，而梁氏之徒以为无用
者也。（说见彼党所著《读书要略》。）《说文》先读苗氏建首字读，以明文
字孳乳之理，（亦便检阅。）次读江氏《六书说》，以窥六书制作之原，次读
严氏《说文声类》，以绎形声比附之义。史则先读齐氏《历代帝王年表》，以
知事实之匡略，次读李氏《纪元编》，以识年号之前后。此皆门径中之至简
略者。其专门经学入门之书，则翁氏《十三经注疏作者姓氏表》、洪氏《传
经表》《通经表》为要（两汉经师渊源），而以《史》《汉》《儒林传》《后汉
书·儒林传》《经典释文叙录》（皆唐以前经学源流）、朱氏《经义考》（唐
以后学派书目具此书）为之引申考证。专门史学入门之书，则洪氏《史目
表》（正史分目异同）温公《通鉴目录》（读《通鉴》必从此入）、《正史志表》
（各史纲领）为要，而以刘氏《史通》考其义例，《御批通鉴辑览》求其论
断，此又门径中之渐扩充者。至诸子非初学所必读，姑可从缓。集则以《文
选》原其始，以姚氏《古文辞类纂》、王氏《续古文辞类纂》要其终，以宋
人《古文苑》、孙氏《续古文苑》穷其变。此固非初学所能遍及，而塾中不
可不备列，使之浏览濡泳，以储文章之用。（凡学由浅入深，惟作文必取法
乎上。）如欲通贯百家，远则求之《汉书·艺文志》，近则求之《四库全书
提要》，（先读《简明目录》）于是二三年之中，经、史、文学皆可得其要领
矣。他如训诂入门之书，则阮文达《经籍纂诂》足供渔猎，王文简《经义
述闻》《经传释词》，足资启悟。考据入门之书，则宋王氏《困学纪闻》、近
儒顾氏《日知录》、王氏《读书杂志》（兼得治史、子之法）三书最有体要。
总此数者，一日得之，终身由之，多识以畜德，明体而达用，固不必如梁
氏之高张师说，左祖西法，而志学之年，可以事半功倍。然则中学之不振，

非学之不善，乃师之不善耳。天下尽如梁氏为之师，吾知康有为之邪说将流布海内，复何从得门径哉？（以上论《通议·门径书》之非）

一物一名，众物众名。自黄帝正名百物以来，于是遂有名物之学。神农尝药草以疗民病，为之学者衍为图经，今其存者，尚有宋大观、政和两次官定之本；禹铸九鼎以象神奸，使民不逢不若，而《山海经》即其图说，此名物之切于民用者。自兹以降，周公作《周礼》，天地人物之事各有专官，又撰《尔雅》，以通古今之名义；孔子系《易》，必推明一切制度器用出于卦象，此其学非后世考据家所得依附者也。汉人书，如史游《急就章》，取当时之事物杂凑成句，以便人之讽诵，世历千百年，名物之生日繁，其书遂古而不适于用。此外如扬子《方言》、刘熙《释名》，今人列为小学专门，当时不过通俗文字。梁氏以西人有名物专门书，遂谓中人不通文法由于无此，余固不能合泰西之人而遍试之，以证其说之得失，然中国文人词客之造述，市商编氓之书札，固未尝一日绝于道途。西人有梁氏其人，亦必转以此为绝学，梁生中土，胡乃妄自菲薄邪？（以上论《通议·名物书》之非）

合五洲之大势而论，人数至众者莫如中国，良以地居北极温带之内，气候中和，得天独厚，而又开辟在万国以前，是以文明甲于天下。中外华夷之界，不必以口舌争，亦不得以强弱论也。四民之中，士为至秀，自国初以迄近今，名臣大儒因时文诗赋起家者，指不胜数。（今日典试之人不能厘正文体，则时文可以不复。盖时文所以研求义理，如今日之怪诞支离，不亦可以已乎。或云时文出于钞袭，策论亦出于钞袭，其利弊固是一例。余谓时文钞袭全是浮词，策论钞袭尚可记一二事实，则以钞袭而导之，读书固为稍胜。须知文艺考试不过校一日之短长，时文策论无庸计较高下。废时文用策论，使士人免八股束缚之苦，匀出日力，可以多读有用之书，免致不得科第之人，终身不能摆脱制艺，更无暇日涉猎群书，此则为益甚大。王葵园有《科举论》，立说最平允，用意固与梁氏不同也。）虽其间再举鸿博，兼取他途，而人才迭兴，要以科目得人为盛。若如泰西推迁之法，则流弊滋多，恐无以杜营竞而重廉耻。盖立国各有其政，而亦不可强同也。至于农工商务之学，又迥然与西国不同。农事在地利，尤在天时，西人于水旱虫蝗大灾，有时仍束手无策。其工艺之巧虽冠绝地球，第工制之而商运之，一商兼运百工之物，以视中国各商，其业惰实本大相悬殊。兵制以英、德为最强，其步伐亦多不可行于中原之地。故西法非不足尚，要贵实事求是，师其所长。（士当师其通农商诸学之长，工当师其制造之长，兵当师其练习测绘之长。）苟悻悻焉尽弃其学而学焉，非徒无益，而又害之矣。梁氏终日言变法，群居言学西，然彼之伪经说非士学也，彼之时务说非商学也，彼之《公羊》《孟子》说非工学、农学，尤非兵学也，今乃语人曰，某也八股贱儒，某也不通时务。究其所以立义，无不托之空言，学堂之士靡然向风，于是《公羊》改制，附会而益工，孟子轻君，推阐而愈谬，湘中幼学之坏，梁氏实为罪魁。《孟子》云："逸居而无教，则近于禽兽。"如梁氏者，殆逸居而有教，亦近于禽兽者耶！（以上论《通议·论学》之非）（《翼教丛编》卷四）

与石醉六书

自吾弟起程后，踵寄一函，计已存览矣。时务学堂梁卓如，主张公羊之学，以佐其改制之谬论，三尺童子无不惑之。昔余尝从事二传之学，虚入门户，颇能别其是非。左氏与孔子同时，自异于传闻之失。（孔、左同时，最为近时言公羊学者所忌，余别有说证实之。）《公羊》注家援引谶纬，以为西狩获麟即赤帝代周之兆。此为其学者，知其不敌左氏，故假托汉制，挟天子以令诸侯，何休之徒又从而附益之，班固所谓"利禄之路然也"。《左氏》晚出，立学又迟，而西京之传不绝如缕，苟非卓然有以自立，其不为《公羊》所夺者几希矣。譬如今日功令，以四书文取士，而一二好学深思之士，或治经，或治史，穷年累月，置干禄之事而不顾，安得不谓之志士？汉时功令最重《公羊》，当时公卿大夫以此起家者，不可胜数，而张禹、贾谊诸人，乃勤恳而好《左氏》，舍篇幅短小之书，以寻泽至繁且赜之文义，其于二家长短，亦既折衷一是已。终汉之世，许、郑通儒皆尊《左氏》，郑氏《六艺论》云："《左氏》善于礼，《公羊》善于谶。"试起千秋学人于九原，信礼乎，抑信谶乎？郑君见何休《公羊墨守》《左氏膏肓》《穀梁废疾》，于是作《发墨守》《箴膏肓》《起废疾》，休乃见而叹曰："康成入吾室，操吾戈，以伐我乎？"使何氏之书，义例果能颠扑不破，其戈何至为人所操？其室何至为人所据？今两家之书残缺无几，就辑存者推之，是非黑白尚可立辨，非匡子疑狱也。汉董仲舒治《公羊》，推灾异，其弟子吕步舒不知其师书，以为大愚，至下仲舒狱几死。又眭孟称先师董仲舒有言，虽有继体守文之君，不害圣人之受命，至欲汉帝求索贤人，禅以帝位，霍光恶其妖言惑众，大逆不道以诛死。学如江都，其弟子愚昧如此，今之诋刘歆为国师者，独不思公羊家固有此一类人耶？况今之公羊学，又非汉之公羊学也。汉之公羊学尊汉，今之公羊学尊夷，改制之圣人，余知其必不出此。梁卓如来湘，苟务伸其师说，则将祸我湘人。吾弟试取《左氏》《公羊》比例而互证之，则异时发愤著书，无难持平而得信谳。余向来治学，不专守一师之言，教人亦不偏执一己之说，惟于二传之义，因其关系于近日之利害者巨，故有不能已于言者，岂专己守残，而好为是辨难哉？大抵《公羊》之学便于空疏，沈文起所谓"书短而易习，义浅而易推"者，两汉《公羊》大师均不能出此评论。近世所谓"微言大义"之说者，亦正坐蹈斯病。家无藏书，而欲使海内学人同安于固陋，生已盗名，而欲使天下后世共趋于欺罔，一人唱，百人和，聪颖之士既喜其说之新奇，尤喜其学之简易，以至举国若狂，不可收拾。蚁孔溃河，溜穴倾山，能毋惧欤？盖尝论之，日中则昃，月盈则蚀，有康、雍之纯朴，而后有乾、嘉之文治；有戴、段、毕、阮诸人之实事求是，而后有魏、龚诸人之嗜奇争胜；有东塾之平实，而后有新学之猖狂；有桐城、湘乡文派之格律谨严，而后有今日《时务报》文之藩篱溃裂。古今无百年不变之学，何论文字之粗迹乎？夫不通古今，不得谓之士；不识时务，不得谓之俊杰。班固欲人通万方之略，马迁讥儒者博而寡要，劳而少功，此二者当互观其通，各救其失。今之视西艺若仇雠者，一孔之儒也；借时务为干进者，猥鄙之士也。深闭固拒，问以环海各国之政教，茫然不知谓何，所谓不通万方之略者也；袭高邮王氏之颓波，理仓山主人之旧业，所谓博而寡要，劳而少功者也。吾弟具有通识，年来习闻诸名流之议论，于学之有益于己者，当博观而约取之；于学之有用于世者，当兼收而并蓄之。用夏变夷，则必入穴以探虎；援儒入墨，则将买椟以还珠。《公羊》之学，以之治经，尚多流弊，以之比附时事，是更启人悖逆之萌。昔桓谭有言："《公羊》依经立传，弥失其本事。"说经而至失其本事，七十子之大义固如此乎？离去本事又数万里，今之学果古之学乎？其书空言改制，有害于道；其学谬于圣人，不切于用。余非如沈文起之肆口愤争，而实见其学之不能自立，故据理以斥之也。若以《孟子》为《公羊》羽翼，其说更泛滥无宗。战国之世，荀、孟并称。荀之为人，有儒行，其书亦朴致深微，在诸子之上；孟子识力甚高，而立言不无偏激。荀子以性恶一语，召后儒之讥弹；孟子一生师尊仲尼，遂代圣统。不知性有善有恶，犹天有灾有祥，儒者立论，正人心、昭法戒，讳言性恶之旨，同于鄙斥符瑞之旨，此圣贤之微意也。孟子之书，北宋诸贤犹疑之刺之，迨理学之帜张，而道统之传立，孟子以距杨、墨有功，宋儒自任为辟异端。其尊孟子，非尊《孟子》也。而荀子乃以李斯灭学之故，为苏氏所诋諆。乌乎冤矣！天下事果如苏氏之论，则冉求附益季氏，亦将苛断孔子之教不善，有是理乎？此知人所以贵乎论世也。（《翼教丛编》卷六）

与戴宣翘校官书

日间晤谈甚快，所论儒、墨、道之旨极为精透，但鄙人所见在出入分合，执事所见在源流正变，义当并行，无须辨论。今日学术溃裂甚矣。战国之世，患在杨、墨，孟子辟之；八代以降，患在佛、老，韩子、朱子辟之。今日之世，患在摩西，无人辟之，且从而媚之，以至异说横流，谬论蜂午，衣冠世族，廉耻道亡。我生不辰，吾为此惧，岂有丝毫意气于其间哉？夫人心争胜，自古已然。异教之水火不必论矣，即以儒家论，荀子非孟，宋人则尊孟而驳荀；朱子疵韩，后人又谓朱子争道统。至于朱子之学，宜乎无病，而陆子攻之，陆既攻朱，朱子之徒又复攻陆。人言汉学家今古文之学好争，不知宋学家朱、陆之学更争。元、明以后，宋学之盛已数百年，国初巨儒，如顾亭林、阎百诗诸先生，其初皆出于宋学，而兼为训诂、考订之事，遂为汉学之胚胎。汉学之名，古无有也，倡之者三惠，成之者江慎修、戴东原。然此数君者，皆未化宋学之迹者也，（余藏有戴氏《诗经补注》原稿，采宋人说最多，《遗书》及学海堂皆删去。）迨乎王、钱、孙、段之伦，二王、三孔之族，精研文字，穿贯两京，汉学之帜，由是纵横上下，通于百年。顾当极盛之时，已伏就衰之理。其时若刘申受之于《公羊》，陈恭甫之于《尚书大传》，凌晓楼之于《春秋繁露》，宋于庭之于《论语》，渐为西京之学。魏默深、龚定庵、戴子高继之，毅然破乾嘉之门面，自成一军。今日恢刘、宋之统者，湘绮楼也；振高邮之绪者，俞曲园也。东塾似接亭林之传，而实非亭林之正脉。亭林之世无汉、宋，则有意兼通汉、宋者，不得谓之师法。亭林、东塾之学本出仪征，何以微变其旨？盖由乾嘉诸儒，晚年亦侵宋学故也。戴东原之《原善》，孙渊如之论先天卦位，仪征之《释心》《释性》，皆明避宋学之途，暗夺宋学之席。学既有变，争亦无已，由实入虚易，由虚入实难，有汉学之攘宋，必有西汉之攘东汉，吾恐异日必更有以战国诸子之学攘西汉者矣。学旨不明，学术将晦，开门揖盗，可不虑乎？夫不读东京诸儒传注之全经，而读后人掇拾之残经；不读文完义足之内传，而读断章取义之外传，其心非尽灭全经，以入于异氏之室，必犹有不能息喙者。观于《毛诗》，本出西京，亦谓西京无此学派，则其意固非主张西京可知。其端开于魏默深，晚病风魔，虽由于好佛，佛亦岂可好者？其死而因毁《毛诗》也者，则言者无罪；其死而非毁《毛诗》也者，则闻者足戒。当其撰《海国图志》也，抵排异端，不遗余力，只以前后易辙，是非改观，虚憍之气积于中，知人之失而不知己之失，晚节末路，人羞称之。康有为何足以言学？一二徒党攀援朝贵，簧鼓无学之人，其门徒之寓上海者，恒称其师为孔、墨合为一人。有人言孔者孔方兄，墨者墨西哥，闻者无不笑之。迹其平生，无一日一时不奔走呼号于天下，既不容于乡里，又不齿于京师，其流毒独吾湘受之，此则鄙人争所必争，而不仅在于学术矣。湘人尚志节，粤人尚忠义，地本接壤，风气多同，唇齿之依，当在异日，而断非一二浮薄少年所能联属，此可据理以断者。鹿门在汉学中，所谓章句之儒，性情尤为敦厚，入裸国而同裸，无怪其然。鄙人爱之重之，是以必欲去之。古人云："近朱者赤，近墨者黑。"居恒持以笑鹿门，谓其近朱子则赤，近墨子则黑，执事闻之，得无觍然乎？（《翼教丛编》卷六）

与俞恪士观察书

昨日函件，谅已察入。顷见官电录上谕，裁汰冗员，删并各衙门官守，薄海臣民，无不颂圣明之乾断。冯郭有知，荣于方干赐第矣。曩闻葵园先生言近日新政，若早行于中日讲和之后，至今必粗具成效，外人不敢轻视，胶州、旅大之患可以隐消。今又以康、梁之故，使天下哗然不敢言新，恐终难收自强之效。盖忧时之君子，未有不知法之宜变者，惟是朝廷不言而草茅言之，未免近于乱政。南皮制军《劝学篇》，且逊顺其词，即康、梁亦必托于孔子改制，而后大畅其说，此亦中国君权至尊之效也。人之攻康、梁者，大都攻其民权、平等、改制耳，鄙人以为康、梁之谬，尤在于合种、通教诸说。梁所著《孟子界说》有进种改良之语，《春秋界说》九论世界之迁变，隐援耶稣《创世记》之词，反复推衍，此等异端邪说，实有害于风俗人心，苟非博观彼教新旧之书，几不知康、梁用心之所在。近日三五少年，逞其狂谈，悍然蔑视名教而不顾，推原祸始，即在《界说》诸条。第《界说》亦有所因，乃至变本加厉。西人言全体，学者喜格致脑气筋之理，彼言脑气筋之灵之细，惟黄、白二种相同，其余棕、黑、红种皆所不及。其论性之善恶，又有本于父母之性之说。彼言种之善者、灵者，不可与恶者、蠢者合，译者衍为进种改良，已失其本旨，康、梁乃倡为合种、保种之说，几若数千百万中国之赤子无一可以留种者，岂非瘐犬狂吠乎？通教亦西士之常谈。花之安尝云，中士深闭固拒，于异氏之书一概加以诬谤，故其所著性理论说，多引儒书，而尤喜引朱子。彼以为能通我教也。然自彼通之，谓之用夏变夷；自我通之，谓之开门揖盗，此中界限，持之不可不坚。彼谈时务者，乃敢昌言于众曰，通教以保教，抑何丧心乃尔也。中西异教，近今不无强弱之分，《劝学篇》言保国即以保教，国强而教自存，此激励士夫之词。其实孔教之存亡，并不系此。大抵地球之世，君主兴则孔教昌，民主兴则耶教盛。迩来泰西立国，民主之制居多，摩西立诫，以敬天、孝亲、爱人为宗，希腊、天主、耶稣三教本之。其于忠君爱国，无明约也，彼书偶亦有之，乃其教士得见儒书以后所增，非彼经原文如此也。故俄罗斯、英吉利之乱民，时时倡民主之议，所以然者，敬天、孝亲、爱人之理，中西所同，独忠君为孔教特立之义，西教不及知也。如其易民主而为君主，则必劝忠而后可以息民，于时孔教之昌明，必有胜于今日之日者。西俗合众公主之法，由于无君臣之伦，其无君臣由于无父子，其无父子由于无夫妇，其无夫妇由于女权过重，妻可去夫，夫不得出妻，阴阳反常，为人情之大不顺。故路得之创复原教，因循英主去后之意而得大行。异日孔子之教，安知不因申君臣之义而亦大行乎？尝闻天主教士之言曰："天主是天，孔子是人。"意固抑孔而尊天。不知孔子敬天，而所敬非天主也。又闻耶稣教士之言曰："孔子是圣人，耶稣是善人。"此则持平之论，毫无损于耶稣也。尝考耶稣之书，其切于人事处，颇胜于释氏之空谈，惟因灵魂不朽之说，而以天堂、地狱为贤智说法，则不如释氏之以天堂、地狱为愚民说法者，使人深信而不惑，宜乎为格致学家所攻击，而无以自解也。方今泰西格致之学日进，西教亦因之而式微，然耶稣所辖之地视天主稍多，则以天主多不近人情故耳。观于耶稣所辖之广，不益见将来孔教所辖之广哉？至于衣冠服色能否画一，则不可知。顾世宙日进于文明，则人情日趋于简易，衮冕之烦重，且变为大清之冠裳，则自今以后之文章，何不可以臆断。惟是谈时务者，以为变法必先变服，则又昧本之谈。日本改效西装，且贻西人以口实，堂堂中华，秉礼之国，何必袭彼族之皮毛？况中国欲图自强，断非振兴制造不可，若舍此不顾，非独易服色不能强，即不缠足亦岂能强也？又有蒿目时艰者，见民教之不安，以为异言、异服之炫目，改从西制，则教士之入内地者，可以与百姓相安。此尤一隅之见也。今之教士居中国者，要皆长衣辫发与中服同，而碧眼紫须，虽三尺童子皆能识别，而谓改从西服，得以杂处无分，斯亦必无是理矣。湘中去冬初开学堂，士绅亦颇踊跃，惟鄙人以梁之师承大谬，遇事不肯与闻，适有宛平督学来湘，亦逆知其流毒必甚。今岁正月，得见梁代宛平所作《辚轩今语》，主张康教不遗余力，并引陆子静"四方各有圣人"一语，默推西方之人，不思陆氏此语，即惑于异氏之学之深，学使为风教之官，岂可以之垂训？其尤谬者，以孔子之作《春秋》，比西士之作公法，驳驳乎以通教之意明诏学人，诚不知其出身何途，甘为彼教之奴隶。鄙人虽以师门之故，亦断不能含默无言，否则月旦乡评，交相讥刺，不目为耶氏之奴隶，或目为康党之门人，则鄙人将见外于乡人而终身不能言学矣！评语之作，亦乌能已乎？要之，中原士夫人人知学，则可以不攻康、梁；湘中子弟人人能学，则可以不作评语。知我罪我，听之天下之人，若夫一世之仇雠、一身之利害，则固未遑计及也。（《翼教丛编》卷六）

与段伯猷茂才书

近日学堂渐次廓清，人心亦已安靖，戚友子弟为康、梁邪说所惑者，从此可以觉悟。此在湘绅，固有万不可辞之责也。吾邑有某生，投一匿名书函至居宅，大旨表章康教，趋注宛平，因其蠢然无知，付之一笑，初不知其为谁氏之子也，昨有以刻稿见示者，始得识其姓名。适有人自校经书院来，言讲堂墙壁粘贴此函，执事见之，立时揭去，执事以为彼之毁我也。鄙见以为不然。天下事，必有真识力而后有真是非，亦必有大学问而后有大文章。今日士习游惰，目不知书，是以邪说横流，人人丧魂夺魄。清班如宛平，贵介如浏阳，耳目旁皇，犹且随波逐流，又何论碌碌余子乎？彼函乃其党拉杂而成，意某生尚不至昏愦若此。彼其言曰"南海先生，二千年来未有之绝学"，此等声口殊不类邑人之言。譬如鸲鹆调舌，初只能自呼其名，其他姓李、姓张不必尽识，此可揣情而得者也。执事于彼函固未深思，彼言《輶轩今语》，本于康有为之《桂学答问》，此不过极言宛平之无学，与鄙人并无所损，彼方疑宛平亦康门弟子耳，所谓坐井观天，岂复知井外之事？自云不求进取，而阿谀献媚，是何居心？彼欲得一高等以食饩，亦何必费此九牛二虎之力哉？尝笑唐才常、毕永年、蔡钟濬诸子，竭力阿附康、梁，康、梁且唾弃不顾，京师特保经济之数子者，皆寂然无颂声。陶谷危素，人人得而鄙夷之，此非天理之公，而亦人情之正。彼函反复剖辩，无非为彼护法，稍能识字之人，固知其用心之所在，惟吾邑之士犹有不知其陋者，因为执事约略陈之。

彼言口说即在传记之中，则是口说借传记而存，得失重轻，较然明白。《公羊》《戴记》，皆汉儒之传，口说所遗，不知几历年世，其间见深见浅，读者正宜分别观之，彼何以信四五传之口说，而斥孔子同时之传记。刘歆伪造，已为彼党常谈，今姑不具论，但《公羊》《礼记》《春秋繁露》皆系汉人杂纂之书，彼乃奉为孔氏真命脉，几何不为刘歆所窃笑耶？三世之说，曰"所见"、曰"所闻"、曰"所传闻"，传有明文，屡自申其义例，何休衍为"据乱"、"升平"、"太平"，虽公羊家旧说流传，不为无本，然只可谓经师家法，不得谓圣作精神。春秋之世，何曾一日太平？圣人作《春秋》以垂法后人，岂以此高深要眇之谈，使读者迷惑其本旨？果如此类议论，则是六经之精意，同于文士之神思，于义则高，于世何补？比大谬不然者也。《传》云："内其国而外诸夏，内诸夏而外夷狄。"中外、夷夏之界，至明且严。又云："王者欲一乎天下。曷为以内外之辞言之？言自近者始也。"此言治天下之次第本末，语意显明，何休推至太平世，远近大小若一，以为圣人用心尤深，亦谓圣人大道为公，望夷狄之治无异望诸夏之治，而内外华夏四者何尝不分别言之？彼不深究传文而死读注字，是彼于传注尚未了然，何足语于经义乎？《礼运》一篇，言世运之转环大同之世，盗贼不作，是以外户不闭，无一语及《春秋》，更无一语及夷夏，圣人望治之意，六经皆可会通，断不能武断小康为升平、大同为太平。此好学深思，所以贵乎心知其意也。（此非余一人之言也。嘉善钟文烝曰，如郑君说《礼运》天地为本，至于四灵为畜，以为《春秋》始于元，终于麟包之，则固非《礼运》之本旨。且十二公皆有元，诸史书亦莫不有元矣。）人读死书，彼之持论，可谓读活书者耶？《周礼》一书，于民间之事巨细必举，管子得其大略，遂以治齐。康门因其为古文，一概诬为刘歆之作，意在毁歆，不知转以誉歆。鄙人尝言一部西政书，可惜为古文掣肘，真彼觖事也。某生于康、梁之门，泥首至地，何以忽背其师承，若假托于持平之论，则《左传》风俗，逐卷可稽，（近人林伯桐有《左传风俗考》一书。）彼何以于三传中，仅知康、梁之《公羊》？岂彼于五经尚未卒读，而止读《辅轩今语》耶？儒教非创于孔子，而成于孔子，《说文》："儒，柔也，术士之称。从人，需声。"造字之先，亦不必以儒为贵。《周礼·太宰》"儒以道得民"，又《大司徒》四曰"联师儒"，则儒之立教，必自周公时始矣。鄙人因《周礼》《说文》皆康门所目为伪书，故不援引而引《论语》，儒教果为孔子所立，岂及身、及门，即分君子、小人两党，此可按经文而思其理者。马融以明道训君子，以矜名训小人，与《汉志》之意相合，鄙人据以发近人之锢病，明吾教之真传。彼乃断章摘句而求之，其读死书与□□□等耳。然卤莽读鄙人之书可也，卤莽读孔氏之书不可也；支离背鄙人之旨可也，支离背康门之旨不可也；人既不能自立，拜佛则拜一尊，时东时西，莫衷一是，所谓既不能为君子，又不能为小人，得毋龟兹王所谓非驴非马者耶？黄梨洲《明夷待访录》，其《建都》篇海山仙馆本有之，别有顾氏小石山房本删去，盖其时禁网犹密，忌讳必多，此读书者所以宜通考据，搜辑古书者所以宜通目录。彼既胸无尺寸之书，宜乎不足语此。亭林无子，有命在天，古人如此者，不可胜数。默深病狂，由于丧心，其病发于本原，确有至理。鄙人非论因果报应，不过欲人引为丧心之戒而已。龚定庵从刘申受受学，平生经史论说，大抵根据三世之义为多，而又沉溺于内典之中，知其入而不知其出，故学术诡僻，不足以教人。今之自命深通三教者，又定庵之重儓，其他依草附木之人，更可置之不议不论矣。十三经中《书》有伪传，《孟子》有伪疏，治学之士皆知其详，顾《书》之伪传，阎、惠以后已如铁案之不可动摇，后之护经者，犹且百计弥缝，恐其废坠，何况两京诸儒传注之书乎？凡事当持公道，不必人云亦云，如某生者，能读康门之书，胡不进而读古人之书？迨至读书愈博，见理愈明，而后可云通经、可云致用，较之仰鼻息于道途之人，其利害损益，必有能辨之者。仅以化质论，则鄙人尚可化一颜习斋，恐彼并不能化一康有为也。公羊家以《论语》证《春秋》，始于何休之传注，近儒如刘申受、宋于庭、戴子高竭力开通，几于《论语》《春秋》可以存一废一，而民主之说，本经无之，传注亦无之，不知某生所读何本，殆误以马可之书而记为幼时所诵习之《论语》耶？若其羡生人之富贵，摭彼教之糟粕，胸怀委鄙，言者心声，今康有为叠次被人纠参，许尚书、文御史两疏，状其钻营龌龊之形如画如话，似此无耻之鄙夫，依其门墙亦复有何光宠？执事若识某生，当劝其归家读书，自成其士君子之行。热中奔走，前路茫然，在康门视之如蝼蚁之微，在鄙人视之如蚍蜉之小。曾记有一少年，自命为新学党人，鄙人告以汝并无学，何有于新？彼亦非人，何有于党？如某生者，妄思攀附宛平，毋亦有类于此。嗟乎！青衿佻达，城阙蒙羞，曲学阿世，古今一辙。吾愿举国上下之人，孜孜向学，而后是非之界得明，学问之途日广也。余详《明辨录》中，兹不复述。手此，即颂纂安。（《翼教丛编》卷六）

王先谦

复毕永年书

松甫贤友文右：昨晚归，奉手书，勤恳切至，抑何意味之深长也。仆非无心于斯世者，但志趣所到，不能强同，敢为吾友一一明之。来谕谓仆宜住院督课，诚哉是言。仆在苏学任内，以遭家多难，儿女夭折，万念灰绝，决计归田。官之不图，馆于何有？乃郭筠老强之于前，张中丞迫之于后，遂由讲舍移席城南，展转因循，更点岳麓。家号四口，唯仆一男，老妻卧床，两妾拙弱，米盐琐屑皆自料理；寓居旷野，夜多盗警，赴院则弃家，居家则离院，牵率却顾，耿耿此心，非以徐先生为可法而蹈其故步也。然因此之故，广设视听，开通声息，不敢夸言整顿，似尚未甚废坠。斋长五人，屏绝少年浮荡之习，屈祠挟妓，可保必无。至"笃实开通"四字，谈何容易！高潜异器，兼者几人？抚胥怀旧，容或有之，不害为老成斋长也。天下学术，断不能尽出一途，但令趋向克端，无庸强人就我。省城学会，聚讲多贤。《湘报》刊行，见闻广远，开拓民智，用意甚善。此外道合志同，各自立会，互相切劘，亦不失敬业乐群之义。奚必尽一世之人，相与奔走喘汗，摇唇鼓舌，院设高坐之席，家持警众之铎，然后为一道德而同风俗邪？今国之急务在海军，民之要图在商务，朝士无论矣，草野二三君子，以振兴世道为己任，不思尽心实事，挽救陁危，而相扇以虚名，专意鼓动世俗，即使率土觉悟，太息呼号，而无开济之道。譬犹举家醉卧，蘧然梦醒，束手相顾，以须盗之入室，所谓固圉而保种者，果安在乎？仆掷万金于制造，实见中土工艺不兴，终无自立之日。此心不为牟利，较然甚明。众志不齐，中道相弃，仆之寸念，亦无所悔所恨。滔滔天下，忠信不立，弥望虚伪，非世运之佳征耳。仆自苏归，时以四乡多警，勉就城居，牵涉应酬，不能离人独立，投暇一编，未忘寝馈，忽忽六旬，不甘朽腐，尚有数书未能卒业，亟欲赓续成之，以待来者。同一偷生视息，却非无业游民，自衣冠出门外，嬉游绝少，熟客尤稀，来谕云云，未为知我，外间浮论岂复可信？此不足辨也。生平性耽清净，不喜结纳，京居惟二三知好，商榷文艺，归来亦然，其余亲故往来，有生不废，虽或不欲，其可去乎？学问一途惟在心得。畴昔语人云，为政不在多言，学亦如之。今足下欲仆伸议事之权，魁求新之党，嘤鸣求友，聒于市人，返之此心，良非素习。南学启会，迄今月余，众口纷纭，有如矛戟。平情论之，陈中丞开讲数次，听者洒然动容，亦由居得为之位，任先觉之责，故感人如此其深也。此外会讲诸君，不免被人吹索，报馆之文杂袭鳞萃，或侈口径情，流为犯讪，或党援推奉，自召不平。教人以言，本非易事，况复择语不慎，何谓人言不足畏也。今日群才奋兴，莫不自命千古，谁肯受人指摘？而欲仆摄斋登堂，攒眉入社，附和既所难安，箴规又不敢出，徒然东涂西抹，与三五少年相追逐，岂复有善全之地邪？窃谓中国学人，大病在一"空"字。理学兴，则舍程、朱而趋陆、王，以程、朱务实也；汉学兴，则诋汉而尊宋，以汉学苦人也；新学兴，又斥西而守中，以西学尤繁重也。至如究心新学，能人所难，宜无病矣。然日本维新从制造入，中国求新从讲论入，所务在名，所图在私，言满天下而无实以继之，则亦仍然一空，终古罔济而已。何如闭户自修，不立名目，不事征逐，尚留我本来面目之为愈邪？吾友天资、悟力超绝等伦，倘不鄙弃仆言，愿勿以牖民觉世为名高，而以力学修身为本务，暗然日章，操券可获。空谈小补，诸君子任之足矣，何足以辱吾贤？如其不惬于心，即请各行其是，毋复后言。（《翼教丛编》卷六）

与吴生学兢书

久未接谈，良深企想，顷读来札，关爱殷切，感不可言。学堂、学会，先谦皆曾到场，以学堂系奉旨建立，学会则中丞殷殷注意，随同前往，然皆仅到一次，因先谦事忙，并非有所避忌而不往也。学会议论新奇，因其刊入《湘报》，人人共见，始有辞而辟之者，先谦乃得与闻崖略。至学堂之悖谬，半月前，见梁启超批学生刊稿各本，称"南海先生"，然后知为康有为之弟子，专以无父无君之邪说教人，大为骇怪，同人遂有联名具呈之事。熊庶常不知醒悟，反为不平，不知何意。然则得罪名教之乱臣贼子，当在公同保护之列欤？来谕谓熊、唐、谭、樊诸人，庸人孺子咸欲得而甘心焉，然今尚掉臂游行，昌言无忌，公道果何存也？至谓今日之事，亦趋重西学者势所必至。及湘人俨分新、旧二党之说，则其中有尚须剖析者，不可不为吾友明之。所谓西学者，今日地球大通，各国往来，朝廷不能不讲译学。西人以工商立国，用其货物，朘我脂膏，我不能禁彼物使不来，又不能禁吾民使不购，则必讲求工艺以抵制之，中国机庶可转。故声光化电及一切制造、矿学，皆当开通风气，力造精能。国家以西学导中人，亦是于万难之中，求自全之策。督抚承而行之，未为过也；绅士和之，未为过也。故从前火柴、机器各公司，先谦与闻其事，确系中心之诚，以为应办，至今并无他说。然朝廷之所采者西学也，非命人从西教也。西教流行，势不能禁，奸顽无赖从之犹有说也，学士大夫靡然归美，此不可说也。至康、梁今日所以惑人，自为一教，并非西教。其言平等，则西国并不平等；言民权，则西主实自持权。康、梁谬托西教，以行其邪说，真中国之巨蠹，不意光天化日之中，有此鬼蜮。今若谓趋重西学，则其势必至有康、梁之学，似觉近于事情。且康、梁之说，无异叛逆，此岂可党者乎？彼附和之者，今日学堂败露，尚敢自号为新党乎？先谦因刻书事冗，又本性凤耽闲静，不愿多预人事，故从前学堂之事，外人以为先谦主持，群相指摘，先谦实无所闻知。及见有悖谬实迹，同人督先谦首列具呈，先谦亦毫无推却。前后心迹，可以考见。来谕云蔡与恂先生批陈亭子课卷云先谦已有悔心，此言可怪。蔡先生今年上学一见，后未接谈，先谦之悔否，蔡先生何以得知？若谓吾两人交深，以此语代为掩饰，是誉我实以毁我也。先谦依然先后一人，并无两样面孔、两样心肠，果有何事应改应悔乎？至外人之曲说深文，更可付之不论矣。（《翼教丛编》卷六）

致陈中丞书

日昨惠顾畅谈，至为快慰！赐读请毁《孔子改制考》书板疏稿，于厘正学术之中，仍寓保全人才之意，甚善甚善。但康有为心迹悖乱，人所共知，粤中死党护之甚力，情状亦殊叵测。若辈假西学以自文，旋通外人以自重，北胡南越，本其蓄念，玉步未改，而有仇视君上之心，充其伎俩，何所不至。我公盛德君子也，如康因此疏瓦全，不可谓非厚幸，但恐留此祸本，终成厉阶，有伤知人之明。或为大名之累如先谦者，激扬有志，旌别无权，远师苏氏之《辨奸》，近法许公之嫉恶，所谓在官在野，各行其志，我公得毋笑为迂拙罕通乎？大稿敬缴，余容续馨。（《翼教丛编》卷六）

复洪教谕书

奉手示敬悉。徐宗师以开学宫，立议约，究明倡议主笔之人。伏查此次邀集绅董，出自城南求忠诸生，次日始至岳麓，斋长来言，知单随到，上注"书院公启"字样，却无主名之人，亦向例然也。弟届期到学宫，见学约大张书字，陈列案上，其谁为主笔，无从查询，惟见约稿中有驱逐熊希龄、唐才常等语，未免过甚，援笔删去，大众亦皆允从。弟不候同人而去，当日诸公先后到者，耳闻目睹，谅皆同之。至约中所称康有为民权、平等之说，断不可从，此弟所深以为然者。即梁启超在时务学堂阐扬师说，贼我湘人，曾经绅士具呈抚院，请加整顿，弟名亦忝首列。今日书院诸生能申明大义，乃弟所祷祀而求者也。昔郑人游于乡校，毁及时政，子产不以为非。今以区区学宫启闭之事，邀集绅耆，并非私会，厘正学术，亦无不韪，而以此上烦宪听，察及渊鱼，皇悚之忱，匪可言喻。幸诸公以此上陈，或蒙宗师格外鉴谅。总之，学术非可强同，何况名教纲常之大，岂容稍有假借？弟在讲席一日，必竭一日维持之力，雷霆斧钺，所不敢避。如宗师必查究倡议主笔之人，即坐罪弟一人可也。（《翼教丛编》卷六）

与徐学使书

前日闻台端，因学堂禀控揭帖一案，批饬传讯宾凤阳等，弟即拟奉函，为之剖析。适见抚辕牌示，弟遂上书中丞，旋赴书院，饬带诸生投到，今午回城，复函告中丞矣。天下止有匿名揭帖，无署名揭帖，若取致人之书，加入污人之语，张之衢路，以柄授人，自来未闻此异事。学堂禀称四处张贴，而城中官民人等佥称未见，此岂可横加栽诬者？台批云"宾凤阳等狂吠不休"，以鄙见测之，狂吠者自有其人，非宾等也，不日公堂对簿，根究学堂得自何人，来自何地，不独为学堂弭谤，兼为敝书院洗诬，诚为快事。弟忝居讲席，从不袒护生徒，至此事由来，因诸生欲厘正学术，致书鄙人，遂致鬼蜮横行，恣为诋斥。弟蓄愤未摅久矣，不敢不引为己任，一雪斯言。阁下主持康教，宗风所扇，使承学之士望景知归，此次敝郡岁试，弟之亲友以南海圣人获隽者不下十人，以南海先生入选者则指不胜屈。两次面谕生童，赞扬康学，大众皆点头领会，足见湘人虽愚，未尝不可化诲。惟事必行之以渐，似不宜过于迫急，若以威势强人服从，则与西国以兵力胁持行教何异？此则企望之余，不能不一言也。俟公暇再谒谈。（《翼教丛编》卷六）

其他守旧派人士

屠仁守致时务报馆辨《辟韩》书

自丙岁仲秋之月，获读大报首册及公启，蹶然而兴，慨然而叹，驰告友朋，谓不图今日重睹汉官威仪。盖为著统之体尊，发凡之例谨，托心毫素，而致戒于讪上横议。方今中外报馆如林，群言淆乱，此报出，吾党其得闻《圣证论》矣乎。次第及十数册，陈义弥高，不无出入，又好以嬉笑怒骂为文章，同人窃窃致疑其间。蒙释之曰：此皆忧时君子，惨怛郁悒，激而为此，欲以惊醒一世，使知困其患，则操其备耳。吾辈但当尽心考求，期于存之有主，措之有方，以赴事机之会。斯报之功，于是为大，不宜择一二偏宕愤激之谈，病其全体。闻者颇然之。故虽以僻寂荒城，独无分局，而皆展转丐托，千里递寄，数人得共阅一编，资为程课。区区方深慰幸，乃顷读二十三册有《辟韩》之文俨然著录，于私心有大不安者。谬托气类，不敢不略抒管蠡之见，冒渎于下执事。窃以《韩子·原道》之作，后儒推崇，容有过当。惟伊川程子谓其言语有病，朱子以其略格致不言，为无头学问，然于立论大体，盖皆深取焉。斯亦既严且核，庶几得所折衷矣。今《辟韩》者，溺于异学，纯任胸臆，义理则以是为非，文字则以辞害意，乖戾矛盾之端，不胜枚举。请先言其大者。夫君臣之义，与天无极，其实尊卑上下云尔，自有伦纪以来，无所谓不得已之说也。在昔封建之时，天子抚有天下而为君，则率土为之臣；诸侯抚有一国而为君，则境内为之臣；大夫有家，则家众为之臣。下逮士庶人，有主则有仆，犹君臣也。若《辟韩》之意，则必尊上其仆，卑下其主，由室老以禄大夫，由大夫以立诸侯，由诸侯以共置天子，而仆之视主曰："尔直为吾保性命财产，吾故不得已而事之。"此明自然也。则夫人之于天，亦惟当责其保吾性命财产，曰："吾之为人于天也，不得已而事之也。"由明自然也，而可乎？夫此不得已之说，出于上则为顺，出于下则为逆。《辟韩》者，代为君者言之善矣。凡经传所以诫人君者，法语巽言，大都此意，辟则为天下傆，岂其使一人肆于民上？之两言，天人交儆，尤人君所不可一日忽忘者。此其不得已为何如，而岂谓君臣之伦为出于不得已也乎？既以君臣之伦为不得已，则无怪乎以佛之弃君臣为是也。而又曰其所以弃君臣非也者，将毋俾为佛者，既皆成佛，则求立一君以保其为佛之性命财产，而以不得已者事之，乃为明于自然者乎？老氏明自然，孔子无以易。而所谓自然者，则民有自然之性命，有自然之财产，所求于上者，保其性命财产而已。更鹜其余，则为代大匠斫，是以仁义道德无所用，礼乐刑政无所施，而束于教之曲士不可与语。此其于道于治，视韩子深浅何如也？孔子未尝言自然，而老子明自然，老氏既胜孔氏矣。孔子不敢弃君臣，而佛能弃君臣，佛氏又胜孔子矣。至今日而孔子之道不足致富强，不足为民保财产性命，独西人擅富强，能为民保财产性命，是西人又胜孔子矣。孔子如是，岂况韩子？孔子曰：“足食足兵，民信之矣。”孔子之所谓富强也。又曰：“齐一变至于鲁，鲁一变至于道。”春秋莫富强于齐，而夫子云尔，岂谓国不当富、不当强哉，毋亦以富强必探其本，必进其治，断非法自然，弃君臣，专事贾胡之事，变为民主之国，而后乃与道大适也。且夫民主之云，固《辟韩》者所以明自然之本旨，为其能同心耳，能并力耳。然古之善为国者，曷尝不以同心并力为务。聿求元圣，与之戮力而商王；乱臣十人，同心同德而周兴，商、周非民主也。即今日我之大挫于倭，惟是伊藤、陆奥为之左右，而其国人从之，亦并非民主也。今以挫于倭之忿恨，有慕于欧洲之富强，直欲去人伦，无君子，下而等于民主之国，亦已误矣。而咎千载以前之《韩子·原道》，而不知原民主之道，求疵索瘢以辟之。曩有为偾事者解脱，造为宋儒贻祸中国说，专以不主和议为之罪，是则以今日之付托非人，师不武，臣不力，至于一切坏烂，不可收拾。无识者既以罪宋，而有识者又以咎唐。恐推而上之，举凡先王先圣所以为治为道者，皆将不免贻误我朝之责备，可奈何？世之愚恶大儒，逆斥不通，孔子拘夫，岂无故而荀卿疾之。程子曰：“凡立言，欲涵蓄意思，不使知德者厌，无德者惑。”若《辟韩》之言，岂直厌与惑而已，殆将俾知德者忧而无德者幸。苟至无德者幸，则天下之乱可知已矣。大报尝著《尊君权》篇，其义明，其说详，可与前册参民权之论相调剂以适于中。今忽复博采兼收，异军特起，虽报馆之例，有闻必录，误则从而更正之。窃以于众事犹可，抑亦他报馆不问义理，但骋快笔者所优为，恐非诸君子创《时务报》之深心所宜然也。昨读译《东华杂志·汉学再兴论》，为之踌躇四顾，默愧之，滋畏之。以彼人士犹能言修身齐家，设立教育之当取法，犹知尊《论语》为纯然道义之书，并推存亡消息之理，谓国学勃兴，将压倒西学。我方靡焉欲步其后尘，彼乃皇然而思返古道；我方贬圣贤以遵西洋之善治，彼且稽经史而建东洋之政策。两册鳞次之间，自立也若彼，自屈也若此，比而观之，其何以解焉。然则吾《时务报》，上而规海，下而传语，达诸朝野，播之列邦，诚有谈非容易者。诸君子综才、学、识之三长，鉴今于古，策中以西，蒙每奉一编，辄欣戚交心，歌泣不知其由。意者，谠言日出，既痛砭沉痼，猛觉群迷，其必写畏天命、悯人穷之苦衷，昭揭荡平正直之王道，于薄海内外，使凡业臻富强之国，幡然知仁义之为福而当务，争攘之为祸而当戒，有以淡其欲念，戢其雄心，则岂惟中夏安，四裔亦且俱安。载书之盟，请要于季路；弭兵之会，成言于向戌。此则诸君子主持坛坫之盛美，足以尊国势而保黎民。由是以大正人心，息邪说，距诐行，放淫辞，乃为不得已之实事。其或不然，第惩庸论忌讳虚憍，而矫枉过正，务录一切蔑古拂经、千纪狂诞之说，无益于己乱，而有余于召衅，诚未见其可也。隶也愚昧，妄援弹驳之条，私为刍荛之献，伏乞鉴宥而赐裁择焉。

圣道昭垂，亘古不易。当此仁义充塞，功利陷溺于人心，正赖维持有人，庶几时有晦而道不晦，道不晦则时可挽。随时挽之，斯道即显焉。盖道者，古今所共由，尽人所莫外。一人由之则一人兴，一时由之则一时治，弗由则乱，古今同然。但第论治乱之迹，道固似有显不显之时，然递嬗倚伏之机，要皆时为之，而于道无与也。若必因病时以病道，不亦愚且惑哉？近读屠梅君侍御辨报馆《辟韩》书，窃叹因时病道者若此，而何幸即时辨道者竟复有人也。夫今之时何时乎？外衅迭生，强横日甚，贪欲无厌，争夺为雄，又复包藏祸心，混吾教以混吾学，扰吾治以扰吾民。此诚千古莫遇之时，而亦千古未有之变也。而我之所恃以常存不敝者，惟此德配天地之圣人，立纲常之极，严尊卑之辨，植礼义之防，俾君子修之吉，小人悖之凶，影响之捷，比比然矣，岂或爽哉。不谓妄以道病者，转乘其间，逞其私臆，而欲于道，扬之使高，凿之使深，蔽我圣学，乱我朝常，谬托尊圣之名，阴以畔人道之极，不知用夏以变夷，直欲尽我变于夷，能勿伤哉，能勿惧哉！抑知斯道也，乃参天地而立之道也，道存则天地俱存，道敝则天地俱敝。圣人者，先天而天弗违者也。天且弗违，人欲违之，岂非自绝于天，自外于圣乎？而天与圣奚伤焉。自来道之有显有晦，非果道有显晦也，亦偶因时有显晦耳。盖斯道之在人，犹日月之在天，其晦也如日月之食，其显也如日月之明。日月食时虽暂晦，本体光明原自存，何尝因暂晦而少损。故知道之君子，时值其晦，惟悲焉而已，悯焉而已，视其可救以道救之，乘其可挽以道挽之，无可挽救，则闲之守之以俟时，尊之卫之以待显。如此则学为中正之学，斯道乃不易之道也，吾道赖之，天下亦赖之。否则，学术乖则治术乱，治术乱则道益难显。有道不显，乱恐日深，欲求已乱，舍道奚由。感附数言，用谂侍御，并质诸天下之与侍御有同心者。（富川东溪朱浩文识。）（《翼教丛编》卷三）

杨崇伊折（宫）光绪二十四年八月初三日

掌广西道监察御史臣杨崇伊跪奏，为大同学会蛊惑士心，紊乱朝局，引用东人，深恐贻祸宗社，吁恳皇太后即日训政以遏乱萌，恭折仰祈慈鉴事。臣维皇上入承大统，兢兢业业二十余年，自东瀛发难，革员文廷式等冒言用兵，遂致割地偿款。兵祸甫息，文廷式假托忠愤，与工部主事康有为等，号召浮薄，创立南北强学会，幸先后奉旨封禁革逐，未见其害。乃文廷式不思悔过，又创大同学会，外奉广东判民孙文为主，内奉康有为为主，得黄遵宪、陈三立标榜之力，先在湖南省城开讲，抚臣陈宝箴倾言崇奉，专以讪谤朝廷为事，湘民莫不痛恨。

今春会试，公车骈集，康有为携其弟康广仁及梁启超来京讲学，将以煽动天下之士心。幸士子读书明理，会讲一二次即烛其奸诈，京宫亦深知其妄，偶有贪鄙者依附之，而吐骂者十居八九，不知何缘，引入内廷，两月以来，变更成法，斥逐老成，借口言路之开，以位置党羽。风闻东洋故相依藤博文，即日到京将专政柄。臣虽得自传闻，然近来传闻之言，其应如响。伊藤果用，则祖宗所传之天下不啻拱手让人。

臣身受国恩，不忍缄默，再四思维，惟有仰恳皇太后，追溯祖宗缔造之艰，俯念臣庶呼吁之切，即日训政，召见大臣周谘博访，密拿大同会中人分别严办，以正人心。庶皇上仰承懿训，天下可以转危为安。

臣愚昧之见，缮折密陈，伏乞皇太后圣鉴。谨奏。（《戊戌变法档案史料》）

缪润绂折（宫）光绪二十四年八月初七日

改归知县庶吉士前户部主事缪润绂跪奏，为内患方殷，求治不宜太急，请固民心，以保天位，沥披上陈，恭折仰祈圣鉴事。奴才窃惟时势，悲大局之危于旦夕也。疆土削，兵甲顿，贷券积，帑藏空，然而延国祚之长，犹得与列邦盟会者，无内顾忧民心固耳。咸丰庚申之变，薄海同仇，然木兰行围，阙下定议，犹有一二亲藩硕辅，补救时艰。而旅人之非理要求，盖莫不抚膺切齿，虽妇孺氓隶，咸有勤王敌忾之忱。上年中、日交绥，出师仓卒，韩登举以东山子弟，义勇争先，惜后路无援，鼓声不震，论者有隐痛焉。海禁之开，今数十年，乃民教相仇，甚于水火，岂真民之背理而伤道哉。亦以忠爱之良激而出此。此实圣祖神宗仁恩之浃洽，抑亦孔子教泽流被万世于无穷也。

夫西国之有条教政治，奴才讵不谓然。顾以蠢蠢细民，心目中但知有圣朝；其仇视西人也，殆如鸷鸟猛兽，时时而欲得甘心者；恶其人因并及其法，亦固其所。奴才愚以为皇上采西法，立庶政，穷乡僻壤，亦幸不闻耳。窃计自四月以来，新政繁兴，弋功名钓富贵之徒，揣摩迎合，益以扬波助焰。朝廷朝授一官，暮下一令，四民读邸钞者，皇皇无主，虑及失业，则人人自危，愁叹之声不绝于路。有怨及左右之人亡辅导者。摇惑惊恐，诚有如诏旨所云，若复刊刻誊黄，遍行晓谕，恐纶音一降，率土惊惶，新政未行先受变法之害。其陈善闭邪，以直言进者，则不问是非，不加可否，率中寝而已。街谈巷议，遂谓举朝无正人，百官无忠谠，群阴构难，大盗生心，祸机之萌，近在眉睫，容怀犹殷殷望治，祇速乱耳，而治安在？此皆言变法之臣，以阿谀将巧饰误皇上者也。而顾推心腹任之而不疑，有忠正骨鲠，苦口以行其爱敬者，则疏而远之。夫西国政教，善于何有？罗马教皇之权重矣，卒以激成兵祸，地为法、日、奥所据，而教浸衰。当同治九年，法于中方示强而已，败于德美尤多。叛党尝刺杀其总统林根，议院公举之弊，下挟私，上偏徇。此外祸乱相寻，迭强迭弱，不可纪极，亦何所取而思效之，以散中国之人心哉。此皆康有为之邪说诡词有以阶之厉也。其所作《孔子改制考》，闻陈宝箴已奏请销毁。而其徒梁启超者，主湖南学堂，语言狂悖谬妄，逆迹昭著，湘人有《明辨录》之作。皇上乃重假二人，以主持政教之权。近闻其联孙逆于日本，招伊藤来，嗾其党荐为客卿，变乱朝纲，颠倒国是，张羽翼，植腹心，结谭嗣同、杨锐为内援，倚张荫桓、徐致靖为外助，而宋伯鲁、杨深秀、廖寿恒、王照辈又从而附益之。谨厚若李端棻者，亦复受其狂煽，党援胶固，根柢盘深。将乘宫车之行，阴谋不轨，道路讹传若此。各国严兵海上，观衅而动，隐伏危机，此不可预防者也。

况粤西逆焰方张，徐海酿患，胶苦侵地，黔兆乱萌，皆以平洋教，清朝右为名，振臂一呼，辍耕四起。西士于湖南传教，群情不服，宝庆郡署毁于火。湖北沙市乱定未久，而董福祥所部尤疾视西人，恒于铁路左右寻衅。奉省受教民侮者，结大成会，独树一帜，招纳豪杰，与天主耶稣教为敌。俄以筑路骚扰，雄强恣肆，百姓蓄怨而不敢发。上海四明公所之狱，尤令人发指。奴才愚以为此际内患纷纭，皇上方务乱止安民之不暇矣。乃裁三巡抚一河督，裁盐法粮道，通同佐贰各官，沙汰候补分发捐纳劳绩人员，撤局所冗员，汰各营冗兵，此实朝廷力求撙节。但骤增数十百万无业游民，将焉置之？饥寒之加，迫而思乱，将群其而与康、梁为难。抗钱漕，焚教堂，裹胁善良，戕官劫狱。大乱一作，人人有权；用兵而兵已尽裁，筹饷而饷无从出。欲责效于铁路，机器工艺兵商农矿茶蚕桑诸学，并以缓不济急，而一无可用，甚且半涂而废。此时人心已去，皇上孤立无助，外洋诸国乘我之敝，借词保护，长驱大进，拱手奉献，其不为五印度之续者几何？虽寸磔康有为等乱天下之尸，而万事瓦裂，追悔何及，涕泣何补，岂不痛哉！岂不悲哉！此奴才所为追思九庙之灵而不禁呼天抢地，椎心泣血言之者也。

唐天宝幸蜀，赖郭子仪、李光弼以削平安、史；灵武即位唐祚以延。明正统土木之变，重赖于谦领军国事，英宗得以复辟。今为子仪、光弼、于谦者谁乎？本年元旦日食，天变于上；昭信股票，苛派扰累，行之半年；民怨于下。当此时也，奴才谓皇上宜憬憬危惧，敬天保民，时存朽索驭六马之思，诛康有为、梁启超、张荫桓，罢谭嗣同等参预新政；而召张之洞、崇绮、启秀、于荫霖，徐致祥预机务；起刘永福练兵，李秉衡、吴廷芬并加擢用。庶转否为泰，易危而安，内患可平，皇上九五之尊可以永保。若不务乎此，而求新贵速，喜脂韦之阿顺，听邪说之纷更，根本动摇，为祸不远。

奴才为大局起见，冒死上言，伏乞皇上圣鉴。谨奏。(《戊戌变法档案史料》)

高燮曾等折（军）光绪二十四年八月十一日

兵部掌印给事中高燮曾等跪奏，为除恶宜速，缓恐生变，恭折仰祈圣鉴事。窃维本月初六日，皇上以时事艰难，吁恳皇太后训政，仰蒙俯允，诏旨初颁，同声欢忭，莫不称皇上之孝，而颂皇太后之慈。并闻奉旨拿问康有为，尤为称快。初九日复奉旨拿问张荫桓等，交部审讯。臣等理宜听候部臣定谳，何敢攙〔擅〕渎。乃昨阅天津《国闻报》，有西人定将干预之语，臣等且骇且惧。查康有为至今尚未拿获，其死党梁启超亦改洋装潜遁。若辈党与众多，难保不混造谣言，诬谤宫廷，致西人借口平难，震惊辇毂。从前朝鲜被倭人戕妃逼王，其明证也。

拟请皇太后、皇上当机立断，将张荫桓、徐致靖、康广仁、谭嗣同、林旭五人速行惩办。其余俟讯供后，分别办理。若稽延时日，万一张荫桓勾串西人，变生意外，悔将无及。并请电旨饬将康有为、梁启超务获解京，或即就地正法，以免蔓滋难图，大局幸甚。臣等不胜迫切屏营之至。伏乞皇太后、皇上圣鉴。再事关机密，仰恳勿将此折发归军机处寻常档案，合并陈明。谨奏。(《戊戌变法档案史料》)

贻谷折（军）光绪二十四年八月十三日

国子监司业奴才贻谷跪奏，为乱党善假外势，法缓难惩，请饬迅速定罪，以伸国法而杜干预，恭折仰祈圣鉴事。窃维现任康有为等逆案已破，虽首逆在逃，其纠约伙谋，危我社稷之张荫桓、徐致靖、杨深秀、杨锐、林旭、谭嗣同、刘光第，并康广仁等，业经奉旨拿交刑部。其中张荫桓与康有为往来最密，通国皆知。康有为时宿其家，无异家人父子，数月以来，种种悖逆，张荫桓实与康有为同恶相济。况张荫桓与各国勾结为日最久，动假彼族凶焰之势，挟制朝廷，是其惯技。今因逆案被逮，必将与徐致靖等共浼外国使臣为之缓颊。倘出而居间排解，从之则无以彰国法，不从又无以顾邦交，依违迁就，转使怨归于我，而恩归于人。

夫事势至今日，法度纪纲，可谓陵替已。若此番仍不能自伸其权，微特法为人所扰，而犯者无所畏，亦且恩为人所据，而受者无所感。康有为之阴谋倡乱，为千古所未闻，今既远投，是已失机于顷刻。若于已获各犯再为延缓推敲，虽属欲得真情以当其罪，转恐少宽时日，反中其谋西人一出，将听其要挟，而从末减，从此纪纲废坠，无以为国。彼同逆之徒，势必玩法而复张其焰，就灭之火，复燃愈烈，此时操纵之机间不容发。

再四思维，惟有伏请睿断，迅饬定案，分别重轻，早正其罪，俾彼族无干预之间，庶国法可行，而逆萌潜息矣。

奴才为顾全大局起见，是否有当，理合披沥直陈，伏乞皇太后、皇上圣鉴。谨奏。（《戊戌变法档案史料》）

张仲炘折（宫）光绪二十四年八月十六日

工科给事中张仲炘跪奏，为首恶在逃，请旨缘坐家属，并酌惩乱党，销毁著书，以伸法纪而杜后患，恭折仰祈圣鉴事。窃自康有为创为保教保种之说。著书立会，勾结徒众，潜谋大逆，幸赖皇太后、皇上圣明觉察，将匪党正法。惟康有为、梁启超均在逃未获，其家属亦未拿办，诸乱党中之情节最著者，亦复逍遥法外。除恶未尽，难免不死灰复燃，致成后患。虽圣恩宽大，概不诛连，臣维寻常案犯罪止及身，而大逆不道者，则例有缘坐之条。误被煽惑，情有可原，而为出死力者，则无可解免之理。相应请旨饬将康、梁家属，迅拿治罪。其有同预逆谋之匪党，以及条奏中之悖谬最甚者，并宜予以惩处。虽不必概事骈诛，亦当分别禁锢遣戍，除其仕籍，以服人心。至康有为所著各书，非圣无法，并请旨饬令各省销毁，有私藏私售者，照例治罪。盖此事乃非常之变，其情罪较曾静、戴名世为重，办法岂可太轻。其党与较林清为多，且皆衣冠士类，辨别较难，首恶未诛，邪说尚在，根株不拔，萌芽易滋。且该党等自知无以见人，尤难保不与康有为等消息潜通，更图一逞，非此恐无以善其后也。臣愚昧之见，是否有当，伏乞皇太后、皇上圣鉴。谨奏。（《戊戌变法档案史料》）

胡孚宸折（军）光绪二十四年八月二十日

京畿道监察御史胡孚宸跪奏，为逆犯在逃，请旨饬下总署，将罪状布告各国，指名索取，以伸国法，而快人心，恭折仰祈圣鉴事。窃臣恭读本月十四日上谕：康有为首倡邪说，惑世诬民，包藏祸心，潜图不轨，现已在逃，着各直省督抚，严密查拿，极刑惩治，梁启超狼狈为奸，着一并严拿惩办等因。钦此。谕旨甫颁，欢声雷动。惟康有为及梁启超，竟逃法网，殊未足以大快人心。现已罪状昭著，何敢相为容隐，不过借外洋作护符，以阴遂其死灰复燃之计，臣以为天下之恶一也，乱臣贼子，覆载难容，不独我礼教之邦难逃显戮，即各君主民主之国，亦断不容此悖逆之徒。如有外国叛党潜逃内地，一经该国照会，岂肯稍为护庇？以彼例此，事同一律。

相应请旨饬下总理各国事务衙门，速将康有为、梁启超逆状，知照各国驻京使臣，并电谕出使各国大臣，转告外部，烦为查拿，交还中国以便惩治。庶使各国知康有为等，大逆不道，法所必诛，或不至受其欺蒙，甘心保护也。是否有当，谨缮折渎陈，伏乞皇太后、皇上圣鉴。谨奏。（《戊戌变法档案史料》）

张仲炘折（宫）光绪二十四年八月二十一日

工科给事中臣张仲炘跪奏，为英兵来意叵测，亟宜设法防制，免生他变，恭折仰祈圣鉴事。窃臣闻英人以保护使馆为词拟派兵数十名，并携陆路炮入京，经津海关道商阻不听。并有谓英兵船上除水军外，另有陆军二千，亦将陆续进发等语。此事是否属实，或总署业经阻止，臣均无从探悉。

第此次英、倭兵船之来，究因何事，百思莫解。如谓与俄人备战，则当萃集于大连湾、海参威等处，何为停泊大沽口、秦王岛一带，安知其非为谋我而来。且闻康有为之厨役向人称说：谓宋、杨、谭、林等人，皆常在南海馆夜聚明散，于初二三等日，知英、倭船来，辄跳跃拊掌狂笑，又安见非若辈招之使来。而且康有为之逃也，系英兵舰在吴淞口外接去。张荫桓与赫德最昵，其发遣也，有数洋人至天宁寺聚语。此次英兵之入京，尤难保非康、张唆串指使，欲借外兵为报复之计。又况英来则倭亦来，俄与法、德亦必用兵抵制。现闻俄、德兵船亦到，似此情形，更难必无干预内政之心。

　　臣维为今之计，惟有先令总署竭力阻止，如万不能阻，告以保护之责，中国原当独任。既贵国等必欲以兵自卫，则我更当多派弁兵，如甲午年故事，常川驻守各使馆外，力为保护，彼必无辞。一面在神机营新练操队中选胆智俱优之将，精壮可恃之兵，枪械精良，子药备足，约三四倍其兵数，在各使馆门首及路要支棚驻守，日夕结束备战，预为戒饬，有变即发。弁兵皆加给重饷，每五日换班一半，以免久而疲懈。彼增兵则我亦增防，总期力足抵御，以隐戡其阴谋。惟万不可如甲午年所派之步军营，老弱颓败，器械残缺，为人所笑。盖彼时专为保护洋人，此则专为防制洋人也。臣不揣愚昧妄拟上陈，伏乞皇太后、皇上圣鉴。谨奏。（《戊戌变法档案史料》）

黄桂鋆折（宫）光绪二十四年八月二十二日

　　福建道监察御史臣黄桂鋆跪奏，为惩治奸党，宜按情罪轻重，区为数等，一律办理，以伸国法，而正人心，恭折仰祈圣鉴事。窃以康有为等谋逆一案，实属非常之变，朝廷洞烛几先，赫然震怒，将杨深秀等严拿正法，复将宋伯鲁、王照、李端棻、陈宝箴、熊希龄等，先后各予处分，此亦足以寒奸邪之胆，而挽诡随之风矣。然臣尤有虑者，康有为、梁启超，皆已逃出外洋，其党羽在内地者，实繁有徒，若非设法整顿，以善其后，窃恐暗通消息，构煽阴谋，将来死灰复燃，其患必更烈于今日。况国家立法，贵乎持平，苟情罪相等，而办理两歧，其何以昭示天下。为今之计，宜将乱党列作四等，分别惩治。

　　何谓四等，其一则同恶相济，结为死党，如黄遵宪、熊希龄、徐勤、黄遵楷、韩文举等，率皆大倡邪说，与康有为、梁启超等，朋比为奸。在京在外，彼此代谋保举，其处心积虑，直欲天下大权，皆归若辈之掌握而后快。至其欲立民主，每谓中国之弱，由于纲常名教，拘牵束缚，使人无自主之权，若非废弃一切，不能转弱为强。此等狂悖议论，康有为倡于两广，黄遵宪、梁启超等倡于湖南。自《时务报》盛行，而中外宵小之徒，群相附和。及康有为、梁启超来京，又复肆其簧鼓，乘变法之际，隐行其作乱之谋，遂致酿成叛逆，几误大局。现在罪案既定，则黄遵宪等似应一律拿问治罪，以杜后患。

其二则奏荐匪人，妄希大用，如陈宝箴之保谭嗣同、杨锐，王锡蕃之保林旭，适以增长逆焰，助成奸谋。此当与发往新疆之李端棻一例重惩，仅予革职，不足蔽辜。况王锡蕃尚未革职，尤为两歧，应请圣裁，予以应得之咎。

其三则咨保匪人，以应特科，如张百熙之保康有为、梁启超；张之洞之保杨锐、梁启超；唐景崇之保林旭。核其情节，虽较奏保为轻，然其滥保之咎，断难宽容。拟请谕旨交部从重议处，以昭炯戒。

其四则趋附奸党，受其指使，如王照请皇太后、皇上游历日本，洪汝冲、郑孝胥请用伊藤，李岳瑞请改服制，林辂存请废中国文字。此皆以变法为名，阴用汉奸之计，非寻常莠言可比。应请饬查各衙门代递条陈中，如有此种谬说者，概行革职，永不叙用。

此外如有列名保国会，及外省入党之人，即无实在劣迹，亦应存记一册，以后凡中外要职，关系政权、兵权、利权者，概不用此项人员，以免贻误。

臣非敢过从苛刻，特以时事多艰，虑患不可不周，除恶不可不尽。赏罚明而后众志定，是非辨而后正气伸，但使朝堂之上，罔非正人，则全局之精神为之一振，而自强之策，皆可从此措置矣。臣既有所见，不敢缄默，谨恭折具陈，伏乞皇太后、皇上圣鉴训示。谨奏。（《戊戌变法档案史料》）

王鹏运折（军）光绪二十三年八月二十三日

掌江西道监察御史王鹏运跪奏，为邪说日滋，请端学术，以正人心，恭折仰祈圣鉴事。窃臣伏读本月十六日谕旨：已革主事康有为，学术乖谬，大悖圣教，其所著作，无非惑世诬民、离经畔道之言，着将该革员所有书籍板片，由地方官严查销毁，以息邪说而正人心。钦此。仰见朝廷除恶务净，不使非圣无法之论流毒将来，意甚盛也。独是自康有为平权改制之说兴，一时年少轻浮无识之士趋之如市，邪说横流，几若狂澜之倒，不易挽回。今年夏间诏许官员士庶实封言事，闻其间推本康有为之说者正复不少。在朝廷兼听并观，不即加罪责以来言者，而若辈猖狂恣肆，邪说日滋，甚至有以改正朔、用外人、变文字，废跪拜为请者。此等狂怪不经之论，不独为王法所必诛，即西人富强之术，何尝系由于此。

现在康有为逆迹败露，而此等惑乱视听、干犯名教之人，若不声明其罪，悉与惩治，彼将谓康有为之败由于谋逆，而富强之术仍非用其说不可。谬种相传，其有关于学术人心实非浅鲜。相应请旨，将该员等分别等差，治以应得之罪，以儆将来。并拟请饬下各部院大臣及各直省疆臣、学臣，有进退人材之责者，遇有学术不正、议论畸□之人，轻则善为化导，重则严予甄劾，力挽颓风，此亦国势盛衰、人材消长之机会也。臣愚昧之见是否有当，谨缮折具陈，伏乞皇太后、皇上圣鉴。谨奏。（《戊戌变法档案史料》）

准良折（军）光绪二十四年九月十四日

署礼部右侍郎内阁学士准良跪奏，为报馆挟洋自重，刊布邪说，丧心指斥，据实密陈，请旨查办事。窃以报馆自奉旨停止，未及旬日，旋即照常刊布。其诽谤时政、诋斥廷臣，较诸往日有加无已，然未有肆逆不法如九月初七日之甚者也。述康逆问答之词，以肆其指斥之意，吠声吠影，丧心病狂，稍具天良，不忍闻述。此即设馆实系洋款，秉笔出自洋人，犹宜念和好邦交，共懔犯上亡等之训。况以中国之人，居中国之地，食中国之食，乃敢以首逆无父无君之言，广为传布乎？应请密饬直隶总督设法严禁。若能出之该管地方官本意作为，一见《国闻》，此报即行查办，不敢上渎圣聪，似尤得国体之正。总之，率土既已同生，人心必不尽死，大义所关，公论具在，应无虑以启衅端也。奴才愚昧之见，无任愤懑迫切之至，伏乞皇太后、皇上圣鉴。谨奏。（《戊戌变法档案史料》）

高赓恩折（军）光绪二十四年九月十八日

臣高赓恩跪奏，为新创各学堂隐患甚巨，亟须早为之计，恭折密陈，仰祈圣鉴事。窃臣恭读八月十三日懿旨：尔诸臣受恩深重，具有天良，际此邪说暴行之繁兴，当以名教纲常为己任，以端学术、以正人心等因，钦此。仰见深宫维持时局，必以人心学术为指归。此诚栽培根本之要图，屏黜邪妄之至计，凡属臣工，允宜恪遵懿训，争自濯磨，本此意以推广教化，造就人才，勿以名教纲常为陈腐，而好异喜新，另开风气，则祖法圣道可与天地无终极，尚何有离经畔道，惑世诬民，以致变出非常之患哉？臣于本年三月内曾上崇正学一疏，深以洋学摇惑人心为虑，讵意不数月而竟有康有为等谋逆之事，幸赖皇太后，皇上声色不惊，削平大难，洵天下臣民之福也。臣窃维今日纪纲已立，其大规模已复其初，而祖法圣道所关、学术人心所系，尚有隐患甚巨，亟须及早杜绝者，谨为我皇太后、皇上陈之：

近年以来，嗜西学者恐专言西学之难逃指斥也，因诡言中学为体、西学为用，中学为本、西学为末，以中学兼通西学乃为全才，此欺人之谈也。如大逆康有为等皆以中学兼通西学者，自应体用兼备、本末兼赅矣，称全才矣。乃以所通之西学，变我祖法，乱我圣道，结党谋叛，罪通于天。向使纯务中学而不通西学，世间无此种全才，焉有此非常之祸？然康有为等显构之逆案虽破，其隐蓄之逆谋犹在新创各学堂之中，缘此等学堂类皆以中学饰为外观，掩人耳目，而专致志惟在传布西学，以洋人为宗主，恃洋人为护符。如康有为等现在外国安居无恐。即明证也。故学堂之中仅存中学名目，而西学乃所服膺。入其彀者，无不奉其教，习其礼，服其迷心之药。甘心从逆而不改。闻信从康有为者，康有为皆投以药，谓之益智丸，盖即西学传授之邪术。观其党与众多，咸属衣冠之列。岂圣朝二百余年之泽化不敌康有为一时之蛊惑乎？若非邪药迷心，断不至此。今首逆远飏，其党与之幸逃显戮者，布在京外，不可胜数。著名者人固皆知，暗通者殊难识别，谅无不以创学堂为藏身之地，且必以听民自便为词，辗转传习，煽惑迷诱，共衍无父无君之法，勾结他族为外援，益思肆其毒而泄其忿，深可虑也。傥不早图而豫为之所，坐使羽翼长成，一朝窃发，则无往非康有为之类矣。是学堂之设，不特不能培植人才，正所以作养乱党也，其祸患可胜言哉！

臣愚以为方今时势西学之不能废者，洋语、洋文所以为往来交涉之用，则有同文馆可增其额也；机器、枪炮所以备兵戎工艺之用，则有武备学堂、机器局可扩其规也。其余邪说诐行、奇技淫巧，徒坏风气，徒惑众心，徒糜有用之经费，平时则适以养奸，有事则适以资敌，于我大清国计民生，但见其害不见其利，奈何胥天下而学之，而不为宗社人民一再计之乎？以近日之逆案，证新创之学堂，譬如治病，误投毒剂而毒发，幸其发之尚早而未及伤生，则万不可仍服其毒矣。臣伏愿皇太后、皇上洞烛机先，明降谕旨，除同文馆、武备学堂、机器局留备实用外，所有京外新创之大中小各种学堂，已立者一律裁撤，未立者停止举行，以杜乱萌而绵国祚。并请饬下步军统领、顺天府五城及各直省将军、督抚，随地随时，明查暗访，如有私肆西学、谬称讲求时务者，立即严拿，奏明重惩。庶浸淫西学甘心从逆之徒，无所凭依，即无从蛊惑。斯学术端而人心正，祖法不至再变，圣道不至再乱，而巨患可潜消矣。

臣受恩深重，不敢附和时趋，谨以隐患之最巨者，披沥密陈，是否有当，伏乞皇太后、皇上圣鉴。谨奏。(《戊戌变法档案史料》)

张荀鹤折（军）光绪二十四年十月十四日

山东道监察御史臣张荀鹤跪奏，为请裁湖南保卫局所，仍复保甲旧章，以除余烬而遏乱萌，恭折仰祈圣鉴事。窃查已革抚臣陈宝箴前在湖南巡抚任内，创设南学会、湘报馆、保卫局，皆属流毒无穷，贻害地方。近闻湖广督臣张之洞奉旨裁撤南学会、湘报馆、保卫局等事。现在仅将学会、报馆撤去，而保卫局余毒犹留。查保卫局章程，仿洋巡捕法，设巡捕二百四十人，用洋衣冠，手持短棍，设大小三十六局，每年费银十余万两，勒捐商民，莫不怨憾。当本年六月开局时，道员黄遵宪勾结汉口英人，乘小火轮船来长沙照料开局。此等举动，已骇听闻。巡捕屡次滋事，激变百姓，打毁分局三处。陈宝箴饬拿重办严讯，实非为首之人，陈宝箴必欲杀之，幸藩司、臬司力阻而止。自此民怨沸腾，人心摇惑，城中居民迁移入乡，会匪乘机蠢动。七八月间，长沙新康都地方匪徒聚众数百人，将有入城戕官劫库之举，皆因保卫局巡捕扰害之故，以致商民含憾，匪徒借此作乱。今既奉旨裁撤，岂可仍留。闻保卫局皆陈宝箴所用邪党劣绅，希图薪水，而候选道左孝同把持尤甚，不顾虐民敛怨，酿成乱端，且捏称商民情愿捐资，办有成效。将改保甲之名，仍行保卫之实。臣虑将来会匪借端滋事，与官为仇，地方必至糜烂，贻朝廷南顾之忧。

臣籍隶湖南，不忍缄默，相应仰恳天恩饬谕湖南抚臣俞廉三，将保卫局章程概行销毁，仍复保甲局旧章，认真核实，从严整顿。左孝同依附奸邪，罔识大义，以后不准干预地方公事，以清奸宄而安民心；并请饬谕抚臣，选派老成稳练营官，严密查拿长沙各县会匪头目惩办，以除隐患。长沙府各州县夏间绅士已举办团练，应派营官会同各乡团练清查会匪，务断根株。保甲团练，本相辅而行，应并通饬各府州县一律懔遵叠次诏旨，实力举行保甲团练各事宜，勿仍视为具文，庶地方可期安静。

臣为豫遏乱萌起见，是否有当，伏乞皇太后、皇上圣鉴训示施行。谨奏。（《戊戌变法档案史料》）

崑冈等折（军）光绪二十四年十月二十五日

大学士翰林院掌院学士臣宗室崑冈等跪奏，为据呈代奏仰祈圣鉴事。据编修于受庆呈称，窃闻良医之治病也，先审病源，次审病脉，然后可以下药。今中国病矣。中日之败，既赔款两万万，又割台湾，因之割胶澳、旅大；海疆要隘，无不听人痛割。近来长江小轮通行，关税百货之利，尽为彼夺，有江啻无江。此不割之割也。病急求医者，乃以康有为进，遂有围颐和园之变。幸赖天祖默佑，皇上圣明，诚求皇太后训政，病乃转危为安；而《国闻报》中肆口污蔑，灭绝人伦，丧心病狂，不如狗彘，病势尚未解围。

近闻逆首康有为更姓名曰左广义，保匪人之宋伯鲁更姓名曰赵体仁，率其徒众变服逃匿日本，病苗深伏。兖沂曹济道彭虞孙，中国之败类也，洋人保曰天下第一好官。上海道蔡钧，尤中国之败类也，阴纵逆首康有为，潜护逆党黄遵宪透漏中国米数十万石，私售日本。无事不以贿成，四明公所一案，无蔡钧则早已了结，有蔡钧则故事留难。甫经奉旨开缺，即有四国洋人保护，何其众也！京师洋兵日增，运入各使馆军火巨炮无算。时登正阳门城楼对准大内测量，心甚叵测。而最莫奇于胡燏棻夤夜开城，竟甘心谄附洋人若此。董福祥，中国之良将也，兵亦独精，移驻南苑，尚虑距城较远。洋人恶之，并南苑亦不能驻。详诊病脉，急已甚矣。医者咸曰中国病在无兵也，无饷也，无人也。审脉诚是，而审病源独不真。夫中国之病源，病在误用汉奸而已。外洋，心肠之病也，汉奸，膏肓之病也。膏肓之病不瘳，心腹之病不治。

前协办大学士李鸿藻，与翁同龢在枢廷时，以力争汉奸不得，赍志以殁。恭忠亲王实目见之，故临其丧，哭之甚哀。恭忠亲王之辨汉奸也，则曰：言之遵圣训者非汉奸，言之悖圣训者皆汉奸。是时康有为变乱黑白，混淆是非，伎俩并未全露，而恭忠亲王、李鸿藻已先见及此，则汉奸之病根潜伏，支蔓已久，固不自康有为始也。今者百脉空虚，诸病嘈杂，种种变幻，全在汉奸，防不胜防，辨尤难辨。天下语云：李鸿藻一日不死，翁同龢一日不得逞。恭忠亲王一日不薨，康有为一日不得进。夫首先密保康有为者，翁同龢也；恭忠亲王薨，而康有为果进。康有为进，而翁同龢又退。小人之倾轧险狠若此。实亦天假手以罚之也。最亲密康有为者，张荫桓也。张荫桓本一汉奸，以附汉奸而进，卒以附汉奸而败，天之报施，尤不爽也。乃天心欲致之死，而人力能贷其生。试思力能贷其生者，谁也？去一张荫桓，用一胡燏棻，犹之张荫桓也；而胡燏棻夤夜开城之用心，比张荫桓更毒。试思力荐之于总署者，又谁也？总署之机密要务，内廷之一举一动，中外大小臣工均不及知，而洋人事事独先知之。试思事事能尽知而又敢于预先漏泄者，又谁也？大局之孤危在此，皇太后、皇上之孤危亦在此。有恭忠亲王在，羁縻笼络，或尚不至大出范围，其如恭忠亲王之已薨逝何？王之中非无公忠体国者，而汉奸蔽之；大臣中亦非无公忠体国者，而汉奸蔽之；是以王大臣皆箝口而不敢言。此时非不求人才，非不荐人才，有诸汉奸在，直以汉奸保汉奸而已。左右逢迎，莫非汉奸，何从求人才，何从荐人才？以汉奸筹饷，则只馈盗粮；以汉奸练兵，则徒借寇兵。病根已深，几于无可救药。然勿药，终弗瘳也。果能翻然猛省，痛切对症下药，必先自力去汉奸始。

至练兵筹饷求才诸要务，目前尚未能议及到此。窃尝默体恭忠亲王忧国之苦心，诚痛恶翁同龢、张荫桓之奸。而隐忧所最迫切者，并非专注此两人，而此两人已幸天谴及之。人臣之事君，犹事天也，不得见天则呼吁以求通于天。惟祈皇太后、皇上熟思详审，斯得恭忠亲王所以严辨汉奸之苦心，而病根可拔矣。去此病根，然后讲求人才，谋筹饷谋练兵，事事可以切实次第兴办，不致复蹈前辙等语，恳请代奏前来。臣等公同阅看，系为时艰孔亟，力图补救起见，不敢壅于上闻，谨据呈恭缮具陈，伏祈皇太后、皇上圣鉴。谨奏。（《戊戌变法档案史料》）

熙麟折（军）光绪二十四年十一月二十九日

江西道监察御史奴才熙麟跪奏，为时艰方吸，纯才难得，请旨褒示，以风天下，恭折仰祈圣鉴事。窃自中日和议既成，我皇上深维大局，特降朱谕，予阻和诸臣以忠愤之褒，而康有为矫焉思逞，鼓其簧舌，紊乱名实，遂得窃附其间。此士大夫所以多为之感也。既而所立之强学会，旋经奉旨严禁，康有为乃遁迹上洋，计无复之。复与其徒梁启超创兴时务报，以痛恨时局为忠，以极诋时事为愤。于是两年以来，内而京曹，外而大吏，以及县府，几于人人日手一编，以为是真识时务之奇杰也；而感之益深，信之益笃。本年既登荐牍，既以新政变法诸事荧惑圣听，其言似用，势乃大张。士大夫之倾心附和者，尤夥焉。

虽其时党有新旧之分，世亦渐觉其诈，而新者怙其迂谬之名，旧者亦无能穷其诡诞之实。即如尚书许应骙，其指斥康有为非不极严，而叵测之情尚未能及；御史文悌其论断康有为非不详尽，而尚冀为有用之才。惟甲午科湖南举人曾廉深烛其隐，皎然不淄，当诏许士民言事之日，郁其孤忠，累牍万余言，伏阙上陈。其折内去邪慝一条，及附片所载，既请斩康有为、梁启超以塞邪慝之门，而于其学则曰迂谬，于其才则曰诡诞，于其行则直斥为无君无父，于其罪大恶极则且直拟以曾静、吕留良。是诚足诛奸邪未死之心，定千秋之铁案，而能独烛奸谋于机先者。闻谭嗣同等尝力请诛之，皇上特以恐塞言路宥之，则仰恳训政，圣心或亦有触于此奏，非奴才所敢妄测。又其余四条：曰养圣德于变法一事，谓有万世不变之法，有随时修改之政等语；曰留正学于学堂一事，谓苟征实事，何必尽改学堂，如仍属虚名，何必尽废书院等语；曰择将帅，谓凡国之强，不在兵而在将；曰慎财用，谓倾帑以求富，富未致而债已盈各等语；恺切真挚，委曲详明，语语实皆从至性中流出，与舍死求名激切沽直者迥别。

至其前后所陈，更有谓将顺诸臣，是以彼得、明治待我皇上，而不以尧舜待我皇上。又时艰至此，君父备极忧勤，而臣子通同欺罔，鬼神有如，其鉴之矣。又祖宗养士二百余年，尤臣所当效死力各等语，尤足廉顽立懦，使天下闻之，忠孝之心莫不油然而顿起。奴才再四详其言论，虽未获睹其人，而言为心声，其人实已大可想见，故竟敢许以纯才而且目为难得。且夫诛一人而天下惩，奖一人而天下劝。曾廉折既留中，圣明在上，亦何俟臣下缕渎。惟奴才于未服阕到官以前，即闻此折留中之后，有已为谭嗣同等焚毁不全之说，是该逆等非不自知罪恶难掩，而将借焚毁以掩天下人之耳目也。

今谭嗣同等虽已就戮，康有为、梁启超尚逸未获。其人不死，余烬犹存，故世之梦梦者，或仍以愚忠悯之，以愤激谅之，多其学，奇其才，且以为逸在外洋，终将为中国患。不知学之迂谬如此，才之诡诞如此，曾廉折内反覆陈说，固已甚明，则傥邀俞旨褒示，俾入邸钞流传遐迩。无论中华人士，即外洋诸国亦必共悚然于无君无父之人，不独为中国国贼，所在之处，久之亦无不被其祸者，而懵然未觉之群愚，庶亦如梦斯醒矣。

愚昧之见，是否有当，伏乞皇太后、皇上圣鉴。谨奏。（《戊戌变法档案史料》）

贻谷折（军）光绪二十四年十二月初六日

日讲起居注官翰林院侍讲学士贻谷跪奏，为满洲大臣擅请变法，倾服洋人，请旨严惩以遏乱萌，恭折具陈，仰祈圣鉴事。窃奴才近读邸抄，见新授湖北巡抚曾鉌有变通成例之奏，大堪诧异。夫成例者，祖法也。自康有为之徒倡为变法之举，因而肆逆，幸赖皇太后、皇上洞烛其奸，立消巨患，而大局转危为安，祖法得以不坠。迄今数月以来，内而阁部京堂，外而封疆大吏，其中素佞西学素媚异族之人，尚未有明目张胆请以洋法变祖法者。乃曾鉌以大清臣子，满洲世仆，竟有此奏，真无忌惮之尤者也。

查原折内称钦奉懿旨：从来致治之道，首在破除成见，力戒因循，深宫宵旰焦劳，无时不以力图自强为念。嗣后，内外臣工及有言事之责者，务当各抒所见，凡有益于国计民生者，切实陈奏，以备采择施行。等因。钦此。又称伏读懿旨：立法之初，未尝不善；迨积久弊深，不得不改弦更张，以为救时之计。等因。钦此。在曾鉌之所以引此懿旨，系用以借口伸其莠言耳。奴才恭绎懿旨，所谓破除成见者，乃欲挽颓风，非欲废祖法也；所谓有益国计民生者，乃欲认真自强，安上全下，非欲舍我固有，悉从洋人也。所谓改弦更张者，乃欲去积久日深之弊而亟施补救，非欲变原立尽善之法，而别创新奇也。其理至明，其论至当，曾鉌乃以私心邪见援以为据，胪陈四条，无非变乱祖法，大非懿旨本意。其历举种种弊端，固不免故甚其词，意存耸听。纵使果如其言，夫岂立法之过。若京外大吏属员事事恪遵成例，实力奉行，焉有万不能去之弊，奈何因去弊而变祖法哉？然所陈铨选掣签度支各条，不过逞臆妄言，希图苟简，犹未露其背本朝向外国之心也。至讼狱一条，乃其折内所最注意者，意以改从洋律为主脑，强词夺理，丧心病狂，悖逆祖法，一至于斯，真堪发指。况康有为以乱法之逆谋罪干不赦；曾鉌则故以以乱法之逆说上渎深宫，欺慢抗违，目无法纪，尚可谓之大清臣子乎？是直康有为之股肱心膂耳，何也？曾鉌之改从洋律，与康有为之改服洋装，其有心酿乱，如出一辙。康有为明知改服洋装，必致激之生变，伊等因以定乱为名，引狼入室，恣其所为，而大事去矣。今曾鉌于刑罚大端，妄欲改从洋律，所言其利有十。他不具论，即人命不抵一节，而沉冤莫雪者，能无怨乎？能无愤乎？怨愤之极，何所不为？互相仇杀，决在意中，势必因之憾及朝廷，激变情形，可立而待。是惟恐不失人心而天下不乱也。利于何有？刻下康逆党与布在京外，实繁有徒，一有变故，则招引外人，假名定乱之举，势必复行。非奴才之过虑也。

前后综观谋为不轨之康逆，其罪固不容诛；而似续康逆之曾鉌，其罪断不可少逭。且我大清尊崇圣道，垂为典章，凡属臣工，无不遵循有自。曾鉌原奏，则称新猷未焕，百僚无所适从。然则必须尽废祖法，概学洋人，乃为新猷丕焕，百僚得所适从乎？至我朝深仁厚泽，遍及生民，二百余年，无微不至，而食德服畴之众，涵濡圣化，深以无伦无理为不齿人类者，实多于无父无君甘从异教之人。曾鉌原奏则称实惠未沾，群黎不知感化。然则必概令学成洋人，不复知有大清祖法，但知洋人政教者，乃为实惠均沾，群黎咸知感化乎？其折内妄肆褒讥之处，犹不止此。无非鄙薄本朝，颂扬彼族，包藏异志，情见乎词。其注意外国必欲变我祖法之心，实与现在印行之康党逆词同一传述，断为康逆党与，其何以辞？

然奴才之叹息痛恨而深为国家寒心者，则以曾鉌者满洲人也，世受国恩，应同罔极之莫报。所有我朝之被欺辱者，岂容一日忘之？夫洋人之欺辱我大清者，非一端也，人民则受其挫折而不敢言，疆土则任其窃据而莫之禁，财利则听其攘夺而罔或与之争，甚至用人行政之权，皆将为其所阻挠。几几不能以自主，耻孰甚焉？仇孰甚焉？凡属大清人民，苟有人心者，必激于义愤，不忘敌忾之心。况在八旗世仆，尤宜痛心疾首，磨厉以须。纵一时形格势禁，不能食其肉而饮其血，而舍身为国复仇雪耻之志，惟应矢死靡他。彼曾鉌者以簪缨世族，疆寄荣膺，际此时局艰危，应如何竭尽血诚，以报答朝廷者，期无惭于先代；而乃丧尽天良，倾服异类，至欲以洋法变祖法，致皇太后、皇上坐失人心，启天下叛离之渐。康有为之外，又见此人，非旗人中之枭獍乎？虽其悖谬之论，部臣必驳斥而不行，然其人之背本朝向外国，已肺肝如见矣。

奴才愚昧之见，窃以为国家今日用人，姑无论其才之短长，务先观其心之向背。若因国势衰微，遂即厌弃祖法，悦服洋人，是廉耻毫无，甘为失节之人矣。纵使有才，其心已不属大清。若误以为或可应变而姑用之，不过为外洋储养奸细，但足以祸我国家，断不能有补万一。现在京外官员中，身立本朝心向外国者，黜之尚恐不尽。若复益此曾鉌，不更为外洋添内应乎？伏愿皇太后、皇上以天下安危为念，即将湖北巡抚曾鉌立予罢绌，严惩其乱法之罪。纵可与张荫桓、徐致靖等辈幸邀法外之仁，不可如阔普通武、端方之流，仍令滥厕冠裳，致酿将来奇祸。倘或因疆臣曾经论荐，而聊且容之，或因近臣为之缓颊，而迁就用之，轻恕此人，则内而阁部京堂，外而封疆大吏，其中素佞西学素媚异族之人，皆将以曾鉌为先路之导，而变乱祖法之谋，接踵而兴。当事诸臣，或仍回护前非，维持不力，则康逆之死灰复燃，加以报复之心，其祸必较前而益烈。我皇太后、皇上今秋转危为安，拨乱反正之功，尽归于无何有之乡，而大局不堪设想矣。言念及此，真可为痛哭流涕。若曾鉌者，岂可顷刻姑容乎？

奴才为豫遏乱萌，敬遵祖法起见，情词迫切，干冒上陈，伏乞皇太后、

皇上圣鉴施行。谨奏。(《戊戌变法档案史料》)

恽毓鼎折（军）光绪二十四年十二月十九日

日讲起居注官翰林院讲学士恽毓鼎跪奏。为学术乖谬，人心可忧，请崇正学以端士习，恭折仰祈圣鉴事。臣闻国运之盛衰，视乎人心风俗；而人心风俗之厚薄，系乎学术。昔孟子严辨杨墨，谓其无父无君；斥诐淫邪道之辞，谓其生心害政；而下无学贼民兴数言，尤为危悚。臣平日读书，亦几诵言习之。及今观于康有为、梁启超之悖逆不道，杨恭宸之谋为不轨，然后知孟子之言为痛切，而学术之有关于人心风俗为不轻也。昔者，中国之祸常亟矣，有宋程、朱诸子出，实始修明孔孟之道，正名分，重人论，提良心，遏私欲，忠孝礼义之道，著书垂教，三致意焉。此理既明，天下趋向始正。士之离经畔道者，即为公议所不容。故自宋以来，政治有盛衰，世运有否泰，而犯上作乱之祸罕发于朝廷，程、朱之力也。有明二百年悬程、朱之说为功令，驱天下聪颖秀异之士于宋学，而不使稍越范围，可谓得其要矣。故一代之臣，多以节义显。我圣祖仁皇帝天亶聪明，尤重宋学，阐发性理，追崇贤哲，尊儒之盛，为列代所无。圣圣相承，后先同揆。恭读《高宗纯皇帝圣训》有云：国家以经义取士，将使士子沉潜于四子五经之书，阐明义理，发其精蕴，风会所趋，即有关于气运，诚以人心士习之端倪呈露者甚微，而征应者甚巨。又云：崇正学则可以得纯儒，正人心，厚风俗，培养国家之元气。大哉王言，举学问之大原，政治之大本，一以贯之矣。盖学术正则人心明，人心明则风俗纯，风俗纯则士气静、天下戢其嚣然不靖之心，而国家隐受安静和平之福。列圣兢兢于一道德，同风俗，使家无异学，士无异说者，岂不以此也欤？

自中叶以还，训诂词章之学盛行，诋斥程、朱，弁髦名教，以讲学为伪，以敦品为迂，以恪守正道为平庸，以创造新奇为才智。浮薄之子，自命文人，挟其所长，凌蔑一世，竞为猖狂怪诞之辞，震动世俗。主试者以其纵横可喜，从而赏之。一唱百和，此风弥炽。盖人心之嚣然不靖非一朝矣。而康有为、梁启超等乃逞其笔舌，乘间而兴。附会《公羊》，创为孔子改制之文，以遂其变法行私之举。民权平等，邪论蜂兴，狂恣之极，遂成悖逆。杨恭宸一乡曲贱儒耳，浸淫于民主之邪说，乃亦肆无忌惮，显造逆谋。向使今日者宋学盛行，异端不作，人习忠孝之训，家传礼义之型，士皆壹志圣贤，束身规矩，康有为虽逞其悖乱不经之论，早已不齿于公评，何至煽惑士林，从风响应哉？幸而圣明在上，预遏其萌；然流毒入人，蔓延未已。

臣常阅近日少年文字及聆其谈论，往往矜奇斗异，肆为大言，诋讥孟、孔，称扬叛逆，心实忧之愤之。若不悬为禁令，扫荡廓清，恐乱臣贼子之忧，犹未艾也。应请特降谕旨，宣示天下，明定趋向；并饬下各省学臣大学堂各处书院遇有创为新说违背经谊者，不但黜其文字，并传本生严惩加戒，以警效尤。乡会取中试卷，如有离经畔道之文，由磨勘官签出，将主司交部严加议处。庶几雷霆震厉，邪魅渐消，学术既端，人心自正。培植根本，安养元气，无逾此者。言之似迂，所关实要，惟圣明留意焉。抑臣更思国家用人，尤当首重心术。心术苟则正，则虽才有不逮，而能实心实力，自无不可就之功。心术一差，则才智愈工，而罔上行私之谋愈巧。故机变精明者，初若可喜，而才华或济其奸；朴诚戆直者，时若可憎，而缓急终资其用。是在皇太后、皇上慎择之而已。

臣蒿目时艰，痛心祸始，敢竭土壤涓流之识，为清源正本之谋。是否有当，伏乞皇太后、皇上圣鉴。谨奏。(《戊戌变法档案史料》)

江督刘息邪说论

本月初五日《新闻报》载康有为逆书，腾其邪说，冀欲离间我两宫，并欲启衅于外人，以乱我中国，其用心至毒，其为计至愚，徒自彰其背叛之罪而已。呜呼！上天佑我大清，以安中国也；上天生我皇太后，以保大清，亦以安中国也。我中国历代以来，每遇人主幼冲，母后临朝称制，垂为令典，史册昭然。其最贤者如汉之明德马太后、宋之宣仁高太后，称为女中尧、舜。维时，国家全盛，易于守成，未若我皇太后，运际多艰，势成孤立，卒能拨乱反正，以奠磐石而固苞桑，功德之隆，超迈千古也。咸丰十一年，我文宗显皇帝热河驻跸，龙驭上宾，穆宗毅皇帝年仅七龄，继统嗣位，尊圣母为慈禧皇太后，与慈安皇太后一同听政。同治改元，肃顺诸人以顾命之重，凭恃亲贵，植党专权，不啻城狐社鼠；京师则有英法美各国甫经议和，人情惶惧；加以洪逆久踞江南，攻陷苏杭各省，河南、山东、直隶，捻逆窜扰；陕、甘、新疆、云、贵，回逆、苗逆披猖，两广两湖，又时有土匪出没。天下几无一块干净地，大局岌岌莫支。我皇太后圣明独断。毅然回銮。首锄内奸，以清根本；修好外国，以安人心；任用曾、左诸帅，分道进兵，赏罚严明，军情鼓舞。不数年间荡平诸逆，克复各城，大功告成，而后归政，是皆中外所共见共闻，非我皇太后之力，曷克臻此？同治十三年，穆宗升遐，天崩地坼，前星未耀，主器无人，我皇太后挥泪择贤，援立今上，入居宸极，年仅四龄，劬劳之恩比先朝尤笃，迄今二十四载，两宫慈孝相孚。此次变法自强，事体极为重大，深宫商酌可否，所以慎始图终。乃狂悖如康有为、谭嗣同等，遂怀猜忌之私，敢为劫制之计，变生肘腋，祸起萧墙。九庙在天之灵，幸而阴谋早败，我皇上赫然震怒，将谭嗣同等立正典刑，而康有为漏网余生，犹敢肆其诬蔑，登之日报，意在造谣惑众，以图死灰复然。不知是非好恶之公，人所同具，无论中国官绅士庶，见此报者，莫不切齿裂眦，即各外洋文明之邦，皆知尊亲大义，亦讵信此乱臣贼子之说？我皇太后训政以来，于新法诸事，如各军营改练洋操、各省添设中西学堂，以及农工商务，莫不勤勤恳恳，饬令认真举行，其于保护教堂、教士，优待洋官、洋人，不啻三令五申。是皆钦奉懿旨，班班可考者。而康有为无端毁谤，实属自画供招，其仇视我皇太后，无非仇视我大清，观其结会，谓"保中国不保大清"，中怀不轨，肺肝如见。第以有我皇太后在，则我大清未可图也。抑知我大清国势虽弱，国祚方长乎，谨就上天之所以眷佑我大清，回殊前代者，略举数端：自古经营大业，必待长君，我世祖章皇帝以冲龄开创，我穆宗毅皇帝以冲龄中兴，古有之乎？无有也。三代下，人主在位鲜不过五十年者间有，享国长久如梁武帝、唐玄宗、元顺帝，而末路不堪。我圣祖仁皇帝在位六十一年，我高宗纯皇帝在位六十年，四海清晏，坐享太平，古有之乎？无有也。西汉、东汉判然两朝，以后如晋、如梁、如唐、如宋，虽有兴复之功，是非偏安便成残局。我朝同治年间次第规复各省及新疆诸城，中外肃清，金瓯无缺，迄今三十余载，依然一统河山，古有之乎？无有也。我大清上承天眷，以有中国，取之于贼，非取之于明，为中国除贼去暴，其主中国也固宜。三百年间，深仁厚泽，浃髓沦肌，已于南皮张尚书所著《劝学篇》、端京卿所著《劝善歌》详言之矣。呜呼！我大清之抚驭中国如此，上天之眷佑我大清如此，则我大清亿万年丕基方兴未艾，凡觊觎非分者，鉴于康有为当废然自反矣。（《申报》1898 年 11 月 7 日）

徐可大

记犯康有为缘起

康有为原名祖诒，通籍后始改今名，南海西樵山人也。以难荫肄业，成均居京师数年，挟诗文遍干公卿，颇邀名誉。而康素行固无赖，挟妓押优罔知顾忌，日遨游平康菊部间，率皆不名一钱，吾乡某学士时方奉督学浙西之命，耳其名，聘之入幕，关书甫送，借券已来，学士愕然，为赠百金，婉辞谢之。久之，债券山积，计无所施，遁而南旋，道出沪上，故态复作，一如在京所为。狼狈返粤，授徒自给，知不为清议所容，乃创新学，以炫庸众，复剽窃前明焦氏之说，作《伪经考》，狂妄少年半为所惑，由是生徒日众，名誉益张。康计得甚，因其自号长素，遂僭拟长于素王，别立超回、轶赐、胜由、迈参等名目，以名其弟子。其意盖谓康氏之学，将夺邹尼山一席，下此如濂洛关闽辈，更卑卑不足道也。未几，举孝廉成进士，康思得大魁以张其学，贿通要津，意在必得，事为吾乡李仲约侍郎所知，侍郎固嫉恶若仇者也，适为阅卷大臣，抑其卷不进呈。康志不得逞，遂衔侍郎刺骨，通籍后借其声誉，益事招摇，尤好唆人兴讼，俾得从中渔利。遇硕腹贾，则折枝舐痔，惟恐不及。尝闻其奖论吾粤人才云：在港得一人焉，曰某某；在澳得一人焉，曰某某。迹其人，则固赌匪，挟有多资，而曾假以数千金者也。中日之役，偿金割地，为中国第一大诟病。康乘人心之愤懑也，创兴强学会，凡入会者人输十金。其时上则大人、先生，思开风气，捐款创兴；下则舆台、隶卒，输金濯污，亦得滥列其中。名强中国，实便私图。会中捐资为数甚巨，及会散只余七百金。未几，开办报馆，复集巨款，所出报纸，获利甚丰，盈余之资，悉归其党徒挥霍。凡康之敛财聚众、结党营私，大率类是，笔难殚述。至自召见后，迄谋逆事，已详各报，兹不具载。

论曰：康以一无赖子，于西学尤非所长，而天下士大夫之谈维新者，举欲攀鳞附翼，翕然奉为宗主，不亦异哉！假令逆谋不露，邪说得行，震旦华文明之邦，不几沦为无父无君之国乎！呜呼！幸矣。方康声名赫赫时，客有问于余者曰：康有为何如人哉？余曰："昔苏老泉断王安石曰：凡事不近人情者鲜不为大奸慝。"余则反其说以断康有为，曰："凡事太近人情者，亦鲜不为大奸慝。"于何见之？渔色一也，图富贵二也，能为谀谈三也，背道徇俗而以西学炫世四也。至学问乖僻，议论狂诞，凡其所以诬世惑民者，皆足以丧身亡国者也。曾几何时，不幸言而中已。虽然，使康而俯首受刑，视死如归，凡厥党徒，犹得借为口实，乃狡兔营窟，竟恃邻国为奥授，猘犬狂嗥，欲煽潢池之凶焰，逆书一首，孽等于洪秀全，罪浮于吕留良。血气之伦，靡不知其罪大恶极，而丧心病狂之徒，犹复恃有护符，羽翼其说，不识纲常，不顾名教，不惜性命，心中目中口中，只知有一康有为，是不亦大可哀哉！（《申报》1898 年 11 月 8 日）

辟邪说议

甲申以后，邪说朋兴大旨以平权保种为主，天下浮薄之士，靡然从之，自命曰：维新党。自康梁诸叛犯获谴，其势始稍杀，然犹未遽绝也。迄者拳匪肇乱，致召外衅，党人乘间在上海创立私会，恃外人为护符，大言炎炎，罔知顾忌，其言曰：假外兵以清君侧，定复辟以行新政。乘舆脱有不讳，则易君权为民主，并预集五千万金，以备军需，与其会者百有余人。闻已详列职名，电达英美日三国政府诸人筹商一切矣。徐可大曰：有是哉！党人之丧心病狂，竟若此其甚哉！其所谓君侧之恶，果何人哉？将谓执政诸臣开兵端以召外衅者乎？则黜陟之权操诸君上，封疆大吏明时势而不畏强御者，亦惟参劾之而已，若何科以罪名弗敢拟也，党人手无尺寸之权，而欲以草茅执太阿，适成其为乱民耳。恶乎！可将谓巨奸大恶，人人得而诛之乎！自南北不通音信隔绝，凡所闻闻见见仅得诸中西各报，未可据以为真。即信而有征，其罪亦惟在昏庸误国，非若操莽之显有逆迹也。

况上有两宫之倚任，下有僚佐之承宣，仇执政即仇朝廷也。恶乎！可将谓必如是而后可保全种类乎？夫以我二十一行省之广，四万万人民之众，尚不能自保，而欲袭石敬塘之故智，以求庇于人，亦阿富汗、五印度之续耳。乌乎！可溯自中兴以来，朝廷讲求新政不遗余力，如仿制造、扩海军、设商轮船、创电报局，规模具在，成效灿然，今上亲政，益复励精图治，派员游历，开设特科，建筑铁路，创兴学堂，矿政邮政，次第举行，设无戊戌之变，必将进而愈上。彼康有为以新近小臣，遽蒙信任，始则操之过蹙，终则离间两宫，坐使新政之行戛然中止，是党人之于新政，只见其有损，未见其有益也。至平权之说，则尤有辩。美人怨英吉利之残苛，戴华盛顿之功德，历年未久，余泽犹存，故能确守典型，至今未替，然再阅数百载，生齿益众，智力益开，官天下者安见其不变为家天下。法则困于拿破仑之穷兵，惩于日耳曼之巨创，幡然思易君主为民权，然而朋党满朝事权不一说者，谓法自民权得伸，而后兵刑诸政远不逮前，岂无故欤！其余各国壤地褊小，或恃奥援，或等附庸，行民权者，无强国焉。且夫伦常大节，万古不渝，人之所以异禽兽者，以此人之所以参天地者以此。中国自开辟以来，凡有血气之伦，莫不知君臣为伦常之冠，忠孝为不易之经，彼欲废君臣之义者，乃援孟子之说，及黄梨洲之言，以为口实，不亦厚诬古人哉！……（《觉迷要录》卷三）

梁鼎芬

驳叛犯康有为逆书

近见康有为逆书，兽不择音，悍悖已极，凡我大清国臣民见之，皆发指眦裂，思食其肉，忠臣孝子，人有同心，如此病狂，何烦笔舌。但恐其逆谋奸计，未尽周知，今特明白斥驳，以告海内。词曰：我穆宗毅皇帝御极之初，我皇太后垂帘听政，躬行节俭，任用亲贤，其时群彦云兴，百废具举。于是，诛戮肃顺大奸，削平洪逆大难，京师以定，天下以安。同治十三年冬，毅庙有天花之喜，明降谕旨，海内所知，臣民不幸，攀龙莫及。

我孝哲毅皇后秉性贤淑，最得皇太后欢心，遽遭大丧，凄伤不食。皇太后悲哀怜备至，数遣内监赐馔，涕泣固辞，未几遂殉。今已二十余年，皇太后每念孝烈犹泣下也。方毅庙晏驾之日，未有帝子，人心皇皇，廷臣私议，意在立嗣，而近支王公年辈多有未合，惟我皇上天性温孝，神表不凡，无能逮者，幼在藩邸，已承慈眷，皇太后断自圣衷，遂立我皇上为文宗显皇帝嗣子，俟生有帝子，以继毅庙，诏书煌煌，靡不悦服。是我皇上之入承大统，出于皇太后择贤之心，岂有如今日逆犯康有为之所言者。我皇上受深宫爱眷之隆，先帝付托之重，岂有如今日逆犯谭嗣同之所为者。凡我大清国臣民，皆知之矣。

光绪纪元，我皇上尚在冲龄，廷臣复请依同治朝垂帘故事，皇太后悲哀于心，而上念宗社，下念百姓，不得已始俞所奏。我孝贞显皇后圣德端重，与皇太后至相爱敬，宫中称谓亲曰姊妹，国之大事，议定后行，何期七年卒已，有上仙之痛。皇太后独临政殿，泫然伤怀，追思昔年，同艰共命，一旦永辞，往往不乐，故待至我皇上大婚礼成后，即颁归政之旨，圣主泣求，廷臣跪请，皆不许。屠御史仁守忠直通雅，为谏官第一，奏请归政后仍拟写皇太后圣鉴字样，亦不许。且以是革职永不叙用。屠御史之贤，皇太后岂不知之，而不从其言，且重其罪者，盖深宫不欲训政之心，不如是不足以晓谕天下也。

逆犯康有为狂吠而已，安足知此哉。且尝观其初上皇帝书矣，有云皇太后、皇上聪听彝训，乐闻谠言。又云皇太后、皇上端拱在上，政体清明，内无权臣女谒之弄柄，外无强藩大盗之发难，宫府一体，中外安肃，宋明时承平所无也。又云皇太后、皇上敬天勤民、法祖宗、用耆旧，圣德之美，逾越古今。又云皇太后、皇上有光明圣德，可与尧舜之治。又云皇太后、皇上仁明之德，何弱不振。又云皇太后、皇上高座法宫之中，远洞万里之外，何奸不照，何法不立？中间一段直云：皇太后聪明神武，临政二十年，用人如不及，从善如流水，开诚心、布大度，孜孜求治，用能芟夷大盗而致中兴。生每伏读穆宗毅皇帝圣训，未尝不感激起舞，至于流涕也云云。

查此书光绪十四年十一月作。其尊颂皇太后之词，联行累句，斑斑耀目，名为论事，意在乞恩，核以今日狂吠各端，逆犯当时不应有此篇文字。盖时求富贵，则但有颂扬，身在逋逃，则极意诬谤，反覆狡诈，无耻无理，一口两舌，人头畜鸣，千古乱臣贼子未有此之可骇、可恨、可鄙、可贱至于斯者。贼心但有官职、但有货财、但有戈矛、但有徒党，乘我皇上锐意求治之日，又为翁师傅造膝密荐之人，于是逞其奸谋，夹以危论，倚张荫桓为羽翼，结内监为腹心，阳托变法之名，阴行僭逆之事，欺侮我圣主，贻害我百姓，得罪之后，逃在外洋，与逆犯孙文联为一气，无所不至，无所不言。

古之贤人君子，忠而获罪者多矣，然皆甫闻严旨，即服爰书，臣罪当诛，忠魂可补，朝衣东市，碧血西曹，莫非君恩，曾无怨恨。今逆犯不知忠孝不顾廉耻，既莠言乱政，又畏罪潜逃，既不受刑诛，又广腾诬谤，燕云二语，意将欲何狂吠至此？使我皇上见之，有不骇愤痛恨者耶？是逆犯不忠于我皇上至矣，此而可忍孰不可忍，诚祈诚祷皇天鉴临我大清国、我孔子教、我广东人不幸有此无父无君无人理之逆犯康有为，罪通于天，愿天诛之。毒加于人，愿人殛之。天地清明，永永不生此无父无君无人理之逆犯康有为。此我大清国之幸也，此我孔子教之幸也，此我广东人之幸也。（《申报》1898 年 10 月 27 日）

康有为事实

一、康有为平日议论，专以散君局、废君权为本意，以平等为要旨。今年春间，康适在京，乘外患日亟，人心忧惶之际，造言煽惑，意图乘机举事。每向众人昌言，不□云此时若有人带兵八千人，即可围颐和园，逼胁皇太后，并逼胁皇上，勒令变法，中国即可自强。此语闻之者甚多，固不独御史文悌一人。文御史劾康疏内所云，杨深秀告该御史以万不敢出口之言，即指此也。六、七月间，康焰日炽，促召其死党谭嗣同入京。谭素性凶悍，狂躁尤甚。谭以湖南人而到京，移住南海馆，与康同居合谋，谭一人潜往，见侍郎袁世凯，诈传谕旨，令袁以兵力先害北洋大臣荣中堂禄，即带兵入京，围颐和园，震惊慈驾，此尤臣子所不忍言、神人所共愤者也。幸袁侍郎诘以调兵并无上谕，发其逆谋，皇太后临朝，皇上大悟，捕康诛谭，大乱乃定。假使逆谋若成，康、谭即逼令皇上改正朔、易服色，诛戮旧臣，大权全归康有为，中外大臣全用康党，（事皆有据，都下咸知。）如是则康有为夺君权之愿遂，而康有为等为教王之势成矣。旬日之间，都城喋血，海内大乱，外侮并至，中华沦胥，康之肉其足食乎？乃今日无识之士，或尚有称康有为之忠于国家，借康有为之因变法受祸者，此由不知康党之奸谋，不知京朝之实情故也。夫皇太后、皇上之罪康，罪其谋逆耳，岂罪其变法哉！

二、康有为羡慕泰西罗马教皇之尊贵，意欲自为教王，因创立一教，谓合孔教、佛教、耶稣、希腊教四教而为一，自命为创教之圣人，其徒皆以圣人称之，其徒党有能推衍其说者，则许为通天人之故，闻者齿冷。康所著书，内有《孔子为改制之王考》一卷（上海有刻本），称孔子为教王，讽其徒谓康学直接孔子，康即今之教王也。似此非圣无法，祸延家国，殆合古来异端、叛逆、会匪、邪教四者而为一，王莽、孙恩、徐鸿儒之恶，康实兼之。（或比之于少正卯，乃全不知康者也。）谓之妖孽可矣。

三、康有为之教，尤为邪淫奇谬，不可思议者，其宗旨以"大同"二字为主，（其徒所设之局、所立之学，皆以"大同"为名。）创为化三界之说，一化各国之界，谓世间并无君臣之义，此国人民与彼国人民一样，古人所谓忠臣义士，皆是多事。一化贫富之界，富人之财皆常与贫人公用，此乃袭外国均贫富党之谬说，小说戏剧中强盗打富济贫之鄙语。一化男女之界，谓世间不必立夫妇之名，室家男女，皆可通用。将来康教大行后，拟将天下妇女聚在各处公所，任人前往淫乱，生有子女，即筹公款养之，长成以后，更不知父子兄弟是何事，数十年后，五伦全然废绝，是之谓"大同"。（少年无行子弟，喜从康教者，大率皆为此秘密法所误也。）其昏狂渎乱，至于此极，乃白莲教所不忍言。哥老会所不屑为。总之，化三界之说，一则诲叛，一则诲盗，一则诲淫，以此之教，不特为神人所怒，且将为魔鬼所笑矣。或疑此条所谈，太无人理，康教何至于此，不知此乃康学秘传，语语有据，试问之康徒便知，若有一言虚诬，天地鬼神，实照鉴之。

四、康有为附会汉儒素王改制之说，谓六经皆是孔子捏造假托之词，唐、虞、三代典章制度，治乱事迹，并无其事，羲、农、尧、舜、禹、汤、文、武、周公并无其人，《易》《书》《诗》《礼》《乐》、古《春秋》，并无其书，乃孔子自出己意，假设无数朝代，假造无数古人，以抒发自己心事，发明自己治法。又恐周、秦、两汉古书多存，可以证其诬罔，于是谓《汉书·艺文志》所载，皆刘歆一人所造，此等怪谬之说，全无一毫情理，只可谓之不通乱道，乃聪颖后生竟多信从其说者，岂非劫运耶？

五、康有为赴试京师，因不中举人，遂夤缘在朝大官，求得富贵。已故工部尚书潘文勤公祖荫、现任大学士徐公桐、前协办大学士户部尚书翁同龢、前礼部尚书许公应骙、已故前出使英国大臣户部左侍郎曾惠敏公纪泽、礼部右侍郎志公锐、前国子监祭酒盛公昱，皆与康有为素无渊源，乃屡次求见，上书谀颂，诸公以康有为一年少监生，初到京师，遍谒朝贵，实属躁进无品，皆甚鄙之。潘公送银八两，并作函与康云，以后请勿再来，来亦不再送银，此函人多见之。曾公尝告人曰：康有为托名西学，希图禄利，不知西无此学，中国亦无此学也。徐公、志公见其言嚣张卑蹈，皆将原书掷还，都下士夫无不鄙笑。

六、康有为北试不售，流落不归，日日写信求人助资，如送银十二两者，称其人为大贤，送八两，四两者，称其人为大君子，行同乞丐。

七、康有为留滞京师，家信甚少，其母年老贫穷，虑其生事启祸，日日涕泣，命次子广仁在广州省城亲好处访问下落，康有为闻之，仍不动心，如是数年，乃归不孝之罪，乡人皆恶之。

八、康有为在上海，贫苦无聊，又好冶游，资无所出。时乡人潘峄琴学士衍桐为浙江学政，遂往杭州借贷，潘学士厚赠之，不满所欲，又以公事相托，潘学士不能办，婉词谢绝，康愤愧回沪。逮潘学士归里。康好管讼事，因张乔芬一案，与潘学士嫌隙日深，痛加攻击，以泄前忿。

九、康有为落魄上海，日日挟妓不与钱，久为妓家女使所知，群到客栈索取，康有为窘甚，遁归广东。上船之日，各妓家女使皆到船上，搜寻不见。开船后，各水手见船板内有人，大惊急呼，大众来看，则康有为也。盖其躲避女使索钱，自匿于此，覆以帆布，水手见其狼狈欺骗，皆耻笑之，后有人作诗诮之曰："避债无台却有舟，一钱不值莫风流。"传播江海，成为笑柄矣。

十、康有为所撰《长兴学记》，以富人鄙吝为可耻之一，斤斤言利，随处发露，如康有为者，真可耻之甚，目来讲学所无也。

十一、康有为所撰《新学伪经考》，私意害道，邪说诬民，御使安维峻、余联沅先后奏参，我皇上严旨查办毁板。

十二、康有为中举人后，不认座主、房官为师，及被参，日急营营于房师之门，卑躬屈膝，无所不至。其时李中堂胞兄李筱泉制军瀚章为两广总督，康有为托人干谒，再四恳求宽办，制军初甚恶之，后见其卑谄，从宽不革举人。康当日曾受李家厚恩，不意后来反力攻李中堂也。

十三、康有为讲学，名为尊孔子，实则侮圣之罪至大，如自号长素，谓己长于素王也。其徒则以超回、轶赐、胜由、迈参等名之，可谓胆大无耻，至悍至愚。超回，即陈千秋，年未三十，吐血死，粤人笑曰："此真超回也。"轶赐，即梁启超，启超好读《史记·货殖列传》，好交富商，骗其财，如其师之为人，粤人亦笑曰："此真轶赐也。"

十四、康有为好交结商人，意在得钱。其论广东人才，在香港则曰某某，在澳门则曰某某，其人皆是赌匪，挟有多资，曾送康有为数千金者。

十五、康有为既中进士，欲得状元，日求户部左侍郎张荫桓为之遍送关节于阅卷大臣，皆以其无行斥之，不得状元。尚欲得翰林，又托张荫桓送关节于阅卷大臣礼部右侍郎李公文田。康有为以张与李系姻亲，己又与李同乡，谓必可入选，岂知李侍郎品学通正，深知其无行，不受张托，斥之尤力，遂不得入翰林。康有为恨之次骨，时与其徒党诋李侍郎，甚至端人皆恶之。

十六、康有为中进士后，将殿试卷、朝考卷刻印，到处分送。向来馆阁故事，得新鼎甲者方刻殿试卷，入翰林者方刻朝考卷，皆因名第在前，以见曾蒙御赏之意。康有为以部属创刻朝、殿两卷送人，专为牟利，不独士林嗤鄙，并为市贾诧怪，虽送以两元，亦受之不辞。

十七、康有为既中进士，回家把持公事，尤好唆人兴讼。广东举人林缵统因崖州有聚众州衙、哄堂塞署之案，其子弟久已监禁，遂入京赇托康有为办理，经御史文悌参奏有案。

十八、康有为初不识常熟翁叔平协揆，因见协揆势位日隆，遂著《续艺舟双楫》一书，内极称协揆书法冠绝一时。又上疏极称协揆尊翁已故大学士翁文端公之为人，谄谀卑贱，稍有耻者不为也，至是协揆始力荐之。

十九、康有为在京开保国会，每人派出银二两，意在诓骗人财。所出章程，奇谬者至多，即如各府州县皆设一局，每人皆要领该会字据一条，直学哥老会放票无异，如此行径，尤为大胆可骇。

二十、康有为好捏造谕旨，上年胶事初起，康有为创言愿入外国弭兵会，以保海口，其事已极可笑。康有为竟发电至粤、至湘、至沪，云已奉旨加五品卿衔，前往西洋各国入弭兵会，闻者骇异，其实并无此事。又广西两司被参，康发电至广西恫喝市恩，云已代料理无事。此外招摇撞骗，如此之类甚多。

廿一、康有为第一次疏稿，言我朝内无宦寺、女谒之祸，近又言内监有管事者，历指其过失。此次进用，全凭张荫桓带同贿通内监之力，钻营反复，可谓全无愧怍者矣。

廿二、康有为好求人保举，此次徐致靖保举康有为、梁启超等一折，系康、梁师弟二人密谋合作，求徐上达，徐文理未通，不能作也。疏上，都下哗笑，既笑康、梁作文自保之无耻，又笑徐之无文也。

廿三、康有为学术至谬至浅，全袭公羊家沿伪之词，以为奇宝，当代通儒如张制府之洞、王祭酒先谦、朱御史一新、曹舍人元弼、叶吏部德辉皆辞而辟之。所撰《孔子改制考》尤为狂诞，意在引董子《春秋繁露》为证，不知《繁露》非董子完书，多有散佚错乱，就今存八十二篇言之，言阴阳五行、仁义礼智性情者，多间言他事，言改制者惟《三代质文》《符瑞》《玉杯》《楚庄王》诸篇偶及之，并非要义，圣人述而不作，宪章文武，素王之号，后人所加耳。岂有洙泗一堂，日与讲习者，皆干名犯义之言乎。我皇上深恶其妄，于进呈御览后，命孙协揆家鼐毁其书，今年六月事也。

廿四、康有为平日讲论西学，多袭报馆余沫。窃其肤词，不能得其实用，如农、工、商三者，国之大政也，一事一局，名目条理，尚恐不能详密，乃合三事为一局，外国有此法乎？

廿五、康有为所奏裁京堂各员，以为闲废无用裁之也，乃去无数京堂，不数日又添无数学士散卿，同一闲废无用，奚为裁于彼而增于此也。康有为欲以新官市私恩，意不在变法也。

廿六、康有为性最奸贪，今年我皇上变法自强，而康有为借以为自私自利，其时声势正炽，凡交结权贵言路，串通内监，用钱无算，皆取之于外官富商，言甘计诡，使人不敢不送，其由下斜街移居南海馆日，户部刘君接居此屋，尚见外省来信数函，皆有银数甚巨，都下哗然。

廿七、康有为初上皇帝书内，屡称颂我皇上聪明神武，盛德丰功，至百数十言。今自香港寄刻《新闻报》馆逆书，诬谤我皇太后亦至百数十言。中国士民见此反复无理言语，莫不痛恨痛耻。

廿八、康有为受我皇上深思〔恩〕，千古未有，应如何恭谨忠顺，奉扬圣德。乃自变法以来，历次颁发谕旨，康有为辄与人言，此皆我所作者，不知置皇上于何地。又曰：我以后不好说话了，我方在这边说，他已经在那边下上谕了。其词轻慢狂悖。皇上万乘之尊，竟敢侮弄至此！中国士民闻之，无不发指。

廿九、康有为性情反复，不特待中国人以狡诈，即待外国人亦以狡诈。两年以来，中日两国士大夫念同洲同种之义，愿相联络，康有为与日人往还亦多，乃此次伊藤侯游历我国，内外大臣皆以礼优待，而康有为于伊藤侯到京之日，传有不满于康之言，康遂密奏皇上，请勿见伊藤侯，又有不可亲信日本之疏。皇上英明，不从其请。闻已逃至东洋，似此反复狡诈，想日人亦必屏绝之也。

三十、康有为自称此次变法者为维新党，且自名曰党魁，中外报馆不察，群以变法推之，可谓侥幸得名，各省士民皆不服此议论，诚以中国采用西法，不自今日始，更不自康有为始。我皇太后垂帘听政，先后二十余年，如京师设总理各国事务衙门、同文馆，又派出使各国大臣、出洋学生，南北洋设制造局、招商局，福建设船政局，开平设煤矿局诸大政，皆内外公忠王大臣相时奏请举办，都蒙皇太后俞允。中国变法之勇之善，无逾我皇太后者。我皇上禀训承志，亲政以来，若铁路、海军、电线、邮政、银元，各省洋操，各省武备学堂，各省制造局，各省矿务局，此我皇上变法之实政，亦皆内外忠正王大臣相时奏请举办，都蒙皇上俞允。凡此在康有为未言变法以前之事，即谕令新政。京师大学堂，御史王鹏运奏请特旨派孙燮臣协揆家鼐办理，经济特科，翰林编修严修奏请变科举奏，张孝达制府之洞、陈右铭中丞宝箴合同奏请，孙、张、陈三公皆恶康有为之为人，孙公则屡见复奏章疏，张公则屡见《劝学篇》内，诋康有为之词，不啻千百。陈公则见于请劾康有为《孔子改制考》书板之疏。由此言之，岂得云变法维新出自康有为一人之言哉！又岂得以变法维新归之于康有为一家之学哉！

三十一、康有为自言因变法得罪，凡同被议者皆曰维新党矣，不知所言非也，如尚书李端棻、署侍郎徐致靖、王锡蕃者，向来不讲中学，更不讲西学，此三人者，皆庸陋不学之徒，以康有为势盛而附之，康有为亦以此三人蹈顺糊涂而爱之，于变法维新之意毫不相涉。

三十二、康有为无赖无耻，此次得罪天下，逃往外洋，辄与人言，皇上将来必加彼大任，借此摇动人心，蛊惑富商送钱，操守至贪，心术至劣。不知我皇上此时已烛照其奸，屡次将康有为劣迹逆谋陈奏皇太后，并宣示大臣，皇上深恨其人，将变法好事办坏了。中国士民此时业已周知外国，见闻甚广，必不至始终信康有为欺妄之言也。

以上三十二条，皆康有为实在事迹，共见共闻，都有根据，可以查考。其实康不过一贪鄙狂悖、苟图富贵之人耳，而为其所愚者，竟误以为此人乃变新法，强中国之人才，真中国之耻矣。

大清光绪二十四年十月中国士民公启。(《乘桴新获——从戊戌到辛亥》)